新编高职旅游大类精品教材

MONI DAOYOU

模拟导游

（第4版）

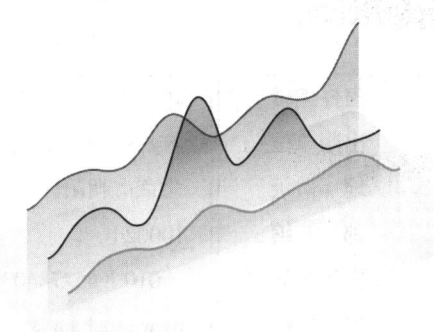

主　编：王煜琴

副主编：王新平　谢　璐　王　丽　王松毅　左　旼

参　编：姜良伟　高　凤　赵恩兰　姜惠梅　曹银玲
　　　　金洪霞　张冉冉　姜　婵

旅游教育出版社
·北京·

图书在版编目（CIP）数据

模拟导游 / 王煜琴主编. -- 4版. -- 北京：旅游教育出版社，2021.8（2024.7重印）
新编高职旅游大类精品教材
ISBN 978-7-5637-4296-7

Ⅰ. ①模… Ⅱ. ①王… Ⅲ. ①导游－高等职业教育－教材 Ⅳ. ①F590.63

中国版本图书馆CIP数据核字(2021)第167030号

新编高职旅游大类精品教材
模拟导游（第4版）
王煜琴　主编

责任编辑	郭珍宏
出版单位	旅游教育出版社
地　　址	北京市朝阳区定福庄南里1号
邮　　编	100024
发行电话	（010）65778403　65728372　65767462（传真）
本社网址	www.tepcb.com
E - mail	tepfx@163.com
排版单位	北京旅教文化传播有限公司
印刷单位	唐山玺诚印务有限公司
经销单位	新华书店
开　　本	787毫米 × 1092毫米　1/16
印　　张	16
字　　数	315千字
版　　次	2021年8月第4版
印　　次	2025年7月第3次印刷
定　　价	45.00元

（图书如有装订差错请与发行部联系）

前 言

2020年初,突如其来的"新冠疫情"完全打乱了旅行社行业的自然演进过程和导游员正常的工作状态;"后疫情时代"的今天,随着我国旅游业的恢复和发展,导游行业正在逐渐步入正轨。

当前,传统的景区(点)观光旅游、历史文化旅游等旅游形式依然备受欢迎,研学旅游、康养旅游、会奖旅游、体育健身旅游、老年旅游等细分市场日渐成熟,定制旅游成为出游新风尚。国民旅游的普遍化、多元化、专业化、个性化特点,对旅游服务提出了更高的要求,尤其是在旅游业第一线直接面对游客的导游员,作为一个地区的形象窗口,其言谈举止、素质品性直接反映一个城市的精神面貌。导游员需要具备良好的职业素养、丰富的专业知识、娴熟的操作技能和一流的职业能力,才能给游客提供高质量服务。

我国关于导游岗位的书籍较多,但是根据导游岗位实际工作需要,采用"项目引领、任务驱动"模式编制教学内容的教材极少。本书以导游岗位工作项目为引领,结合精彩的"导游事"分享,全方位模拟示范导游工作全过程应该具备的职业素养、所需的专业知识、应掌握的技能技巧、职业能力和继续发展能力。此书的再版,完全适应了新环境下导游人才培养的市场需要,填补了旅游行业导游岗位规范化、示范性和实用型教材缺乏的空白。

本书把地陪导游员岗位工作分成了七大项目与若干任务,项目八为新时代导游转型的技巧示范。项目一:通过真实工作情景展示和"导游事"分享,实现在轻松环境中认知地陪导游员的内涵、工作特点、应具备的职业素养和服务程序。项目二:以充足的案例展示,加强学生对导游词创作内涵的理解;总结了书面导游词的创作要领;在任务驱动下,使学生具备积累相关素材、加工整理资料、独立设计和创作导游词的技能。项目三:阐述了旅游六大要素与旅游活动的关系,分析总结了地陪导游员在旅游活动中对于六大要素的服务和讲解技巧。项目四:主要介绍了诗词楹联的基本常识和基本知识,以及这些知识在导游讲解过程中的运用技巧和方法。项目五:对典型类别旅游资源的内涵、特点及导游讲解技巧进行了详细阐述,同时对各种典型类别旅游资源分别进行了导游词创作示范。项目六:主要展示了导游工作中常用的才艺及才艺表达技巧。项目七:本项目主要以地陪导游员实际工作过程的各个环节为展示内容,以山东经典地接旅游线路产品的导游讲解知识为例,对地陪导游员工作的全过程进行了翔实模拟示范,将地接旅游线路产品概况、途中导游讲解知识和景区(点)导游讲解知识进行全方位的模拟展示。可以说,在项目一到项目六学习的基础上,掌握了本项目的全部内容,便可以直接上岗顶岗,真正实现教学与实际工作的零距离对接。项目八:主要阐述了自媒体的定义、特征、主要类型和特点,并结合当今导游转型自媒体后运营的鲜活案例,讲述了导游自媒体运营技能技巧。

本书编写大纲由山东旅游职业学院王煜琴教授、特聘顾问(原山东国旅常务副总经理、高级导游员)杨伯宪先生、济南职业学院教授(高级导游员)曾招喜先生、济南市旅发委服务中心王洪岩先生、导游大师(高级导游员)张晓国先生、导游大师(高级导游员)孙树伟先生、导游大师(高级导游员)张峰强先生、国家金牌导游员(高级导游员)张娟女士、国家金牌导游员(高级导游员)张冉冉女士,协同多名具有丰富工作经验的一线导游员共同设计。王煜琴教授进行全书统稿。

本书主编王煜琴教授有三十年的旅游职业教育工作经验,有丰富的景区及旅行社经营管理实践经验和丰富的一线导游服务体验,连续多年担任导游服务能力教学和业界培训工作,是山东省优秀教学团队"导游专业教学团队"负责人,曾经主编全国导游资格考试山东省系列教材《山东导游基础知识》和《全国导游基础知识》,连续多年担任全国导游资格考试现场考试评委工作,在导游行业理论研究方面也取得诸多成果;本书副主编王新平、谢璐、王丽、王松毅和参编者姜良伟、高凤、曹银玲、赵恩兰、金洪霞等皆是山东旅游职业学院具有丰富旅游教育工作经验和一线导游实践经验的专业课教师;副主编左旼来自山东传媒职业学院新闻传播系,具有丰富的自媒体实战经验;参编者姜惠梅为山东博物馆宣教部主任,是博物馆类讲解员的培训专家;参编者张冉冉为济南市导游协会导游部部长、高级导游员、国家金牌导游员;参编者姜婵曾经荣获山东省导游大赛二等奖、泰安市导游大赛一等奖,具有多年的地陪工作经验;另外,山东旅游职业学院优秀毕业生戴学成、鲁运华、张明建、周静原、张豪、曹珊珊、张雨、许娜等皆具有丰富的山东地陪导游工作经验,也参与了本书项目七部分资料的收集和整理工作。

本书项目一由谢璐编写;项目二由姜良伟编写;项目三由王煜琴编写;项目四由王松毅编写;项目五由王丽、王新平、高凤、王煜琴、姜惠梅编写;项目六由曹银玲编写;项目七由王煜琴、赵恩兰、张冉冉、金洪霞、姜婵编写;项目八由左旼编写。

本书的编写,得到了"山东省职业教育·王煜琴名师工作室"的资助。

在编写过程中,本书参考借鉴了许多国内外相关的学术著作和研究成果;得到了多个文化与旅游行政管理部门、山东旅游职业学院领导的大力支持和帮助;得到了山东省研学和红色旅游研究会、济南市导游协会、山东济南天下第一泉风景区及本教材中其他相关旅游景区、陕西文化国际旅行社有限责任公司、湖南锦华国际旅行社有限公司、广州凤凰国际旅行社有限公司、山东省观光国际旅行社青岛分公司、山东省中国旅行社、青岛中之旅国际旅行社有限公司、临沂国际旅行社有限公司等单位的鼎力相助,在此一并表示衷心的感谢!

本书是旅游职业院校学生的必学教材,也是广大导游员必不可少的参考书。

由于编写时间仓促及编写水平有限,本书难免存在不足和疏漏之处,敬请各位专家、学者、广大读者和在职专业人士批评指正。

王煜琴

2021 年 6 月于泉城

目 录

项目一 地陪导游员服务程序与模拟 ································· 1
    任务导读 ··· 1
    学习目标 ··· 1
    任务一　认知导游员 ··· 2
    任务二　地陪导游员服务程序之"接团前的准备" ················· 9
    任务三　地陪导游员服务程序之"迎接服务" ···················· 13
    任务四　地陪导游员服务程序之"接团后和送团前的服务" ······ 19
    任务五　地陪导游员服务程序之"送团服务" ···················· 27
    任务六　地陪导游员服务程序之"善后工作" ···················· 31
    项目模拟实训 ··· 33

项目二 导游词创作 ··· 34
    任务导读 ·· 34
    学习目标 ·· 34
    任务一　导游词的内涵与理解 ···································· 35
    任务二　导游词创作 ··· 40
    项目模拟实训 ··· 51

项目三 六大要素导游技巧 ······································ 52
    任务导读 ·· 52
    学习目标 ·· 52
    任务一　"食"的导游技巧 ······································ 52
    任务二　"住"的导游技巧 ······································ 58
    任务三　"行"的导游技巧 ······································ 60
    任务四　"游"的导游技巧 ······································ 62

任务五 "购"的导游技巧 ··· 66
　　任务六 "娱"的导游技巧 ··· 68
　　项目模拟实训 ·· 70

项目四 诗词楹联导游技巧 ·· 71
　　任务导读 ·· 71
　　学习目标 ·· 71
　　任务一 诗词楹联知识解读 ··· 72
　　任务二 诗词楹联导游技巧 ··· 85
　　项目模拟实训 ·· 89

项目五 典型类别旅游资源导游技巧 ·· 90
　　任务导读 ·· 90
　　学习目标 ·· 90
　　任务一 乡村旅游资源导游技巧 ··· 91
　　任务二 红色旅游资源导游技巧 ··· 96
　　任务三 蓝色旅游资源导游技巧 ··· 104
　　任务四 工业旅游资源导游技巧 ··· 108
　　任务五 中国古建筑旅游资源导游技巧 ·· 111
　　任务六 宗教旅游资源导游技巧 ··· 119
　　任务七 地质旅游资源导游技巧 ··· 126
　　任务八 水体旅游资源导游技巧 ··· 132
　　任务九 博物馆类旅游资源导游技巧 ·· 138
　　项目模拟实训 ·· 147

项目六 导游才艺展示技巧 ·· 148
　　任务导读 ·· 148
　　学习目标 ·· 148
　　任务一 唱歌 ·· 148
　　任务二 说笑话、讲故事（幽默） ··· 152
　　任务三 朗诵 ·· 154
　　任务四 魔术 ·· 156
　　项目模拟实训 ·· 158

项目七 经典地接旅游线路产品模拟导游知识 ··································· 159
　　任务导读 ·· 159
　　学习目标 ·· 159

任务一　济泰曲"山水圣人"旅游线路产品示范 …………………………… 160
  任务二　途中导游知识示范 ………………………………………………… 163
  任务三　景区（点）主要知识示范 ………………………………………… 176
  项目模拟实训 ………………………………………………………………… 237

项目八　导游自媒体运营技巧 ………………………………………………… 238
  任务导读 ……………………………………………………………………… 238
  学习目标 ……………………………………………………………………… 238
  任务一　自媒体概述 ………………………………………………………… 239
  任务二　导游自媒体运营技巧 ……………………………………………… 241
  项目模拟实训 ………………………………………………………………… 246

参考文献 ……………………………………………………………………………… 247

项目一　地陪导游员服务程序与模拟

任务导读

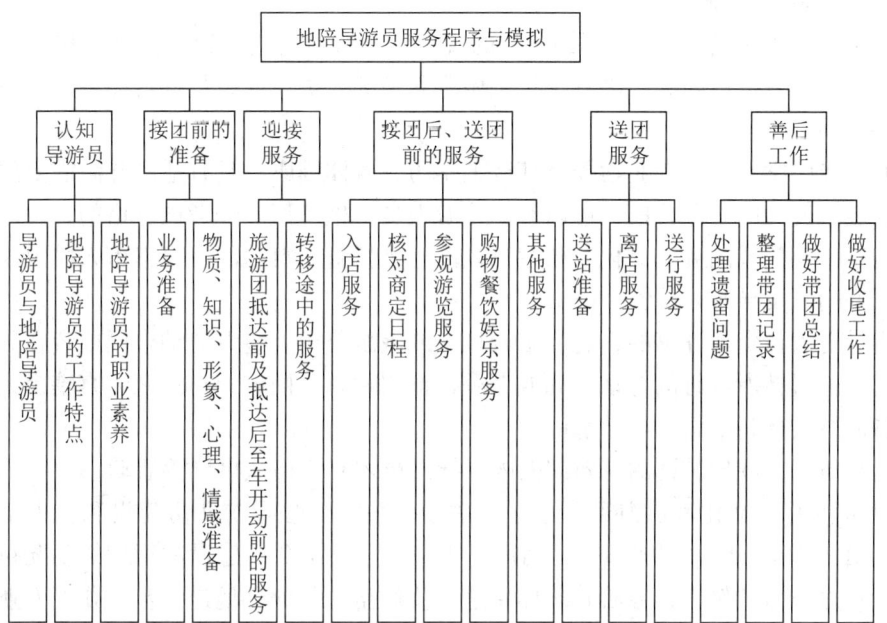

学习目标

（一）知识目标
1. 了解导游员及地陪导游员的概念
2. 掌握地陪导游员的工作特点和职业素养要求
3. 掌握地陪导游员带团的规范和流程
4. 掌握带团时突发状况的处理方法
（二）技能与能力目标
1. 能够运用地陪导游员带团服务的基本业务技能为一日游团队服务
2. 具备良好的语言表达能力和组织协调能力
3. 具备灵活的应变能力与突发事件处理能力

学习内容

任务一　认知导游员

导游员是游客旅游活动中的重要服务人员，一次完整的旅游活动需要在一个导游团队的共同协作下才能完成。这个导游团队一般情况下由地陪、全陪、领队组成，其中地陪发挥着关键性的作用。为了保证接待服务的质量，地陪导游员必须具备相应的职业素养，这其中既包括良好的职业道德素养，也包括扎实的职业知识素养、职业技能与能力素养。

一、导游员与地陪导游员

（一）导游员的概念

依照《导游人员管理条例》（2017）的规定，导游员是指取得导游证，接受旅行社委派，直接为旅游者提供向导、讲解及相关旅游服务的人员。导游员进行旅游活动时，应当佩戴导游证。

具有高级中学、中等专业学校及其以上学历，身体健康，具有适应导游需要的基本知识和语言表达能力的中国公民，可以参加导游人员资格考试。经考试合格的，由国务院文化与旅游行政部门或国务院文化与旅游行政部门委托省、自治区、直辖市人民政府文化与旅游行政部门颁发导游人员资格证书。

取得导游人员资格证书的，经与旅行社（或旅游公司）签订劳动合同或者在导游服务公司登记，方可持所签订的劳动合同或者登记证明材料，向省、自治区、直辖市人民政府文化与旅游行政部门申请领取导游证。

取得导游证并在导游证的有效期限内，导游员才有资格从事导游活动。

2021年6月，文化和旅游部下发了"关于印发《加强导游队伍建设和管理工作行动方案（2021—2023年）》的通知"，确定了未来三年导游队伍建设和管理的主要目标和重点任务。通过三年的努力，导游管理体系进一步健全，就业环境进一步优化，专业能力进一步提升，导游合法权益得到有效保障，服务质量显著提升，职业自豪感和吸引力进一步增强，行业核心价值观牢固树立，导游在传播中华优秀传统文化、弘扬社会主义先进文化、促进社会主义精神文明建设方面的重要作用进一步彰显，培养造就一支规模适度、结构合理、服务专业、符合需求的导游队伍。

（二）地陪导游员

地方陪同导游人员（简称地陪）是指受接待社委派，代表接待社实施旅游行程接待计划，为旅游团（者）提供当地导游服务的导游员。①

二、地陪导游员的工作特点

导游工作作为一项高智能、高技能的服务工作，具有极强的挑战性和创造性。尤其是地陪导游员，在整个旅游活动服务的过程中处于核心位置，发挥着极其重要的作用。具体

---

① 引自《导游服务规范》（GB/T 15971-2010）。

而言，地陪导游员的工作特点主要体现在以下几个方面。

（一）独立性强

导游服务是独当一面的工作。导游员在带领游客外出旅游的过程中，很多工作往往都是在没有他人帮助的情况下独立进行的，这一特点对地陪而言尤其突出。地陪工作是一种流动的、单兵作战的工作，因此，地陪必须要具备较强的独立工作能力，只有这样才能圆满完成旅游团队（者）的导游服务工作。地陪工作的独立性主要体现在：

（1）独立宣传、执行国家政策。
（2）独立组织协调旅游活动。
（3）独立解决矛盾和处理突发性事件。
（4）独立完成导游讲解服务。

（二）脑体结合度高

导游服务工作并不是简单的"游山玩水"，而是一项复杂、烦琐的脑力劳动和体力劳动高度结合的服务性工作，这在地陪岗位上体现得尤其明显。

地陪在带团过程中面对的是来自五湖四海的各类游客，在对客服务的过程中会涉及多方面的知识，可以说是包罗万象。因此地陪必须要具备丰厚的知识储备，才能够从容应对游客的各种问题，而这恰恰是地陪工作脑力劳动的典型体现。

除此之外，地陪在带团过程中所承担的是一项流动性强、工作量大、体力支出多的工作。在旅游过程中地陪要带领游客游览各种旅游景观，还要进行讲解以及随时处理行程中的各种问题，如果没有良好的体质做保障，地陪怎么能够完成如此繁重的工作任务。

因此，地陪的工作具有典型的脑力与体力相结合的特点，导游员必须具备广博的知识和健康的体魄才能够胜任此项工作。

（三）复杂多变

地陪工作是需要按照一定的操作规程来进行的，这体现出导游工作的规范性特点。但是在实际服务过程中，却需要面对诸多不确定因素的影响，因此地陪服务工作具有复杂多变的特点。

首先，地陪服务对象很复杂。地陪的服务对象是来自不同国家和地区的游客，他们的国籍、职业、性别、年龄、文化程度等情况各不相同，兴趣爱好、生活习惯更是千差万别。因此，地陪在提供服务时需要适应不同的游客需求，迎合多变的接待对象的口味。

其次，地陪需要协调的关系很复杂。为了确保整个旅游活动的顺利完成，地陪需要与多个相关部门和工作人员进行接洽和沟通，需要协调好各方面的关系，争取各方的支持配合，为旅游行程的顺利完成奠定基础。

最后，地陪的工作环境很复杂。在工作过程中，地陪往往要面对多种来自行业的不良思想意识、处事方式和生活作风的诱惑与侵蚀，同时地陪在工作中需要与形形色色的人员打交道，直接面对精神污染的机会比一般人要多出很多，这集中体现了地陪工作环境的复杂性，所以地陪要始终保持清醒的头脑，具备较高的思想觉悟和较强的自制能力，抵制各种物质诱惑和精神污染。

（四）关联度高

完整的旅游产品是由许多的单项产品组合而成的，因此，一次成功的旅游活动需要在环环相扣的旅游供给部门的通力协作下才能实现。而将这些环节串联在一起的重要角色就是地陪导游员。在实际工作中，地陪将起到穿针引线的作用，将各种单项服务串联起来，以满足游客在旅游过程中的各种需求。

因此，地陪需要与饭店、餐饮、景区、交通部门等各种旅游供应商发生联系，依托这些相关部门的产品与服务，保障游客旅游活动按照计划顺利进行。

三、地陪导游员的职业素养

职业素养是指职业内在的规范和要求，是从业人员在职业过程中表现出来的综合品质。职业素养具有时代特征，体现市场特色[①]。从职业岗位性质看，地陪导游员的职业素养主要包含职业道德素养、职业知识素养、职业技能与能力素养等方面。

（一）地陪导游员的职业道德素养

职业道德是指从事社会职业的人们，在履行其职责的过程中理应遵循的具有自身职业特征的道德规范和行为准则。它反映了一定社会或一定阶级对从事各类职业的人们的道德要求，是一般社会道德在职业活动中的具体体现。

地陪导游员的职业道德要求主要包括以下方面。

1. 热爱祖国

热爱祖国是对旅游从业人员的基本要求，理应放在职业道德的首位。地陪要做好接待服务工作，首先要有强烈的爱国之心。对于地陪而言，首先必须是热爱祖国的，只有这样才能通过自己的工作和服务，让旅游者感受到中华民族的悠久历史和灿烂文化，感受到来自整个民族的自信心和凝聚力。

2. 热爱旅游事业

热爱本职工作，是一切职业道德最基本的道德原则。它要求地陪明确自己的工作目的和意义，热爱自己所从事的导游工作，要"干一行、爱一行、专一行"，忠实履行自己的职责。"热爱是最好的老师"，地陪导游员只有提高对旅游业的认识，才能激起热爱旅游业的道德情感，才能做到爱岗爱企，敬业乐业。

3. 宾客至上，追求卓越服务

"有朋自远方来，不亦乐乎！"两千多年前孔子的这句话一直广为流传，它集中体现了中国这个古老的东方民族热情好客的优良传统。宾客至上是指地陪在接待服务工作中，一切要以游客为中心，游客的任何合理需要，都有责任尽全力去满足。一切为游客着想，一切围绕着如何使游客感到满意，在服务过程中不断追求超越，使服务质量由"标准"提升到完美，为游客提供超越期望值的服务。

4. 遵纪守法，公私分明

地陪首先是公民，所以必须认真履行公民的基本义务。遵纪守法是公民道德的基础，也是地陪职业道德的基础。法律和纪律的基本原则和基本要求与导游员的职业纪律是一致的，在地陪的实际工作中，国家的法律要具体化为导游员的职业纪律，地陪要遵纪守法、爱岗敬业，就要无条件地遵守这些职业纪律。

---

① 王煜琴. 旅行社计调业务（第3版）[M]. 北京：旅游教育出版社，2018.

公私分明，首先要求正确把握国家、企业和个人的利益。公，在这里指的是公共利益，包括国家利益、社会的整体利益和广大人民群众的利益，也包括游客的个人合法权益。私，在这里指的是个人利益，暗含了自私自利的个人主义。对于地陪而言，一定要认真做到"明于公私之分"，并将其作为对个人道德操守的基本要求和开展工作的原则。

5. 积极进取，团结协作

常言道："活到老，学到老"，学海无边，永无止境。地陪的知识储备必须不断地充实和丰富，随时更新和扩展，以适应不断发展的行业要求。地陪要始终保持积极的学习态度，勤于学习，善于学习，不断丰富自己的知识积累，不断提高自己的业务水平。

地陪的工作是在一个团队中开展的，对于团队中的每一位成员，都要树立团结协作的意识，只有这样才能保证整个旅游接待计划的实施与完成。地陪不仅要与全陪、领队、司机协作，同时也要跟各个旅游供应单位协作沟通，在有些时候，这种团队协作能力甚至比专业知识更为重要。

（二）地陪导游员的基本知识素养

旅游的本质是一种探求文化的活动。旅游者进行旅游活动除了消遣娱乐的目的之外，还希望增长知识、增加阅历。为了适应游客的这种需要，地陪要有宽厚的知识底蕴和广博的知识积累。只有以渊博的知识为后盾，地陪在讲解时才能做到内容丰富，言之有物。一般而言，地陪需要具备的知识素养主要包括如下方面。

1. 语言知识

语言知识是地陪最重要的基本功，也是提供导游服务的工具。地陪如果没有过硬的语言能力，根本谈不上优质服务。这里所说的语言知识包括外语知识和汉语知识。导游讲解是一项综合性的口语艺术，地陪的口语艺术必须置于丰富的知识宝库之中，二者相互结合才能获得良好的导游效果。

2. 史地文化知识

史地文化知识是地陪进行导游讲解的素材，也是导游服务的"原料"、导游员的看家本领。地陪要通过努力学习，力争使自己上知天文、下知地理，对本地及附近省市、地区的旅游景区（点）、风土人情等熟练掌握，并对国内外的主要风景名胜区有所了解。能够对史地文化知识综合理解并能融会贯通、灵活运用，是一名合格的地陪导游员的必备条件。

3. 政策法规知识

政策法规知识是地陪工作的指针，地陪在进行讲解、回答游客的有关问题时，都必须要以国家的方针政策和法律法规作为指导。对于旅游过程中出现的有关问题，地陪需要根据国家的政策和有关法律规定予以正确处理。地陪自身的言行也要符合国家政策法规的要求。

4. 心理学知识

地陪工作对象是形形色色的游客，同时还要与各旅游服务部门的工作人员打交道，与全陪和领队之间的相处有时也很复杂。所以，地陪在人际交往过程中需要掌握必要的心理学知识，只有这样才能随时了解游客及相关工作人员的心理活动，有的放矢地做好导游讲解和旅途生活服务。

5. 美学知识

旅游活动是一项综合性的审美活动。地陪不仅要向游客传播知识，也要传递美的信息，让游客获得美的享受。一名合格的地陪要懂得什么是美，何处有美以及如何审美，并能通过自己生动形象的语言向不同审美情趣的游客介绍美、传递美。

6. 政治、经济、社会知识

在旅游过程中，游客常常也会对目的地国家的某些政治、经济和社会问题产生兴趣，也会就这些问题与地陪进行交谈。如果地陪没有对此类问题进行充分的准备，就无法给游客提供满意的答复，甚至也会让外国游客对中国社会的政治、经济和社会制度产生误解。因此，地陪必须要了解国情、熟悉国家政治、经济体制及改革发展方向，关注社会热点问题，尽量对游客的提问给予正确合理的解答。

7. 旅行知识

地陪带领游客在目的地游览过程中，除了提供导游服务，还要随时帮助游客解决旅游中的各种问题。地陪必须掌握必要的旅行知识，以保障旅游活动顺利开展。旅行知识包括交通知识、通信知识、货币金融知识、卫生防病知识等。

8. 国际知识

地陪尤其是从事入境旅游团接待的涉外地陪，必须掌握必要的国际知识，了解国际形势和各时期的国际热点问题以及我国的外交政策和对待有关国际问题的态度。同时地陪要熟悉旅游客源国的概况，了解当地的风土民情、民俗禁忌等。对于这些知识的掌握不仅有利于地陪有的放矢地提供导游服务，还能加强与游客的沟通。

（三）地陪导游员的职业技能与能力素养

地陪导游员的工作是繁杂琐碎且多变的，需要导游员具备较高的职业技能与能力素养，只有这样才能顺利完成旅游团（者）的全部接待任务，妥善处理接待过程中可能出现的各种突发状况。地陪导游员需要具备的职业技能与能力素养主要包括以下方面。

1. 较强的独立工作能力

地陪的导游服务工作具有很强的独立性。在带团过程中，什么状况都有可能发生，这要求地陪要有较强的独立工作能力，可以灵活应对各种突发状况，以圆满完成导游接待任务。

地陪的独立工作能力主要表现为：独立带团（者）能力，地陪要按照接待计划独自为旅游团（者）安排食、住、行、游、购、娱等方面的活动，要独当一面，以保证旅游活动顺利完成；独立宣讲能力，地陪在与游客接触过程中，要积极主动地宣传我们的国家与民族，介绍我国的历史文化和各类旅游资源，帮助游客进一步了解中国；独立分析问题、解决问题的能力，地陪在带团（者）过程中会遇到形形色色的问题和麻烦，这些都需要地陪独自面对，果断解决。

2. 良好的人际交往与组织协调沟通能力

由于工作对象广泛而复杂，地陪要具备与各类游客进行交往的能力，随机应变地处理各种问题，能够善于与游客进行交流沟通，发挥工作中的能动性与主动性。与此同时，地陪还要具备较强的组织能力，将游客很好地组织在自己周围，使他们自愿地配合工作，服从管理。同时旅游活动涉及多个环节，地陪需要恰如其分地处理与各旅游供应商的关系，保证旅游接待工作按照预想的方向发展。

3. 全面的业务能力

地陪不仅要能够为游客提供导游、讲解等服务，还要力求成为一名全能的业务员，具备组团能力和计调能力，这样才能充分发挥自己的工作潜力，在地陪工作中不断提高工作效率，更好地降低经营成本，最大限度地增加企业利润。

4. 高超的导游服务技能

地陪的服务技能包含了带团技能、组织技能、讲解技能、应急技能等。一名优秀的地陪应具有指挥家的水平，也要有演员的本领。地陪要有能力随时调动游客的积极性，使他们可以顺着自己的思路去认识、欣赏、分析、判断，从而获得旅游的乐趣和美的享受。

5. 健康的身心素质

导游工作是一项脑力劳动和体力劳动高度结合的工作，工作繁杂，体力消耗大，因此地陪必须具备身体健康、心理平衡、头脑冷静和思想健康等良好的身心素质，这是出色完成导游工作任务的基础保障。

补充资料

"好客山东"品牌体系[①]

2007年年底，山东省为更好地展示"文化圣地，度假天堂"的旅游目的地形象，正式对外推出"好客山东"这一品牌形象标识。"好客山东"这一品牌既是对传统齐鲁文化的高度凝练与传承，同时也是对现代山东旅游业的贴切阐释与提升。标识结合了传统元素与现代设计的新动向，通过文字符号图形化设计融汇古今元素，突出了"山东"（Shandong）与"山东人"最核心的形象表达"好客"（Friendly）；同时，绚丽的英文符号色彩组合与汉字字体"山东"以及一枚清晰的"好客"朱文印章，共同组成了这个文化气息浓厚、充满愉悦感的现代标志。"好客山东"（Friendly Shandong），是对山东旅游最生动、最直接的信息传递。旅游者会通过这种标志，对山东的旅游产生美好的想象。"好客山东"是一个文化旅游品牌，也是一种礼仪的象征，而且丰富了旅游礼仪的内涵。"好客山东"不仅体现了管仲的"以人为本"，也体现了孔子的"仁者爱人"和"有朋自远方来，不亦乐乎"的理念，而且成为旅游礼仪的指导思想。"好客山东"不仅是一种精神财富，又能转化为一种经济效应，而且还能创造不可估量的物质财富。随着"好客山东"品牌体系的不断推进，现在该品牌旗下已拥有"贺年会""休闲汇""山东客栈""鲁菜馆""山东100""山东三珍""年博会"等七个子品牌。

"导游事"分享

服务细致入微的地陪刘星是怎样对待游客"紧张氛围"的？

[事实] 刘星是西安某旅行社的一名地陪导游员。某年10月，她接待了一个"延安—

---

① 资料来源：山东省旅游局，有节选。

壶口瀑布三日游"的旅游团，该团的成员比较特殊，团员均为某大学的校友，他们的此次行程也是校友四十周年聚会的一项内容，且团员年龄较大。计调派团时叮嘱刘星要提供耐心细致的服务。整个旅途中，小刘尽量做到细致入微，对老人的照顾也是尽心尽力，只是在去壶口瀑布的路途中发生了一点小意外。旅游团人数较多，一共有三辆旅游车，在去壶口途中，由于原定路线道路临时维修，必须改道前往，其中两辆车先行出发，而后一辆车的司机并不熟悉调整后的路线，因而先行出发的两辆车后来不得不在中途等候迟来的车辆。小刘所在的车辆是先行出发的，要暂时停下来等候迟来车辆，这时车上的客人不愿意了，要求只等十分钟，十分钟后必须开车，车上的气氛顿时紧张起来。小刘这时为缓和气氛，主动为客人们表演节目，组织大家学习陕北民歌，在欢乐的气氛里，客人们也渐渐忘记了等待的烦躁。半个小时后，最后一辆车抵达，客人们也不再为难小刘，此后小刘通过精彩的讲解和细致的服务使团队顺利完成了整个行程，散团时，大家对小刘的服务赞不绝口。

[**启发**] 地陪导游员是整个团队旅游活动的轴心，地陪导游员的专业知识、服务技能和组织协调能力至关重要，直接关系到旅游团的活动质量。所以，地陪导游员不仅要受到良好的训练与培养，对旅游景点和线路了如指掌，而且应该具备良好的心理素质和应变能力，能够机智地处理各种突发状况，巧妙地化解矛盾。任何情况下，只要有导游员和游客在一起，游客就能感到安心、放心，觉得有依靠。

事件中的导游员刘星，就是凭借自己的应变能力和人格魅力化解矛盾的。刘星为缓和紧张气氛和矛盾冲突，主动表演节目，并且组织大家唱陕北民歌，把枯燥的等待变成了愉快的联欢。导游员在解决问题时把握了关键点，认识到游客不愿意等待是因为等待过程比较枯燥，是将时间白白浪费在无所事事中，那么，如果让等待变得愉悦有趣，客人自然不会有强烈的抵触情绪，矛盾也迎刃而解。同时导游员刘星也恰当摆正了自己的位置，并认真履行了自己的职责，很好地把控了全团的节奏与氛围。

拓展知识

山东地陪导游员的"山东特色文化素养"

1. 深入领会与弘扬"好客山东"的品牌精髓

2500年前，伟大的思想家、教育家孔子提出了"有朋自远方来，不亦乐乎"的思想。两千多年来，"好客"已沉淀为特色鲜明的山东人性格，凝练为"仁者爱人"的"山东精神"，演变为"知行合一"的山东民俗。作为山东的地陪导游员，必须要深入领会和弘扬山东的"好客"文化，进一步提升山东省旅游服务水平，为打造"好客山东"文化旅游品牌贡献自己的力量。

2. 贯彻与执行"好客山东"的服务标准

为了进一步提升山东省的旅游服务水平，更好地打造"好客山东"旅游品牌文化，2009年山东省旅游局制定了"好客山东"旅游服务标准。作为山东的地陪导游员，应严格贯彻服务标准的要求，时刻践行"好客"服务之道，认真遵守服务标准的细则要求，体现出山东省导游员的服务水平、服务意识与精神风貌。

3. 深度掌握山东区别于其他省市的特色文化知识

地陪导游员应把握最新的山东省情知识，了解目前山东省在政治、经济、文化、旅游等各领域的新鲜资讯，让讲解也做到与时俱进。在山东省情知识的基础上，还可以结合省内不同地市的具体要求，掌握所在地市的总体发展概况等内容。山东历史悠久，文化灿烂，齐鲁文化源远流长。地陪导游应该深入了解富有山东地域特色的文化知识，把握齐鲁文化的渊源与核心，围绕与旅游行业密切相关的文化流派，结合相关的景点景区和旅游线路，深入了解系统掌握。比如儒家文化与三孔、封禅文化和泰山、胶东文化与半岛旅游线等，都要在深入学习和仔细体会的基础上融入到自己的讲解之中，构建完备的文化知识体系。

尤其值得一提的是，在山东的旅游资源中，具备儒学与道教文化内涵的景区景点是非常多的，比如曲阜三孔，它一直是山东全线中举足轻重的一环。由孔子而起源的儒家传统文化一直是文化山东中最为浓墨重彩的一笔。讲好三孔与领悟传统儒家文化的精髓是一脉相承的。只有通过系统了解儒家传统文化，山东地陪才能将三孔的讲解融入更丰富的人文内涵与人文关注。

山东也是中国道家学派的重要发展地，不管是五岳独尊的泰山，还是崂山、昆嵛山等，都不同程度地呈现出了道教文化的纷繁多彩。因此，作为山东的地陪导游员，也需要深入了解掌握道家文化的思想与精髓，以便更好地开展讲解工作。除此之外，山东还拥有丰富的红色旅游资源，地陪导游员要充分了解红色旅游文化的渊源与内涵，具备丰富红色旅游文化的知识储备，理解发展红色旅游的深远意义，并能将其融入到红色旅游景区景点的讲解过程中。

4. 具备山东全线的带团与景点讲解能力

作为山东省的地陪导游员，必须要具备娴熟的导游服务技能、良好的团队组织能力和协调能力；具有熟练接待各种不同类型团队的能力及山东全线主要景区（点）的高水平讲解能力；具有应对不同紧急或突发状况的独立处理能力与灵活的应变能力；深刻领悟"好客山东"的理念精髓，并具备在实际工作中深入贯彻与执行的能力。

任务二　地陪导游员服务程序之"接团前的准备"

地陪工作千头万绪，复杂多变。在接到旅游团（者）接待任务后，地陪导游员要做好充分的准备工作。接待准备是地陪导游员接待工作的第一个重要环节，是顺利完成接待任务的前提和基础。

一、业务准备

（一）熟悉接待计划与游客情况

接待计划是组团社委托有关地方接待社组织落实旅游团（者）活动的契约性文件，是地陪导游员了解该团（者）基本情况和安排活动日程的主要依据。

导游服务规范（GB/T15971—2010）要求：上团前，导游员应认真查阅旅游团（者）

接待计划及相关资料，熟悉掌握旅游团（者）的全面情况，以及团队行程安排、特殊要求或注意事项等细节内容，注意掌握其重点和特点。

地陪在接受任务之后，通过对接待计划的阅读分析，应掌握旅游团（者）的以下信息：旅游团（者）的基本信息，包括组团社名称、团名、团号、客人基本情况、联络人电话、接待标准等；旅游线路的信息，包括海外团队的入出境地点；交通工具的信息，包括所乘航班（火车、轮船）的抵离班次、时间、地点；交通票据的情况，重点注意出境票是OK票还是OPEN票。

（二）落实接待事宜

在熟悉接待计划的基础上，地陪应在旅游团（者）抵达前一天，与各有关部门或人员一起落实、检查旅游团（者）的交通、住宿、就餐等各项事宜。

1. 落实旅游活动日程各项事宜

接待社根据组团社的旅游接待计划，安排该旅游团（者）在本地的参观游览活动日程，编制的日程表中都详细注明了日期、出发时间、游览项目、就餐地点、风味品尝、购物、晚间活动、自由活动时间等内容。地陪应在上团前对以上各项安排逐一核实，若发现不妥应立即与接待社有关人员联系，在确认情况后，做出必要的调整或修订。

2. 落实交通工具

与旅游汽车公司或车队联系，确认为旅游者在本地提供交通服务的车辆的车型、车牌号和司机姓名及联系方式。如果是大型旅游团，提前准备旅游车编号或醒目标记。

地陪在与司机落实相关事宜时，要约定接头地点和时间，告知活动日程安排，并确认车座、车内设备、车况等具体事宜，必要的时候可以预先熟悉行车路线。

补充资料

地陪与司机的电话联络

地陪：您好！我是山东远航国际旅行社的导游员小张，请问您是舜发旅游汽车公司的王师傅吗？

司机：您好，我是。

地陪：我想和您确认一下5月18日DF—130518团的用车情况。请问您的车是45座金龙空调旅游车吗？

司机：是的。

地陪：车况、空调运转良好吗？话筒、电视等设备都可以正常使用吗？

司机：是的，这些设备都运转良好，可以正常使用。

地陪：我们这次出团是济泰曲3日游，5月18日早晨7：00我们在济南火车站站前广场会面，旅游团是7：40火车抵达济南站。

司机：好的，没问题。

地陪：我们这次的游览路线是第一天接团后从济南到曲阜，下午从曲阜赴泰安，住泰安；第二天下午从泰安赴济南，住济南；第三天游览济南，下午送团。路线您都熟悉吧？那我再确认下您的车牌号是鲁A85300是吧？

司机：是的。都是常跑的路线，放心吧。
地陪：好的，那就5月18日早晨7:00济南火车站站前广场见。再见。
司机：再见。

3. 落实食宿安排

熟悉旅游团（者）所入住饭店的位置、概况、服务设施及项目，同时核实客人所住房间的数量、标准、是否含早餐等。落实旅游团（者）每一次用餐事宜。

☞ 补充资料

地陪与入住饭店前台的电话沟通

前台：你好，百川花园酒店，请问有什么可以帮您？
地陪：我是山东远航国际旅行社的导游员小张，5月18日下午我们会有42人的旅游团队入住贵酒店，请问所预订的21+1间的标准间到时能准备妥当吗？
前台：我们会及时为您准备好的。您一共需要的是21间标准间加1个全陪床。请问您大约几点入住？
地陪：我们大约下午6点抵达。
前台：好的。
地陪：房间都是含早餐的吧？
前台：对的，含中西结合自助早餐。
地陪：好的，我的电话是13514566×××，如有什么问题请及时联系我。
前台：好的。
地陪：谢谢您，再见！
前台：再见！

4. 落实其他相关事宜

地陪应备齐并随身携带旅行社相关部门、计调和其他导游人员的联系电话，携带接待游客的餐厅、酒店、车队、购物商店等旅游供应商的电话，并与组团社全陪提前联络，确认接团的时间和地点。如果线路中有不熟悉的游览景点，地陪也应提前进行熟悉和了解，以便参观游览活动能够顺利进行。

二、物质准备

上团前，地陪应做好物质准备，带好上团所需要的各种物品，并收纳在合适的工作包中。首先，要准备好上团需要的规定用品，包括导游证、身份证、带团委托书、接待计划、导游旗、扩音器、接站牌、票据、现金等。其次，为了保证有备无患，地陪还应带上常用药、充电器、针线包、小礼品等应急物品。最后，还要准备足够的个人换洗衣物、洗漱用品及食品、水等。

三、知识准备

地陪在上团前也要做好相应的知识准备，为提供导游讲解及相关服务奠定良好的基础。接待专业团队要提前了解相关的专业知识，以便提供更好的有针对性的讲解和服务。同时准备好当前的热门话题、国内外重大新闻、游客可能感兴趣的话题等内容，以便与游客有更多的谈话内容。最后，为了更好地了解游客，提供有针对性的服务，地陪还应该熟悉客源地的相关知识。

四、形象准备

地陪导游员应注重个人形象，因为形象不仅是代表了地陪本人，更是所在企业的形象代表，甚至是目的地城市和整个国家的代表。地陪要做到着装得体、化妆适度、讲究个人卫生。

五、心理准备

地陪导游员工作是艰苦复杂的，所以在接待每一个旅游团（者）之前都要做好常变常新的准备，做好充分的心理准备。不仅要考虑到按照正规的工作程序要求提供给游客热情的服务，还要能积极处理在接待工作中发生的问题或事故。同时，还要准备承受抱怨和投诉，具备良好的心理承受力和自我调节能力，能够冷静沉着地面对各种突发情况，真心实意地为游客服务。

六、情感准备

首先，地陪要从情感上认同自己所从事的导游工作，以热爱为开展工作的前提。其次，地陪要把游客看作是自己的亲人和朋友，处处为游客着想，让游客在异地他乡感受到地陪服务的温馨和温暖，享受到"家"的感觉。

▶ "导游事"分享

认为"接团前的准备"已经很充分的导游员小赵最终疏漏了什么？

［事实］导游小赵受旅行社的委派，要接待一个来自西北地区的旅游团，线路是常规的山东全线七日游，也是小赵非常熟悉的流程和路线。上团前小赵阅读接待计划，了解团队的基本信息和旅游日程安排。在接待计划中，小赵了解到团队是来自西北地区，且有部分客人是回族，小赵参考他们的饮食习惯特地在落实订餐安排时叮嘱餐厅按照清真宴席的标准准备团餐，还让餐厅尽量多准备一些面食，以满足客人们的饮食特点。团队中还有一对新婚夫妇，小赵考虑到他们的情况特殊，在落实住宿安排时也主动让酒店尽量安排一间大床房。除此之外，小赵还和司机落实了行程路线与碰面的时间地点，小赵在落实完这些事宜之后，感觉接团前的准备工作已经完成得非常充分了。但是在接团当天，小赵提前来到了济南站等待客人的到来，但是却没有接到团队客人，此时却接到了旅行社的电话，客人已经到了济南西客站，但没有等到导游小赵。

[启发] 充分做好接待旅游团（者）前的准备工作是地陪导游员做好服务工作的重要前提。服务准备可以让地陪导游员提前了解团队的基本情况、特殊要求、接送站的时间、地点等，并且能够在落实具体事宜的时候更有针对性，做好个性化服务。小赵在接团前的时候特地关注了来自西北游客的特殊饮食与住宿的需求，并做好了相关安排，也与司机提前进行了各种沟通，确认了路线和会合时间与地点。但是因为是常规的山东全线七日游的线路，也是小赵非常熟悉的线路，为此小赵忽略了接站地点的细节信息，结果搞错了接站地点，造成了漏接事故。导游工作是注重细节的工作，小事做不好，大事做不了，接团前的准备要关注到接待计划中的每一个细节，这样才能在团队抵达后提供更加精准、细致的服务。

在造成漏接事故后，小赵首先应该实事求是地向旅游者说明情况，诚恳地赔礼道歉，求得谅解。其次用更加热情周到的服务，高质量地完成计划内全部活动内容，以消除因漏接给旅游者带来的不愉快。

任务三　地陪导游员服务程序之"迎接服务"

迎接服务是地陪在旅游团（者）面前的首次亮相，应为旅游者留下美好的第一印象。迎接服务要求地陪导游员做好以下工作。

一、旅游团抵达前的工作

在接旅游团（者）当天，地陪应全面检查准备工作的落实情况。出发前，要向机场（车站、码头）确认旅游团（者）所乘坐的交通工具抵达的准确时间，之后与司机联系，保证提前30分钟抵达机场（车站、码头）。在途中，地陪可以就旅游团（者）具体的活动日程安排跟司机进一步沟通，并与司机确定好具体的停车位置。

地陪在抵达机场（车站、码头）后应再次确认客人抵达的时间，确保万无一失。可能的情况下，地陪还应提前与全陪电话或者短信联系核实抵达时间。

游客所乘飞机（火车、轮船）抵达后，地陪应在游客出站前，持接站牌站立在出口醒目的位置，热情迎候旅游团（者）。接站牌上要写清楚团名、团号、领队或全陪的姓名。接小型旅游团或无领队、全陪的旅游团时要写上客人的姓名。

二、旅游团抵达后至旅游车开动前的服务

（一）认找旅游团

游客出站时，地陪应尽快认找旅游团（者）。地陪可站在明显的位置举起接站牌以便使领队、全陪或客人尽早注意并前来联系，同时地陪也应主动从游客的民族特征、衣着、组团社的标识等方面分析判断或上前委婉询问，主动认找自己的团队（者），切记要认真仔细核对相关事项，避免出现错接。

（二）核实人数

接到旅游团（者）后，地陪立刻与全陪、领队或游客代表核实实到人数，发现有增加

或减少游客的情况，要及时通知接待社有关部门和负责人。

（三）办理相关入境手续

地陪导游员在接待入境旅游团（者）时，应该提醒游客做好需要携带出境的自用贵重物品的海关登记，必要时应为入境客人办理入境签证。

（四）集中清点行李

地陪应协助游客将行李集中放在比较僻静、安全的位置，提醒游客检查自己的行李物品是否完整无损，并与全陪、领队共同清点。清点行李时若发现行李未到或破损，地陪应协助当事人到机场登记处或其他有关部门办理行李丢失或赔偿申报手续。

（五）引导游客登车，驶离机场（车站、码头）

清点完行李后，地陪要提醒游客带好行李与随身物品，引导游客前往乘车处，并给客人必要的帮助。客人上车时，地陪应站在车门旁，搀扶或协助老弱病残孕等客人上车。上车后，地陪协助全陪和领队安排游客就座，待客人坐稳后，再检查一下行李架上的行李是否放稳。礼貌地清点人数。待客人到齐坐稳后，提醒乘车注意事项，再请司机开车，驶离机场（车站、码头）。

三、转移途中的服务

（一）致欢迎词

旅游车开动后，地陪的讲解服务就正式开始了，地陪讲解的开场白就是向旅游团（者）致欢迎词。致欢迎词时，地陪应当用简练的、充满热情的语言，精神饱满地进行，内容应根据游客的性质及成员的文化水平、职业、年龄、居住地等情况不同而有所变化。注意用词恰当，给游客亲切、热情和可信任之感。

1. 欢迎词的主要内容

欢迎词一般包括：①问候并表示欢迎；②介绍人员；③预告节目；④展示态度；⑤预祝成功等内容。

虽然常规欢迎词应包含以上的内容，但是由于旅游团之间存在不同差别，所以欢迎词也不能千篇一律，要根据游客的特点有所区别，体现针对性，以达到最好的效果。

2. 欢迎词的主要类型

（1）规范式

规范式的欢迎词包含了欢迎词所具备的五项基本内容，但是比较中规中矩，少有华丽的词汇修饰，也缺少幽默风趣的表达。这种类型的欢迎词基本能满足常见的旅游团队的接待，但是很难给游客留下十分深刻的印象，同时也不容易突出地陪导游员的个人特色。

☞ 补充资料

规范式欢迎词示范

各位游客朋友，

大家好！很高兴在这样一个阳光明媚的日子里见到各位，首先我代表山东远航国际旅行社热烈欢迎大家的到来！我叫王晓丽，大家可以叫我王导，也可以叫我晓丽！这位正在为我们驾驶车辆的，是这次旅途中最劳苦功高的司机郭师傅，郭师傅已有16年的驾车经验，由他行车大家可以放心乘坐。

虽然我们的车厢不大，但却能容纳五湖四海，大家能相聚在一起，是难得的缘分。接下来我先介绍一下这五天的行程安排……孔子曰："有朋自远方来，不亦乐乎？"在接下来的五天里我和郭师傅将竭诚为大家提供服务，陪同大家一起饱览齐鲁大地的秀美风光。希望大家可以配合我们的工作，同时，您若有什么样的意见或建议，也请一定提出来，我们会尽量满足您的要求。

最后预祝大家此次山东之行玩得开心！乘兴而来，满意而归！

朋友们，现在我们的旅游车已经行驶在机场高速公路上，一会就转到济青高速公路，从这里到达市区的饭店大约40分钟的时间，利用这段时间，我给大家介绍山东省的风俗民情和沿途风光……

（2）聊天式

聊天式的欢迎词缺少了几分中规中矩，却增添了几分亲切和温情，地陪导游员仿佛拉家常一样与游客娓娓道来，无形中很自然地拉近了和游客之间的距离。这种方式切入自然，游客也易于接受，尤其适合于一般性的休闲观光团队。

补充资料

聊天式欢迎词示范

来自天津的朋友们，大家下午好！

我先了解一下，大家是一个单位的吗？（回答：是的。）

哦，这就好，那么大家肯定彼此都非常熟悉了。好吧，现在我们在场的陌生人就只有两位啦，下面，我们也来认识一下吧。我是张晓丽，大家可以叫我张导，也可以称呼我晓丽，是咱们山东远航国际旅行社的一名导游员。我知道咱们团队中有位领导，哎，李总，您好！但是，在接下来的三天里，我暂时做一回领导，行不行啊？（回答：行。）在这三天里，希望大家能跟着小张走，吃饭不用愁，跟着小张走，风景看够！

不过，除了我之外呢，咱们车上还有一位真正的领导，就是这位正在为我们把握方向盘的王师傅，他可是掌管着我们全团人的前进方向啊。王师傅在业内可谓经验丰富，有他为我们掌舵，请大家尽管放心，保证大家玩得开心、愉快！

（3）抒情式

抒情式的欢迎词通过使用优美的语言，传达出丰富的情感，能较好地烘托现场的气氛，迅速将游客带入地陪想要营造的氛围之中。抒情式欢迎词用词考究，情感融入自然，具有极强的感染力，能很好地激起游客的游览兴趣，这种类型的欢迎词适合受教育水平较高的旅游团。

模拟导游

> 补充材料

抒情式欢迎词示范[①]

游客朋友们：欢迎您来到山西！山西这片土地，似乎很少有人用美丽和富饶来描述它，但在这里您却可以嗅到中华大地五千年的芬芳。穿越山西南北，粗犷的黄土高原向我们展示出一幅尘封的历史画卷。太行山的伟岸、吕梁山的纯朴、恒山和五台山的豪放以及中条山的坦荡，一样是梦寐的地方，一样给您满眼的绿和满腹的情。这是一个充满浓郁乡情的地方，这是一个饱含历史沧桑的地方，独特的文化气息将令您度过一个远离喧嚣和烦躁的阳光假期。

（4）幽默式

幽默式的欢迎词风趣诙谐，言者妙语连珠，听者心领神会。这种类型的欢迎词可以迅速地活跃气氛，拉近与游客之间的距离，消除游客的陌生感和紧张感，使游客在轻松愉悦的氛围中开始一段难忘的旅程。使用这种类型的欢迎词时，地陪应注意，玩笑要无伤大雅，自嘲又要不失小节。这种类型的欢迎词适用于身份较高且自持骄矜的游客。

> 补充材料

幽默式欢迎词示范

各位游客朋友：大家早上好！

首先，我代表山东远航国际旅行社欢迎大家来到美丽的泉城济南，下面呢，我就给大家正式介绍一下自己。哎呀，激动的心，颤抖的手，拿起话筒我要献丑，谁要不鼓掌谁就说我丑。（游客鼓掌）哎！很好，谢谢大家的掌声，后面还有一句呢，谁要说我丑我下车就走，（游客笑声）从大家的掌声中可以看出大家的审美眼光还是相当不错的嘛！

我是山东远航国际旅行社的专职导游员穆晓丽，大家可以叫我晓丽或者穆导。今天我们有缘坐在一辆车里就是一家人了，古语有云：百年修得同船渡，千年修得共枕眠，今天我们同吃、同游、同乐还同"居"（驹），哎，怎么就同居了，有些游客问，古时候不就把车叫驹吗？难道我们还不是同居吗？（游客笑声）

啰唆完自己之后呢，隆重给大家介绍一位重要人物，一般呀重要人物出场都会有一种声音……好，谢谢大家的掌声，他就是我们风流倜傥、英俊潇洒、人见人爱、车见车载、男人见了喝醋、女人见了喝蜜的司机王师傅。（游客笑声）从后脑勺看王师傅是不是很像梁朝伟？大家想不想看看王师傅正面呀？想呀？那让王师傅站起来跟大家打声招呼好不好呀？（游客笑声）好呀，那可不行，他站起来谁给我们开车呀？好了，我替王师傅谢谢大家的掌声。

最后，再提醒大家一下，出来旅游呀，一定要服从导游的领导，一定要跟着导游走，这跟着导游走，吃喝啥都有，问啥啥都会，走着还不累。等一下到景点就请大家跟着我的

[①] 马树生，许萍. 模拟导游［M］. 北京：旅游教育出版社，2014.

导游旗走,小旗不倒,不许乱跑,因为呀,只有跟着我的导游旗走,美好的感觉才会有!

(二)调整时间

如果旅游团是首站入境,地陪在致欢迎词后,要介绍两国(两地)的时差,请客人将自己的时间工具调整到北京时间。

(三)首次沿途导游

首次沿途导游是地陪在接到旅游团(者)后前往饭店(或者景区)途中的第一次除了欢迎词之外的导游讲解,既可以满足游客的好奇心和求知欲,也是显示地陪知识、技能和工作能力的大好机会。精彩成功的首次沿途导游会使游客对地陪产生信任感和满足感,帮助地陪树立良好的第一印象。首次沿途导游主要介绍沿途的风光、当地的风情以及饭店概况(假如游客的行程安排是直接赴景区,那么此环节即是简单介绍景区概况)。

1. 介绍沿途风光

地陪在进行沿途风光介绍时,讲解的内容要简明扼要,语言节奏明快、清晰,景物取舍得当,随机应变,见人说人,见物说物,与游客的观赏同步。一般而言,沿途风光讲解的要领有三点。

(1)客观性

地陪的沿途讲解,要以所见事物为内容,讲解的内容与所见景物同步。因为游客初到一个陌生的城市,对沿途所见的一切均有强烈的好奇心,在旅游车经过的地方,会自然地对所见景物产生"这是什么"的疑问。地陪此时进行及时的解释与介绍会产生很好的效果。切忌漠视游客的心理需求,大讲其他与沿途风光不搭界的内容。

(2)选择性

地陪对沿途所见的风光或景点要做选择性的介绍,做到取舍得当。平淡无奇的不讲、旅游者忌讳的不讲、看不清楚的不讲、有损当地形象的不讲。地陪可选择游客感兴趣的、能够体现当地特色的、具有标志性意义的内容进行讲解。有些景物,对于当地人可能是司空见惯的,但是由于地域和文化差异,对游客来讲可能就是新奇的,所以地陪要善于选择取舍。

(3)灵活性

沿途导游讲解的内容没有固定模式,贵在灵活。既要迎合游客的好奇心理,也要根据实际情况加以把握,做到反应敏捷、语言精练、时机恰当、指示明确、点到为止。

2. 介绍当地风情

地陪应向游客介绍当地的概况,包括历史沿革、行政区划、人口、气候、社会生活、文化传统、市容市貌等,使游客一踏上这座城市,就能对当地有一个初步的了解。当地风情的介绍是对沿途风光讲解的必要补充,也是在风光导游的基础上进一步的发挥和延伸,地陪在具体讲解时要掌握以下要点:

(1)借题发挥:借助风光导游的话题引入风情介绍的内容;

(2)收放自如:根据游客的反应和所讲解的内容灵活掌握,讲解的内容能做到放得开和收得住;

(3)做好铺垫:首次沿途导游的内容,地陪要有缜密的计划性,在游览行程中需要讲

模拟导游

解的内容,就不要在当地风情中介绍,要考虑到前后的照应,既避免重复,也要对后面的内容做必要的铺垫,这种铺垫可以有效激发游客对即将游览的景点的兴趣。

3.介绍下榻饭店概况及注意事项

旅游者每到一地,都会非常关心所住饭店,因此地陪应向游客介绍其下榻饭店的基本情况,包括饭店的名称、位置、距机场(车站、码头)的距离、星级、规模、主要设施等。在介绍饭店时,要重点突出饭店自身的特色。当然,地陪还应该适时提醒入住的注意事项。

➡ "导游事"分享

小徐的首次沿途导游给我们带来怎样的启示?

[**事实**] 小徐是北京某旅行社的一名新导游,旅行社通知他要接待一个来自广东某大学建筑专业教师组成的旅游团。因为没有太丰富的接团经验,小徐充分地做好接团前的准备,尤其是对于欢迎词和讲解内容的准备,花费了不少心思。在接待旅游团后,小徐热情洋溢地向大家致欢迎词,欢迎词中还特意加上了提前准备的粤语问候语,让团队的客人感到非常亲切,顿时拉近了和游客之间的距离。在进行沿途风光介绍的时候,小徐也特意有针对性地涉及游客们都比较感兴趣的建筑方面的话题,以沿途的传统建筑为切入点,引入对北京这座城市的介绍与讲解,吸引了游客的注意力,为接下来的带团工作开了一个好头。

[**启发**] 迎接服务是地陪接待游客的第一个环节,这个环节中导游员所体现的职业素养、业务水平会直接影响到接下来的工作开展情况。在交通站点接到旅游团(者)之后,导游员在游客面前第一次正式亮相就是致欢迎词的环节,致欢迎词预示着整个旅游行程的开始,也是地陪导游员将第一印象艺术性地展示在游客面前的重要时机,它好比一场戏的"序幕",一篇乐章的"序曲",一部作品的"序言"。游客都讲究"第一印象",而致欢迎词是给客人留下"第一印象"的极佳机会,我们应当努力展示自己的职业风采和个人魅力,因为好的开始就是成功的一半。

导游员小徐虽然是名新导游,但是他通过自己的精心准备,让来自广州的客人感受到宾至如归的热情,同时也看到了他的用心。对于欢迎词和沿途导游内容的精心设计,让他投其所好地找到游客所感兴趣的重点内容,并通过精彩的讲解和介绍,让游客对接下来的行程充满期待。首次沿途导游,除了要按照业务流程进行规范的操作,更要根据不同类型的团队的特点,融入个性化的内容设计,这样才能有的放矢地开展工作,并获得游客的认可。

📖 拓展知识

济南马路的命名①

来过济南的朋友走在大街上常会感到好奇:地理学上"经"指南北,"纬"指东西,

---

① 资料来源:http://blog.sina.com.cn/s/blog_4025b8230100x97o.html. 有删减.

济南以"经"命名的街道偏偏是东西向,以"纬"命名的街道却是南北向,这在全国也较为少见,和地理意义的经纬完全相反的更是独一家,成为特色。这是为什么呢?其实,对于济南道路以经纬命名,济南市志上早有记载。1904年,胶济铁路建成通车,清政府勘定西关外一区域作为济南商埠。当时的商埠区境界东西长约五里,南北则不到三里。而在当时,济南纺织业较为兴盛,根据古时织物"长者为经、短者为纬"的说法,新开设的商埠,恰恰是东西约五里较"长",南北约两里较"短",这"一长一短"正应了织布机上的"经线和纬线",就命名商埠区内东西方向道路为"经",从北以铁路为限的"经一路"向南依次排列;命名南北方向的道路为"纬",从东起十王殿的"纬一路"依次向西排列,与经路垂直相交。而经纬之间的短纬路一般命名为小纬路,现在,济南仍有小纬二路、小纬六路。

这种统一命名方式,为商埠向南、向西发展预留了依次排列的道路名称。同时,经路设计时也考虑了当时津浦、胶济两铁路的走向,以便利商货的集散。可以说,道路经纬命名见证了济南的开埠史。当时之所以以经纬命名济南道路,并且经纬路与地球仪上的经线、纬线相反,并不是当时的错误,而恰恰是"济南人的智慧"。

今天,济南经纬路早已经突破了铁路的限制,从经一路到经十一路,从纬一路一直排到纬十二路,经纬道路数量越来越多。在济南城市交通布局中,经纬道路仍然占有重要地位。一南一北的经十路、经一路,是横亘市区的主干道,而大纬二路则贯通南北。曾有人嫌经纬命名过于简单,总觉得少了些文化味道,和地理经纬相反的命名也有些不舒服,甚至建议更改经纬路的名称,但无论怎样,这些道路名称却始终保留下来,并且在不断地增加。重修经十路,延长线依然是以经十东路、经十西路命名。尽管此间有过不同的声音希望能有更恢宏的道路名称,但无论城市如何发展,见证了济南百年变迁的经纬路在很多济南人的心中会一直占有重要位置的。不只是融入到这个城市之中,经纬路更多的是走进了市民的生活。就像是被称为济南灵魂的泉水一样,道路经纬,同样难舍。

任务四 地陪导游员服务程序之"接团后和送团前的服务"

"接团后和送团前的服务"是地陪导游员接待服务的主体内容,涉及住宿、餐饮、游览、娱乐、购物等具体服务,地陪导游员要提供规范、细致、周到和个性化的服务,以使游客获得更好的旅游体验。

一、入店服务

当旅游团(者)抵达饭店后,地陪应尽快办理入店手续,使游客尽早进入房间,拿到行李,让游客及时了解饭店的基本情况和住店注意事项,知道当天或第二天的活动安排。

(一)登记入住

游客抵达饭店后,地陪要首先协助办理登记入住手续。地陪可在饭店大堂内指定位置让旅游者稍做等候,并尽快向饭店总服务台说明团队(者)情况,尽早领到房卡;地陪请领队或全陪分房;地陪要掌握领队、全陪和客人的房间号,并将自己的联系方法如房间号、电话号码等告诉全陪和领队，以便有事时尽快联系。

（二）介绍下榻饭店

地陪办理完游客的入住手续后，要向全体旅游者介绍饭店内的布局和各项设施情况，特别是饭店安全通道位置，并再次提醒饭店入住的注意事项。

（三）照顾游客和行李进房间

游客进房时，地陪必须到达游客所入住的楼层，协助饭店楼层服务员做好接待工作，必要时负责核对行李，督促行李员将行李送至客人房间。导游员还应该及时巡查客人房间，以便及时发现并协助处理入住后出现的问题。

（四）带领游客用好第一餐

地陪应亲自带领游客进入餐厅，向餐厅领座服务员询问客人用餐的桌次，然后引领游客入座。在用餐将要结束时，客人尚未离开之前，地陪应该将商量好的叫早时间告诉客人，重申当天或者第二天的日程安排，提醒游客做必要的游览准备。

二、核对、商定日程

核对、商定日程是旅游团（者）抵达后的一项重要工作，是保证游客旅游活动顺利进行的必要程序，地陪应给予特别的重视。游客抵达旅游目的地后，开始游览之前，地陪应与领队、全陪（或者游客代表）核对、商定日程安排，如有变化，明确责任，经双方协商达成一致意见后，对原有日程进行必要的调整，并及时通知到每一位游客。

实际工作中，旅游活动日程是地接社根据组团社的接待计划安排好的，而且是两家合作旅行社的计调调度通过多次沟通才确定下来的，没有极为特殊的原因，基本不会变化。

补充资料

地陪与领队商定行程的情景对话

地陪：陈先生（领队），房间都安排好了，咱们到一楼大厅商定下日程吧。

领队：好的，我随后就到。

（注意：不要去领队房间商定日程。）

地陪：陈先生，我们先来核对一下团队的日程。

领队：好的，行程都安排得很详细，也很丰富。不过我还有一个要求。

地陪：您请讲。

领队：听说济南的山东省博物馆里现在正有一个大型的文物展。

地陪：是的，展览持续到这个月底。

领队：我们的团队里有不少客人对这个展览很感兴趣，如果能去一下就太好了，不知道能不能给我们安排一下。

地陪：我看一下行程，第二天的时间会宽松一些，咱们就安排在那天吧。只是可能要产生一部分费用。

领队：这个我会和游客说明的。

地陪：那好，我向旅行社汇报一下。（电话联络接待社。）我已经请示过了，第二天会给您安排前往山东省博物馆,费用我会提前收取一下。

领队:没问题。多谢!

地陪:还有,如果去省博物馆,整个游览时间就有些紧张了,第二天在游览其他景点时,需要游客们抓紧一点时间。请您提前和游客沟通一下,请大家多多配合。

领队:请放心,我会提前和大家说好的。

三、参观游览服务

参观游览是导游服务工作的中心环节,是旅游活动的核心,也是旅游者最根本的目的。在参观游览过程中,地陪应努力使旅游团(者)参观游览过程安全、顺利。使游客能够详细了解参观游览对象的特色、历史背景及其感兴趣的问题。

(一)出发前的准备工作

1. 做好游览前的各项准备

(1)出发前,地陪要准备好导游旗、胸卡和必要的票证。

(2)地陪应提前10分钟到达集合地点。这样能够应付紧急突发的事件,也可以礼貌地招呼早到的游客,询问游客的意见和建议,同时做好出发前必须完成的工作。

(3)督促司机做好行车准备工作。

(4)与就餐餐厅协调,核实用餐的落实情况。

2. 核实、清点实到人数

游客到达集合地点后,地陪应先清点人数,如果发现有游客未到,地陪应设法及时找到;如果有游客愿意留在饭店或不随团活动,地陪要问清情况并妥善安排,必要时报告饭店有关部门。

3. 提醒游客注意事项

地陪要向游客预报当日的天气和游览景点的地形、行走路线的长短等情况。如果当日有雨,还应提醒游客带好衣服、雨具等。必要时,地陪还应提醒游客在参观游览时要遵守当地的习俗或规定,做文明游客等。

4. 组织集合登车

地陪在清点人数后应请游客及时登车。地陪应站在车门一侧,一面招呼大家上车,一面协助需要帮助的客人。当汽车开动前,地陪需再次清点人数。

(二)途中导游讲解

由饭店去往景区(点)的途中讲解主要包括以下几个方面的内容。

(1)重申当日活动安排。

(2)沿途风光导游。

(3)介绍游览景区(点)。

(4)活跃车内气氛。

(三)景区(点)导游讲解

1. 交代游览注意事项

抵达景区(点)时,地陪在下车前要讲清楚并提醒游客记住旅游车的型号、颜色、标志、车号和停车地点、开车时间。在景点示意图前，地陪应讲明游览路线、所需时间、集合时间、地点等。地陪还应向游客讲明游览过程中的有关注意事项，对可能危及游客人身、财产安全的事项，应当向游客做出真实的说明和明确的警示，并采取防止危害发生的必要措施。

2. 游览中的导游讲解

游览是旅游者旅游活动的核心内容，地陪导游员应该尽最大努力进行出色的讲解，以便使本地的旅游景区（点）的魅力深深印在游客的记忆中。（"游"的导游讲解技巧具体内容见项目三任务四中的内容。）

四、购物服务、餐饮服务、娱乐服务

（一）购物服务（详见项目三任务五的内容）

旅游购物是增加旅游收入的重要手段，也是旅游者的重要需求之一。旅游者每到一地，都希望能购买一些旅游纪念品及当地的土特产品馈赠亲友或自己留存。旅行社可通过合理安排行程，并在符合不欺骗游客、无非法获利、获得游客许可等情况下安排购物活动项目。在购物服务中地陪要严格按照《旅游法》的规定执行，为客人提供规范的购物服务。

（二）餐饮服务

餐饮服务是整个旅游计划中的重要组成部分，地陪应安排好旅游团（者）在当地的用餐，使游客不仅可以玩好，还要吃好。

1. 地陪对游客正餐的服务

旅游团（者）的正餐一般指的是午、晚餐，用餐形式通常分为桌餐或者自助餐。不论是哪一种形式，地陪都应该做好服务。

（1）提前落实相关事宜

地陪要提前落实游客当天的用餐，对午、晚餐的用餐地点、时间、人数、标准、形式、特殊用餐要求等内容要逐一核实确认。提前了解游客的口味和特殊要求。如果游客中有少数民族，应尊重其民族信仰，并在用餐时考虑到其特殊要求。

☞ 补充资料

地陪跟餐厅落实就餐事宜的电话沟通

地陪：你好，请问是××酒店吗？

餐厅：是的，请问有什么可以帮您？

地陪：我是山东远航国际旅行社的地陪导游员，今天中午会有一个西北地区过来的旅游团在贵酒店用餐，请帮我确认一下。

餐厅：好的，请稍等。团号是××××××，30+2陪同是吗？

地陪：是的，我想再和您确认一下，这个团大约中午12点到，因为团队中有少部分客人是回族，请准备一桌清真菜，其他的正常安排就可以，就餐位置安排在相对较清净的地方吧。

餐厅：好的，没问题，请您放心。
地陪：谢谢，如果有什么变化我会再跟您联系。再见！

（2）餐中服务
①引导客人进入餐厅

地陪应在游客进餐前适时介绍餐厅的区域位置、服务水平和饭菜特色，使游客在用餐前能对就餐情况有一个基本的了解。

用餐时，地陪应引导游客进入餐厅入座，介绍餐厅的有关设施、饭菜特色、酒水的收费情况、自费项目等。此外，还应向领队告知司陪人员的用餐地点及用餐后的出发时间。

②巡视餐厅

用餐过程中，地陪要巡视游客用餐情况，解答客人在用餐中提出的问题，并监督、检查餐厅是否按标准提供服务并解决可能出现的问题。

（3）用餐结束

用餐完毕，地陪应尽快按照实际用餐人数跟餐厅结算。同时，地陪要提醒游客不要遗落自己的随身物品，并告知下一步活动安排、具体集合的时间和地点。

2. 地陪对团队风味餐的服务

旅游团（者）在旅游行程中，不仅要欣赏名山大川，体味风土民情，还要不失时机地品尝各地独具特色的风味菜肴。

风味餐是指各地具有地方特色的饮食风味，其选料、加工以及制作能够体现某个地域独到的风格特点。因此，带领游客品尝风味餐，要求地陪对于本地的风味特色要了如指掌，能够给客人提供详细、全面的介绍。风味餐的品尝目的，主要是通过特色风味来了解一个地区的特色饮食文化，所以风味餐的安排一定要选择正宗的餐饮场所。地陪应该熟悉风味餐的用餐程序、方法，介绍风味餐的特色，满足游客了解当地地域文化的愿望。

3. 地陪对于游客用餐中个别要求的处理

旅游者在用餐过程中也可能会出现各种特殊要求或突发状况，比如，游客会提出特殊饮食要求。如果这些要求在旅游合同中有明文规定，地陪在接团前应检查落实情况，不折不扣地兑现；如果是在旅游团（者）抵达后提出的，地陪需要视情况而定，在可能的情况下尽量满足，如果确有困难，地陪可协助其自行解决。

面对游客其他的用餐要求，如换餐、单独用餐、客房送餐等，地陪也要认真对待，妥善处理。

（三）娱乐服务

娱乐活动的安排，也是旅游团常有的活动内容。对一些地方传统剧目、工艺展示，以及一些刺激、休闲的活动，很多客人也很有兴趣了解和参与，所以地陪应该做好这方面的服务，使客人在娱乐中有所收获。娱乐活动通常分为两种，即欣赏性活动和参与性互动。不论安排哪一种娱乐互动，地陪都应尽职尽责。

1. 欣赏性娱乐活动的服务

欣赏性娱乐活动主要有观赏传统地方剧目、历史性歌舞剧、民间娱乐表演、大型山水实景演出等。类似这类娱乐活动，游客大多是被动地去看，所以地陪介绍时应该画龙点睛，激起游客的兴趣。除此之外，地陪要与司机商定好出发时间和停车位置，要找一个鲜明的标志作为演出结束后大家集合的地点，以免散场人多，发生一些不必要的麻烦。

> **补充材料**

中华泰山封禅大典[①]

泰山封禅是历代帝王炫耀显赫业绩的政治大典，曾经让很多皇帝心驰神往，相传史前有72位帝王来过泰山封禅，不过真正编入史册的只有秦以后的12位皇帝。他们在泰山上铭功颂德、扬名显号，也因此给泰山留下了许多惊心动魄而又耐人寻味的故事。其中秦、汉、唐、宋、清五个朝代的封禅故事最有说头。

大型实景演出项目《中华泰山·封禅大典》是以泰山文化为创作素材，以秦、汉、唐、宋、清五朝皇帝登山封禅的历史背景为创作主线，主要表现了华夏民族敬畏天地的精神，弘扬和歌颂了中国历史文化上所呈现的"天人合一"理念。演出内容分为序幕、金戈铁马·秦、儒风雅乐·汉、盛世风华·唐、艺术王朝·宋、康乾盛世·清和尾声七个章节，总时长约80分钟。隆重、庄严、大气、富丽堂皇及艺术情怀，是演出的基调。这场演出弥补了泰山多年来的夜间旅游空白，对提高泰山旅游品位、提升泰山品牌有重要作用。

2. 参与性娱乐活动的服务

有相当一部分游客出行是为了彻底放松消遣，或者寻求刺激探险经历，他们希望通过这种方式丰富自己的人生经历。所以地陪在组织这类娱乐活动时要做好联络协调和安全保障的工作。

参与性娱乐活动主要包括休闲娱乐活动（如骑马驰骋、少数民族对歌、水畔垂钓等）、刺激性探险活动（如蹦极、漂流、滑翔以及过山车等）和自娱活动（如聚餐、舞会等）。在参与性娱乐活动中，地陪对于活动注意事项务必多做提醒，保证游客安全第一。对于自娱自乐类活动，地陪要做好提醒和警示，至于是否要陪同前往，地陪应见机行事，保证做到有礼有节，把握好分寸。

五、其他服务

（一）参观服务

有些旅游团在行程中会安排或穿插一些参观活动，地陪要做好相应的安排，提供良好的服务。旅游团（者）的参观活动一般都需要提前联络，安排落实并由专人负责接待。

参观活动的一般的接待程序是：首先由参观地的接待人员进行整体情况的基本介绍；其次再由接待人员引领进行参观活动，参观过程中要提供相应的讲解服务。

如果客人是外宾，地陪还要提供翻译的服务。翻译过程中要力求准确、传神。如果介绍者的言语有不妥之处，地陪在翻译时应给予提醒，请其纠正，如来不及可改译或不译，

[①] 资料来源：泰安市旅游局，有节选。

但事后要说明。必要时，地陪要把好关，以免泄露有价值的经济情报[①]。

（二）会见

游客（主要是专业旅游团的游客）会见同行或负责人，地陪可以提供必要的帮助。如果是外宾，地陪要事先了解会见的相关内容，如会见时是否要互赠礼品，礼品中是否有应税物品，如果有应提醒有关方面办妥必要的手续。游客如果是要会见在华的亲友，地陪要协助安排，但在一般情况下无充当翻译的义务[②]。

（三）宴请

在旅游团的行程中也会出现宴请类的相关活动，主要包括宴会、冷餐会、酒会和风味餐等，地陪在相关的宴请活动开始之前要注意提醒游客不同的宴请形式的特点、赴宴的相关注意事项等。地陪在带领游客赴宴时要注意时间、着装、座次等。另外，地陪如果作为翻译赴宴，要注意就餐礼仪，不得边抽烟边翻译。

"导游事"分享

地陪导游员小张带团过程中的表现存在哪些问题？

[事实] 济南某旅行社的地陪导游员小张接待了一个来自四川的旅游团，接团当天，小张早早来到接站地点迎接旅游团，接团后带领团队赴酒店办理入住登记手续，安排房间时，有两名游客提出一定要南向的房间，小张尽量帮助客人协调，满足客人的住宿需要。在接下来的行程中，小张一直尽心尽力，尽量满足客人的旅游需求。行程游览将近结束时，有客人提出，晚餐的餐标太低，且不太符合他们的饮食习惯，提议要去吃川菜，接着团队所有客人表示同意，小张本着游客至上的原则，征得派团计调员的同意，积极为游客们安排了川菜；此时已经接近行程安排中的用餐时间了，原定团餐的餐厅打来电话，当得知小张在即将开餐的时候却换了用餐地点时，原来预订的用餐餐厅要求小张交纳退餐的损失费用，小张这才想起来忘记将退餐事宜在第一时间告知原定餐厅，游客们以不知情为由并不愿意承担退餐损失费，最后只好由小张自己承担了损失。在接下来的游览中，小张因为退餐的事情难以释怀，觉得自己费心满足了游客合理需求却惹了一身麻烦，讲解和导游工作都有些懈怠，最终送团的时候游客对他的服务并不认可，认为小张虎头蛇尾，没有很好地完成此次带团的任务。

[启发] 地陪导游员的带团程序是有章可循的，但是又需要在遵守原则的情况下根据实境灵活处理。小张作为一名地陪导游员，在接团之后能够树立以游客为中心的理念，积极满足游客的需求这是无可厚非的，但是我们满足游客需求时要遵循操作规范。小张积极协调酒店相关部门满足客人住南向房间的需求是值得认可的，但是在解决用餐问题的时候，他忽略了原有的订餐安排，没有事先协调好已订团餐与游客用餐个性需求之间的矛盾，也没有事先告知游客关于退餐可能产生的费用问题，结果造成了退餐损失的费用游客不承担，最终只能由自己支付的状况。

---

① 梁文生.导游实务[M].济南：山东科学技术出版社，2012.
② 同上。

模拟导游

地陪对客服务过程中的每一个环节都是相互影响的,一个问题处理不好可能会影响到接下来行程的安排,也会影响到游客的心情和导游员工作的积极性。对于地陪导游员而言,要有良好的应变能力和心理自我调节能力,能够在对既定事实做好善后的情况下,调整好自己的状态,积极完成后续的工作,不能因为前面问题没有处理好,导致后面的工作失去积极性,影响到整体的服务质量,造成游客的不满。

拓展知识

好客山东有"三珍"[①]

山东的旅游商品非常丰富,在土特产中有许多极富价值、口碑极佳的产品,比如阿胶、海带、胶东参为代表的珍贵特产。而今,"山东三珍"成为"好客山东"品牌下的又一个子品牌。好客山东有三珍,阿胶海带胶东参。2011年12月28日,"山东三珍"产品在济南正式发布,并纳入全省"联合推介、捆绑营销"体系,致力于打造"山东三珍"品牌形象。

阿胶:山东的阿胶全国闻名,因为山东的地下水,尤其是东阿的地下水集太行山和泰山两大山脉的精华,水质清且比一般水重,富含钾、钠、钙、镁、硒、锶等十八种矿物质,适合炼制上品阿胶。阿胶有滋补、补血、美容养颜的功效。《神农本草经》载阿胶"久服轻身益气",经常适量服用阿胶可提高人体免疫力,达到强筋健骨、延年益寿的目的。阿胶所含的氨基酸与钙、钾、钠、镁、锶等17种元素是人体的重要营养物质,有抗衰老、延年益寿的作用。阿胶含有大量的钙质,是中老年保健所不可缺少的,此外,阿胶还可以通过甘氨酸的作用,促进钙的吸收,能改善体内钙平衡,从而改善中老年因缺钙而出现的各种衰老病症。

海带:深海小海带素有"海洋蔬菜"和"长寿菜"之称,具有独特的风味和营养价值,是优质的碱性食品。山东的深海小海带生长在广阔的海洋中,远离人类居住的陆地,蕴含了大量对人体有营养价值的成分,是天然的绿色有机食品。海带具有一定的药用价值,因为海带中含有大量的碘,碘是甲状腺合成的主要物质,所以,海带是甲状腺机能低下者的最佳食品。海带中还含有大量的甘露醇,可防治肾功能衰竭、老年性水肿、药物中毒等,同时对防治动脉硬化、高血压、慢性气管炎、慢性肝炎、贫血、水肿等疾病,都有较好的效果。海带中的优质蛋白质和不饱和脂肪酸,对心脏病、糖尿病、高血压也有一定的防治作用。

胶东参:山东胶东半岛的海参最为名贵,被称之为"参中之冠",胶东半岛处于渤海和黄海交汇处的海域,因水流量大,无污染,海藻品种丰富,气温合适,最适合刺参生长,所产的海参自古被列为名贵上品。海参的营养价值较高,每百克水发海参含蛋白质14.9克,脂肪0.9克,碳水化合物0.4克,钙357毫克,磷12毫克,铁2.4毫克,以及维生素B_1、维生素B_2、烟酸等。海参含胆固醇极低,为一种典型的高蛋白、低脂肪、低胆固醇食物。加上其肉质细嫩,易于消化,所以,非常适宜于老年人、儿童以及体质虚弱的人食用。

---

① 资料来源:山东省旅游局,有删减。

任务五　地陪导游员服务程序之"送团服务"

要保证旅游团（者）活动的顺利开始和完满结束，必须注意接待过程的每一个环节。如果说迎接服务是地陪树立良好形象的开端，那么送团服务则是游客对地陪的良好形象加深，使旅游行程获得圆满结束的重要环节。如果送团环节出现问题，将直接影响到旅游者对整个行程的质量评价。旅游团的送行服务既是把全程接待工作推向高潮的机会，也是对前段服务工作中存在不足的一种补救，地陪不能有丝毫的放松与懈怠。

一、送站准备

（一）核实、确认交通票据

旅游团（者）离开的前一天，地陪应核实旅游团（者）离开的机（车、船）票，要核对团名、代号、人数、全陪姓名、去向、航班（车次、船次）、起飞（开车、起航）时间，弄清启程机场（车站、码头）的位置等事项。

（二）商定出发事宜

地陪应在旅游团（者）离开的前一天跟领队、全陪商定出发时间（出发时间的确定根据：出境或去沿海城市的航班，提前2小时到达机场，现在有些机场，如北京首都国际机场要求提前3小时到达；国内航班提前1.5小时到达机场；乘火车提前1小时到达火车站），从而确定叫早、出行及早餐时间，并及时通知到每一位旅游者和饭店相关部门。

如果该旅游团（者）所乘坐的交通工具班次较早，无法在饭店餐厅用早餐，地陪要及时做好相应的准备工作，并向旅游者说明情况。

地陪还要提醒游客尽早与饭店结清有关账目，如果游客损坏了房间设备，地陪应协助游客办理赔偿事宜。

（三）及时归还证件

在旅游团（者）离开的前一天，地陪要检查自己的行李物品，看是否保留有游客的证件、票据等，若有应立即归还，当面点清。

一般情况下，地陪不应当保管旅游团（者）的旅行证件，若需用，可通过领队或者全陪向旅游者收取，用完后立即归还给游客。

二、离店服务

（一）交运行李

旅游团（者）离开饭店前，地陪要按照商定好的时间与饭店行李员、领队、全陪共同确认托运行李的件数，检查行李是否上锁，捆扎是否牢固、有无破损等，填写好行李运送卡。

（二）办理退房

地陪要协助旅游团（或散客）办理退房手续，并及时询问游客是否已经与饭店结清账目。如果需要，地陪应该收齐房卡，集中交到总服务台。如有客房设备损坏，地陪应该协助客人和饭店妥善处理赔偿事宜。通常情况下，应在中午12:00之前完成退房手续。

（三）集合登车

游客登车后，离开饭店前，地陪应仔细清点人数，并得到全陪或者领队的确认。再次提醒游客不要遗落物品，询问游客有效证件是否随身携带等，一切妥当后示意司机开车。

三、送行服务

（一）致欢送词

欢送词和欢迎词应该是首尾相接、遥相呼应的。欢送词是旅游活动的句号，也是接待工作中的一个重要环节。地陪致欢送词可以加深与游客之间的感情，也是把感情推向高潮的重要一步。所以，地陪致欢送词时要情真意切，不可虎头蛇尾、前功尽弃。致欢送词的地点可选在行车途中，也可在机场（车站、码头）。

一般情况下，欢送词的内容应该包括：①总结回顾旅游活动，感谢大家的合作；②表达友谊和惜别之情；③诚恳征求游客的意见和建议；④若旅游活动中有不顺利或旅游服务有不尽如人意之处，导游员可以借此机会再次向旅游者赔礼道歉；⑤表达美好祝愿，欢迎客人再次来旅游。

欢送词虽然包含以上共性内容，但应因人、因时、因地使用，不可千篇一律。欢送词的形式和内容是丰富多样的，无论使用哪种形式，都要做到真情流露，不可虚假敷衍。同时，地陪要把握好致欢送词的时机，为整个行程画上完满的句号。

补充资料

欢送词示范

朋友们，大家好！

好花不常开，好景不常在，今日离别后，何日君再来？在大家这次齐鲁精彩之旅的最后时刻，我想说：这一趟旅游大家都非常辛苦，但最辛苦的人是我们的全陪小姐和领队先生。他们一路照顾大家的饮食起居，心系大家安全，力求大家快乐，同时给我的工作以极大的支持。因此，在这里，我要表达一个山东地陪，对领队和全陪真诚的谢意，请大家掌声鼓励一下。谢谢！我还不得不谢谢一个人，就是我们的司机王师傅，王师傅用他高度的责任心和高超的车技，给了我们一个安全的旅程，也请大家给我们亲爱的王师傅一点掌声。谢谢！

在山东的这几天，我们一同走过了……（回顾行程）

几天前我们在这里起程，今天大家终于回到了起点，我们五天的行程马上就要结束了。天下之大，没有不散的宴席。各位到了机场后，即将乘坐飞机，回到自己温暖的家，在这里我祝大家一路平安、旅途愉快。最后，祝大家在以后日子里，生活好工作好样样都好，亲戚好朋友好人人都好。"好客山东"欢迎您的再次到来！谢谢大家！

（二）征询意见

请全陪、领队或者旅游者填写"旅游团（者）意见征询单"（如下表所示），从中总结客人对于当地接待服务的评价和建议，扬长避短，不断改进提高旅游服务质量。

补充资料

地陪服务游客意见反馈表

团号		人数		全陪/领队	
地陪		车号		司机	
游客意见	非常满意	满意	基本满意	不满意	游客建议
日程安排					
餐饮质量					
住宿安排					
旅游安全					
用车					
车况					
服务态度					
服务水平					
导游服务					
讲解质量					
服务态度					
仪容仪表					
生活服务					
娱乐项目	参加（　　）				
满意（　　）					
基本满意（　　）					
不满意（　　）	未参加（　　）				
购物安排	（　　）个购物点				
满意（　　）					
基本满意（　　）					
不满意（　　）	未进店（　　）				
游客评语：					
游客签名：		联系电话：			

（三）照顾下车

旅游车抵达机场（车站或者码头），下车前，地陪应提醒旅游者带齐随身行李物品，准备好旅游证件。地陪照顾客人下车，请司机协助检查车内有无旅游者遗留物品。

（四）办理离站手续

若是乘坐国内航班（车、船），抵达送站地点后，地陪要将交通票据和行李托运单或行李卡一一清点无误后交给全陪（如旅游团无全陪，则交给领队），请其清点核实。按规定与全陪办理好相关的财务拨款手续并妥善保管好单据。等旅游团所乘交通工具离开后，地陪方可离开送站地点。

若是国际航班（车、船），抵达送站地点后，地陪首先要和领队、全陪一起交接行李，清点核对后协助将行李交给每位游客。其次地陪应将旅游团（者）送往隔离区，由领队帮助旅游者办理有关离境手续，但是地陪要向他们介绍办理出境、行李托运和离站手续的程序。如果有国内全陪，地陪应与全陪办理相关财务拨款结算手续并妥善保管好单据，将返程交通票交给全陪。

（五）与司机结账

送走旅游团（者）以后，地陪应与司机核对实用车里程数，在用车单据上签字，并保留好单据。

▶ "导游事"分享

导游员小王为何没有答应游客去王府井的购物要求？

[事实] 某日清晨，导游员小王所带的"古都北京五日游"的团队已经到了行程的最后一天，中午12点钟游客即将离开北京，返回湖南。早饭后旅游团全体成员已经在车上入座，导游员小王清点完人数，提醒大家检查好随身的物品后示意司机可以出发，这时游客们向小王提议离去机场还有一段时间，能不能去王府井买点旅游纪念品。小王面露难色，虽然不忍心拒绝游客，但最终还是委婉说服游客来不及去王府井购物，并提前抵达机场候机。小王在抵达机场后诚挚地对没有满足游客最后的购物需求表示歉意，并希望游客下次再来北京的时候一定尽量安排和满足，最终游客们虽然略有遗憾，但也理解了小王的做法。

[启示] 为了保证按规定时间提前抵达火车站或机场，送团前尽量避免安排游客在情况复杂的区域进行购物等自由活动，这也是防止出现误机等突发事故的重要举措。地陪导游员小王遵循了这一送团原则，在送团前委婉拒绝了游客要求去王府井购物的请求，保证了旅游团顺利离开北京返回湖南。

导游员在处理类似问题时要掌握一定的技巧，既能够让游客理解自己的初衷，又能够安抚游客遗憾和不满的情绪。在这种情况下，导游员应首先诚恳地讲明情况和利害，对于通情达理的游客而言是能够理解的。同时也要关注到游客的情绪，可适当安排一些小补偿或活动，如到车站休闲厅请大家喝点茶水、谈一些当地风情趣事或回顾一下此次游览的景点和快乐的回忆，转移他们的注意力等，尽量做到让游客乘兴而来，满意而归，为旅途画上一个完美的句号。

任务六 地陪导游员服务程序之"善后工作"

地陪在送走旅游团（者）之后，并不意味着工作完全结束。地陪还应妥善处理善后收尾工作。

一、处理遗留问题

送走游客后，地陪应认真妥善处理好旅游团（者）的遗留问题，按照有关规定和领导指示办理游客临行前委托的各项事宜。

（一）游客要求转递信件和资料的处理

在婉拒未果的情况下，如果导游员答应为游客转递信件或者资料，则应做必要的记录并留下委托者的详细通信地址。收件人在收到信件或者资料后要出具收据，交给旅行社保存。

如果外国游客要求地陪帮助将物品或信件转交给外国驻华使领馆及其人员，地陪在没有办法委婉拒绝的情况下，应详细了解情况并向旅行社领导请示，将物品和信件交给旅行社，由旅行社安排人员转递。

（二）游客要求转递物品的处理

游客要求转递物品，地陪首先详细了解物品性质并做好各种相应的提醒，在无法婉拒的情况下，应该为其办理，地陪应请游客写委托书，注明物品名称和数量，并当面点清，签字并留下详细通信地址。收件人收到物品后要写收条并签字盖章。地陪将委托书和收条一并交给旅行社保管。

二、整理带团（者）记录

整理带团（者）记录是地陪自身工作经验的一种积累，对以后不断完善自己有着不可估量的作用。带团（者）记录主要包含以下内容。

（1）旅游团（者）名称、人数、抵离时间、全程路线。
（2）旅游团（者）成员的基本情况、背景、活动中的表现特点及兴趣。
（3）旅游团（者）内重点游客的反映。
（4）各游览站点的住宿、餐饮、游览车的落实情况及地陪、景区导游员讲解水平和工作态度。
（5）行程中有无意外、失误的发生，以及处理情况。
（6）如有重大事件发生，如死、伤或涉外事件，要把详细细节、各种证明资料及主要人物身份记录清楚，以备查验。

三、做好带团（者）总结

带团（者）总结是地陪在接待工作结束后，对每一次陪团（者）经历的自我整理、归纳的过程，实际上也是一个工作体会。基本可以从正反两方面进行总结，以便在以后工作中能够扬长避短，做得更好。带团（者）总结的基本内容应主要包括：

（1）仔细回忆整个接待过程中的每一个环节，哪些地方做得很好，得到客人的认可和好评，哪些地方做得有欠缺，处理方法和讲解方式有待改进。

（2）仔细回忆在跟客人交流过程中，自己有哪些地方说得模糊不清，问题回答不够准确，甚至根本回答不上来。然后根据这些情况在以后的实际工作中有针对性地补充知识，提高水平。

四、做好收尾工作

（1）分门别类地整理各种票据，整齐地粘贴在报账单上，请领导审核后签字，到财务部门报账。

（2）归还从社里所借的物品，如导游旗、扩音器等。

（3）上交陪同日志及游客意见反馈表。

（4）如有客人委托事宜，尽量尽快办妥。

"导游事"分享

面对游客临行前的托付，小王的做法有无不妥？

[事实] 美国某旅游团一行18人参观某地毯厂后乘车返回饭店。途中，旅游团成员格林先生对地陪小王说："我刚才看中一条地毯，但没拿定主意。现在跟太太商量后，决定购买。你能让司机送我们回去吗？"小王欣然应允，并立即让司机驱车返回地毯厂。在地毯厂，格林夫妇以1000美元买下地毯。但当店方为其包装时，格林夫妇发现地毯有瑕疵，于是决定不买。

两天后，该团离开H市之前，格林夫妇委托小王代为订购同样款式的地毯一条，并留下1500美元作为购买和托运费用。小王本着"宾客至上"的原则，当即允诺下来。格林夫人十分感激，并说："朋友送我们一幅古画，但画轴太长，不便携带。你能替我们将画和地毯一起托运吗？"小王建议："画放在地毯里托运容易弄脏和损坏，还是随身携带比较好。"格林夫人认为此话很有道理，称赞他考虑周到，服务热情，然后满意离去。送走旅游团后，小王即与地毯厂联系办理了购买和托运地毯事宜，并将发票、托运单和350美元托运手续费收据寄给格林夫妇。

[启发] 地陪导游员在送团（者）前要处理好相关的善后事宜，面对客人要求代购或者转交等临行前的事宜，导游员一般情况下应该婉言拒绝，说服客人自己办理，但本人可提供协助。小王虽然是为客人着想，但是当即答应客人请求也是不妥，他可以先协助客人自行解决，或者向领导请示汇报，经批准后，可协助客人办理相关事宜。对于客人委托代购或者转交的事宜，要请客人写委托书，并请客人留下详细地址。在帮助客人购买后把单据和物品一并交部门经理审核无误后，复印存档，以备查用；寄送物品时将发票、余款等一并寄送给客人。

项目模拟实训

1. 实训内容：接团（者）准备

（1）根据老师所提供的接待计划，确认接待计划中的以下内容，并做好记录。

旅游团（者）概况：

旅游团（者）成员的情况：

旅游线路情况：

交通票据情况：

特殊要求和禁忌：

（2）将学生分成6人左右的小组，相互扮演导游、司机、前台接待、餐厅预订员等角色，在假定场景下进行模拟对话练习，掌握落实接待事宜的操作要点。

（3）请同学们准备行李箱和工作包，模拟装入各项带团（者）的规定用品、应急用品和个人用品，并整理整齐。

2. 实训内容：迎接服务

请同学们分别撰写自己的欢迎词，突出个人特色或所接待的团队（者）特色，并在旅游车上进行接团后的模拟练习。同时根据接待计划的行程要求，设计相应的沿途介绍，并进行讲解模拟。

3. 实训内容：接团（者）后送团（者）前的服务

（1）选择一家当地酒店，利用其前厅、客房、餐厅等场景，由同学们分组分别扮演地陪、领队、全陪、游客及酒店服务人员，模拟旅游团（者）入住的服务程序，并设定一些入住饭店时的特殊场景及突发状况，由同学们进行现场的应对处理的模拟练习。

（2）布置好商定日程的场景，将同学们进行分组，分别扮演地陪、全陪、领队等角色模拟商定日程的场景对话，设定日程上的一些特殊情况，考查学生在此环节的灵活应变与处理能力。

（3）选择市区内的某一景点或者校园内景点，将其设定为此次实训项目的游览景点。赴景点前首先在车内进行导游员与游客的互动模拟练习，由学生事先准备车内互动游戏，然后在指定时间内轮流与游客展开互动，并相互交流心得和效果。抵达景点后按照既定路线，对景区内参观游览的流程进行模拟实训。

（4）在选定的餐厅中模拟练习就餐前确认相关事宜的服务操作要点，模拟就餐过程中的地陪服务操作要领，以情景剧的形式模拟就餐时出现特殊问题的处理场景，考查学生灵活处理问题的能力。

4. 实训内容：送站服务

选择本市机场（车站、码头）为送站场景，分小组进行角色扮演，分别模拟离店服务、送行服务的操作要领，重点模拟致欢送词以及办理离站手续两个环节。模拟送站过程中的突发问题，考查学生的应变与处理能力，避免误机等状况的发生。

5. 实训内容：善后工作

自拟带旅游团（者）背景，做出出团（者）总结和带团（者）记录；模拟游客提出的遗留性问题，并由学生通过角色模拟扮演进行处理的展示与练习。

项目二　导游词创作

任务导读

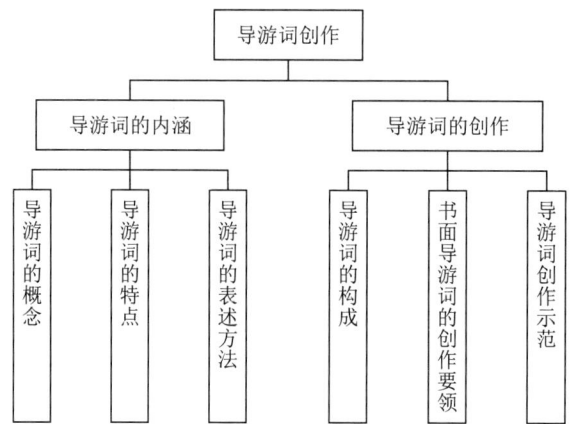

学习目标

（一）知识目标

1. 了解导游词的基本概念和功能
2. 全面掌握导游词的表述方法

（二）技能与能力目标

1. 能够运用导游词创作的程序和要领，独立完成导游词创作
2. 掌握一定的审美能力
3. 具有创新意识和实践能力，善于搜集梳理信息，运用有关知识和方法，进行创作

（三）思政目标

1. 在导游词撰写的过程中，用心领会山河壮美，具有家国情怀，增强热爱家乡，热爱祖国的情感
2. 坚持知识学习与价值引领相结合，导游词的创作能体现正确的世界观、价值观、人生观

> 学习内容

任务一　导游词的内涵与理解

俗话说，"祖国河山美不美，全凭导游一张嘴"。由此可见，导游员一流的讲解内容和表达能力可以引导游客更好地审美，进而实现游客寻求美、享受美的旅游愿望。导游词是导游员进行实地口语导游的基础和前提，因此，导游词创作是导游员尤其是地陪导游员的基本功之一。

当你在景区景点看到导游员神采飞扬、滔滔不绝地为游客讲解景点知识的时候，你是否也想像他们一样妙语连珠呢？而优秀导游词的创作，正是游客听到完美讲解的前提条件。

一、导游词的概念

导游词是导游员引导游客观光游览时的讲解词，是导游员同游客交流思想，向游客传播文化知识的工具，也是吸引和招徕游客的重要手段。

从形式上来看，导游词有书面导游词和现场口语导游词两种。本项目所讲的导游词创作主要指书面导游词的创作。

书面导游词，一般是根据实际的游览景观、遵照一定的游览线路、模拟游览活动而创作的。它是口语导游词的基础与脚本。掌握了书面导游词的基本内容，根据游客的实际情况，再临场加以发挥，即成为口语导游词。

☞ 补充资料

导游词的取舍

随着旅游业的发展及游客各方面需求的提高，各地都精心编纂了大量的导游词及导游指南等书籍。导游员要学习前人的成就，掌握创作导游词的要领，根据自己的性格特点和知识水平，在充分分析游客需求、景区（点）特色和景物价值的基础上，创作个性化的实用书面导游词。在实际工作中，要学会根据游览当时的具体情况，发挥导游语言的优点，变书面导游词为有针对性的、对服务对象有强烈吸引力的口语导游词。

二、导游词的特点

（一）知识性

导游词是文化的传播途径之一，应全面、准确地反映出旅游目的地的历史、地理、自然景观、人文景观、风土人情、社会经济发展等各方面状况。在撰写导游词前，应仔细认真地查阅资料和文献，到当地考察走访。避免人云亦云，将听来的材料都当作是理所当然，不经考证，加入到导游词中；更不能凭空杜撰，自己编造典故和历史传说。如果导游词出现知识性谬误，则游客难以信服，也失去了讲解的意义。创作导游词时，要注意知识和文献相结合，文献中讲到的是史实还是神话，也需要及时说明。

例如，太行山以它的磅礴气势，雄踞在河北、河南和山西省之间。是中国东部地区的重要山脉和地理分界线。北起北京关沟，南止于黄河谷地，西接山西高原，东临华北平原。《列子·汤问》里，我们熟知的《愚公移山》故事里曾提到，太行山原本不在现在的位置，而是在冀州之南，也就是现在的河北省和它周边地区，这个古冀州区域的南边，那后来呢，因为愚公要移山，把当时的一个神：操蛇之神，吓怕了，报告给天帝，于是天帝派人把山挪到了现在的地方。当然了，这是故事里的神话传说，不足为信。实际上，在六亿年以前，太行山地区是一片汪洋大海，后来经过了频繁的地壳活动，使太行山脉逐渐隆起，距今二三百万年前，太行山再次大规模抬升，加上河流的切割作用，最终形成今日我们看到的太行山，成为了华北"母地""天下之脊"。

（二）规范性

规范的导游词用语反映了导游员良好的中文修养与造诣。导游词的规范性包括内容规范和语言规范两个方面。内容规范方面，引用数据要准确，导游词中涉及的历史年份、事件、人物要准确，传说和事实要区分清楚。同时，对于旅游地某种文化或现象的多种说法和解释，应首先使用官方说法。在语言规范方面，除了介绍地方方言之外，应使用普通话或其他特定语言（如外语），注重语言的文明和健康。

例如，在一些福建土楼的导游词版本中，有这样的内容："20世纪80年代（时间有各种版本），美国的人造卫星在福建山区拍到了一群或圆或方的不明建筑物，由于形状酷似导弹发射井，使得美中情局大为惊恐，以为中国正在大规模发展核弹。为此，美国还大费周章地派出情报人员深入中国调查。多年后，美中情局才终于明白，原来这些谜样的建筑物是福建土楼！"在此导游词中，"美国误认福建土楼为核基地"的故事是未经考证的流言[1]，来源于口口相传，无确切史料和新闻记载，可以用以提升游客兴致，但应在讲解时向游客说明不是事实，更不能当作讲解重点。

（三）交流性

导游词的本义在于达到人和人之间面对面的交流和沟通。因为导游词的最终目的，是使导游员和游客之间达成交流，形成景点知识的传输、精神状态的感染乃至感情的共鸣，这种传输应是双向的，有回应的。因此导游员也要重视游客的面部表情，从中推测游客的情绪反馈，游客是否感觉到不耐烦、无聊或是因疲惫而不愿意接收信息。为达到更好的交流目的，导游词要避免使用难懂的书面语词汇和音节拗口的词汇，以便讲起来顺口，听起来轻松，尤其要简明、凝练、富有趣味。

（四）吸引性

吸引性是对交流性的进一步升华，要求达到使景区（点）和导游讲解都能吸引游客的目的，即不仅能够使游客了解景区（点），更能够使游客对景区（点）有记忆、有感情。吸引性也可以通过导游词内容的调整来实现，比如增强导游词的"人气"和"地气"，贴近游客的日常生活，或是引起游客的回忆、激发游客的联想等。若导游词语言干瘪、知识

---

[1] 马子雷. 后申遗时代福建土楼现状调查[N]. 中国文化报，2011-08-22.

贫乏就无法引导旅游者进入审美意境。

三、导游词的表述方法

导游词讲究语言艺术，要求生动、有趣和口语化，力求语言诙谐、幽默和有诗歌音乐美。

在导游词的表述中，应灵活运用各种修辞和表达方法，以达到导游词应有的效果。以下介绍五种常用的表述方法。

（一）渲染激情法

为了使导游词具备较强的感染力，通常使用一些感情强烈的表述方式，用排比、反问等抒情色彩较浓的句式，富有激情，营造气势。一般来说使用短句较多，一气呵成，朗朗上口。

渲染激情法导游词示范1：泰山概况片段

泰山，五岳独尊，她虽然没有西岳华山之险，没有南岳衡山之秀，没有北岳恒山之幽，没有中岳嵩山之峻，但是自然与岁月却使泰山成为世界自然与人文双重遗产；相对地理位置凸显出的高度，七十二君王留下的印记，泰山安四方皆安的思想意识，哪一样是其他名山可以媲美的？哪一样不是扣动人们心扉的？

渲染激情法导游词示范2：黄山概况片段

朋友们，黄山"无峰不石，无石不松，无松不奇"，人们在看到和感受到黄山松那种顽强的生命力和非凡的气度时，往往把它同咱们的中华民族联系到一起：几千年以来，咱们中华民族不屈不挠，自强不息，团结向上的斗争精神，不正像这黄山松吗？拥有黄山的安徽省，已经把黄山松定为省树，并总结出黄山松的精神：顶风傲雪的自强精神，广迎四海的开放精神，岩石夹缝中自立发展的进取精神和坚忍不拔的拼搏精神。[①]

（二）妙喻显趣法

运用比喻的修辞手法，来进行景物的形象说明。此方法可使景物更加具体生动，浅显易懂，使游客对于旅游对象更能够有通俗的认识和了解。

妙喻显趣法导游词示范1：烟台市长岛九丈崖公园片段

大家看这个海湾像什么？有人说像数字"3"，有人说像英文字母"W"，也有人说像耳朵。那么究竟谁说得对呢？请大家先听我讲一个故事：在1万年前，长岛经历了一次大的地质变动，海水以每天3~5米的速度增高，眼看着岛屿快要被淹没了，人们非常恐慌，带着仅存的食物聚集在岛内最高的九丈崖上，等待着死亡的降临。在危急时刻一只巨大的海鸥张开硕大的翅膀直飞向海岸，翅膀越变越长，拦住了迎面的海浪，海水终于被挡住了。长岛得以保存了下来。人们惊呼着：神鸥，神鸥！大家看，这海湾像不像神鸥的翅膀？因此，人们把这儿叫鸥翅湾。

妙喻显趣法导游词示范2：喀纳斯湖概况片段

大家都知道，我国的地图酷似一只昂首报晓的雄鸡，东北三省就像鸡头，新疆恰如鸡

[①] 中国国家旅游局.黄山，中国的骄傲[M]//走遍中国——中国优秀导游词精选（综合篇）.北京：中国旅游出版社，1997.

尾,而神秘的喀纳斯湖则好比鸡尾顶端一片绚丽的羽毛。[①]

(三) 疑问设问法

这种方法是以问句来引起游客的好奇心,唤起兴趣和注意力,加强游客的参与性。导游员在提出疑问后,要在适当时间给予解答,或是给游客自我发现答案的机会;在提出设问后,可有一个特殊停顿,而后给出答案,能够激发游客积极思考。

疑问设问法导游词示范1:海口市五公祠片段

今天是第一天,我们会参观海瑞墓、五公祠。对了,我在这里出一个题目,回程时我会搞一个抢答比赛哦,第一个答对的游客有神秘礼物啊!我的第一个题目是:"五公祠里供奉的是哪五公?"大家记得在参观五公祠的时候好好听地陪讲解啊!这位游客问了,导游你知不知道啊,我当然知道,我在这里透露一点点,这五公有三个姓李,一个姓赵,一个姓胡,是五位宰相哦!够神秘吧?

疑问设问法导游词示范2:滕王阁片段

滕王阁、黄鹤楼、岳阳楼并称为江南三大名楼,但唯独滕王阁称为"阁",这是为什么呢?(稍做停顿后回答)当初建造它,就是出于娱乐目的,为一歌舞场所,因此它的功能是游憩远眺,属阁的范畴,故称其为"阁"是名副其实的。黄鹤楼、岳阳楼都是出于军事的需要而建造的,所以它们都被称为"楼"。

(四) 幽默法

幽默风趣是导游词艺术性的重要体现,可使导游员讲解锦上添花,气氛轻松,增强游览活动的娱乐性体验。

幽默法导游词示范1:吉林市沿途导游片段

各位团友,现在我们的汽车正沿着松花江畔的松江中路前行,大家也许听说过,吉林市给松花江盖了个盖儿。所谓给松花江盖了个盖儿,指的就是松江中路的改造工程。

幽默法导游词示范2:蓬莱阁片段

蓬莱阁是一座双层木结构阁楼建筑,有鲜明的中国古典建筑艺术特色。正厅高悬一块金字牌匾,上有清代著名书法家铁保手书的"蓬莱阁"3个雄浑大字。阁上有一圈明廊,大家可以凭栏远眺,今天虽然有朦胧细雨,但是丝毫不会耽误大家沾染些仙气,请看茫茫海雾飘来,脚下云烟浮动,是不是感觉已经腾云驾雾,超凡出世了呢?

龙王宫是蓬莱阁里面最大的单体建筑,始建于唐代,中间供奉的就是东海龙王敖广,大家看,龙王的脸是不是很黑?因为在古代人们都把下雨等自然现象归功于神仙的操纵,所以每当天气干旱的时候人们都会抬着龙王的雕像到外边游行,并且高呼:求大雨,求大雨。如果遇到屡求不应的情况,人们就把龙王的雕像抬到太阳底下暴晒,人们都想只要晒到龙王受不了的时候就一定会下雨,所以把龙王的脸都晒黑啦!

---

① 王浪.中国著名旅游景区导游词精选[M].北京:旅游教育出版社,2010.

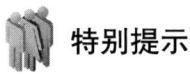 **特别提示**

"幽默"导游词创作的四要、四不要

——要高雅，不要粗俗；
——要服务主题，不要哗众取宠；
——要有真智慧，不要附庸风雅；
——要有品质，不要肤浅。

（五）名言佐证法

导游词创作中采用一些名人名言，来证明景点的价值和意义，增加权威性和可信度，同时还能增强讲解的生动性和感染力。

名言佐证法导游词示范1：大明湖片段

"四面荷花三面柳，一城山色半城湖"，清代书法家铁保留下的名句，绘声绘色地描写了济南老城的美，这半城湖，说的就是大明湖。大明湖湖水碧波荡漾、湖中荷花飘香、湖岸杨柳翠绿，这颗镶嵌在泉城济南王冠上的明珠，古往今来，不知吸引了多少游客到此畅游。

名言佐证法导游词示范2：庐山风景区片段

各位朋友，大家好！在没有开始游览之前，我先问大家一个问题，有哪位朋友能记得苏东坡的那首诗《题西林壁》呢？有谁记得李白的《望庐山瀑布》？也许说名字大家不熟悉，但内容我相信大家都知道："横看成岭侧成峰，远近高低各不同；不识庐山真面目，只缘身在此山中。""日照香炉生紫烟，遥看瀑布挂前川；飞流直下三千尺，疑是银河落九天。"也许很多朋友都是从这两首诗中才知道庐山的，并且"庐山真面目"已经成了一个约定俗成的习惯用语了。那么，庐山的真面目究竟是什么样呢？从我下面的介绍中也许能让大家略知一二。①

"导游事"分享

小王应该如何做才是正确的？

[**事实**] 某新开发的古城景区在试营业期间，邀请了本市各旅行社对景区进行考察和交流，并和本市各旅行社合作开发了相关旅游路线。小王是当地一家旅行社的实习导游员，第一次负责带领一批游客到该古城景区参观游览，小王在前期的景区考察中得知，那时的景区不仅还没有导游词，而且景区简介也只有几百字的书面化语言。在此情况下，小王对于带团讲解十分没有把握，信心不足。这不是一个负责任的导游员应该有的态度。

[**启示**] 导游员接到团队计划后，并不是行程中安排的所有景区（点）都已经很熟悉。带团出行过程中遇到没有讲解过的或者新的景区（点）都是经常事。导游员在进行新景区（点）讲解的时候，应注重知识的积累和补充，逐步将属于自己的导游词完善成型。

---

① 汪亚明.导游词编撰实务[M].北京：旅游教育出版社，2018.

此事件中的导游员小王不应该表现出没有信心。她应该抓住此次出团的机会，预先熟悉景区简介，在了解景区简介的基础上，查阅相关资料（如有必要，可向景区问询是否已经有成型导游词，以及向所在旅行社反映和求助新景点的导游词），整理出自己的书面导游词，为提高服务质量打下知识的基础。

任务二　导游词创作

一篇优秀的导游词需要导游员付出艰辛的劳动才能创作完成。即便如此，导游词还要在实践中不断修改、丰富和完善，以适应不同的游客群体、游客构成、游客偏好。

一、导游词的构成

（一）标题、引言

导游词的标题应是该篇导游词的主要讲解内容的概括，一般来说是以景点名称+概要为标题。每一篇导游词应有引言来引入景点游览内容，引言常见内容有问候、介绍及要求。

"引言"示范1：桂林漓江片段

早上好！我们今天要去游览美丽神奇的漓江。今天的行程是这样安排的，我们从桂林市内出发大约一小时后，将到达游江码头，九点半乘船开始美丽漓江之旅。游程约60千米，我们将在山绕水、水映山的画中游览，让你不得不为大自然的鬼斧神工而叹为观止，真实地感叹：此景只应天上有，人间能得几回见？

漓江是桂林山水的集中体现，是中国的首批5A级景区之一。漓江属于珠江水系，发源于兴安县境内的猫儿山。流经桂林、阳朔、平乐、梧州，然后流入西江，注入南海。桂林至阳朔的黄金水道是漓江景观的精华，它像一条青绸绿带，盘绕在万点峰峦之间，奇峰夹岸，青山绿水，风光旖旎，犹如一幅百里画卷，有"百里漓江百里画廊"之美誉。各位游客请注意，到达游江码头后，外宾是竹江码头，我们去的是内宾的磨盘山码头，请各位游客下车后注意跟好队伍，在乘船过程中注意安全。

"引言"示范2：青岛栈桥片段

烟水苍茫月色迷，渔舟晚泊栈桥西。乘凉每至黄昏后，人倚栏杆水拍堤。这样迷离的美景大家是否很向往呢？这是20世纪30年代青岛游览手册上载有的诗句。近百年来，栈桥就像是青岛的一张独特的名片，历来被看作青岛的象征，同时也是青岛人的骄傲。今天，我们的第一站就是栈桥。我将带领大家到百年栈桥上走一走，感受栈桥上迷人的海风和波澜。

（二）概况介绍

此部分是对景点的整体情况、背景、价值进行介绍，是对景点全貌的一个概览，也是游客对景区（点）的第一印象，引起游览兴趣，犹如"未成曲调先有情"。在此部分可进一步对景区（点）的行进线路进行整体介绍，使游客了解景区（点）游览时间安排。概括介绍应根据时间和游客情况，可长可短，可详可略。

"概况介绍"示范1:山东蒲松龄故居概况片段

蒲松龄纪念馆是以我国清代著名文学家蒲松龄先生的故居为主体扩建而成的名人纪念馆。蒲松龄故居修复于1954年,建馆于1980年,是中国北方农村的普通小院,是具有北方民居特色的明清式格调的四合院建筑。故居朝南,由三个相互连接的院落组成,房屋空间布局合理,西边有侧院。院内月门花格墙错落有致,假山水池相映成趣。垂柳依依,花木繁茂。故居古色古香,古朴典雅,蒲氏遗风随处可见。如今,故居已被开辟为纪念馆,由6个展厅组成,依次是:蒲松龄生平事迹展厅、正厅(聊斋)、聊斋著作展厅、聊斋外文著作展厅、著名书画展厅、聊斋彩塑展厅。

"概况介绍"示范2:云南和顺概况片段

今天我们要去游览的地方就是被誉为"中国十大魅力名镇之首"的云南著名侨乡——和顺乡。既然能够获得"中国第一魅力名镇"的称号,那么和顺乡固然有它独特的魅力所在。位于腾冲县城以西3000米处的和顺乡,不仅拥有深厚的历史文化、浓郁的人文气息,田园牧歌式的美丽风光也是随处可见。而它的独特之处在于:首先,它是面向南亚的第一镇,有着两千多年历史的南方丝绸之路连接了中印两大文明古国,著名的史迪威公路穿越和顺。其次,和顺是火山环抱的休闲胜地,是国家级风景名胜区。生活在这里的和顺人世代从大山里出国闯荡,以大马帮为连接中印缅的主要交通纽带,产生了一批雄商巨贾,形成了亦商、亦侨、亦农、亦儒的独特生存方式。因此,这里也成了汉文化与南亚文化、西方文化交融的窗口。西方建筑、南亚建筑元素与云南"三房一照壁、四合五天井"的古民居恰到好处地融为一体。而且,它还是南方丝绸之路上最大的侨乡,至今和顺侨居海外的华人、华侨有一万余人,并形成了"海外的和顺"。而居住在本乡的人口仅有6000多人,其中,归侨和侨眷占全乡人口的80%,因此和顺成为云南著名的侨乡。所以大家不难看出,这里是六千居民和谐生活的古镇,它展现的是令人向往的田园牧歌式的生活,是一个"活动的古镇"。

现在请各位往车窗外看,位于盆地中的乡镇就是和顺乡。小镇群山环绕,远远望去,全乡住宅从东到西,环山而建,连绵一二千米。说话间我们已经到达了目的地。

(三)重点讲解

导游员应对景区(点)进行翔实充分的材料组织,按照游览的先后顺序,对旅游者游览的景观一一解说,同时要根据游客性质做到重点突出。此部分是导游词的基本骨架和血肉,属于导游词的主体。

在对景区(点)重点景观和景物进行取舍时,导游员一方面要遵循常规的重点;另一方面导游员必须考虑游客的需要,时刻观察游客的情绪变化,不能仅凭导游员自己的主观意志。因为在实际工作中,导游员认为的重点,并不一定就是游客心目中的重点。

"重点讲解"示范:孔庙大成殿片段

孔庙大成殿规模宏大,气势磅礴,其中最引人注目的是大殿周围的这28根雕龙石柱,据说乾隆皇帝来祭孔时,当地官员害怕皇帝会因为石柱超过皇宫而怪罪,将石柱用红绫黄绸包裹起来。乾隆了解情况后,认为孔子应该享受比帝王更高的待遇,命人将红绫除去。当乾隆帝看到龙柱时,被深深地震惊。石柱都是用整石刻成,高5.98米,直径为0.81米。最早是明代弘治年间由徽州工匠刻制的,雍正二年大火后重刻。两山墙及后檐的18根为浅浮雕八棱石柱，上雕有云龙，每面9条，每柱72条，总共有1296条团龙。前檐的10根为深浮雕，柱上雕的是双龙戏珠图案，周围有祥云和波涛。这双龙戏珠不是一般的浮雕石刻，而是镂空的深雕，远远望去只见蛟龙相对盘旋于祥云之中，见不到石柱，确实使紫禁城的龙柱相形见绌。10根龙柱的每根龙柱上两条龙两两相对，各具变化，无一类同。大成殿的龙柱雕刻玲珑别透，刀法刚劲有力，造型极其精美，是我国罕见的古代巨型石雕艺术珍品。大家可以在此细细观赏品味。

（四）结束语

此外导游词还应当有简单的结束语，对游览的内容进行小结，如有未到之处可做一简要说明。在结束语中，可对旅游者的合作表示感谢和祝愿，表达惜别之情。结束语要注意温馨友好，情感真挚。

"结束语"示范：欢送词片段

各位游客，火车站马上要到了，美好的时光总是短暂的，两天的愉快相处即将结束，朋友们也将回到自己温馨的家中了。在这两天当中，我们一起开心地在西湖上划了船，游览了千年古塔六和塔，参观了岳王庙，还游览了杭州最古老、最大的寺庙灵隐寺，在百年老店楼外楼品尝了杭州的风味，观看了一场地方戏——越剧，有的游客还选购了许多杭州的土特产，应该说大家不虚此行吧。虽然舍不得，但还是不得不说再见了，感谢大家几天来对我工作的配合以及给予我的支持和帮助，在这次旅游过程中，大家不但理解我，还十分信任我，我由衷地感谢大家。也许大家上火车后，我们以后很难有再见面的机会，但中国有句古话"两山不能相遇，两人总能相逢"，我相信不久的将来，我们还会再见的！我期待着大家的再次光临！最后，预祝大家旅途愉快，一路顺风。谢谢！①

二、书面导游词的创作要领

（一）准备丰富的创作材料

导游词的创作材料应是源头活水，可查阅景区（点）官方网站提供的资料，或查阅相关文献、历史典籍、知识类杂志、报纸，也可以通过考察观察，记录真实的民俗民风。我国的山川河流、文物古迹都蕴含着中华民族特有的精神价值，翔实的资料能够使景点与文化密切结合。

准备丰富的创作材料示范：海神庙正殿庭院材料准备

现在我们来到了海神庙正殿前面的庭院。左右两侧有两个吉祥物。右边的叫"乘黄"，也叫"飞黄"。我国古代的神话故事集《山海经》说：白民之国有乘黄，长的样子像狐狸，背上有角。要是骑到它身上，就能活到两千岁。唐朝大文学家韩愈写过这样的诗句：飞黄腾达去，不能顾蟾蜍。后来，人们就用飞黄腾达来比喻一个人的官职、地位上升得非常快。看来乘黄的功能有两条：长寿和升官。可是我们面前这个乘黄大家千万不要骑，一是真要活到两千岁，那可就太麻烦了；二是您要是真骑了上去，可就要准备罚款了。

左边这一个叫"龙马"。我国古代传说龙马是河水之精，说它是龙头、马身，还有两个可以张开的翅膀，叫的声音很好听，说它是"鸣声九音"。有些人很谦虚，用五音不全

---

① 浙江省旅游局.浙江省现场导游考试指南［M］.北京：中国旅游出版社，2007.

来说自己唱歌不好听,但这龙马"鸣声九音",简直就是一个交响乐团!还有的古书上说这龙马就是乘黄。在海神庙前设立龙马、乘黄的塑像,是取其"河水之精"的含义[①]。

(二) 掌握正确的创作流程

根据导游词的基本构成,在十分熟悉景区(点)的基础上,进行导游词的创作。如该景区(点)已有官方导游词,应首先了解官方导游词,然后根据自己的需要进行修改或是编写具有特色的导游词。

书面导游词的创作流程一般为:了解景点→确定讲解重点→了解官方导游词或其他资料→查阅景点相关资料→导游词编写→在实践中修编。

了解景点及确定讲解重点示范:中央电视台无锡影视基地三国水浒景区游览路线

神兽→汉鼎→三英战吕布→曹操点将台→曹操指挥船(重点)→竞技场→周瑜点将台→吴营水寨→吴王宫(重点)→甘露寺。

(三) 重点突出

每个景区(点)都有代表性的景观,每个景观又都从不同角度反映出它的特色内容。导游词必须在照顾全面的情况下突出重点。面面俱到、没有侧重的导游词是不成功的。

重点突出示范1:九寨沟芦苇海片段

芦苇海形成的主要原因在于岩溶作用,在九寨沟的地貌形成中,岩溶发育在这里有十分有利的条件,巨厚的碳酸及灰岩提供了可溶物质基础;温湿的气候,茂密的植物为岩溶作用提供了较丰富的降水和适宜的水化学条件,成网络状发育的构造裂隙和剧烈的地貌反差为岩溶水提供了通道和流动环境。

重点突出示范2:苏州寒山寺片段

苏州寒山寺的导游讲解中,应突出寒山寺的历史地位和独特意义。

寒山寺自唐代以来一直名扬中外,魅力无穷,寻本探源,有这样几个原因。

第一,唐代诗人张继的《枫桥夜泊》诗,使它家喻户晓。"月落乌啼霜满天,江枫渔火对愁眠;姑苏城外寒山寺,夜半钟声到客船"。这些传世佳句,起到了文因景传,景因文名,钟声诗韵,名扬百世的效果。该诗不但在我国流传极广,而且很早就传到了一衣带水的东邻日本,因此,清代著名学者俞樾在《重修寒山寺记》一文中说过:"其国三尺之童,无不能诵是诗者。"如今它仍被编入日本学校教科书中。在东南亚、欧美,这些诗句也很受青睐。

第二,佛门弟子一直认为,曾住持过此寺的唐代和尚寒山、拾得,分别是文殊、普贤两位菩萨转世的高僧,并把他们神化为我国的和合二仙,成为人们喜闻乐见的神仙。民间传说,拾得和尚乘着寒山寺里的一口钟,漂洋过海到日本一个名叫萨堤的地方,传播佛学和中国文化。这个故事曾以连环画的艺术形式在日本的1989年第4期《中国医报》杂志上登载,题为《寒山寺钟声》,更使寒山寺多了个娓娓动听的中日友好话题。

第三,民间相传,张继诗中涉及的钟,历经沧桑,在明末流入日本。清末,日本山田寒山先生便四处探寻,欲将此钟归还原主,但终无下落,便募捐集资,铸一对青铜钟,一座送寒山寺,一座留日本馆山寺。在中日民间文化交流和友好往来史册中,写下了美好的

[①] 郭武备,罗亚平.中国的世界遗产全程导游词[M].北京:中国建筑工业出版社,2012.

一页。

第四，寒山寺的钟声不但有悠久的文化历史内涵，还有奇妙的功能，可以令人"大彻大悟"。所以旅游者都要亲自聆听寒山寺的钟声。

唐代诗人张继当年进京考试名落孙山，归途中夜泊枫桥，正是听了夜半寒山寺钟声的启迪，灵感顿开，写下了"枫桥夜泊"这首千古绝唱，在中国文学史上占了引人注目的一席。也正是寒山寺钟声使他消了烦恼，继续寒窗苦读，后来再次赴京城应试，最终中了进士。

（四）因人而异

编写导游词一般应有假设对象，这样才能更具针对性，体现因人而异。导游词不是以一代百、千篇一律的。它必须是从实际出发，因人、因时而异，要有的放矢。地陪导游员通常把已经创作完成的导游词，根据不同的游客以及当时的情况和周围的环境进行二度创作，为所服务的游客作讲解。

因人而异示范：宁夏中卫沙坡头片段

片段1：普通讲解词

宁夏回族自治区中卫市的沙坡头旅游区是一处景观独特的游览区。过去，沙坡头以治沙成果而闻名。包兰铁路在中卫境内六次穿越沙漠，其中以沙坡头坡度最大，风沙最猛烈，为了保证铁路畅通，避免路轨被沙埋住，从20世纪50年代起，相关部门在铁路两侧营造防风固沙工程。这项工程取得了成功，铁路两侧巨网的草方格里长满了沙生植物，金色沙海翻起了绿色的波浪，包兰铁路沙漠段几十年来安然无恙。这一治沙成果引起了全世界治沙界的普遍关注，不少外国专家慕名前来考察。

片段2：针对学术考察团或记者团的讲解词

沙坡头旅游区是四海宾朋共享美景的人间福地，是寓教于乐的科学殿堂。沙坡头的一个叫绝之处，是包兰铁路固沙林带。沙坡头以治沙成果而闻名。世界上还没有一处景点像沙坡头这样，把自然景区与科学实验园融为一体。

历史上"浮沙没胫，人马惮行"的沙坡头，流动沙丘蜿蜒起伏达16千米，最高处离黄河水面180多米，年降水量仅为185.6毫米，蒸发量却是降水量的15倍。这里平均每10个小时就有一次风沙天气，在10~12米/秒的风力作用下，沙子在平缓的沙地上一个昼夜就要前行好几千米。"忽复暴风至，沙砾向空卷。仰看天欲昏，河流声莫辨。俯视下深渊，失足虑不免"的沙暴天气经常出现。

由于包兰铁路在中卫境内六次穿越沙漠，其中以沙坡头坡度最大，风沙最猛烈，为了保证铁路畅通，避免路轨被沙埋住，从20世纪50年代起，相关部门在铁路两侧营造防风固沙工程。1956年，当新中国的第一代治沙科学家李鸣刚、翁元庆、刘慎谔等率领一批年轻的科学工作者来到沙坡头，为包兰铁路的安全通行开展史无前例的防风固沙研究的时候，几乎所有的外国专家都从不同的国度断言："中国人在做梦。"他们没有想到，治沙专家们为了探索沙漠的秘密，达到了废寝忘食的程度。1958年秋天，当地政府动员了成千上万的群众，组织数以万计的畜力和运输工具，组成浩浩荡荡的治沙大军，同流沙展开了殊死搏斗。会战持续了两个年头，在长达40千米的铁路两侧扎设麦草方格1.6万亩，封沙育草33.8万亩。他们不畏艰险，前赴后继，一代又一代。工程措施与生物措施结合，采用 1×1（米）的麦草方格固定流沙，选择花棒、柠条、油蒿等适应性极强的树种，引进沙拐枣等外地耐旱树种，以草障为依托，在流动沙丘上植树种草，逐步建立人工植被，促使沙丘表面形成有机结皮，从而产生"沙漠化逆转现象"，恢复被破坏了的生态系统，使之向良性循环发展。在前沿辅以工程阻沙和育草封沙，构成一个稳固的绿色防护体系，以达到治沙的目的。这就是被国际社会称之为"沙坡头方式"的麦草方格。

这样的治沙奇迹引起世界的关注。1977 年 8 月，全球沙漠化会议在肯尼亚首都内罗毕召开，中国代表被请上讲坛介绍经验。当听完中方代表的"麦草方格"固沙法后，会场长时间报以热烈的掌声。尤其是看到照片展现的治沙成果，外国专家们不无赞叹：这么大面积的流沙被固定，世界上还没有过，中国人了不起！

1994 年 6 月 5 日，中卫固沙林场被联合国授予"全球环境保护 500 佳先进单位"光荣称号。联合国副秘书长多德斯韦尔在致电中称："作为人类环境的卫士，中卫固沙林场在从事环境保护的艰苦斗争中，虽然总是默默地奉献，不图回报，但你们的功绩举世公认。"

中卫沙坡头运用工程措施和生物措施相结合的手段，成功地解决了东起迎水桥西至甘塘的 55 千米包兰铁路两侧的流动沙丘的固定问题，有效地阻止了腾格里沙漠的南移，使首都北京通往西北重镇兰州的铁路大动脉自 1958 年通车以来畅通无阻，创造了人类征服大沙漠的奇迹。如今沙坡头景区已是国家 5A 级景区，吸引着国内外大批游客，昔日令人谈之色变的万里黄沙已经成为人人向往的美景胜地。

（五）重视品位

创作导游词必须注意提高品位：一要强调思想品位，因为，弘扬爱国主义精神是导游员义不容辞的职责；二是文化和审美品位，不以庸俗的段子或添油加醋的无根据的解说哗众取宠。如果为增加导游词的趣味性而融入传说故事等，需进行说明，而非混淆真假，忽略导游词的科学性。导游词还应注意，原则上应符合社会的公序良俗。例如云南某地的走婚风俗是一种特有的民族习俗，而某些导游员却极力渲染其神秘的原始色彩，将严肃的民俗内容附上各种不健康的内容，不仅大煞风景，还会破坏当地的民风民俗。

重视品位示范 1：庐山御碑亭片段

各位游客朋友，我们离开"纵览云飞"石刻，出仙人洞圆石门，石门旁有一座极具特色的石亭，这就是御碑亭。既是"御碑"，那就与皇帝有关。不错，亭中的御碑正是明太祖朱元璋所立，碑文《周颠仙传》为朱元璋亲自撰写，详细叙述了朱元璋在夺取天下时得到仙僧周颠相助的故事，以及立御碑的原因。碑文中说朱元璋与陈友谅在鄱阳湖一带大战的时候，有一个叫周颠的疯和尚成天在南昌城内奔走，日里不断吟唱着《太平歌》，暗示朱元璋会夺取天下，给老百姓带来太平。朱元璋后来将周颠拜为军师，随军作战。自此，朱元璋每战必胜，所向披靡，很快逼近了南京。正当朱元璋强渡长江天险时，突然风雨大作，波浪滔天，兵马面临覆没的危险。只见周颠镇定自若，挺立船头，口中念念有词，挥剑向天呼号，顿时风平浪静。众将士一鼓作气，渡过长江，攻下了南京城，建立了明朝。此时，周颠却向朱元璋告辞，朱元璋再三挽留他，要封他做大官，周颠就是要走。朱元璋问他要去哪里，他说他要回庐山。后来朱元璋派人来庐山寻周颠，却怎么也找不到，原来周颠已羽化成仙升天而去了。于是，朱元璋就在周颠升天的地方建了这座御碑亭，向世人昭告周颠仙帮助自己夺得天下的故事。显然，这个故事是朱元璋编造出来的，以表明自己是真命天子,得到神仙的佐助。

重视品位示范 2:北京恭王府片段

这林林总总的"福"文化,使得恭王府透出丰厚的历史文化积淀。恭王府蕴含的最根本的文化内涵就是"福"。福文化并非只是一种平民文化,"福"是中国的历史,"福"是中国的文化,"福"中蕴含了中华民族历史、文化的灵魂,是中华民族的一种高度追求。

➡ "导游事"分享

游客为什么对小王的讲解不满意?

[事实] 小王带领某夕阳红休闲度假游客来到广东民间工艺博物馆——陈家祠参观游览,在游览之前,小王到百度百科上查找了陈家祠的相关资料,认为胸有成竹,一定能给游客讲好,可是最后游客对小王的讲解并不满意,认为小王讲得又枯燥又生硬,例如,在陈家祠大门口的石狮子旁边,小王讲道:"在陈家祠的石雕装饰中,大门前的一对石狮虽基座已失,但却是石匠运用圆润简练的线条雕琢而成,这是广东地区石狮造型的代表。"这时,小王的游客听到旁边的导游员是这样讲解的:"古代,中国有地位的人家都喜欢在宅院前放置一对石狮,以示门第高贵,也用于辟邪。狮子为左雄右雌。雄狮脚踩石球,象征权力,统一环宇;雌狮蹄扶小狮,寓意子嗣昌盛。这一传统,陈家祠的狮子亦不例外,可在广东人眼里,它们比其他狮子更胜一筹。从外表上看,一个是笑容可掬,一个是温驯可爱,显得比北方的狮子亲切多了。从感情上来讲,广东人视其为抗水灾、保平安的神狮。相传在 100 年前,陈家祠一带发大水,百姓苦不堪言。一日,忽然听到一阵狮吼,只见两只狮子张开大嘴,将洪水全部吞去,百姓得救了。从此,陈家祠一带再也没有水患。这就是'石狮怒吼保平安'的传说,一直流传至今。你们看,狮子口中可以活动的石球就是表现了石狮吞水时卷水之状。凡到陈家祠来的人,都喜欢转动一下这石球,以祈求平安如意。各位不妨试试。"

[启示] 案例中小王未认真准备导游词,没准备丰富的创作材料导致讲解内容简单、苍白,语言过于书面化,例如"虽基座已失",应在表达时改为"虽然基座已经缺失了",缺少亲和力,也未针对游客类型因人制宜地准备详尽的讲解,不生动,让游客觉得索然无味。

撰写导游词的前提是导游员对我国壮丽山川和宝贵人文资源的热爱。导游词展示了景点风采和神韵的精髓,要以翔实的资料、丰富的内容、优美流畅的语言表达和亲切自然的语言风格,带领游客领略每一处景点的价值和意义。只要积累了丰富的导游知识,付出了辛勤的汗水,就一定能够使自己的导游词详尽全面,多姿多彩,吸引游客。

作为一名尽职尽责的导游员,要广泛收集确实可信的资料,拓宽知识面,善于根据游客的现实需要、结合景区、景物的分析来创作导游词。在带团过程中,多听多看多学习,随时改进自己的导游词,提升讲解水平。

三、导游词创作示范

峰光无限张家界[①]

各位尊贵的先生、女士，朋友们：

大家下午好！

首先我以武陵源5万原住民的身份欢迎大家不远千里慕名来到"奇峰三千"的张家界旅游观光！我姓向，地地道道的土家族，非常荣幸能为大家的张家界之行提供导游讲解服务。在接下来的行程中，大家可以叫我小向或者向导，希望我的贴心服务能为大家的旅途带来更多的欢乐；也衷心祝愿大家的张家界之行，能成为各位未来生活中最精彩的回忆！

在正式旅游之前，我想给大家提一个古人的名字：张三丰！大家知道吗？我就预料大家一定知道，只怪张三丰太知名了！谁叫他是武当派祖师？谁叫他是太极拳创始人？谁叫他是金庸笔下脍炙人口的道教大师？那么，我们此次张家界之行也可以简称为"张三峰"！注意，此"峰"非彼"丰"，是山高人为峰的"峰"，是无限风光在险峰的"峰"。什么意思呢？让小向告诉大家：张家界之所以能成为国际旅游目的地，主要是因为世界罕见的张家界地貌扬名海内外，而张家界地貌风光就集中在武陵源，其主要形态分为峰林、峰丛、峰墙三种，形成时间都在3.8亿年左右，具有极高的观赏、生态、科考价值。为了让大家在一天半的时间内看到一个完整的张家界，我们特意推出了2014张家界新发现线路——看峰林观峰丛赏峰墙，为此简称"张三峰"之旅。

张家界顶有神仙，神仙沐浴宝峰湖。

各位朋友，我们马上要参观的是"张三峰"的首站：被誉为"张家界的眼睛""峰林中的湖泊"——"空中圣湖"宝峰湖。宝峰湖，因宝峰而得名，因圣湖而扬名，位于世界自然遗产武陵源风景名胜区的南端，距离武陵源城区2千米，是张家界"八百秀水"的代表景区，也是各地游客在张家界三声（歌声、笑声、掌声）最多的景区，主要精华景点有高峡平湖、飞流界峰、鹰窝寨、宝峰寺等。

神仙为什么要沐浴宝峰湖？因为宝峰湖装着一湖圣水、一湖玉液琼浆、一湖美味佳酿、一湖山水传奇。美景邀远客，美酒待嘉宾。小向今天要用"一杯美酒"来向大家介绍宝峰湖，大家看，湖周围连绵环绕起来的峰林像不像一个杯子？峰林中盛满的琉璃水像不像大自然赐予的一杯美酒？大家今天游览宝峰湖，实际上就是在峰林间品酒，在美酒中读峰林。

宝峰湖的"酒"是有颜色的，一年四季翡翠无比。山为水之魂，水为山之韵。宝峰湖的水源来自天然，由地下水、地表水、雨水三种交汇而成，皆清澈透明；湖水四周的山峰座座都是宝峰，山上长满了苍劲的武陵松及各种常绿灌木，长年精心滋养着湖内的琼浆玉液。山水相映，绿意盎然，很难分清是峰在"酒"中，还是"酒"在峰中。

宝峰湖的"酒"是有味道的，一年四季香甜宜人。湖周围的一根根山峰，在不同季节总是开着不同的花儿，春天的杜鹃、夏天的百合、秋天的野菊、冬天的山茶，灿烂了山峰，绚丽了峰林，它们的香味飘荡在湖面上，也让湖水香气四溢。再加上湖水在峰林之间

[①] 本文由邓道理（湖南张家界市武陵源核心景区新闻网络信息中心总编辑）创作，http://blog.sina.com.cn/s/blog_57b26b670102ehvw.html。

的生活时间久了,本身就含有对人体有益的如钾、钠、钙等十多种微量元素。如果捧一口湖水,那真是香在嘴里,甜在心里。

宝峰湖的"酒"是有声音的,一年四季音乐不断。72米的湖下有声音,那是鱼类的欢唱,湖面虽然波平如镜微澜不惊,但湖内恒温却是娃娃鱼、鲢鱼、草鱼等水生动物的极佳环境,稍不小心就有娃娃鱼类似"娃娃"啼哭的声音蹿上湖面。长约2.5千米的湖上也有声音,在湖一方,常常有粗犷、原始、质朴的土家山歌从树梢间、岩缝中飞向湖中,这些山歌多为山民随口哼唱,内容一般都与追求幸福爱情和美好生活有关。经过山的回荡和水的发酵,这些山歌被誉为天籁之音。湖外还有声音,宝峰湖的湖水从一山间小孔从容流向山外,因为落差高,湖水在山外悬空化作如梦似幻的烟雨,"哗哗啦啦"飘泻而下,在青山翠竹掩映下形成气势壮观的"飞流界峰"瀑布。

宝峰湖的"酒"是有故事的,一年四季令人向往。宝峰湖至今还流行着"鹰卧瑶池待龟出、神游洞天秉烛来"的传说,相传宝峰湖是王母娘娘遗落在人间的"瑶池"。湖中一座名叫宝峰神女的石峰更是有着一个凄美的故事:远古时代在张家界大山深处有一对恋人深深地相爱了,他们跨越世俗的爱情遭到了"族规"的惩罚,阿哥被当地巫蛊师变成了宝峰湖里的一只青蛙,永世不得为人,阿妹得知后毫不犹豫地来到宝峰湖化作一座石峰,与青蛙彼此脉脉含情,厮守千年……大家是否看过美国大片《阿凡达》?看过。《阿凡达》中多处水景原型就在宝峰湖呢!据说《阿凡达》续集也将来宝峰湖取景,卡梅隆导演要用宝峰湖的一湖圣水,救活潘多拉星球即将消逝的圣母树哦!

有人说,宝峰湖是张家界奇峰与异水的完美缠绵;我要说,宝峰湖是人类与自然和谐相处的经典作品。关于这点,自然界已经做出了肯定的回答,大家今天荡舟宝峰湖,是不是发现了一幅幅有趣的天人合一的风景,有石门在湖心迎宾,有孔雀在湖边开屏,有金蟾在湖畔含月,有仙女在湖里照镜,有野鸭在湖面欢歌笑语,有鸳鸯在湖上比翼齐飞……难怪,当代著名诗人邵燕祥多年前游览宝峰湖后诗兴大发:"峻峡深藏酒一瓯,藏醒藏醉不藏愁。山于绝处活芳草,水到穷时横小舟。爱此风光高档次,唐情宋思暂勾留。"

张家界的山,像刚强伟岸的土家男人,是神山;宝峰湖的水,似温柔多情的土家女人,是圣水。醉翁之意不在酒,而在乎其山水之间也。宝峰湖的一湖圣水,是不是已经让大家的身醉?也让大家的心醉?更让大家的梦醉?!

张家界顶有神仙,神仙住在画里面。

如果说昨天下午大家在宝峰湖是峰林中品酒,那么今天上午就到"张三峰"的中间站——十里画廊峰丛间赏画。正可谓:十里峰丛美如画,十里画廊画十里。

"人游山峡里,宛如画中游"。十里画廊原名干溪沟,位于世界自然遗产武陵源风景名胜区索溪峪景区,南接金鞭溪、水绕四门,北连天子山卧龙岭,因十里长的峡谷两侧生长着造型奇特、巧夺天工的峰丛景观,构成一幅幅水墨丹青的天然画卷而得名。大家是否喜欢看动画片?《虹猫蓝兔奇侠传》就曾在这里取景。大家是否喜欢集邮?在1994年9月25日发行的《武陵源》特种邮票中,最贵的那枚小型张就是我们今天要看的十里画廊峰丛景观之一。那么,峰丛景观究竟有些什么特征呢?从理论上解释,峰丛就是基座相连的柱峰群体;从地质角度解释,峰丛为方山、平台遭受长期强烈的风化、剥蚀、切割、堆积作用所致,其形成时间要早于峰林。形象地说,峰林是峰丛的明天,峰丛是峰林的昨天。峰林是一根根的,像山川的"川"字;峰丛是一簇簇的,像山川的"山"字。张家界主要是看山,我们今天就在十里画廊一睹山中之"山"真面目。

都说十里画廊画十里,到底是一幅什么画?首先它是一幅自然天成的山水画,十里长的峡谷两岸沿途都是青山秀水,云雾缭绕间不是天宫胜似天宫;其次它是一幅栩栩如生的人物画,采药老人、寿星迎宾、三姐妹峰……每座山峰都像一个人物,每个人物都有一个传奇;再次它是一幅花卉画,景区四季分明,日照充足,杜鹃花、报春花、龙虾花、鸽子花、珊瑚花、玉兰花和各种等大家命名的花遍布峡谷之间;最后它是一幅珍禽异兽画,武陵源野生动物资源极为丰富,在十里画廊可见一斑,经初步调查景区有猕猴、穿山甲、娃娃鱼、锦鸡等20余种珍贵的飞禽走兽。其中猕猴最多,为了更好地保护这些我们人类可爱的朋友,景区专门建立了猴园,大家等会可以和它们亲密接触哦!在这里要先提醒下大家,看猴千万别耍猴,否则猴子会咬人呢。另外核心景区是一级保护区,禁止抽烟,请各位吸烟的朋友要忍一忍哦!

心动不如行动,我们怎么看十里画廊这幅画呢?有三种方式可以选择:第一种就是全部走路,这比较适合体力好时间充裕的对象,可以慢慢品尝画廊的艺术美;第二种就是坐观光车往返,这最适合时间紧张或者年老体弱的对象,可以悠闲地欣赏画廊的移动美;第三种就是走路进去坐车出来或者坐车进去走路出来,既能体验走路看画的乐趣,又能尝试坐车赏画的惬意。三选一,大家商量下。都坐观光车?都想节省体力啊?好!那大家先去排队,小向去买票。对了,1.3米以下儿童免票,学生、军人和老人都有优惠票,请把相关证件交给小向。

乘观光电车,赏十里画廊。为了欢迎大家的到来,画廊中一位仙人向我们走来。大家看,观光车左前方峰丛中的山峰恰如一位神采奕奕的老寿星迎面站立,左手高高扬起,正在热情招呼大家呢!他的五官轮廓分明,长眉毛短头发,喜笑盈盈,目光深邃。大家猜一猜,这位老寿星多大年纪了?地质专家测定,老寿星今年80万岁了,还可以至少活80万岁,真是万岁万万岁啊!十里画廊景区空气清新,林木茂盛,每立方厘米含有负氧离子10万个左右,是天然的大氧吧,绝好的养生天堂,老寿星在这里过着逍遥自在的生活,所以每天都是笑容满面。相信这位老寿星也会为我们带来幸福吉祥长寿,大家先向老寿星挥个手,再做几次深呼吸,好不好?为啥要做几次深呼吸啊?小向告诉大家:27年前,美国科罗拉多州州长南希·迪克造访十里画廊,惊叹这里拥有世界罕见的原始生态、纯净空气,自发向世人发出呐喊:"在张家界,每呼吸一次,应付5美元!"呼吸一次,价值5美元啊!相当于我们坐观光车的门票费用呢!多呼吸几次,就赚大了呢!

告别"寿星迎宾",又一位仙人向我们走来。大家看,在左前方的峰丛间,侧身而立着一位头戴方巾、身着长衫的佝偻老人。这就是十里画廊著名峰丛景观"采药老人"了,十分形象逼真。他的背篓中背满一篓草药,药锄清晰可见。他的两眼炯炯有神若有所思看着对山,好像又发现了新的草药。有人说他像医神华佗,也像药王孙思邈,又像医圣李时珍,仁者见仁智者见智,无论像谁都寄托着今天人们对我国古代医学家的崇敬和大自然的崇拜之情。这位"采药老人"流传着一个故事,话说元末明初张家界天子山向王天子起义军中有位技艺精湛的土郎中,常用山中百药医治受伤的士兵,深受向王天子的厚爱。后来向王天子兵败在十里画廊尽头神堂湾跳崖身亡,正在采药的这位郎中悲痛不已化为今天独立山中的这尊老仙，后人命名为"采药老人"。这个传说在科学面前虽不可信，但却反映了景区原住民美好的愿望：采山中百药，治人间百病。说到山中百药，小向为大家简单介绍下张家界景区丰富的药用植物资源。据普查，张家界现有中草药远远不止一百种，有1281种240科，名贵稀有的中药材有天麻、黄连、芍药、党参、竹节人参、珠子七、杜仲、厚朴……我们再次向"采药老人"挥挥手，沾一沾仙气，让大自然福佑我们身体健康，一生平安！

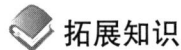 拓展知识

大赛导游词与现场导游词的区别

大赛导游词是指专为技能大赛而创作的导游词，一般短小精悍，要参照具体的竞赛要求和导游员的个性特点量身定做。现场导游词是指导游人员实地带团时所使用的导游词，一般内容丰富，要依据游客对象和参观游览线路灵活设计。大赛导游词与现场导游词的创作有很大区别。

首先表现在内容篇幅的不同。在导游技能大赛中，参加比赛的选手只能在有限的时间内（通常为5分钟）进行导游讲解，所以受参赛时间的限制，大赛导游词通常篇幅较小，以小见大。由于要在短时间内把景点的来龙去脉讲清讲透，所以大赛导游词的创作难度远远高于现场导游词，大赛导游词属于现场导游词的浓缩版。

其次是导游讲解对象不同。大赛导游讲解的对象是专家，现场导游讲解的对象是游客，专家和游客关注的侧重点是不同的。专家关注于导游讲解的技巧，游客关注于导游讲解的内容，所以大赛导游词的创作要注重条理性、层次性、文化性、技巧性，现场导游词创作应注重内容上面广量大，多使用故事典故。可以说大赛导游词是现场导游词的升华版。

最后是环境不同。大赛导游一般是在竞赛现场，选手和专家处于相对固定的环境，即兴发挥受限；现场导游是在景区现场，导游与游客处于开放的环境，导游员讲解可以见物说物，即兴发挥。可以说大赛导游词是现场导游词的相对舞台版。①

大赛导游词示范：

"美味佳肴品济南"（济南导游大赛参赛导游词创作示范）②

水生民，民生文，文生万象，泉生济南。济南有美食，民以食为天。

尊敬的各位游客，欢迎来到泉城济南，我是5号选手。今天由我带领大家品味久负盛名的济南菜！

济南菜是鲁菜大系中具有代表性的风味流派。谈起鲁菜，朋友们一定都品尝过吧？鲁菜是我国著名的四大菜系之一，其菜品集技艺性、科学性和文化性于一体，具有典雅、平

---

① 冯霞敏.浅谈大赛导游词创作技巧［J］.现代企业教育，2012（11）.（有改动）
② 本文由张明建（济南市导游大赛冠军，全国旅游院校导游大赛中文组一等奖；山东旅游职业学院2013届毕业生；"好客导游工作室"负责人）创作。

和、纯正、质朴的特点，正如山东"大嫚"的知书达理、自然大气，令人赏心悦目，引人入胜。

朋友们，关于济南菜的记载，历代名人的赞誉之词可随手拈来。朱彝尊的《食宪鸿秘》是烹饪专著，其中的"卷煎""炒腰花""油旋"等，至今仍然是济南名菜名点的代表品种。

济南菜最讲究"汤"的制作。俗话说"唱戏的腔，厨师的汤"，汤有清汤与奶汤之分。清汤清澈见底，奶汤味鲜醇浓，为济南菜的"鲜美滋味"奠定了良好基础。如清汤燕菜、奶汤蒲菜、汤爆双脆等。

另外济南菜注重烹调工艺，讲究火候功力。如爆炒腰花、锅塌豆腐、九转大肠等。其中九转大肠最见功夫。为何叫"九转大肠"？这道菜是清光绪年间济南名店"九华楼"创制的，是济南菜"调味"艺术发展至高境界的体现。据说九华楼的掌柜对"九"字有着特殊的爱好，他所开的店铺字号都冠以"九"字。他酒店的司厨都是当时济南的名师高手，在烹制具有浓重异味的动物性原料方面积累了丰富的经验，调味方式别具一格，具有下料讲技巧、用料重选择、投料讲时机等特征。"九转大肠"盛入盘中红润透亮，肥而不腻。有一次酒店老板用此菜宴请好友，众人品尝后个个赞不绝口。高兴之余，酒店老板请朋友给此菜赐名，其中有位文友一方面为迎合店主喜"九"之癖，另一方面也出于对厨师烹调工艺的赞美，当即取名"九转大肠"，并解释说道家善炼丹，有"九转仙丹"之名，品此美肴，如服"九转仙丹"，举桌为之叫绝。从此，"九转大肠"之名声誉日盛，流传至今。

济南菜是中国菜"五味调和百味香"的典型代表，它根植于儒家文化的土壤。"中庸"之道赋予了齐鲁饮食以"和"的最高境界。因此，济南菜富有深厚的文化内涵和独特的审美特征，犹如雄伟博大的泰山，浑厚壮阔的黄河，敦厚质朴，堂堂正正，处处透射出礼仪之邦庄重大方的文化气度。

好了，朋友们，大家想要品尝的心情已经溢于言表，接下来请各位到宴会厅就座，体验济南菜深厚的文化底蕴吧。谢谢大家！

项目模拟实训

1. 选择一个去过的实地景区（点），查找这个景区（点）的导游词资料，分小组分别设定不同的服务对象，在此基础上，每个小组创作出新的导游词，要求创作的导游词要和已有的景区（点）导游词有所区别，并尽量使其有鲜明的创造风格。然后，使用自己创造的导游词，为全班同学进行一次导游讲解。

2. 选择一个实训景区（点），全班就此实训景区（点）进行考察后，分小组撰写景区（点）导游词，在景区（点）进行实地导游讲解，并评选出最优秀的导游词写作和讲解小组。

3. 选取一篇导游词阅读，分析其采用了哪些导游词创作技巧并对该导游词做出综合评价。

项目三 六大要素导游技巧

任务导读

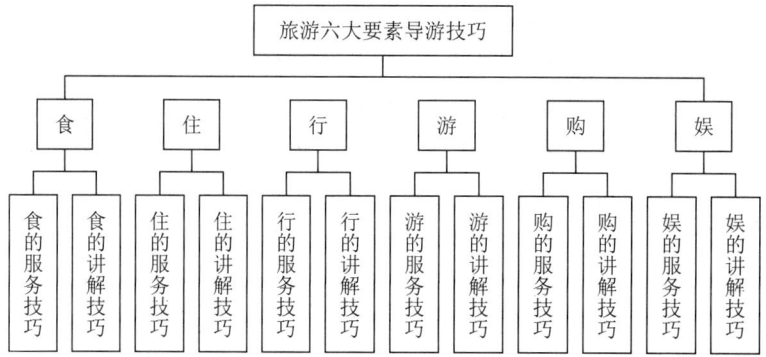

学习目标

（一）知识目标

了解旅游六大要素与游客旅游活动的关系

（二）技能与能力目标

具备一流的语言表达能力、灵活应变能力、组织协调能力、沟通谈判能力和抗压能力，能够对客提供一流的服务和一流的讲解。

学习内容

任务一 "食"的导游技巧

一、"食"与旅游活动

俗话说：民以食为天。"食"作为旅游六大要素之一，历来为中外游客所关注。中国幅员辽阔，民族众多，由于地理位置、气候条件、经济发展水平、风俗习惯等因素的不同，使得各地区、各民族的饮食风俗千姿百态、异彩纷呈。

中国菜以色、香、味、形、器等特色誉满全球，成为我国人文旅游资源中的一张王牌，吸引了无数的旅游者。一位法国人说：法国菜是世界之冠，而中国菜是世界最佳的饭菜。

著名美学家刘纲纪说："在人类历史发展的过程中，饮食越来越成为一种文化现象。特别是当它同人与人之间的社会感情交流，同祭祀、庆典、亲友聚会等结合在一起的时候，饮食就更具有超生理情感的审美意义了。"

对于旅游者来说，"食"能够保证其有足够的能量和体力进行旅游活动；同时，了解并享受旅游目的地的饮食也是旅游者重要的旅游动机之一。

（一）中国饮食文化的特点[①]

1. 原料广博，品种繁多

由于各地物产食材有别，人们使用不同的主料和不同的配料，采用不同的烹调方法，因而形成了各自的独特风味和不同的菜肴体系。一般来说，有地方风味菜、宫廷菜、官府菜、素菜、清真菜、少数民族菜、药膳等。地方风味菜又有四大菜系、八大菜系、十大菜系之分。它们色彩不同、形态各异、口味迥异、配伍精美、技法多样，加上庞大的面点及地方小吃系列，从而构成了中国繁多的美食品种。

2. 讲究美感，艺术性强

中国饮食以色艳、香浓、味鲜、形美而著称于世，烹饪过程讲究选料、刀功、火候、烹调技法和调味，色、香、味、形、器是中国饮食审美不可分割的5个组成部分。其形美，尤以花式冷拼盘最为突出，它造型别致、五彩缤纷，呈现出富有意境的图案。中国传统的饮食文化中，还讲究餐具与菜式的艺术搭配，素有"美食不如美器"的说法。而中国饮食文化的艺术精髓，是菜肴的调味艺术，如川菜的"一菜一格，百菜百味"、鲁菜的"五味调和百味香"等，就是最好的证明。

3. 饮食体现文化，文化融于饮食

中国饮食文化可追根溯源至远古时期。千百年来，饮食与文化早已相互融合、相互渗透、密不可分。饮食体现了中国文化，文化反映着中国的饮食。中国人赋予了饮食强烈的文化意义，例如著名的菜肴诗礼银杏、带子上朝、游龙戏珠，仅菜肴的名字就充满了诗情画意，让人在进食的同时浮想联翩，精神愉悦。

（二）旅游者饮食文化情结的具体表现

1. 品尝异地风味饮食的欲望

旅游者对待旅游饮食，不仅仅把它看作是果腹的手段，而是重在品尝和欣赏，很多旅游者同时也是美食家，品尝异国他乡的美食是旅游中的一大享受。由于地理环境、物产气候等方面的差异，加上民族传统烹饪技艺的不同，产生了饮食上的地区差异性。正是这些饮食上的地区差异性，才产生了饮食方面的旅游吸引力。

2. 了解异地特色烹饪技艺的欲望

旅游者在品尝和欣赏了美味佳肴的同时，为了提高自己的烹饪技艺，更好地向亲朋好

[①] 朱玉霞. 论饮食文化旅游的开发 [J]. 现代商业，2010（26）.

友介绍目的地的美味佳肴,他们常常对菜肴制作的工艺流程很感兴趣,向服务员和烹调师询问一些菜肴的制作工艺流程及菜肴的成菜特点,在得到满意的答复后,他们会感到收获颇丰、心情特别愉悦。

3. 感受异地奇特的就餐环境、进食方式的欲望

不同的地区都有自己独特的饮食文化,包括吃什么,如何吃,在哪里吃等多个方面。对于旅游者,这也是旅游饮食情结之所在。旅游活动本身就是一项高档次的审美活动,好奇心会驱使人们去探索周围的一切,并具有强大的推动力量。

4. 探求异地佳肴背景文化的欲望

旅游者在品尝美味佳肴的同时,如果能了解到渗透于饮食中的人文历史典故,不但提高了旅游品位,而且让其感受到从未有过的心理满足。

补充资料

中国四大菜系之一——鲁菜知识概述

中国鲁菜是中华民族饮食文化体系中一颗璀璨的明珠,鲁菜是中国烹饪中的骄子,是中国烹饪四大风味流派之一,是北方菜的代表。鲁菜的烹调技艺具有高度的技术性、艺术性、科学性和文化性。鲁菜的继承和发展,不断改善、丰富人们的物质生活和文化生活,在社会交际交往中发挥着愈来愈重要的作用。

鲁菜,即山东菜,也叫鲁菜大系,是黄河中下游文化流域及其以北广大地区饮食风味体系的代表。鲁菜有广义与狭义两个层面,广义的鲁菜是指黄河中下游流域及其以北广大地区广大人民群众饮食风味的体系;狭义的鲁菜是指齐鲁文化圈范围内广大人民群众饮食风味的体系。

鲁菜发端于春秋战国时的齐国和鲁国(今山东省),形成于秦汉。宋代后,鲁菜就成为"北食"的代表之一。从齐鲁而京畿,从关内到关外,影响已达黄河中下游文化流域、东北地带,有着广阔的饮食群众基础。经过几千年的发展,鲁菜已积累了一整套烹饪技法,还形成了具有地方特色的风味流派。

一、鲁菜的分类[①]

现今说的鲁菜是由济南风味菜、胶东风味菜、运河流域山东段风味菜、鲁中菜、鲁南菜、鲁西北菜、鲁北菜等几大板块构成的菜肴体系。具有典型代表意义的主要有济南风味、胶东风味、济宁风味、孔府菜。

1. 济南菜

又称为历下风味,源于古历山泺水。大舜耕于历山,黄河横贯济南,百泉自古喷涌。济南菜就诞生在这样的环境之下,于是形成取材广泛,刀工精细的特点,以汤著称,清汤、奶汤、上汤、浓汤的使用及烹制都有严格的规定。菜品辅以爆、炒、烧、炸,以清、鲜、脆、嫩的口感见长。其中有名的菜肴包括清汤什锦、奶汤蒲菜,味道清鲜淡雅,别具一格。而外焦里嫩的糖醋黄河鲤鱼、脆嫩爽口的油爆双脆、顶级素菜锅塌豆腐,都显示了

---

① 冯茂娥.鲁菜文化与山东旅游产业发展[J].现代企业文化,2010(24).

济南菜的火候功力，而"九转大肠"更成为鲁菜一绝。

2. 胶东菜

滥觞于古代东夷文化，起源于有"烹饪之乡"美称的福山县，所以又叫"福山菜"。胶东菜的用料极为广泛，风味也是繁复而微妙。它的烹饪技艺有炸、溜、爆、炒、烧、扒、焖、烤、焓、拌、汆、烩、蒸、煎、熏、拔丝、蜜汁等，道道纯熟。胶东地区海洋资源丰厚，菜肴以烹制海产品见长，尤其是对小海味、海珍原料的烹制有独到之处。菜肴以用料新鲜见长，讲究原汁、原味、原形的特色。较有代表性的菜肴如"葱烧海参""清蒸加吉鱼""煎烹大虾""油爆海螺"等，除此，胶东菜还有许多海鲜名吃如烤鱿鱼、辣炒蛤蜊、海鲜馄饨、虾汤面、鲜鱼水饺等。

3. 济宁菜

主要指微山湖区饮食风格的菜肴，源于古代鲁国文化的属地内，具有丰富的淡水水产资源。"鲁"字本就有"日食一鱼"的含义。菜肴富有乡土气息、质朴典雅，发展到后来融南北方的特长为一体。济宁菜以淡水鱼的烹饪历史悠久，在该地区出土的汉代画像石、砖中有大量的养鱼、炙鱼的图案就是例证。得天独厚的微山湖特产，明清以来一直是晋京的贡品，如"四鼻鲤""鳜鱼""麻鸭"等。明清年间烹饪技艺受到南北运河交流的影响，风格趋于粗犷中有细腻，成为鲁菜中独具特色的地方风味。

4. 孔府菜

孔府菜是中国官府菜的典型代表，是孔子"食不厌精、脍不厌细"的具体体现。它用料的精广、筵席的丰盛可以与宫廷御膳相媲美。孔府菜的调味非常重视纯正醇浓，讲究五味调和，造型典雅精美，做工精益求精，极力展现出孔府烹饪技艺的精美绝伦。代表菜肴如"八仙过海闹罗汉"，是孔府喜寿宴第一道菜，选用鱼翅、海参、鲍鱼、鱼骨、鱼肚、虾、芦笋、火腿为"八仙"，再把鸡脯肉剁成泥，放在碗底做成罗汉钱形的鸡饼，称为"罗汉"。做好之后放在圆瓷罐里，摆成八方，中间放罗汉鸡饼，上撒火腿片、姜片及汆好的青菜叶，再将烧开的鸡汤浇上即成。以前这道菜一上桌就意味着开锣唱戏，一边品尝美味一边听戏，热闹非凡，也奢侈至极。另如"孔府一品锅""一卵孵双凤"等，各具艺术特色。

二、鲁菜的文化特点

山东是孔孟之乡，儒学的发源地，以孔子为代表的儒家思想，几乎支配了整个封建社会，对中国的传统文化影响深远[①]。孔子"食不厌精，脍不厌细"的饮食思想，成为影响历代饮食思想与饮食观念的重要理论基础，尤以对齐鲁饮食文化的影响更为直接。

鲁菜文化以齐鲁文化为根基，以儒家思想为背景而构成其主体风格，讲究礼仪和谐，并以功底扎实的烹饪技艺为基础，深度锤炼，精益求精，推崇自然本味，形成返璞归真的烹饪本色，以及味兼四海的饮食内涵，中规中矩，厚重大气。[②]鲁菜调味重视"和"的境界又恰恰与儒家文化的"中庸"思想如出一辙。所谓"五味调和百味香"的"和"的理念，在鲁菜中除了被作为烹饪调味原则之外，还表现在其他的很多方面，例如配菜要讲究

---

① 刘德龙，李志刚，赵建民. 鲁菜文化的历史源流[J]. 民俗研究，2006（4）.
② 王赛时. 鲁菜文化的现代认识与重新评价[J]. 扬州大学烹饪学报，2008，25（3）.

原料的质地与色形的"和谐"、用火讲究轻重缓急与烹制的原料相适的"和谐"、宴席上讲究菜肴和菜肴之间的搭配"和谐"等。①

二、"食"的导游技巧

在实际旅游活动中,"食"起着主导作用,游客们首先要吃饱,保证有足够的精力完成游程,同时还要尽量吃好,吃出品位和文化。对于大部分旅游者来讲,品尝美食也是旅游过程中的一大享受。

如果地陪导游员对人文景观和自然景观讲解的绘声绘色、生动传神,给游客强烈的视觉和听觉震撼,而对地方饮食的讲解却语焉不详、蜻蜓点水,无法让游客领略到地方饮食的魅力,无法欣赏到地方饮食的精妙所在,将直接影响游客对地方特色饮食的欣赏与享受,那么游客的旅游活动就会留下遗憾,最终降低整个旅游服务质量。

因此,地陪导游员了解地方饮食知识,掌握饮食服务与讲解技巧对于一次旅游活动的顺利完成就显得特别重要。

(一)"食"的服务技巧

1. 要了解地方饮食的历史传承

人类早期的历史,是一部以开发食物资源为主要内容的历史。由于中国各个地区的历史进程参差不齐,饮食的起源和演进也不尽相同,正是这些差异构成了中国饮食文化的多样性。作为一名地陪,首先应当了解其所在地饮食的历史传承,明白其发展脉络。

2. 熟悉地方饮食的基本特点

具有浓郁地方特色的饮食和烹饪技艺是游客想要了解的内容,因此导游员应该首先自己熟悉地方饮食的基本特点,为熟练而准确地向游客讲解奠定知识基础。

3. 掌握特色菜的来源与传说

每一个地方菜系或菜式都有其传统名菜或者创新的招牌菜,在传统名菜的背后往往隐藏着一个个有趣的故事或者神奇的传说,这些故事、传说可以为导游讲解提供生动的实例。所以,地陪要提高"食"的服务水平,必须深入挖掘地方饮食的文化内涵,掌握相关的传说与典故。

4. 充分了解分析游客性质特点

不同的旅游者,对于旅游活动中的餐饮有不同的要求,针对具体的旅游团队或者散客,地陪应该首先了解游客的构成情况,掌握游客对于用餐的特殊要求,有针对性地安排地方特色饮食。特别需要注意少数民族及宗教团体的饮食,一定要安排适合其特殊需要的旅游餐。

5. 熟知用餐场所情况

地陪导游员应该熟知客人的用餐标准和用餐要求。如果是旅行社计调订餐,地陪应该再次提醒餐厅在餐饮的品质、环境卫生等方面符合餐标的要求;如果是导游自己订餐,那么一定要在同样餐饮标准的情况下选择质量最好的餐厅。

---

① 孙嘉祥,赵建民.中国鲁菜文化[M].济南:山东科学技术出版社,2009.

6. 提醒客人不要勉强吃自己特别不喜欢吃的东西

英国有一句谚语：你的佳肴，他人的毒药（One man's meat is another man's poison）。每个人都有不同的身体适应度。而且各民族的宗教信仰不同，饮食习俗不同，因此用餐前导游员要做好提醒工作，避免出现不必要的麻烦。

（二）"食"的讲解技巧

1. 讲解菜肴的美感特点

菜肴的美感特征一般包括色、香、味、形、质、器。美感特征一般不是单一存在的，一个菜肴，可能包含多种美感。地陪应该十分熟练地讲解其美感特征，给客人以各种美的享受。

"色"主要指菜肴的颜色或者色彩，可以让客人饱眼福；"香"主要指菜肴的馥郁香气，可以让客人饱鼻福；"味"主要是指菜肴调和的美味，可以让客人饱口福；"形"主要指菜点的造型，可以让客人饱眼福；"质"主要是指菜肴的口感质地，可以让客人饱口福；"器"是指盛放菜肴的器皿，菜肴的"形"必须有相应的器皿搭配才能使其保持完美，其实器皿对于菜肴的其他美感特点起到了形成、保持、补充等作用，可以让客人饱眼福。

2. 讲解菜肴的制作特色

地陪导游员可以从菜点的原料选取、刀工、烹调火候的掌握、烹饪技法的运用、调味及营养等方面有选择、有重点地进行概况讲解。让客人对于特色菜点的制作过程有比较深入的了解。

如"宫保鸡丁"的制作"秘诀"有三：一是油多，二是火旺，三是鸡肉丁外裹一层薄淀粉浆。加旺火而用热油炒，则能快速而肉嫩，这种方法名为"爆炒"。此菜肴的特点：色泽棕红，口味鲜美，肉质细嫩，辣香甜酸，滑嫩爽口，油而不腻，辣而不燥。

3. 讲解菜点体现的文化内涵

我国幅员辽阔，菜点原料丰富，由于各地物产、气候、民族习俗和宗教信仰的不同，不同地区的地方口味有很多差异。中国菜名多姿多彩，各有千秋，富有深厚的文化内涵。俗话说："食风味、识风情"，地陪导游员在合适的时间和地点，向客人详细讲解菜点名称的来历故事，讲解菜点宴会的意境，引导游客把单纯的"食"提升到文化艺术欣赏的层次，将当地的饮食文化深深刻印在旅游者的心坎上。

4. 讲解吃的程序

旅游活动中的宴会或者风味餐，是旅游者特别期待的旅游环节。地陪不仅要掌握用餐的顺序，还要熟练给客人讲解"吃"的程序，这样，一次宴会或者风味餐完成，旅游者就如欣赏了一曲美妙的音乐一样心旷神怡，美感享受自然获得。

5. 对于地方名吃，地陪要提醒客人品尝而不是过食

诸如我国新疆、西藏等内陆地区的游客到山东沿海地区旅游，对于地方海鲜名吃的安排就要特别慎重，导游员要及时提醒游客根据自己的身体特征饮食，注意品尝地方名吃时适当适量。不能任凭自己喜欢而饮食过量，造成身体不适影响旅游质量。

> "导游事"分享

地陪服务中有哪些不足？

[**事实**] 新疆旅游团在山东的六日豪华游行程安排中，第五天的旅游日程是在威海游览刘公岛和成山头两个景区，午餐是第四天晚上根据客人的强烈要求将原来的团队餐调整为海鲜宴（地陪张导汇报给公司，且全团客人签字同意）。早餐后张导带领旅游团赴爱国主义教育基地刘公岛游览；中午十一点半左右到达用餐地点，餐桌上的十菜一汤基本全是海鲜，客人非常高兴地品尝着海鲜宴，张导为游客进行周到服务。饭后半小时，22位客人中先后共有6位客人陆续出现腹泻现象，导游员及时安排客人到医院就诊治疗，同时向公司计调汇报了情况，得到公司计调允许，由全陪在医院照顾输液的客人，张导带领16位客人继续下午的行程。

之后，计调跟全陪在征得客人同意的情况下，由医院取样为游客的腹泻做化验，结果餐桌上没有致使客人腹泻的物质，客人的腹泻为食物中毒的原因已经排除。晚饭时分，腹泻的客人基本恢复正常，住宿酒店派车接医院客人回酒店入住，并且安排为每位客人送上养胃小米粥，其他16位游客晚餐后也正常入住酒店。第二天，旅游团一起赴蓬莱游览。

[**启发**] 案例中新疆旅游团在用完海鲜餐后，先后有六位客人出现腹泻，经过医院诊断，不是海鲜餐的菜品质量问题。此次腹泻主要是因为新疆位于祖国西北内陆地区，远离海洋，新疆客人的胃肠环境对于海鲜餐的适应程度不同，同样是吃海鲜宴，适应能力较弱的客人就出现了腹泻现象。

作为一名地陪导游员，张导在客人提出由普通团队餐调成海鲜餐的时候，没有能够及时将内陆客人对于海鲜餐的适应情况做出说明或者警示，致使部分游客出现腹泻现象，虽然不是食物本身的品质所致，出现腹泻事件后的处理也是及时的，但是张导的地陪服务工作显然存在不到位的现象，应该从此事件中吸取教训，深入研究客源构成及其生活习惯，更好地提高服务水准。

任务二 "住"的导游技巧

一、"住"与旅游活动

"住"即旅游住宿，是指为旅游者提供住宿、餐饮以及多种综合服务的场所。在旅游六大要素"食、住、行、游、购、娱"中，"住"是一个十分重要的环节。在我国，旅游住宿业主要指星级饭店、商务酒店、涉外饭店、旅馆、招待所、野营帐篷和民宿等各种档次、类型的经营接待旅客并为旅客提供住宿饮食的场所。

在旅游者的旅游活动中，睡眠是极为重要的内容。睡眠不好，旅游活动所需要的精力、体力就很难保障。所以，作为睡眠的基础保障，旅游住宿服务非常重要。

地接旅行社在旅游接待中，十分重视对旅游饭店的选择。通常情况下，旅行社领导亲自或者委派相关人员提前对饭店进行考察。在某个城市，一家地接社通常会考察多个层次的多家饭店,在某个档次中选出几家符合条件的能够合作的饭店,双方签订长期合作协议。

地陪导游员应该十分熟悉当地合作饭店的星级、设施设备状况、服务质量水平等情况,按照接待计划认真安排游客在当地的住宿事宜,并处理游客住宿期间可能出现的一系列问题。并应掌握"住"的服务与讲解技巧,更好地满足游客对"住"的需求。

二、"住"的导游技巧

(一)"住"的服务技巧

(1)熟练掌握游客的组成情况及不同游客对于"住"的特殊要求。

(2)熟悉旅游饭店的地理位置、星级标准、房间类型、联系方式、设施设备状况、服务水平和管理水平、淡旺季价格差异等情况。

(3)熟悉即将住宿的旅游饭店跟其他旅游要素(比如景区、交通站等)的匹配状况。

(4)了解该饭店区别于其他饭店的特色、该饭店提供旅游团队餐的情况及所适合的客人的类型等。

(5)能够快速及时办理入住手续。

(6)能够尽早完成"住"后的结算。

(二)"住"的讲解技巧

(1)地陪要根据接待计划及时跟住宿酒店沟通,核实预订情况,主要包括人数、房间数、单房差、特殊房间等。

(2)地陪要选择合适时机讲解入住饭店基本情况,突出饭店的特色,同时适度降低客人对于"住"存在的可能过高的期望值。

(3)地陪要反复强调入住注意事项(突出安全问题)。

(4)通过对饭店的介绍,进而讲解当地旅游业的发展情况。

(5)注重饭店人文之美的讲解,使游客获得身心双重享受。

➤ "导游事"分享

小李做错了什么

[事实] 张家界的地陪导游员小李接待了来自某城市的26位游客,最后一晚是在凤凰古城入住的。次日退房结账时,导游员小李被告知306房间客人自行消费20元未结账,导游员小李请306房间的客人落实后获知,客人的确有20元的消费,但他认为所消费的物品应该是含在房费中的,不应再付钱。导游员小李跟客人张先生解释:其消费的用品有明显的价格标识,需要付账。张先生执意说自己不清楚,导游员没有讲这些注意事项,并且有客人证明导游员确实没有提醒,所以这20元的花费由导游员小李自己承担。

[启示] 小李作为地陪导游员,带领游客入住饭店之前应该将入住的注意事项介绍清楚,其中包括房间内物品的消费情况,特别是如果房间内有自费的物品,应该再三强调游客消费注意事项,就客人消费后应该自行到前台结账等事宜提前交代清楚,案例中导游员小李事先没有跟客人讲清楚,20元的游客房间消费只好由导游员小李付清了。

任务三 "行"的导游技巧

一、"行"与旅游活动

旅游产品不仅是指旅游者在旅游目的地消费的所有产品，而且包括往返于常住地和目的地途中所消费的产品。

旅游者大多来自旅游目的地以外的客源地，他们需要乘坐交通工具从常住地到达旅游目的地；在旅游目的地进行游览时，景区与饭店之间、景区与景区之间、同一景区内从一处景点到另一处景点的位移大都需要交通工具来实现；旅游活动结束后返回常住地需要乘坐交通工具。可以说，旅游交通是现代旅游者进行旅游活动的关键性因素，也是构成旅游产品的重要因素之一。

"行"是旅游的关键，没有"行"就没有旅游。

二、"行"的导游技巧

（一）"行"的服务技巧

在"行"的服务中，为了更好地照顾客人，无论乘坐哪种交通工具，一般情况下，导游员都是最后一个上车，第一个下车。在实际导游工作中，如果是全陪，还要做好转移途中的服务。

1. "乘坐飞机"的服务技巧

（1）掌握航空公司相关知识常识。熟悉各家航空公司的航线特点、优势和组成状况。

（2）掌握国际国内机票常识。

（3）拿到机票或收到电子客票信息后，地陪（也适合全陪和领队）要认真检查票面，了解乘机注意事项，再次核对票面信息。

（4）在规定的时间内把客人送到机场。通常服务规范要求，国内航班要提前90分钟到达机场，出境航班要提前120分钟到达机场。

（5）地陪应该协助全陪或者领队办理登机手续，并及时提醒关于行李托运、证件携带、安全检查及晕机预防等的注意事项。

（6）飞机降落后，地陪要认真核对查找自己的团队或散客，清点人数及游客行李。如果行李出现损坏或者丢失现象，地陪应协助全陪或领队或游客按照航空公司相关规定和程序处理。

2. "乘坐火车"的服务技巧

（1）应熟悉火车站的地理位置及火车车次运行规律。

（2）熟悉乘坐火车时关于行李大小、禁忌物品、座位分布等相关规定。

（3）认真查看火车票的票面信息，找准车次和乘车位置。

（4）因送站而排队等车时，地陪在前，全陪或者领队在后，前后照应。

（5）上车后尽快找到铺位或者席位入座。

（6）对不满意铺位的游客做好解释工作，再次清点人数。

（7）在行车途中，尤其是夜间，一定要提醒游客注意安全。

（8）如果是在旅游目的地的白天乘车，对于途中秀美的风光，地陪要做出一定的解说。

（9）如果座次是集中的，长时间行车时，可以组织一定的活动。

3．"乘坐汽车"的服务技巧

（1）熟悉当地旅游车的基本类型，掌握常用旅游车的基本状况。

（2）熟悉旅游汽车的安全设备，能够判别旅游汽车的安全门、前后灯、方向灯、刹车灯、尾灯、雨刷、脚刹、转向系统、灭火器、轮胎及备胎等设备是否一切正常。

（3）熟悉了解旅游车司机的个人修养、服务态度等状况，熟悉司机师傅开车是否接打手机、是否有长时间按喇叭的习惯。

（4）地陪最后一个上车，第一个下车。在游客上下车期间，地陪应站立在车门旁服务。

（5）正确礼貌清点人数并问候游客（若是第一天接到游客，要致欢迎词；若是入境第一站，要提醒游客调整时间）。

（6）做好途中讲解服务（具体内容见讲解技巧）。

（7）随时调节客人情绪。

（8）下车前提醒注意事项。

（二）"行"的讲解技巧

旅游者在"行"的过程中，因选择的交通工具的不同，对于导游员的讲解要求也不一样。不管乘坐何种交通工具，"行"的导游讲解主要集中在旅游目的地的途中，即从机场（或者车站、码头）到下榻饭店、从下榻饭店到参观游览景区（点）及返程、从景区（点）到用餐场所、从一个景区（点）到另一个景区（点）。

（1）地陪导游员要熟练掌握行进路线途中景物的分布及景观变化规律。

（2）如果是某一行程的开始，地陪要问候游客，预报天气，提醒相关注意事项；重申当日的活动安排。

（3）适时介绍国内外重要新闻。

（4）途中讲解要注意点、线、面的有机结合，讲解内容要重点突出。

（5）对于即将游览的景区（点）进行概况介绍。

（6）讲解方法多样化（启发式、聊天式、适度玩笑式等）。

（7）注意调控游客情绪，适时加入娱乐内容，活跃气氛。

（8）如果往返走同一条路，要提前做好途中讲解内容的设计安排。

（9）当日游览结束返回酒店途中，地陪要回顾当日旅游活动、进行沿途讲解，宣布次日活动，提醒回饭店的注意事项。

→ "导游事"分享

领队张先生被表扬了

[事实] A城市23+1人的旅游团队赴日本进行为期五日的旅游。2月8日在领队张先

生的带领下，旅游团队由A城市飞往大阪，接下来几天的行程一直非常顺利，客人也很满意。按行程计划，2月11日团队住东京，2月12日早晨由东京飞大阪后转机回A城市。可是到2月11日下午东京开始下暴雪，发现这一天气情况后，领队张先生预测第二天的航班可能会受到影响，于是及时与组团社联系并详细说明情况。组团社立即与日本地接社和相关交通部门联系，从航空公司获悉2月12日东京飞大阪的航班即使不取消也会延误。一旦东京飞大阪延误，大阪回A城市的航班也很可能赶不上，而且两个航班不是同一个航空公司，一旦误机，损失将非常严重，客人一定不满意。领队张先生以及组团社尽心尽力，积极主动地与地接社沟通，争取到地接社的大力支持与帮助，并于2月11日晚上由领队张先生带领团队乘坐21：00的航班飞赴大阪。2月12日上午九点团队乘坐大阪飞A城市的航班顺利返程，客人均表示非常满意。此团队的应急处理过程没有产生任何损失与额外费用。

[启示] 此事件属于旅游行程进行中的突发事件。因暴雪滞留东京，大阪飞回A城市的航班耽误，系不可抗力所致，根据《中华人民共和国合同法》的相关规定，旅行社不承担违约责任。但领队张先生本着"以人为本""客人利益第一"的原则，遇到突发事件，随机应变，跟组团社一起及时采取应急处理措施，使团队顺利返程，保证了"行"的安全顺畅，而且没有产生任何额外费用，获得了客人的高度赞赏，为旅行社赢得了良好的口碑，受到了组团社经理和客人的表扬。

任务四 "游"的导游技巧

一、"游"与旅游活动

"游"是旅游六要素中的核心要素，是旅游者进行旅游活动的主要目的。通过"游"这一主要的旅游环节，旅游者能够比较深入地了解旅游目的地的地理环境、民族民俗、历史文化，同时能够提高对风景名胜的感知程度，结交许多朋友。因此，旅游是寻求美、探索美、欣赏美和享受美的过程，是领悟大自然和接受先人信息的过程。

作为地陪导游员，要让客人实现"游"的目标，必须周到安排服务的各个相关环节，全面深入地掌握当地（尤其是讲解旅游区域）旅游景观基础知识和延伸知识，处理好各种关系，保证旅游活动安全、舒适、美满、顺利地完成，使旅游者留下终生难忘的记忆。

二、"游"的导游技巧

（一）"游"的服务技巧

1. 全面而熟练地掌握旅游景区（点）自然与人文知识

地陪如果没有丰富广博的知识做基础，一切服务无从谈起。熟练而全面地掌握旅游景观知识，是做好"游"的服务的前提。景区（点）的知识主要包括景区（点）的历史背景、用途、特色、地位、价值、名人文化等。

2. 掌握景区内景点的详细分布情况和游览路线

针对不同的散客或者旅游团，导游员对于游客"游"的内容选取不尽相同。所以，地陪应该熟悉旅游景区内各个小景区及景点的详细分布情况，熟悉旅游景区的游览线路及走向，确定相对准确的游览景区所需时间。

3. 掌握旅游景区的门票情况

一般来说，旅游景区门票会因季节不同、游客性质不同而价位不同，地陪应该十分熟悉这些基本情况，处理好淡旺季和特殊人群的免费、折扣门票的相关事宜。

4. 掌握旅游景区当下的状态

地陪应该对于旅游景区的当下状态有全面了解。熟悉景区游览的注意事项，掌握景区的开发状况、服务和管理的整体水平、旅游购物店（点）的分布及购物特色、小景点的二次收费情况及设施设备的配套和使用情况，等等。

5. 安排合理的游览节奏

地陪应该充分熟悉旅游活动的日程安排，合理调节游客的生理状态，安排好饮食、游览和休息的时间，掌握好旅游节奏，劳逸结合，张弛有序，缓急相宜。保证游客有充沛的精力和体力进行并完成旅游活动。

6. 安排好旅游摄影

地陪应该知道景区内各个景点摄影的最好时机和最佳位置，要有摄影家的眼光，引导组织游客拍摄，要把独特景观留存在游客的相册中，烙印在游客的记忆里。

7. 掌握好自己的角色定位

游览行进中，一般情况下，地陪走在最前面，全陪在所有游客的最后面，领队一般在游客的中间位置；如果行程中有参观、会见或者座谈，地陪应提前了解相关情况，明确自己的角色，活动中表现出自己拥有的风采；具体到某个景点讲解时，地陪应该知道自己应处的最佳讲解位置和客人观赏的最好位置。

8. 具有较强的组织协调能力，保证"游"好

在旅游目的地进行参观游览的过程中，地陪一直处于组织协调的状态。一方面，地陪要跟各个旅游供应商协调联系，保证旅游产品质量；另一方面地陪要组织协调好各位游客的活动，保证游有所获。

在旅游景区内，地陪在讲解的同时，应眼观六路、耳听八方，注意游客安全。地陪要随时清点人数，如果游客因为摄影、停留欣赏等原因离开你的视线，地陪应该采取巧妙的办法，及时组织游客集中，防止游客走失和意外事件的发生，保证自始至终地陪都跟游客在一起活动。地陪要保证自己的讲解能够尽可能让所有的游客听见、听明白甚至受到启发和教育。

（二）"游"的讲解技巧

1. 按照旅游接待计划要求进行讲解

在游览过程中，地陪应严格执行旅游合同，按照接待计划规定的游览景点和时间进行讲解，擅自缩短景区的讲解时间而增加其他项目的做法是错误的，必将受到纪律和法律的制裁。

2. 突出旅游景区（点）的文化内涵

无论是自然旅游资源还是人文旅游资源，都包含着丰富的文化内涵。我国旅游资源融入了古代先人的思想、情感、意识形态，承载着古代科技成果，体现着不同历史时期的文明精髓。只有通过地陪生动形象和传情地讲解，旅游者才能真正领略旅游资源的奥秘。

3. 讲解内容要有针对性

由于职业、学历、专业、地域和性格等的差异，面对同样的景点，不同的游客有不同的认识，感兴趣的地方也不一样，所以导游员在讲解前认真分析游客的组成，选取合适的内容有针对性地给予讲解，而不是"千客一词"。比如，导游员在讲解云南石林时，一般都会重点给客人介绍"阿诗玛与阿黑"的传奇故事，但其实不少游客的兴趣点不是这故事，他们希望导游能从地质地貌的角度介绍石林的产生、形成和发展。当然，这对一个地陪来说，是一种更高的要求，但对一个好的地陪来说，却是必然要求。

4. 讲解方法要多样化

导游讲解不是背课文，也不是人云亦云，而是导游员自身知识的融合，个性的外显和对景区文化的精炼，是旅游形象的代表。因此，导游员在讲解过程中，一定要讲究方法，避免背诵式的讲解，以吸引游客，提高旅游者对旅游的满意度和回味度。

5. 导游讲解中注意肢体语言的运用

一般来说，肢体语言包括面部表情、声音的抑扬顿挫、行站姿势等。

面部表情是肢体语言很重要的一部分，一定要大方、自然、得体。面部表情主要从眼睛和微笑来体现和流露。眼睛是心灵的窗户，眼睛要正视游客，目光要柔和，要与游客交流；微笑是春风，具有很强的感染力，笑容一定要从内心深处流露。声音的润色也很重要，要抑扬顿挫。行站姿势要得体，保持导游风度。总之，肢体语言是导游讲解的助燃剂，能够使导游讲解锦上添花。

6. 把握最佳讲解及观赏时机

旅游资源的观赏要掌握好季节、时间和气象变化情况，尤其是自然旅游资源，许多美景随着光照、时令和气候变化而有所不同。地陪应该掌握最佳讲解时间，能够在最佳欣赏时间内指导游客饱览美景。比如山东蓬莱的海市蜃楼、泰山的碧霞宝光等景观，观赏时间约几分钟，稍有疏忽就会与其失之交臂，后悔莫及。

7. 选择最佳讲解和观赏的距离与角度

自然旅游资源千姿百态，变幻无穷，有些奇景只有在特定的距离和角度才能够领略其风姿。地陪应该掌握自己讲解所在的距离和角度，清楚游客观赏奇景所应该选择的距离和角度，在安排好游客观赏位置的情况下，用有魅力的语言，让游客领会到奇景的风采。

8. 通过讲解突出旅游资源的教育作用

无论是自然旅游资源还是人文旅游资源，地陪都要深入挖掘其育人的内涵，通过自己的精彩讲解，让客人接受到爱国主义、国际主义教育或者科学文化知识的教育，更好地突出旅游资源的社会效益。比如，刘公岛是进行爱国主义教育的好课堂；地质公园是进行地学知识教育的好地方。

补充资料

导游讲解方法

1. 概述法：导游员为帮助游客更好地了解景区和景点，而在参观游览前介绍景点概况的导游讲解方法，一般在景区导游图（景区分布图）前进行。

2. 分段讲解法：是指将一处大景区分为前后衔接的若干部分来分段讲解。

3. 突出重点法：是指导游员在讲解中避免面面俱到，而是突出某一方面的讲解方法。突出重点主要表现为：①突出有代表性的景观；②突出景点特征及其与众不同处；③突出游客感兴趣的内容；④突出"之最"。

4. 触景生情法：是指见物生情、借题发挥的导游讲解方法。

5. 虚实结合法：是指导游员在讲解中将典故、传说与景物介绍紧密结合，即编织故事情节的导游手法。

6. 问答法：是指在讲解时导游员向游客提问题或启发游客提问题的讲解方法。具体包括自问自答、我问客答和客问我答。

7. 制造悬念法：是指导游员在讲解时提出令人感兴趣的话题，但又故意引而不发，激起客人急于得到答案的欲望，使其产生悬念。即"吊胃口、卖关子"。

8. 类比法：是指以熟喻生，达到类比旁通的导游方法。包括：同类相似类比和同类相异类比。

9. 画龙点睛法：是指导游员用凝练的词句概括所游览景点的独特之处，给游客留下突出印象的讲解方法。

"导游事"分享

王导错在何处

[事实] 地陪导游员小王带领客人在焦作的云台山景区游览，在潭瀑峡景区，旅游团的韩女士告诉小王说有一位游客常女士走失，王导说：没事的，刚才我已经强调了集合的时间和地点，到时候常女士一定会按时去那里集合的。上午十一点半在自助餐厅门口集合了，却不见那位常女士回来，大家很着急，韩女士埋怨王导不负责任，这时王导开始着急了，最终落实到常女士回住宿宾馆了。（旅游活动结束后，王导因为没有及时寻找走失客人被投诉）

[启示] 当韩女士告知王导常女士走失的时候，王导就应该注意这位客人了，快到集合时间如果客人还没有归队集合，应该立即开始寻找，同时要与用餐餐厅、饭店联系客人是否已经回到餐厅、住宿房间。此走失事件中，韩女士提醒王导时，王导却漫不经心，没有采取措施，直到最后集合才开始着急，很显然没有把游客的安全放在第一位，招致投诉。如若此事件中寻找没有结果，王导应向旅行社及时报告，必要时可以寻求景区（点）管理部门和公安的帮助。

任务五 "购"的导游技巧

一、"购"与旅游活动

"购"是旅游六大要素的重要组成部分,是旅游者进行旅游活动的动机之一。

一般情况下,旅游者外出旅游的购物消费要远远高出平时生活的消费。旅游购物对丰富旅游内容、增添旅游者的游览乐趣、提高旅游目的地形象、增加旅游收入、扩大社会效益等方面都有极其重要的作用。

在旅游业发达国家,旅游收入中近1/3来自游客购物消费。我国旅游购物发展道路曲折,很不完善,存在"散、小、乱、差"等问题,所以游客的购物水平较低,甚至部分游客对旅游购物存在抵触情绪,目前,"购"在我国旅游业中的优势没能够正常发挥出来。

二、"购"的导游技巧

(一)"购"的服务技巧

1. 按照规定进店

地陪应严格按照《导游服务规范》和《旅游法》等有关规章执行接待计划,带领游客到计划内的购物店购物。不能私自带领游客到计划外的购物店购物,更不能强迫购物。

2. 遵循购物服务原则

地陪的购物服务必须建立在游客"需要购物,愿意购物"的基础上。在实际购物服务中,地陪导游员要遵循"既要让游客购物,更要让游客购物后称心满意"的原则。

3. 熟悉购物店情况

地陪应该了解熟悉旅游购物店的基本情况,包括购物店的位置、商品的类型、商品特色、销售价格、管理水平、服务水平、售后服务标准,等等。

4. 角色定位准确

在"购"的服务中,地陪应该清楚自己的角色定位。做到"精心讲解第一、购物服务第二"。

我国的旅游购物市场存在物品价格混乱、假冒伪劣产品较多真假难辨的现象,目前正处于规范和整治之中。而游客对于旅游目的地的情况不熟悉,对于当地的土特产或者工艺品不了解,要在短时间内选择出物品,实在不容易。因此,地陪应该监督购物店的合法性及商品的真实性,实事求是地向游客介绍货真价实的旅游纪念品或者名特产品,成为游客购物的监督员和顾问,不能做产品的推销员,保证购物服务的质量。

5. 购物店的安排原则

旅游购物店的安排一般是旅行社计调的工作,但是如果遇到需要地陪亲自安排购物店的情形,地陪一定要遵循"在一条旅游线路产品中,旅游购物店不重复、不单调、不紧张、不令人疲惫"的原则进行安排。

6. 尽量满足游客的特殊需要

如果游客买到了不满意的商品,地陪应该协助游客做好商品的调换工作;如果游客要求地陪代其购买商品，必须请示旅行社并按照有关规定执行；如果游客特别是境外游客提出购买古玩或者仿古艺术品，地陪应征得旅行社同意，带领游客到正规文物商店购买，并提醒游客购买文物出境的所有规定。

（二）"购"的讲解技巧

（1）地陪要掌握丰富的讲解所需要的购物知识，比如当地购物品的名称、产地（生产企业情况）、生产制作基本过程和工艺特色等。

（2）熟练讲解旅游购物品的文化承载和传说故事，随时观察游客对于讲解的反应，调整讲解内容。

（3）既要讲解商品的优点，也要讲解商品的缺点。

（4）讲解当地旅游购物品的鉴别知识并教给客人。

（5）地陪对于购物的讲解态度要跟之前旅游要素讲解态度一致。

（6）提醒游客购物注意事项。

（7）讲解商品的保存方法和技巧。

补充资料

曲阜楷雕导游讲解知识点

楷雕是曲阜独有的一种工艺产品，它的原料是楷树。相传这种树是孔子的弟子子贡奔丧时，从南方带来栽植在孔林的。清代著名戏剧家孔尚任曾向康熙皇帝介绍说："楷木可为杖，又可为棋，其萌可为蔬，又可为茶，其瘿可为瓢……其子榨油可为膏烛。"楷树属漆料，是落叶乔木，叶经霜变红，是一种很好的观赏树木。

曲阜楷雕已有2000多年的历史。孔府珍藏的孔子及夫人亓官氏二尊圆雕立像，相传是子贡为孔子守墓时用楷木雕成的。这虽是传说，但这对楷木雕像在宋代建炎二年（1128年）曾被四十八代"衍圣公"孔端友携带去浙江，则是有据可考的，中华人民共和国成立后才取回曲阜珍藏。

曲阜楷雕的传统产品是手杖和如意。楷木木质坚硬柔韧，色呈金黄，刻制成杖不会暴折；刻制如意，玲珑剔透，花纹如丝而不断。楷雕手杖和如意历来是孔府向皇帝进贡的贡品。光绪十七年（1891年），山东巡抚给慈禧太后的寿礼就是曲阜楷雕的一柄寿杖和二架如意。寿杖刻有百龙戏珠，玲珑细巧；如意刻八仙庆寿，群仙神态各异，栩栩如生，被西太后称为绝技。新中国成立前，曲阜楷雕的如意和手杖曾在巴拿马博览会上获奖。

中华人民共和国成立后，政府将老艺人组织起来，成立了以楷雕为主的曲阜县工艺美术厂，除雕刻手杖、寿杖、如意外，还增加了孔子像、佛像、仕女像、笔筒等新品种，在历届全国工艺美术展览会上都博得好评。

四代家传的著名雕刻老艺人颜景新，匠心独运，因材施艺，以精湛的技法，利用楷木根部的自然形态，雕刻了一尊气宇轩昂的孔子立像。这尊高一米一的雕像，在一九八一年山东省工艺品赴香港展览中，深得香港艺术界的赞誉，《大众报》《文汇报》纷纷刊登照片介绍，给予很高的评价。目前，楷雕工艺品已成为深受国内外游客欢迎的旅游纪念品。

"导游事"分享

地陪该如何面对客人提出的陪购要求

[**事实**] 王导是北京的地陪导游员,带领河南22人旅游团进行北京纯玩五日游。按照日程安排第四天下午是客人自由活动时间,客人希望买点北京当地特产带回家,请王导陪同,22位客人分为三个自由活动组,最后经客人自己协商同意,王导陪同去王府井购物的这组客人。就这样,三条不同线路的客人分别出发了。

晚餐时间为晚上六点半,王导陪同的这组客人按时满载而归,其他两条线路的客人没能按时回来,最后一组回到用餐地点时已经是晚上七点半。虽然是自由活动,虽然是客人自己愿意分成的三条线路,虽然是客人同意王导陪同其中的一组客人,但是,没有王导陪同的两组客人没有实现他们自己的购物理想,表现得很不高兴。

[**启示**] 面对河南旅游团客人在自由活动时提出的要求,王导应该做好客人的购物参谋,面对22位客人统一讲解注意事项,提出购物建议,比如三条线的特点分别是什么?三条线上各有哪些特色商场,等等,告诉客人乘车线路或者联系出租车,要求客人带好饭店地址卡,等等。而不是陪同一个小组客人,忽略其他两个小组客人。

任务六 "娱"的导游技巧

一、"娱"与旅游活动

"娱"是指以娱乐、消遣、放松为目的,力求获得精神愉悦和身心平衡的多种旅游活动方式的总称。一般可以分为观赏性娱乐活动和参与性娱乐活动。

观赏性的娱乐活动主要有观赏传统地方剧目、历史类的歌乐舞、民间娱乐表演等;参与性娱乐活动主要可分为以下三类:一是危险性较小的休闲娱乐活动,如骑马、骑骆驼、垂钓、对歌等;二是探险经历,如蹦极、漂流、滑沙、潜水、飞行伞等;三是自娱活动,如聚餐、舞会等。

"娱"是旅游活动的重要组成部分。旅游者外出旅游,除了"食、住、行、游、购"的旅游内容,通常还有娱乐的需求和动机。通过观赏或者参与娱乐活动及相关项目,游客不仅能够获得新体验、新感受、了解更多的异地文化,更重要的是通过娱乐和休闲彻底放松自己。

当然,"娱"不是每个游客都会选择的,所以"娱"通常不会体现在游客的旅游行程中,一般是旅游目的地的地陪向游客推荐,客人本着自愿的原则报名参加。

二、"娱"的导游技巧

(一)"娱"的服务技巧

(1)地陪应当向游客推荐去正规的娱乐场所欣赏高雅的娱乐项目,绝不能带领游客涉足格调低下甚至色情方面的表演场所,否则将受到法律制裁。

（2）地陪推荐娱乐活动要把握好"度"。游客外出旅游，"游"是旅游活动的核心，因为参观游览的内容一般安排在白天，所以娱乐项目一般是晚上进行。地陪导游员要注意保证游客第二天的体力和精力，安排娱乐项目时应以轻松愉快为主，且时间不能太长。在我国，自费项目应该是游客自愿消费的、诚信的、正当的，否则就违背了旅游行业经营的规则，是要进行整改的。

（3）娱乐活动内容应该突出地方文化特色。地陪应该根据游客的年龄特点、文化水准和游览动机等情况来推荐或者组织娱乐项目，一定要突出地方特色和民族特色，让异地的游客真正享受到旅游目的地的不同文化特色，使"娱"成为游览活动的延伸和补充。

（4）不管是计划内娱乐还是自费项目，地陪都应该坚守岗位、始终陪同，并跟司机商定好出发时间和易于寻找辨认的停车位置，并告知客人。

（5）地陪要具有较强的组织安排能力。通常情况下，旅游者参加的娱乐活动尤其是观赏性的娱乐活动，人数多，规模大，作为地陪必须具备较强的组织能力，全身心组织好参加活动的游客，保证游客安全。

（6）在娱乐活动过程中，地陪要注意观察，随时解决出现的问题。

（二）"娱"的讲解技巧

（1）地陪应该掌握当地娱乐项目的内容、分类、发展历史和特色；熟悉娱乐活动的销售价格和内部价格；掌握娱乐活动进行的时间要求。

（2）提醒游客娱乐活动注意事项、集合时间地点，交代游客如何避免走失。

（3）在前往观看途中，地陪对于娱乐活动要做概括性介绍，讲解语言要简明扼要、通俗易懂；讲解内容要重点突出；能够模拟表演时地陪应该尽力模拟示范。

（4）游览结束后地陪要做总结性讲解，同时回答游客相关问题。

（5）如果是参与性的娱乐活动，地陪应该讲解娱乐项目所适宜的人群、参与活动应注意问题、活动技巧和方法、活动中要尊重民族习俗等事项，特别提醒游客量力而行，确保人身安全。

（6）如果游客自愿参加自娱项目，地陪应该提醒游客注意安全，且提示游客不能参加不健康的娱乐活动。

▶ "导游事"分享

蔡导推荐的演出项目为何引起客人不满

[事实] 新加坡入境旅游团30人进行长沙、张家界、千子山双飞五日游，第二天上午行程结束赶往饭店用午餐，蔡导向旅游团客人推荐了特色演出"魅力湘西"，详细介绍了演出特点，推荐价格为160元每人，最后团队有26人报名参加。演出现场，入境旅游团的客人赖先生跟境内D城市的客人座位相邻，随便问了一句票价，得知境内D城市客人的票价比赖先生便宜40元钱，两个相邻的座位相差如此之大，生气的赖先生给导游打了电话询问此事。最终蔡导为赖先生解决了这件事情。

[启示] 蔡导接待的是入境旅游者，对于"魅力湘西"的价格推荐存在偏高的现象，且没有跟客人进行及时沟通交流，使得有好奇心的客人赖先生发现了这个现实，产生不满

的情绪。蔡导应该将当地演出不同座次、不同区域观赏价格的实际情况跟客人交代清楚，让客人自己选择，则可以避免类似问题发生。

项目模拟实训

1. 让学生提前准备地方菜相关知识，教师安排学生到某一特色菜馆就餐，由学生现场讲解当地菜点知识。

2. 面对一个30人的经济团，班级同学分别扮演地陪、全陪和客人等不同角色，由地陪进行降低客人对于"住"的期望值的讲解。

3. 组织一次接机模拟，教师介绍"行"的相关知识，由学生自己模拟旅游汽车导游服务。

4. 在景区景点游览时，一位游客遭遇抢劫，地陪处理过程模拟。

5. 将班里学生分成小组，每个小组分配具体任务，收集当地旅游购物店相关资料，然后集中分小组进行模拟购物讲解，讨论当今旅游购物现状及导游购物回扣是否合理的问题。

项目四　诗词楹联导游技巧

任务导读

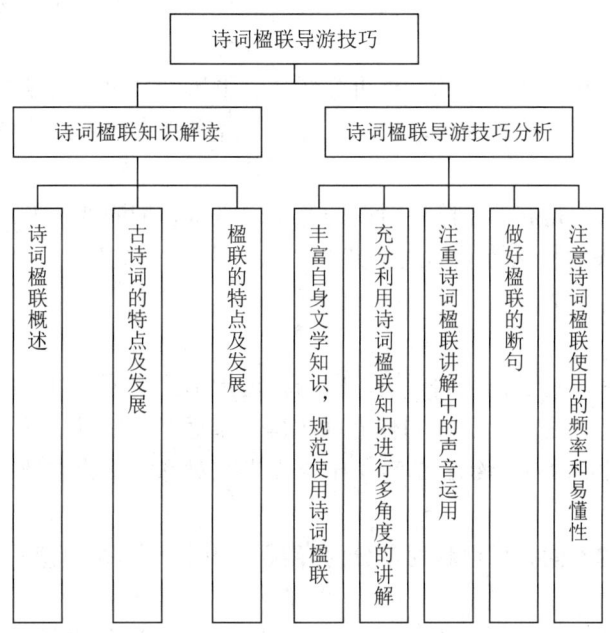

学习目标

（一）知识目标
1. 了解古诗词的发展历史
2. 掌握楹联的主要特点
3. 熟悉古诗词的主要类型和特点

（二）技能与能力目标
1. 具备诗词楹联的讲解能力
2. 能够带领客人进行楹联赏析
3. 能够引导客人鉴赏古诗词

任务一　诗词楹联知识解读

一、诗词楹联概述

(一) 诗词楹联的基本概念

1. 古诗词

诗歌是我国最早出现的一种文学形式，也是与小说、散文、戏剧并列的一种文学体裁。它是中国古代最重要的文学形式。诗歌具有一定的节奏和韵律，以高度精练的语言，形象地表达作者丰富的思想感情，集中地反映社会生活。古代常见的诗歌类型有：

（1）古体诗，又称"古诗"或"古风"，泛指唐代以前出现的不受近体格律束缚的自由体、半自由体诗歌。

（2）近体诗，是在唐代完成的一种讲究音律、平仄、粘对、对仗的格律严谨的新式诗体，又称"今体诗"或"格律诗"，它以五言、七言律诗为代表，此外还包括绝句、律绝和排律。

（3）词，一般认为是起源于隋唐时期的燕乐，是从歌词演变、发展而来的一种可配乐歌唱、句式长短不齐的特殊诗歌形式，又有"诗余""长短句""乐府""曲子""曲子词""雅词"等多种称呼。

2. 楹联

楹联，又称对联、对子，也叫联语、联句，是指单独使用的对仗的句子。这些句子大多悬刻于厅堂前的壁柱之上，所以叫作楹联（楹，指厅堂前的柱子）。它是我国特有的文学形式，其体制短小，文字精练，体现了中国人讲究对称的民族心理，是中国传统的艺术形式。

根据应用范围的不同，可以将对联分为春联、门联、堂联、喜联、挽联、寿联、名胜古迹联等种类。

春联是人们在春节时使用的对联。主要内容是在除旧迎新之际，祝愿家庭幸福美满、抒发对来年的愿望、反映人们追求幸福的美好心愿和传递对未来新生活的热烈向往。春联是最早出现的对联形式，出现于唐末五代时期。

门联和堂联是从春联衍生而来，北宋时期已广为流行。门联是悬挂在大门两侧的对联，主要用于反映门第、行业等内容。堂联多用于居室、厅堂之上，内容大都是表现个人情怀修养、人生理想和抱负，或者寄托愿望、自立自勉等。

喜联又叫婚联，始于清代。主要用来反映人们对结婚者的一种美好祝愿。内容多以祝愿婚姻美满幸福、互敬互爱、家业兴隆为主。

寿联起源于宋代，在清朝时极为盛行，内容多是赞扬寿者对社会的功绩、硕德美行，或是祝愿健康快乐、长命百岁等。

挽联源于古挽歌，产生于宋代。是用来悼念死者、治丧祭祀的对联。内容多为赞颂死者功绩、表达哀悼之情等。

名胜古迹联指的是悬挂、雕刻在风景优美的名胜地或历史名人、历史遗迹纪念地的对联，最早见于北宋，清代广泛普及。这类对联现已成为人文景观的重要组成部分，数量多，内容广，艺术成就高，对风景名胜起到画龙点睛的作用。

（二）诗词楹联的旅游价值

1. 诗词楹联的旅游资源价值

文学与旅游历来关系密切，古代文人有"读万卷书，行万里路"的说法。在游历的同时，他们将所见所闻所感用文学的形式加以记载、传播，许多今天的旅游景点的产生都与这些诗词歌赋有着不解之缘。而在旅游景点中，诗词楹联也比比皆是，是人文景观中的重要组成部分。可以说，诗词楹联提升了旅游资源的人文内涵和旅游吸引力。正如《红楼梦》中贾政所说："偌大景致，若干厅榭，无字标题，任是花柳山水，也断不能生色。"在许多旅游景点的游览中，诗词楹联是重要的欣赏内容，人们去岳阳楼，少不得要去看看杜甫的《登岳阳楼》；去滕王阁也是因为王勃的《滕王阁序》；孔府大门上那幅著名的对联，是游客必看的著名景点；而昆明大观楼上的百字长联也是大观楼景点中最重要的景观。许多景点和旅游线路也是依据诗词楹联加以设计。如绍兴沈园以陆游的《钗头凤》为主题，湖北的黄州赤壁则以苏轼的《念奴娇·赤壁怀古》为背景。

2. 诗词楹联的旅游宣传价值

郁达夫曾在《乙亥夏日楼外楼坐雨》写道："楼外楼头雨如酥，淡妆西子比西湖。江山也要文人捧，苏堤而今尚姓苏。"许多旅游景点为人们所关注，离不开诗词楹联的影响力。崔颢的《黄鹤楼》、李白的《黄鹤楼送孟浩然之广陵》成就了黄鹤楼的美名；张继的《枫桥夜泊》也使苏州寒山寺的钟声悠远不绝。这种宣传常常是无意的，但产生的价值却是十分巨大的。

3. 诗词楹联的旅游服务价值

对于导游讲解而言，诗词楹联也是导游词中不可或缺的内容。"山重水复疑无路，柳暗花明又一村""水光潋滟晴方好，山色空蒙雨亦奇"等诗句的使用频率非常高。可以说，诗词楹联导游已成为导游讲解中不可或缺的重要内容。

二、古诗词的特点及发展

（一）古诗词的主要特点

1. 格律诗的特点

格律诗是古代诗歌中最重要也最规范的诗歌形式，其起源于南北朝时期，定型和兴盛于唐代。格律诗主要有以下基本特点：

格律诗主要有律诗、绝句等基本形式。每首诗的句数和字数是固定的。如律诗每首诗为八句，绝句为四句，每句的字数有五言和七言两种。因而七言律诗为56个字，五言律诗为40个字，七言绝句为28个字，五言绝句为20个字。

格律诗要求押韵，押韵的位置要求固定，一般是偶数句押韵，首句也可以押韵。一般只押平声韵（阴平和阳平），且一韵到底，中间不许换韵。格律诗讲究平仄，平仄指的是字的声调，古音分为平上去入四声，其中平为平声，上去入三声合称为仄声。格律诗每句各字的平仄都有严格的规定，而同一句诗中要求平仄相间。

格律诗一般两句为一联，其中某些句子必须使用对偶句。以律诗为例，每首诗为八句，分为四联，分别称为首联、颔联、颈联和尾联。其中颔联和颈联必须使用对偶句。

以李商隐《无题》为例：全诗为七言律诗，八句56字。其中颔联"春蚕到死丝方尽"与"蜡炬成灰泪始干"，颈联"晓镜但愁云鬓改"与"夜吟应觉月光寒"为对偶句。押韵字是难、残、干、寒、看。其中"看"古音也可读为平声，因而读成阴平kān。每字的平仄为：

相见时难别亦难，（平仄平平仄仄平）
东风无力百花残。（平平平仄仄平平）
春蚕到死丝方尽，（平平仄仄平平仄）
蜡炬成灰泪始干。（仄仄平平仄仄平）
晓镜但愁云鬓改，（仄仄仄平平仄仄）
夜吟应觉月光寒。（仄平仄仄仄平平）
蓬山此去无多路，（平平仄仄平平仄）
青鸟殷勤为探看。（平仄平平仄仄平）

2. 词的特点

词是诗的别体，它最初是配音乐演唱的歌词。因为每句的长短不一又称为长短句，词牌是词的调子的名称。不同的词牌在总句数、每句的字数、平仄上都有规定。词有以下特点：

每首词都有一个表示音乐性的词调（词牌）。一般来说，词调并不是词的题目，仅只能把它当作词谱看待。如《菩萨蛮》《水调歌头》《虞美人》《声声慢》等。到了宋代，有些词人为了表明词意，常在词调下面另加题目，或者还写上一段小序。如《念奴娇·赤壁怀古》《卜算子·咏梅》等。

词可以按照字数的多少分为小令（58字以内）、中调（59~90字）、长调（90字以上）。按段落的多少又可分为单调、双调、三叠、四叠等。其中双调词（两段）居多，上下两段叫作上下片或上下阕，其内容往往是上阕写景，下阕抒情。

一般词调的字数和句子的长短都是固定的，有一定的格式。词中声韵的规定特别严格，用字要分平仄，每个词调的平仄都有所规定，各不相同。

（二）古诗词的发展概况

1. 先秦时期——中国古典诗歌的源头

中国文学现实主义和浪漫主义传统有两大源头：《诗经》和《楚辞》。它们以其博大精深的文化内涵和巨大而深远的影响，雄踞中国传统文化殿堂上座，堪称"双璧"。后人说的"风骚"，即指《诗经》中的《国风》和《楚辞》的代表作《离骚》。

《诗经》是我国第一部诗歌总集，也是中国现实主义诗歌的一个源头。它收录了自西周初年到春秋中叶大约五百年间的诗歌三百零五篇，内容分为风、雅、颂三部分，其中风部分是精华所在。形式上以四言形式为主，多用重章体。赋、比、兴的手法具有很强的表现力。语言精练、优美、朴实、自然。其中有许多优美的景物描写片段，如"关关雎鸠，在河之洲""蒹葭苍苍，白露为霜""昔我往矣，杨柳依依。今我来思，雨雪霏霏"等为后来的山水诗作打下基础。

《楚辞》是中国浪漫主义诗歌的源头，其奠基人和代表作家是伟大的浪漫主义诗人屈原。屈原是我国文学史上第一个伟大诗人，他的作品体现着强烈的爱国主义和理想主义的情怀，艺术上开创了比兴寄托的手法。想象丰富，个性鲜明。代表作《离骚》是我国古代最长的抒情诗，抒发了作者强烈的爱国之情。作品集《九章》中景物描写大量出现，如《涉江》《橘颂》等，借景抒情手法的运用已十分成熟。

2. 秦汉、魏晋南北朝时期——古体诗到近体诗的过渡期

汉代最主要的诗歌形式为乐府诗。汉乐府诗源于民歌，内容的特点是"感于哀乐，缘事而发"。汉乐府诗以叙事诗为主，反映社会下层百姓的艰辛生活和爱情悲剧，多以五言诗的形式写成，代表作《孔雀东南飞》是古代最长的叙事诗。南北朝时期的乐府诗成就也很高。南朝以情歌为主，语言婉约、细腻、清新、缠绵，代表作《西洲曲》，通过描写由早春到深秋的季节变化，抒发了一个女子的思念之情。北朝乐府诗主要表现北国风光和风俗，语言质朴刚健、粗犷豪放，代表作《敕勒歌》《木兰辞》。乐府诗是现实主义诗歌的又一源头。

汉代五言诗开始出现，现存最早的文人五言诗是东汉班固的《咏史》。《古诗十九首》代表了东汉文人五言诗的艺术上的最高成就。

魏晋时期是五言诗的兴盛时期，其中成就最高的是东晋时期大诗人陶渊明，他是我国田园诗的开创者。诗风率真、自然。代表作《归园田居》《饮酒》等。南朝刘宋时期的谢灵运擅长描摹山水美景，是我国最早大量创作山水诗的诗人，代表作为《登池上楼》等。

魏晋南北朝时期是七言诗确立的时期，现存最早的一首七言诗是曹丕的《燕歌行》。

南朝齐梁年间是古体诗向近体诗过渡的时期，沈约、谢朓等人注重声律和对偶，创造了"永明体"诗歌形式，标志着古典诗歌由比较自由的"古体"走向格律严整的近体诗。

3. 唐宋时期——诗歌的黄金时代

唐代是诗歌的鼎盛时期，题材、形式、流派多样，作家、作品众多。唐诗分为初、盛、中、晚四个时期。

初唐是诗风转变时期，初唐四杰（王勃、骆宾王、卢照邻、杨炯）吹起刚健清新之风，代表作如王勃的《送杜少府之任蜀州》、骆宾王的《在狱咏蝉》等；杜审言、沈佺期、宋之问等人为律诗最后定型起到重要作用。陈子昂则高举诗歌革新大旗，提倡"汉魏风骨"，以《登幽州台歌》为代表敲响了盛唐之音。张若虚则以一首《春江花月夜》融诗情、画意、哲理为一体，创造出情景交融玲珑剔透的诗境，在文学史上留芳千载。

盛唐时期出现了两大流派——山水田园诗派和边塞诗派。山水田园诗派以王维、孟浩然为代表，描写山川秀丽和山野乡居之趣，表现了对大自然的热爱和对官场尔虞我诈、钩心斗角的厌恶，代表作有《过故人庄》《山居秋暝》《渭川田家》等。边塞诗派以高适、岑参为代表，描摹苍凉瑰丽奇特的边塞景色，表达建功立业的报国之志。代表作有《燕歌行》《白雪歌送武判官归京》等。这一时期还出现了李白、杜甫两大诗人。李白，字太白，浪漫主义诗人，被后人称为"诗仙"。其诗歌内容丰富，感情强烈，形式多样，尤善七古、七绝。《将进酒》《蜀道难》《行路难》《梦游天姥吟留别》都是其名作。杜甫，字子美，现实主义诗人，人称"诗圣"。诗歌主要反映了安史之乱前后的社会现实，被誉为"诗史"。诗风沉郁顿挫，擅长七律，讲究工整、锤炼。"三吏"（《石壕吏》《新安吏》《潼关吏》）、

"三别"(《无家别》《新婚别》《垂老别》)、《登高》《春夜喜雨》等作品都脍炙人口。

中唐诗歌以反映现实冷酷、政治黑暗为主题,展示了唐王朝的衰变与中兴。韩愈的奇绝险怪,孟郊、贾岛的苦吟幽僻,柳宗元的高洁孤清,刘禹锡的怀古伤时,李贺的奇特想象,都各有千秋。成就最高的则是白居易,他倡导"新乐府运动",诗歌多反映民生疾苦,针砭时弊,语言通俗平易,影响巨大。代表作《琵琶行》《长恨歌》《卖炭翁》等。

晚唐唱响了唐代诗歌的挽歌。内容多反映对历史的回顾,对身世的感伤。语言华丽,喜欢雕琢,善用典故,追求形式美。以李商隐、杜牧、温庭筠为代表。

宋代诗歌以继承为主,继承多于创新。主要特点是:以文字为诗,以才学为诗,以议论为诗,追求技巧和语言的精益求精。

北宋诗坛上成就最大的诗人是苏轼,其诗境界开阔,潇洒豪放。写景诗尤为出色。其他诗人成就较大的还有王安石、黄庭坚、欧阳修等。

南宋最有影响的诗人是陆游,他是现存诗歌数量最多的古代诗人。其诗的主要内容是反映爱国思想和报国志向。诗风继承前人传统,创造了沉郁悲壮的独有风格,可以说是一位集大成者。

宋代诗歌最重要的形式是词。词起源于民间,出现时间最晚不会晚于盛唐,中唐时期已出现一些成熟的词作,如白居易的《忆江南》、张志和的《渔歌子》等。晚唐五代时期,文人词得到飞速发展,晚唐以温庭筠为代表的花间词人,确立了词以"言情"为主的风格。五代词的中心是南唐,以冯延巳、李璟、李煜为代表。李煜的词多为感伤身世,怀念故国为主题,语言平易朴实,在词史上占有重要地位,代表作《虞美人》《相见欢》《浪淘沙》等。

宋代是词创作的高峰期,分婉约和豪放两派。柳永是北宋第一个专力写词的作家,内容多反映歌伎生活情感,还有一部分写城市风光,符合市民口味。他善写慢词,善用铺叙。常采用白描手法,情景交融。他的词吸收了大量的俚语,语言通俗明白。代表作《雨霖铃》《望海潮》等。

苏轼以诗为词,开创了豪放派,把过去只能用诗表达的内容写入词中,扩大了词的题材和境界。词风开阔豁达,语言豪放雄奇,代表作《水调歌头》《念奴娇·赤壁怀古》等。

周邦彦是北宋最后一个大词人,他的特点是以赋为词,精通音律,善创新调,词律精密,被认为是词的正宗。

李清照是婉约派的代表人物,她生活在北宋到南宋的转折期。词的内容多写个人遭遇,但深深打上时代烙印。表情细腻,风格清新委婉。代表作《醉花阴》《声声慢》等。

南宋成就最大的词人是辛弃疾,他是豪放派的代表,与苏轼并称为"苏辛"。他以文为词,善用典故,词风刚健遒劲。他的抗战词和农村词都占有重要地位。代表作《永遇乐·京口北固亭怀古》等。

姜夔是南宋又一影响重大的词人,代表南宋后期词坛主流。词风清空、幽冷,独树一帜,有意趣,精致典雅,人称雅词,代表作《扬州慢》等。

南宋末期,由于片面追求文辞的典雅和音律美,词逐渐走向衰落。

4.元明清时期——诗歌的衰落期

宋以后,诗歌创作无论是从作家、作品数量,还是从成就上都无法与唐宋相比。其中比较有影响的诗人有明代的前后七子,前七子以李梦阳、何景明为领袖,后七子以李攀龙、王世贞为代表。清代诗人中最负盛名的是王士祯。在词的创作方面只有清代的纳兰容若的婉约词影响较大。

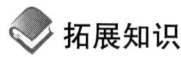拓展知识

旅游景点与古典诗词

终南山　　王维
太乙近天都，连山接海隅。白云回望合，青霭入看无。
分野中峰变，阴晴众壑殊。欲投人处宿，隔水问樵夫。

望洞庭湖赠张丞相　　孟浩然
八月湖水平，涵虚混太清。气蒸云梦泽，波撼岳阳城。
欲济无舟楫，端居耻圣明。坐观垂钓者，徒有羡鱼情。

苏台览古　　李白
旧苑荒台杨柳新，菱歌清唱不胜春。只今惟有西江月，曾照吴王宫里人。

黄鹤楼送孟浩然之广陵　　李白
故人西辞黄鹤楼，烟花三月下扬州。孤帆远影碧空尽，唯见长江天际流。

枫桥夜泊　　张继
月落乌啼霜满天，江枫渔火对愁眠。姑苏城外寒山寺，夜半钟声到客船。

黄鹤楼　　崔颢
昔人已乘黄鹤去，此地空余黄鹤楼。黄鹤一去不复返，白云千载空悠悠。
晴川历历汉阳树，芳草萋萋鹦鹉洲。日暮乡关何处是，烟波江上使人愁。

登岳阳楼　　杜甫
昔闻洞庭水，今上岳阳楼。吴楚东南坼，乾坤日夜浮。
亲朋无一字，老病有孤舟。戎马关山北，凭轩涕泗流。

陪李北海宴历下亭　　杜甫
东藩驻皂盖，北渚凌清河。海右此亭古，济南名士多。
云山已发兴，玉佩仍当歌。修竹不受暑，交流空涌波。
蕴真惬所遇，落日将如何。贵贱俱物役，从公难重过。

望　岳　　杜甫
岱宗夫如何？齐鲁青未了。造化钟神秀，阴阳割昏晓。
荡胸生层云，决眦入归鸟。会当凌绝顶，一览众山小。

钱塘湖春行　　白居易
孤山寺北贾亭西，水面初平云脚低。几处早莺争暖树，谁家新燕啄春泥。
乱花渐欲迷人眼，浅草才能没马蹄。最爱湖东行不足，绿杨阴里白沙堤。

晓出净慈寺送林子方　　杨万里
毕竟西湖六月中，风光不与四时同。接天莲叶无穷碧，映日荷花别样红。

乌衣巷　　刘禹锡
朱雀桥边野草花，乌衣巷口夕阳斜。旧时王谢堂前燕，飞入寻常百姓家。

题西林壁　　苏轼
横看成岭侧成峰，远近高低各不同。不识庐山真面目，只缘身在此山中。

寄扬州韩绰判官　　杜牧
青山隐隐水迢迢，秋尽江南草未凋。二十四桥明月夜，玉人何处教吹箫。

饮湖上初晴后雨　　苏轼
水光潋滟晴方好，山色空蒙雨亦奇。欲把西湖比西子，淡妆浓抹总相宜。

趵突泉　　赵孟頫
泺水发源天下无，平地涌出白玉壶。谷虚久恐元气泄，岁旱不愁东海枯。
云雾润蒸华不注，波涛声震大明湖。时来泉上濯尘土，冰雪满怀清兴孤。

趵突泉　　张养浩
绕栏惊视重徘徊，流水缘何自作堆？三尺不消平地雪，四时尝吼半空雷。
深通沧海愁波尽，怒撼秋涛恐岸摧。每过尘怀为潇洒，斜阳欲没未能回。

秋　柳　　王士祯
秋来何处最销魂？残照西风白下门。他日差池春燕影，只今憔悴晚烟痕。
愁生陌上黄骢曲，梦远江南乌夜村。莫听临风三弄笛，玉关哀怨总难论。

望海潮　　柳永
东南形胜，三吴都会，钱塘自古繁华。烟柳画桥，风帘翠幕，参差十万人家。云树绕堤沙，怒涛卷霜雪，天堑无涯。市列珠玑，户盈罗绮，竞豪奢。

重湖叠巘清嘉，有三秋桂子，十里荷花。羌管弄晴，菱歌泛夜，嬉嬉钓叟莲娃。千骑拥高牙，乘醉听箫鼓，吟赏烟霞。异日图将好景，归去凤池夸。

念奴娇·赤壁怀古　　苏轼
大江东去，浪淘尽，千古风流人物。故垒西边，人道是，三国周郎赤壁。乱石穿空，惊涛拍岸，卷起千堆雪。江山如画，一时多少豪杰。

遥想公瑾当年，小乔初嫁了，雄姿英发。羽扇纶巾，谈笑间，樯橹灰飞烟灭。故国神游，多情应笑我，早生华发。人生如梦，一樽还酹江月。

武陵春　　李清照
风住尘香花已尽，日晚倦梳头。物是人非事事休，欲语泪先流。
闻说双溪春尚好，也拟泛轻舟。只恐双溪舴艋舟，载不动，许多愁。

三、楹联的特点及发展

（一）对联的特点

1. 出句和对句字数相等，字不重复

对仗是楹联的基本特征，没有对仗就没有对联。一副对联中上联又称出句，下联称为对句。字数相等，指的是对联无论长短，出句和对句的字数必须是相等的，若上联是由几个分句组成，则下联也应是由字数与之一一相等的几个分句组成。总之，若连字数都不能相等，那无论如何也难以叫作对联。

字不重复指上下联之间，尤其是其中对应位置上除非有衬字性质的虚词和需要特别加以强调的实词，或特殊修辞之外，一般不用重复字。如果一副对联中用了相同的字，叫犯复。当然为了特殊修辞需要也可以使用重复的字，只是在重复时要注意上下联保持一致。如：

先武穆而神，大汉千古，大宋千古；
后文宣而圣，山东一人，山西一人。

上联中的"千古"和下联中的"一人"突出了关羽的地位和影响，是属于修辞中的重复，起到强调的作用，颇具特色。

2. 出句、对句内容相关

上下联之间，内容要相关，以起到相辅相成的效果。这种关系或者是从相同的角度互相映衬、补充，即所谓"正对"；或者是从相反的角度互相反衬、对照，即所谓"反对"。如：

由秀才而封王，主持半壁旧江山，为天下读书人顿增颜色；
驱外夷以出境，自辟千秋新事业，语今日有志者再鼓雄风。

这是台湾高雄郑成功祠对联，上联写郑成功在江南抗清事迹，下联写收复台湾的功绩，概括了他一生的成就，是典型的正对。

再如：

青山有幸埋忠骨；
白铁无辜铸佞臣。

这是岳坟前铁槛对联，上联从正面赞美岳飞，下联从反面讽刺秦桧，这是典型的反对。

还有少数对联上下联之间属于互相衔接的关系，即所谓"串对"或"流水对"。即上下联意思相承，把一个意思分成两句话来说，上下联紧密衔接，连贯而下的联语。如：

直登云麓三千丈；
来看长沙百万家。

串对的上下联之间往往有递进、转折、条件、因果等关系。

但是如果上下两联的意思完全相同，即为同义相对，也叫作"合掌"，这是作对联的忌讳。如：

云泽清光满；
洞庭月色深。

此联中,"云泽"就是"洞庭","清光"就是"月色","满"与"深"差别也不大,就属合掌。还有如"旭日"对"朝阳""史册"对"汗青""神州千古秀"对"赤县万年春"等,都属合掌。在对联中是要尽力避免的。当然,出现个别非中心词语(尤其是虚词)的合掌,或者合掌部分在联中比重很小,无伤大雅。一些含义相近的语句相对,也未尝不可。

若上下两联意义不围绕同一个中心意思,各说各的,也是对联的忌讳,称为"对开"。如:

江边多红柳;

集上满青蔬。

出句和对句之间找不到必然的联系,便是典型的对开。但如果上下联分别出自对手进行针锋相对的对仗技巧演练,又当别论。

3. 出句、对句语法结构相应一致

对联中需要上下联语法结构相应一致,这是对仗的基本要求。语法结构相应一致主要表现在以下三个方面。

(1)词性相对,指上下联相对的词语性质应尽可能相同或相近。如名词对名词、动词对动词、形容词对形容词等。对联中的词性是按照古人的认识划分的,与现代汉语不完全相同。古人把词分为九类:名词、动词、形容词、颜色词、方位词、数词、副词、虚词、代词。其中名词还可分为许多小类,如人名、地名、天文类、地理类、时令类、文学类等。工整的对联不仅大的词类要相对,小类也应相对。此外不及物动词常与形容词相对,代词中的"之""其"归为虚词,联绵词与联绵词相对,颜色、数目、方位词自成一类,很少与别的词类相对。如:

花外子规燕市冷;

柳边精卫浙江潮。

"花"与"柳"都是植物,"外"与"边"是方位词,"子规"和"精卫"都是鸟类,"燕市"和"浙江"为地名,"冷"与"潮"为形容词。对仗十分工整。

(2)结构相称,指上下联对应语句的语法结构应尽可能相同。即主谓结构对主谓结构,偏正结构对偏正结构,动宾结构对动宾结构等。甚至在一些工整的对联中,词的构成结构也相同。如:

墙上芦苇,头重脚轻根底浅;

山间竹笋,嘴尖皮厚腹中空。

上下两联都是主谓结构,"墙上芦苇"和"山间竹笋"又都是偏正结构,"头重脚轻根底浅"与"嘴尖皮厚腹中空"为联合结构。

(3)节奏相应,指上下联在节奏的停顿上应当尽可能保持一致。如:

一门 / 父子 / 三词 / 客;

千古 / 文章 / 四大 / 家。

4. 出句、对句平仄相谐

对联中的平仄是按照古代汉语中的声调来划分的,平仄相谐主要表现在两个方面:一是每一联中平仄的安排应是有规则的交替,不能连续几个字都是平声或仄声,而应平仄相

间。一般是两个音节一转换；二是上下两联之间对应的音节一般要平仄相对。这样读起来节奏鲜明、和谐悦耳。同时出句最末一个字应用仄声，对句最末一个字用平声。如：

依然极浦遥天，想见阁中弟子；
（平平仄仄平平　仄仄平平仄仄）
安得长风巨浪，送来江上才人。
（仄仄平平仄仄　平平仄仄平平）

词语可按节奏分节，每节末尾一字应平仄相对。若上下两联各一句，则末尾一字必须是仄——平；若为两句，每句末尾字应为平仄——仄平；若为三句则是平仄平——仄仄平；若为四句是仄平平仄——平仄仄平，较长的则可能打破规律。但上联以仄声收尾，下联以平声收尾是规矩，不能变。

5. 楹联有固定的书写格式

对联有固定的书写格式，这种格式也是构成对联艺术美的一个方面。对联主要包括上联、下联和横批三部分。

横批又叫横额，悬贴在壁柱横眉上，多为四字，也有两个、三个或五个字的，语言可俗可雅，以新鲜生动为上乘。对联横批为横书，旧时自右向左写，现在也可以从左向右写。字体与正文应一致。

悬挂的对联应竖写，不用标点符号。一般上联在右，下联在左，一行写不完可另起行写，从两边向中间写，最后一行要空几格，称为"龙门写法"。

对联书写字体多为正楷、篆隶或行草，正楷较为严肃，篆隶比较典雅，其他可用行草。在正文以外适当位置有时附有题跋、落款，说明作者、撰写时间、背景意图。题跋等与正文字体可以不一致。

一般对联先写在纸上，然后张贴于恰当位置。名胜古迹联多以镌刻方式附于名胜古迹上，以木刻和石刻常见。木刻联多刻于木框、门框上，漆以金红色，显得庄重、醒目。石刻联镌于石柱、石门、石坊上，有的在悬崖峭壁，气势浩大，远近皆见，即所谓"摩崖对联"，如泰山孔子崖联。

（二）对联的起源与发展

1. 对联的起源时期

对联源自对偶句，魏晋南北朝以来，以对偶句为主要形式的诗词歌赋开始逐渐流行，唐朝以后，随着格律诗的流行，对偶句开始慢慢被世人重视，其独立性也开始逐渐加强。唐代诗人有题壁的习惯，偶得佳句便随手题写于酒馆等的墙壁之上，题写的诗句又多是对偶句，于是对偶句就慢慢地从诗歌中脱离出来，对联也就出现了。

对联产生的确切时间现在仍无明确考证。大约不早于盛唐，不晚于五代。现在能够看到的最早的对联是在唐代。敦煌莫高窟出土的敦煌遗书中有唐开元十一年（723年）唐人刘丘子所撰的对联"三阳始布，四序初开"。而将对联悬挂于大门两侧则是五代十国时期的事。唐末五代时期蜀国国君孟昶所做的春联"新年纳余庆；佳节号长春"是现存的最早的春联。

补充资料

对联的载体

对联发端于古代悬挂桃符的风俗。据说桃木有压邪驱鬼的作用,《山海经》曰:"沧海之中,有度朔之山,上有大桃木,其屈蟠三千里,其枝间东北曰鬼门,万鬼所出入也。上有二神人,一曰神荼,一曰郁垒,主阅领万鬼。恶害之鬼,执以苇索,而以食虎。于是黄帝乃作礼以时驱之,立大桃人,门户画神荼、郁垒与虎,悬苇索以御。"古人在辞旧迎新之际,喜欢用桃木板分别写上"神荼""郁垒"二神的名字,或者用纸画上二神的图像,悬挂、嵌缀或者张贴于门首,意在祈福灭祸。后来人们开始在桃木板上写一些祈福迎新的祝福语,再后来又把一些对仗的句子写在桃木板上,至此对联就产生了。

2. 宋代是对联的发展推广时期

宋代,对联的应用范围得到迅速推广,除春联外,门联、挽联、寿联、游览联、书斋联、文艺联等形式相继出现。

如北宋太平兴国二年(977年)龙华寺僧人契(xiè)盈陪吴越王钱俶(tì)游碧波寺写下:"三千里外一条水;十二时中两度潮"是较早的游览联。

吴叔经曾为黄耕庚夫人题写过寿联:"天边将满一轮月;世上还种百岁人。"

南宋朱熹有书斋联:"配韦遵考训;晦木谨师传。"

宋代话本小说常在"却似""正是"这样的词语下插一副对联,后逐渐移至篇末。元末明初时小说标题也用对联,即文艺联。

元代载录不多,赵孟頫写过一些歌功颂德及写景的对联。如扬州迎春楼"春风阆苑三千客;明月扬州第一楼"等。

3. 明代是对联发展的黄金时代

明朝由于开国皇帝朱元璋的喜爱和提倡,对联得以普及。朱元璋曾下旨要求当时的京城南京在春节时家家户户必须张贴春联,民间还流传着他为一阉猪者所写的对联:

双手劈开生死路;

一刀割断是非根。

这虽是传奇,但他为徐达等人赐联却确有其事。朱元璋也曾给平民百姓和山水佳地赐联。如:

佳山佳水佳风佳月,千秋佳地;

痴色痴声痴情痴梦,几辈痴人。

在皇帝的推广下,对联在明朝十分盛行。出现了许多写对联的高手,如徐渭、董其昌、祝允明等。对联的内容逐渐丰富,书写也有了审美的要求,书法艺术与对联相得益彰,载体也由桃符演变成纸和木板。

4. 清代是对联发展的鼎盛时期

清代,康熙、乾隆等皇帝大兴汉学,对于对联也都十分喜爱。乾隆皇帝就是写对联的高手,北京名胜古迹中多有其墨宝。在这样的环境之下,涌现了大量的名家佳对。如郑板桥、纪晓岚、曾国藩、王闿运等都是对联大家。对联不论是数量上还是质量上都大大超过前代，主要呈现出以下几个特点：

一是对联越写越长，号称"海内第一长联""古今第一长联"的昆明大观楼对联，有180个字。而若单以字数而论，光绪以来有不少对联都使其望尘莫及。

二是对联越写越巧，析字、拆字、同音、谐音等手法大量出现。

三是对联的使用越来越普遍，行业联、娱乐联、喜联、挽联等形式大量出现。一些私塾还将对课列入儿童启蒙课程。

四是出现了对联专集，如梁章钜的《楹联丛话》《楹联续话》《楹联三话》；王闿运的《湘绮楼联语》；曾国藩的《求阙斋联语》等都风行一时。

 拓展知识

名胜古迹名联选

扬州二十四桥联
胜地据淮南，看云影当空，与水平分秋一色；
扁舟过桥下，闻箫声何处，有人吹到月三更。

湖南洞庭岳阳楼联
一楼何奇，杜少陵五言绝唱，范希文两字关情，滕子京百废俱兴，吕纯阳三过必醉，诗耶，儒耶，吏耶，仙耶？前不见古人，使我怆然涕下；
诸君试看，洞庭湖南极潇湘，扬子江北通巫峡，巴陵山西来爽气，岳州城东道崖疆，潴者，流者，峙者，镇者，此中有真意，问谁领会得来。

成都杜甫草堂联
异代不同时，问如此江山，龙蜷虎卧几诗客；
先生亦流寓，有长留天地，月白风清一草堂。

黄州赤壁联
铜琶铁板，大江东去；
月明星稀，乌鹊南飞。

承德避暑山庄万壑松风联
八十君王处处十八公道旁介寿；
九重天子年年重九节塞上称觞。

山海关孟姜女庙联
海水朝朝朝朝朝朝朝落；
浮云长长长长长长长消。

四川成都武侯祠联
能攻心则反侧自消，从古知兵非好战；
不审势即宽严皆误，后来治蜀要深思。

昆明大观楼联

五百里滇池，奔来眼底。披襟岸帻，喜茫茫空阔无边。看：东骧神骏，西翥灵仪，北走蜿蜒，南翔缟素。高人韵士，何妨选胜登临，趁蟹屿螺洲，梳裹就风鬟雾鬓，更苹天苇地，点缀些翠羽丹霞。莫辜负：四围香稻，万顷晴沙，九夏芙蓉，三春杨柳；

数千年往事，注到心头。把酒凌虚，叹滚滚英雄谁在？想：汉习楼船，唐标铁柱，宋挥玉斧，元跨革囊。伟烈丰功，费尽移山心力，尽珠帘画栋，卷不及暮雨朝云，便断碣残碑，都付与苍烟落照。只赢得：几杵疏钟，半江渔火，两行秋雁，一枕清霜。

湖北黄鹤楼联

栏杆外滚滚波涛，任千古英雄，挽不住大江东去；
窗户间堂堂日月，尽四时凭眺，几曾见黄鹤西来。

济南大明湖小沧浪园联

四面荷花三面柳；
一城山色半城湖。

趵突泉泺源堂联

云雾润蒸华不注；
波涛声震大明湖。

趵突泉李清照纪念堂联

大明湖畔趵突泉边故居在垂杨深处；
漱玉集中金石录里文采有后主遗风。

泰山南天门联

门辟九霄仰步三天胜迹；
阶崇万级俯临千嶂奇观。

孔府大门联

与国咸休，安富尊荣公府第；
同天并老，文章道德圣人家。

孔庙大成门联

先知先觉，为万古伦常立极；
至诚至圣，与两间功化同流。

淄川蒲松龄故居联

写鬼写妖高人一等；
刺贪刺虐入骨三分。

济宁太白楼联

把酒临风，看带郭千家，何处青山留谢朓；
登高望远，指布帆一片，当年春水别汪伦。

范公祠联

宰相出山中，划粥埋金，二十年长白栖身，看齐右乡贤，依然是苏州谱系；
秀才任天下，先忧后乐，三百载翰卿著绩，问济南名士，有谁继江左风流。

➡ "导游事"分享

不认错是最大的错
——从导游倒读楹联说起①

[**事实**]现在的导游员都十分精明强干、能说会道，皖南齐云山的女导游员才20多岁，短裙短发、端庄大方、口齿伶俐、反应敏捷，身背一个扩音器。当来到半山腰的齐云山入口处时，她介绍了齐云山的特色，并对着大门两边的对联朗声读了一遍："江南第一名山，天下无双胜境"。事后我很善意地对导游员提出："刚才你读对联的顺序不对，应从右往左读。"她头都不回，边走边坚决地说："多少年来我们都这样读，没有人说过错。""可是按照对联的格律，名山一句是平声收尾，应该是第二句呀！"她更为严厉而且更为果断地说："那是把对联摆放错了！"此话竟然把我给"呛"住了，导游员讲得理直气壮、干脆利落，通过麦克风的扩音，她的声音远远盖住了我所有的问话，在齐云山谷口回荡。在这样一位满腹"经纶"、能言善辩的姑娘面前，我还能再说什么呢？

[**启示**]在这个事件中，导游员的主要错误有两个：一是对楹联知识不了解，从而造成讲解错误。二是对于游客的质疑不能虚心接受，无法满足游客的游览需求。我们常说导游员是杂家，应该具备与工作相关的各种基本知识。楹联是旅游景点中常见的组成部分，甚至有些对联对于景点的欣赏起着至关重要的作用，因此对于导游员而言，基本的楹联知识应该熟练掌握，不能一知半解，更不能人云亦云，甚至推卸错误。当然导游不可能不犯错，但对于游客指出的问题应该虚心接受，并且及时学习核实及更正错误。即便是游客的错误，导游员也应该委婉向客人进行解释和说明。

任务二 诗词楹联导游技巧

诗词楹联是导游工作中不可或缺的重要内容，无论是在旅游资源中还是在导游过程中都离不开诗词楹联的讲解。导游员在掌握必要的诗词楹联知识基础上，很好地把握本任务中诗词楹联的讲解技巧，不仅能够更好地展现导游员的文化素养，而且能够更好地满足游客的需求。

一、丰富自身文学知识，规范使用诗词楹联

在导游活动中，诗词楹联讲解是导游员经常要面对的内容。甚至在一些景点如黄鹤楼、滕王阁、寒山寺、西湖等，导游讲解的重点便是对诗词楹联解读。但因为创作时间久

---

① 王本兴.从导游倒读楹联说起[J].中国书画报，2014（11）.

远,其内容理解、字词的写法与读音和今天有很大的差异,因而造成了讲解的难度。对文学知识的不熟悉也使得许多导游员在讲解诗词楹联过程中出现讲解不清,乃至错误的情况。不认字,读错别字,文学常识错误等情况时常发生。如将"远上寒山石径斜"中的"斜"读成:xié（正确读音应为 xiá）,将李清照的《夏日绝句》当成是词,将对联的上下联读颠倒等。因此,作为导游员,应该加强对文学知识的学习,掌握基本的文学常识和文学史知识,才能够在工作中得心应手。此外在进行导游准备时应对于一些重要知识点进行反复核查,精心准备,进行规范地表述和引用,才能保证万无一失。

二、充分利用诗词楹联知识进行多角度的讲解

众所周知,导游讲解的内容并不是千篇一律。面对不同对象、不同环境、不同游览目的讲解的内容和角度也应该有所不同。诗词楹联便可以使导游员在讲解时寻找到新的角度,从而产生新鲜感,满足游客的需求。

如在对济南趵突泉的讲解中,一般导游词都是从泉水成因、水势、水温、水质等几个方面进行讲解。其实,在趵突泉边泺源堂上有赵孟頫的一副楹联"云雾润蒸华不注;波涛声震大明湖",通过对对联含义的解读,也能够将以上知识点讲清,而且更加形象,具有美感,同时讲解角度与常规讲解有些许变化,也增添了导游词的雅趣。

再如在西湖的导游中,面对雨中西湖美景,化用苏轼的《饮湖上初晴后雨》中"水光潋滟晴方好,山色空蒙雨亦奇"的诗句,不仅可以化解下雨的不适感,还能挖掘出西湖的别样风情。

因此,适当地借用诗词楹联的知识,既可以丰富导游讲解内容,又能使游客感受到古人留给我们的语言之美。

三、注重诗词楹联讲解中的声音使用

诗词楹联本身是具有韵律的声音,恰当地运用其韵律之美,可以增加导游讲解的美感。

（一）注意平仄与押韵

平仄是中国诗词中用字的声调。平指平直,仄指曲折。古代声调为平上去入四声,上声、去声、入声为仄声,剩下的是平声。现代汉语分为阴平、阳平、上声、去声四声,其中阴平、阳平为平声,上声、去声为仄声。诗歌讲究平仄的搭配,从而产生抑扬顿挫的效果,使语音富于音乐感。

押韵,又叫压韵,是指在韵文的创作中,在某些句子的最后一个字,使用韵母相同或相近的字,使朗诵或咏唱时,产生铿锵和谐感。使用了同一韵母字的地方,称为韵脚。在格律诗中一般偶数句押韵,且多押平声韵。古代诗歌为什么朗朗上口,在于它们不仅押韵,而且平仄相间。有些古诗中的字因为押韵和平仄的需要,读音会发生一些变化,特别是韵脚,变化较多,因而需要特别注意查清其正确读音。

（二）掌握好诵读时的节拍

诗歌的节拍指的是诗歌中的停顿,往往有固定的模式,按照其固有模式诵读可以帮助我们展现诗歌之美,而违反其节拍,不仅破坏了韵律的美感,还会影响到意义的表达。

古代诗歌节拍的划分一般为五言三拍，七言四拍，如：

床前／明月／光，疑是／地上／霜，
举头／望／明月，低头／思／故乡。

再如：

日照／香炉／生／紫烟，遥看／瀑布／挂／前川。
飞流／直下／三千／尺，疑是／银河／落／九天。

也有些直接分为两拍，即五言为二三结构，七言为四三结构，中间加以停顿。在停顿的同时，还要搭配语调的升降，从而产生抑扬顿挫之美。

四、做好对联的断句

在旅游景点出现的对联都没有标点符号，在讲解的时候必须要进行断句。在对对联进行断句时需要熟悉古汉语的知识，同时也可以借助对联的特点来帮助我们。如可以利用上下联互相参照，上下联停顿的位置是一致的，当某一联不好理解时，可以参考另外一联停顿的位置来辅助。如：

安庐凤颍徽宁池太滁和广六泗八府五州良士于于来日下；
金石丝竹匏土革木宫商角徵羽五音六律新声袅袅入云中。

这副对联中，上联是一些古地名比较难断，但参照下联古乐器和古音阶名比较好理解，就可以正确地断句成：

安、庐、凤、颍、徽、宁、池、太、滁、和、广、六、泗八府五州，良士于于来日下；

金、石、丝、竹、匏、土、革、木、宫、商、角、徵、羽五音六律，新声袅袅入云中。

此外难于断句的多为长联，长联中多会出现领词也可以帮助我们断句。如：

兴废总关情。看落霞孤鹜、秋水长天，幸此地湖山无恙；
古今才一瞬。问江上才人、阁中帝子，比当年风景如何。

一联中"看"和"问"便是领词，领词后面往往是排比句或对偶句，可以帮助我们认清或分辨句式。同时断开的句子往往比较短，三言、四言、七言的形式居多。

五、注意诗词楹联使用的频率和易懂性

古诗词楹联使用的是古代汉语的语言，对于今天的人们而言接受起来还是有一定的困难，特别是对于大家不太熟悉的内容可能会造成游客理解的障碍，因而在引用古诗词时一定要适量，不要通篇都是诗词，要做到画龙点睛。引用的诗词不一定完整，将诗歌中最精华的句子，大家比较熟悉的句子摘出即可。

对于游客不熟悉或者不理解的诗句，应该给予通俗的解释，也可以进行现代语言的幽默诠释，但不得曲解诗意。楹联的讲解，应与景点的看点紧密结合，以突出景点的特点。

在语速方面，引用之前须有一个停顿来引起游客关注，引用诗句、楹联时语速要放慢，以便于理解。

模拟导游

补充资料

济南趵突泉导游词（部分）

大家现在看到的这方泉池便是著名的趵突泉了，趵突泉发源于古泺水，宋代文学家曾巩根据泉水涌出的形状将其命名为"趵突泉"。泉池东西长30米，南北宽20米，三股瀑流昼夜喷涌，水质甘美，用以沏茶，色如琥珀，幽香袭人，极为爽口。据说乾隆下江南时，出京带的是北京玉泉水，到济南品尝了趵突泉水后，就改用了趵突泉水，并把趵突泉封为"天下第一泉"。历代文人学者都为趵突泉留下了诸多咏赞。大家看泉池北岸的这座泺源堂，抱厦两边的柱子上有元代著名书画家赵孟頫的咏泉名句："云雾润蒸华不注，波涛声震大明湖"，讲的是趵突泉的主要特色，上联讲到了泉水的温度，趵突泉水常年恒温18℃，冬天的清晨，由于水温高于气温，水面上会形成一层水汽，这蒸腾的烟波水汽可以弥漫到济南北面的华不注山。下联讲当时趵突泉喷涌气势极为壮观。据记载，在19世纪以前，泉水跳跃达1.6~2米高，涌起的波涛声响，在大明湖畔都可以听得到。这副对联虽然有些夸张，确是对济南八景之一的"趵突腾空"的最好诠释。元代散曲家张养浩也曾经留下诗句"三尺不消平地雪，四时尝吼半空雷"。那这种独特的景色是怎么形成的呢？济南的泉水，来源于济南市区以南，锦绣川以北的广大地区，这些地区的岩石是约四亿年以前形成的一层很厚的、质地比较纯粹的石灰岩。这种石灰岩地区，地表有溶沟、溶槽，地下有漏斗、溶洞、暗河以及钟乳石，便于大量的雨水和地表水渗入地下。山区的石灰岩层，以大约三十度的斜度，由南向北倾斜，大量的地下潜流，神出鬼没地向济南运动。刚好，在大明湖往北，地下岩石变成了坚固的火成岩，大量的地下水流到这里，碰到火成岩的阻挡，拦蓄起来，越积越多，水泄不能，必须寻找出路。而在济南旧城一带，地势低洼，有的地方甚至低过了地下水的储水面，地下水便穿过地表，夺门而出了。因此济南的泉水为天然涌泉，而非人工所造。

"导游事"分享

孟姜女庙楹联导游讲解

[事实]各位朋友大家好！我们现在来到了孟姜女庙的前殿。在门前两边的廊柱上，有一副非常奇妙的楹联。

海水朝朝朝朝朝朝朝落

浮云长长长长长长长消

这副对联相传为明朝著名才子徐渭所作。它的上联用了七个"朝"，下联用了七个"长"，巧妙地利用汉字的一字多音、一字多意的谐音特点，"朝"通"潮"，"长"通"涨"，从而形成了十几种读法。这里我给大家读一种最常用的读法："海水潮，朝朝潮，朝潮朝落；浮云涨，常常涨，常涨常消。"大家可以借鉴此法，仔细揣摩，试试还有些什么读法。

各位朋友，这副对联不但读法奇妙，而且寓意深刻。它的表面是描写了山海关和孟姜女庙一带的自然风光，通过海水潮涨潮落，浮云常涨常消，来揭示世界上万事万物都是可变的，都会有生生灭灭，实际它是反衬世界上还有不变的东西，那就是孟姜女的忠贞不变，孟姜女的精神永存。所以她才万古流芳。由此可见，撰联人真是用心良苦啊。

[启示]

孟姜女庙的这副楹联是十分有特色的，它也是景点讲解中非常重要的内容。对联的主要特色就在于它巧妙地利用了汉语的多音多义，以及同音假借的修辞手法和"叠字"手法，在"朝"和"长"字上做文章。利用读音和断句的变化可以形成至少五种以上的读法，使人感到妙趣横生。在讲解中，导游员能够利用这个特点来激发游客的观赏兴趣，增强了讲解的生动性和吸引力。

项目模拟实训

学生以小组为单位，以山东旅游文学为主题设计一条山东特色旅游线路，制作线路推介PPT，并完成其中一处主要景点的导游词写作。

项目五 典型类别旅游资源导游技巧

任务导读

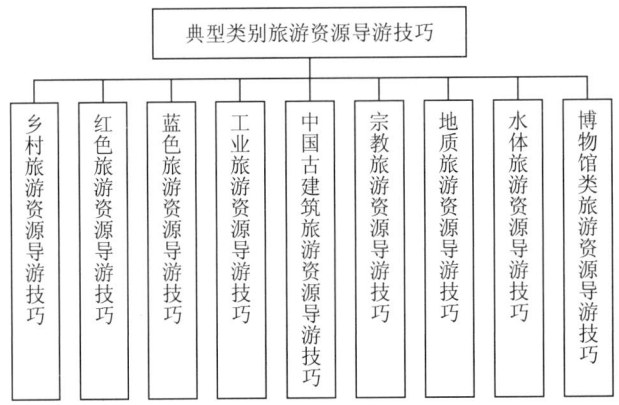

学习目标

（一）知识目标

1. 熟悉典型类别旅游资源的内涵
2. 掌握典型类别旅游资源的特点
3. 熟悉典型类别旅游资源导游词创作模式

（二）技能与能力目标

1. 能够运用典型类别旅游资源的讲解方法和技巧进行导游讲解
2. 具备讲解典型类别旅游资源的灵活应变能力
3. 能够进行典型类别旅游资源导游词创作

> 学习内容

任务一　乡村旅游资源导游技巧

一、乡村旅游资源概述

(一) 相关概念

1. 乡村旅游资源

乡村旅游资源是以乡村为媒介，由乡村自然生态景观、乡村田园景观、乡村遗产与建筑景观、乡村旅游商品、乡村人文活动与民俗文化以及乡村景观意境等构成的景观资源，能吸引旅游者前来进行旅游活动，为旅游业所利用，并能产生经济、社会、生态等综合效益。

乡村自然生态优美，山乡云缠雾绕，梯田重叠，山清水秀林美；水乡平畴沃野、水网交错，麦海稻浪菜花飘香。

不同风格的民居，给游客以不同的精神感受。由于受地形、气候、建筑材料、历史、文化、社会、经济等诸多因素的影响，我国乡村民居可谓千姿百态，风格迥异。既有以古镇、古村、古街、古巷、古民居等为主的特色村庄建筑，也有社会主义新农村村容村貌，还有具有典型农耕文化特色的乡村聚落景观：豆腐坊、酱醋坊、纸坊、茶场、粮食加工坊、水车、水井、驳岸、草垛、晒场和庭院植物、家禽等。

乡村旅游商品琳琅满目：稻、麦、时令瓜果蔬和花卉、苗木、药材、牛羊牲畜等都成了抢手货，形成这些物产的条件和生产过程所具有的景观环境如鱼塘、荷塘、农副产品加工厂、养殖场等亦被市场看好。

我国民族众多，各地自然条件差异悬殊，各地乡村的生产活动、生活方式，民情风俗、宗教信仰、经济状况各不相同，乡土文化艺术独特、多样、古老、朴实、神奇，深受中外游人的欢迎。

乡村传统劳作是乡村人文景观中精彩的一笔，如水车灌溉、驴马拉磨、老牛碾谷、木机织布、手推小车、石臼舂米、渔鹰捕鱼、摘新茶、采菱藕、做豆腐、捉螃蟹、赶鸭群、牧牛羊，等等，充满了生活气息，富有诗情画意，使人陶醉流连。

2. 乡村旅游

乡村旅游是指以具有乡村性的自然和人文客体为旅游吸引物，依托农村区域的优美景观、自然环境、建筑和文化等资源，在传统农村休闲游和农业体验游的基础上，拓展开发会务度假、休闲娱乐等项目的新兴旅游方式。①

乡村旅游是把农业与旅游业结合在一起，利用乡村景观和乡村空间吸引游客前来旅游的一种经营形态。乡村旅游作为一项新的旅游项目，已成为世界潮流。

发展乡村旅游有利于拓展旅游空间、满足人们回归大自然的愿望；有利于改善乡村生态环境；有利于增加乡村就业；有利于在物质和精神上创造综合可观的社会效益。

---

① 资料来源：http://baike.baidu.com/view/247826.htm。

> 模拟导游

乡村旅游是推动农村迈向现代化进程的重要力量，是促进农村经济增长和农业结构调整的重要渠道，是消除城乡二元结构、促进城乡一体化发展的有效途径，是推进农村扶贫开发的中坚力量。乡村旅游发展要以农为本、以乡为魂，不断创新乡村旅游产品和业态，着力促进乡村旅游提质增效，坚持多元化推动、特色化建设、产业化发展、规范化管理，全面提升乡村旅游的发展质量和服务水平。

补充资料

农家乐不等于乡村旅游

在不少地方，"采摘＋农家乐"的乡村游模式几乎数年未变。甚至在不少旅游业内人士心目中，乡村旅游直接与农家乐画上等号。

而在一些旅游业发达国家，乡村旅游都是高端旅游的代表。像葡萄酒庄、乡村滑雪、海钓及众多旅游小镇等，吸引着大量游客。农家乐尽管人气颇高，但是不能与乡村旅游画上等号。

（二）乡村旅游资源的特点[①]

1. 多样性

乡村旅游资源的组成既有自然环境又有物质成分、非物质成分；既有农、林、牧、渔等不同的农业景观，村落、集镇等不同特点的聚落景观，还有丰富多彩的民俗风情；既有多种技术层农业并存，还有多样化的农业生产类型。就业态而言，除了传统的田园观光、农事体验、特色餐饮、民俗文化，还有近几年兴起的乡村休闲度假、科普教育、健康养生、红色旅游、乡村民宿、共享农庄、线上云游等，可谓多种业态并存。总之乡村旅游资源具有内容丰富、类型多样的特点。

2. 复杂性

乡村旅游资源是一种典型的社会性旅游资源，包括产业（农业）、环境（农村）、生活及民俗（农民）等，要比一般的类型化旅游景观复杂得多。2021年4月通过了《中华人民共和国乡村振兴促进法》，从乡村振兴局诞生到第18个一号文件颁布的内容和亮点，都指向农村工作策略从脱贫攻坚转到了全面推进乡村振兴。乡村旅游无疑是其中重要的组成部分，在各项复杂工作中均占有重要位置。

3. 地域性

乡村旅游资源与自然环境、社会环境有着十分密切的关系。不同的环境造就了不同的乡村景观类型。即使同一种景观类型在不同的自然条件下也有不同的特征，形成相应的农业带。而社会环境如政治、宗教、民族、文化、人口、经济、历史等要素的差异性又往往形成不同的民俗风情，如民族服饰、信仰、礼仪、节庆等。自然环境和社会环境的地域差异性，使得乡村旅游资源具有明显的地域性。

---

① 资料来源：百度文库。

4. 季节性

乡村旅游资源的季节性既表现为人们一年内有规律的生产、生活上,也表现在随季节变化而形成的自然环境、农业生产和社会生活的季节变化和明显的周期性特点。因此在不同的季节有不同的乡村景观和农事活动。

5. 可持续性

乡村旅游资源的可持续性是由农业自然资源的再生性、农业社会资源的可继承性以及人类自身生存与发展的需要决定的。旅游者所购买的只是一种经历和感受,而不是资源本身。因此,如果开发合理,乡村旅游资源具有开发利用的可持续性特点,可以长期甚至永远重复使用下去。

二、乡村旅游资源导游讲解技巧①

1. 语言朴实,突出"乡"字

乡村旅游是近距离观察、体验农业文明、农村生活的旅游活动,所以讲解必须贴近农民生活和农村环境,做到语言朴实、清新。乡村旅游讲解词必须有浓浓的"乡味儿",这是乡村旅游景区(点)区别于他类景区(点)的最大魅力所在。而"乡味儿"只能是来自于对农村乡野风光、农民生活风情、农业产业属性及特征的深入理解和全面挖掘,若仅仅停留在对乡村旅游视觉景观的介绍,那是远远不够的。导游员应该不断增加新知识、新信息,要从深度和广度上全面把握乡村旅游的相关知识,掌握必要的科技知识。

2. 感情真挚,热爱尊重乡村旅游

整个讲解词的构思与创作始终要做到尊重乡土文化、尊重游客的游览需求、尊重自己。只有如此,才可能挖掘、提炼出乡村旅游景区(点)最有韵味的东西,才可能传递给游客淳厚、真挚的"乡土"感情,才可能使乡村文化与生活风情赢得游客的深度欣赏和尊重。讲解的内容和格调要契合淳朴民风,表达出热情、淳厚、真挚的感情,以此感染游客。

3. 坚持通俗性

用老百姓喜闻乐见的文字和形式来组织讲解内容和旅游活动,有较强的趣味性,使游客感受到亲和力。在讲解过程中,导游员要避免平淡、生硬、随意、庸俗、过于自我等问题,否则整个讲解的效果就会大打折扣。

4. 体现知识性

导游员对农业文明、农村文化及环境的讲解不能流于传说故事,而应突出教育性和科学性,有助于游客正确认识乡村旅游事项,提高游客的农业知识水平。

5. 坚持互动参与性

使讲解词的内容有"动感"。讲解过程中导游员要随时注意与游客互动,激发游客参与乡村旅游项目的积极性,从而提高游览体验质量。

6. 凸显灵活性针对性

虽然讲解内容的设计要遵循一般规范,但是,灵活性针对性是导游员应该具备的专业

---

① 此处选自百度文库,作者为上海外贸学院旅游管理系李萌。

素养之一。同样的乡村旅游景区（点），在接待不同的旅游团（散客）时，导游员应灵活运用各种不同的讲解方法，或解惑释疑，创造悬念，引人入胜；或善于编织故事情节，虚实结合，启发想象，情景交融；或采用问答形式，注重双向交流与沟通，等等。兼顾到多类游客的实际需要，以满足不同游客的不同需求。

➡ "导游事"分享

导游员小孟是怎样得到游客青睐的？

[**事实**] 临沂导游员小孟接待来自青岛的15人团队在竹泉村度过了难忘的一日。接待客人之前，小孟做了充分准备，对游客的情况进行了仔细分析，寻找他们的兴趣点，计划利用乡村旅游的特有优势，以山野之趣来调动游客的热情，并通过积极参与乡村活动让游客深入到乡村生活中去。

"各位朋友大家好！我们今天的主题是：抛开城市的喧嚣，走进淳朴的农家，真正回归自然。"在介绍景区概况时小孟就开门见山，直奔主题。接着从建村的历史讲到村落的特点：村民绕泉而居，砌石为房，竹林隐茅舍，家家临清流，田园瓜果香，居者乐而寿，竹林茂密，泉水悠悠。游客的兴致渐渐被小孟调动了起来。

接下来的行程中，导游员小孟带领大家游览了竹林、泉水、古村落的美景；体验了滑草、漂流、真人CS对抗、水上碰碰船等户外项目；中午在沂蒙老区最典型的农家小院品尝了蒙山全羊、蒙山全蝎、沂蒙光棍鸡等富有特色的地方美食；下午组织大家登上乡村大舞台，在《沂蒙山小调》等歌声中大家笑声不断，拉近了彼此的距离；演出结束后，大家在自由活动中亲自参与制作临沂煎饼，近距离看到了水驱动的磨盘。游客们都感觉此行非常有意义，整个行程中耳边满是潺潺的流水，大家真正远离了都市的喧嚣，再加上小孟选择适当机会讲解当地民俗，还不时说当地方言让游客"翻译"成普通话，大家在欢声笑语中满怀对导游员小孟和竹泉村的留恋结束了一天的旅程。

[**启示**] 导游员小孟认真学习当地人们的服饰、建筑、饮食、节庆、婚俗等方面的知识，十分了解村落简史、地理环境、婚娶生丧习尚、节日庆典仪式及风物特产状况等。在接待客人之前小孟就下足了功夫，在接待过程中小孟根据岛城客人的实际需求开展了有针对性的讲解和服务。在小孟的组织下，乡村旅游的直观性、独特性、可参与性、原真性与神秘性成为游客的关注点。由于做了充分的准备，导游员小孟的服务具有浓浓的乡村气息，同时他善于鼓励、组织游客演示互动，引导游客参与得当，自然就得到游客的青睐了。

三、乡村旅游景区导游词示范

寿光林海生态博览园导游词（部分）

游客性质：散客拼团

亲爱的朋友们，大家好！

欢迎您来到林海生态博览园旅游观光！我是您此次行程的导游员李晓丽，很荣幸能够陪同大家一起游览，相信我们能一起享受本次游园过程，在此提前预祝大家游园愉快！

在我们游园之前呢，小李先为大家简单介绍一下我们园区的概况。林海生态博览园位于寿光西北部，是由国有寿光市机械林场于1998年9月份投资兴建，占地面积10 000亩，为国家4A级旅游区、全国森林康养基地、全国首批农业旅游示范点、国家级休闲渔业示范园区、中国体育旅游精品景区、中国森林氧吧、山东省最美湿地、省级森林公园。被誉为盛开在盐碱地上的一朵奇葩。

置身园中，大家是不是感受到一股绿树荷香迎面而来呢？我们园内不仅有大片的沿海防护林、风景林、经济林所形成的盐碱地森林景观，还建有东方不沉湖、休闲垂钓中心、水上景观大道、水上高尔夫练球场、素质拓展中心、荷香园、槐香园服务区、果实采摘园、农业观光园、天然湿地保护区、欢乐大本营等一系列游乐及服务设施。其中东方不沉湖、林海果香采摘节和每年举办的山东寿光荷花节，是景区的三大旅游品牌。

来到博览园，见到最多的莫过于水。在夏天，大家肯定都会有这样一种感觉：一见到水，就会感到特别凉爽，是不是呀？所以，我们博览园的开发主题就是大做水的文章，基于这一点，我们园内建设了"东方不沉湖"水上游乐区，包括"东方不沉湖"、游泳场和泼水乐园三个部分。现在大家看到的这片湖面就是神奇的"东方不沉湖"。您只要在湖中游泳，就会有这样一种感受：总觉得湖水有一种神奇的力量，好像有一双无形而又富有魔力的大手轻轻柔柔地托浮着身体，只要重心保持平衡，就会永远不沉，而且您可以仰卧湖面，伸展四肢，随波漂荡，还可躺在湖面上读书、看报。在欣赏湖边美丽怡人风景、尽情享受这种独特感受的同时，还能达到杀菌、消毒、理疗、健身的目的。您可能会问，为什么这片湖会这么神奇呢？其实它的原理与世界闻名的"死海"原理相同。据地矿部门测定，我们这里地下100米以上为浅层卤水，400~500米处为地热淡水，我们对地热淡水进行了深度开发利用，采用"链式"水产养殖模式，实现了水资源的6次利用，5次增值的效果，效益非常可观。像不沉湖就是我们抽取地下卤水经蒸发、加盐建成的。它水清见底，颜色与普通的湖水没什么差别，但湖水的含盐量可高达20%，浮力很大，足以托起人体，"东方不沉湖"因此而得名。湖水中含有多种对人体十分有益的（钠、镁、钾、钙、氯、磺、偏硅酸等）矿物质和微量元素，湖水产生的保健作用，绝不逊于温泉。所以，"东方不沉湖"每年都会吸引大批游客慕名而来。湖周围假山叠水，绿树荷香，在水中游乐的同时还可以欣赏湖边美丽宜人的风景。

各位团友，我们园每年都会举办"林海果香采摘节"，让朋友们亲自采摘品尝果实，体验收获的乐趣。园内有草莓、樱桃、杏、钙果、桃、苹果、梨、小枣、雪枣、梨枣、酸枣、冬枣、石榴、核桃等30多个经济树种，100多个名优品种。园内一年三季都可采摘品尝到新鲜水果。因为我们园区打的是"绿色生态"的招牌，所以园区内是从来不喷洒农药的，大家尽可放心食用。我们的目标是将园区打造成国际百果园。

游客朋友，现在我们进入的是占地2000亩的"上林下藕、藕鱼蟹立体套样种养区"了，这种种养方式看似简单实则很难。因为我们是在盐碱地上挖池筑坝，所以必须要降低土壤卤度，改良土壤性状。我们要抬高地面，然后再在池坝上栽种经济林，在池中种植莲藕（净化水质），再在池中套养鱼、蟹等，这样在改碱造林的同时又产生了较好的经济效益。这种种养模式开辟了一条综合开发治理盐碱地的新路子，现在大多数的果树都能在这里茁壮生长了（出产十几种枣类、石榴、苹果、桃子、李子，等等）。在这里您不仅能品尝到各种时令、无公害的水果、野菜，还能体验到生态改善给人们带来的乐趣。

在我们行走过程中，大家请注意一下，在两边的草丛中说不准就会有一只、两只或一群不同的鸟飞出，大家在注意安全的同时可以拍照留念。但小李需要提醒大家一点，这里的鸟类、水禽只可观看不可追打；而且在园林里采摘的水果只能吃掉不能带走，当然野菜除外。我们园区在每年的"林海荷花节"期间，都会举行乘舟赏荷、采莲挖藕等一系列趣味活动，有兴趣的朋友千万别错过机会哦！

前面迎接我们的就是天然湿地保护区了，这里莲荷满池，芦苇丰茂，景观优美。经过不断改造和保护，园区的湿地生态系统已逐渐形成，这对涵养水源，维持生态平衡，调节区域气候，保持生物多样性，美化环境发挥着重要的作用。湿地内更是水草丰美，食物来源也比较稳定，保护措施亦是得当，吸引了大批野生鸟类来此定居，使这里成了渤海莱州湾畔独一无二的鸟的天堂，大群的苍鹭和白鹭翔集的壮观场面经常出现。朋友们有时间可以带上家人、朋友来这儿转转，放松放松。现在我们满视野的绿色与昔日盐碱荒滩地的荒凉形成了鲜明的对比，大家不知道，以前这里可是闻名遐迩的北大洼、北大荒盐碱滩涂地，旱涝、海潮等自然灾害总是相伴左右，这里有几句俗语比较明了地诠释了盐碱地的风光："春冬白茫茫、夏天水汪汪、旱了收蚂蚱、涝了收蛤蟆。"

朋友们，短暂的游程就要结束了，希望我的讲解能让各位有所收获，感谢大家对我工作的配合。林海的四季都有景：春赏百花、挖野菜、品槐花宴；夏赏荷，采莲、泛舟；秋采百果；冬赏林海雪原，湖上滑冰、凿冰钓鱼等。林海的活动精彩纷呈，让您无论何时来，都可领略林海特有的魅力。期盼着跟大家的再次相会！祝福大家万事如意！身体健康！朋友们，再见！

任务二　红色旅游资源导游技巧

一、红色旅游资源概述

（一）有关概念

1. 红色旅游资源

红色旅游资源是指中国共产党成立以后、中华人民共和国成立之前，包括中国共产党创建初期、大革命时期、土地革命时期、红军长征时期、抗日战争时期、解放战争时期等历史时期重要的革命纪念地、纪念物及其所承载的革命历史、革命事迹和革命精神。

为了更好地发挥爱国主义教育基地的作用，在"十二五"规划期间，中央决定将红色旅游内容进行拓展，将1840年以来中国近现代历史时期，在中国大地上发生的中国人民反对外来侵略、奋勇抗争、自强不息、艰苦奋斗，充分显示伟大民族精神的重大事件、重大活动和重要人物事迹的历史文化遗存，有选择地纳入红色旅游范围，这就更有利于传承中华民族先进文化和优良传统。

为庆祝中国共产党成立100周年，充分展示中国共产党带领全国各族人民在中国革命、建设和改革历程中取得的重大成就，结合党史学习教育，2021年，文化和旅游部联合中央宣传部、中央党史和文献研究院、国家发展改革委推出"建党百年红色旅游百条精品线路"。

公布的线路分三大主题，分别为"重温红色历史、传承奋斗精神"主题线路、"走近大国重器、感受中国力量"主题线路和"体验脱贫成就、助力乡村振兴"主题线路。重点展示了中国共产党在各个历史时期重要标识和中国共产党百年来"为中国人民谋幸福、为中华民族谋复兴"的光辉历程，我国在重大科技创新工程、重大基础设施建设工程、重大国土空间布局建设工程等领域取得举世瞩目的发展成就，以及我国在新时代脱贫攻坚、生态文明建设等方面取得的重大成果，为游客呈现共和国的红色底色和发展成就，引导游客感受"国之重器"带来的自信和力量，感受美好生活的幸福变迁。

2. 红色旅游

红色旅游是指以1921年中国共产党建立以后的革命纪念地、纪念物及其所承载的革命历史、革命事迹和革命精神为吸引物，组织接待旅游者进行参观游览，学习革命精神，接受革命传统教育和振奋精神、放松身心、增加阅历的主题性旅游活动。[①]

（二）红色旅游资源的类型

按形态和内涵，红色旅游资源可细分为10个基本类型。

（1）中国共产党召开的重要会议会址。如中国共产党一大会址、遵义会议会址、西柏坡中共中央七届二中全会会址等。

（2）中国共产党各级重要机构曾经的所在地旧址。如八一南昌起义总指挥部旧址、红岩八路军办事处旧址等。

（3）中国共产党的领袖、杰出政治家、军事家、思想家、文学家、革命烈士等著名人物的故居、纪念堂及先进模范集体的形成地。如毛泽东故居、毛主席纪念堂、周恩来故居等。中华人民共和国成立后著名的先进集体形成地如新乡七里营刘庄等。

（4）革命战争或重大事件的发生地。如井冈山革命纪念地、延安革命纪念地等。

（5）革命烈士陵园。如南京雨花台烈士陵园、重庆歌乐山革命烈士陵园等。

（6）为共产党培养过人才的著名学校。如黄埔军校。

（7）为纪念与中国共产党有关的事件建立的各类综合性或专题性纪念馆、博物馆、展览馆。如中国人民抗日战争纪念馆等。

（8）中国共产党领导下建设的具有特定时代背景的标志性建筑工程。如红旗渠、三门峡水利工程枢纽等。

（9）体现脱贫成就、助力乡村振兴的发生地或纪念场馆。如安徽省滁州市凤阳县小岗村"大包干"纪念馆、凤阳县沈浩同志先进事迹陈列馆、凤阳县当年农家（大包干前后农村生产生活场景）等。

（10）"走近大国重器、感受中国力量"类资源点或者线路。如中国科学院大学"两弹一星"纪念馆、中国科学院力学研究所风洞实验室、"盛世中国·奥运圆梦"精品线路、"南水北调·活水之源"精品线路、"三线记忆·中国天眼"精品线路等。

---

① 国家旅游局. 红色旅游导游基础知识读本[M]. 北京：中国旅游出版社，2006.

(三) 红色旅游资源的特点

1. 具有鲜明的政治内涵

红色旅游资源的内容和主题集中在中华民族奋起反抗外敌入侵、争取民族独立、实现国家富强和中华民族伟大复兴,是围绕着中国革命、建设和改革开放,实现中华民族伟大复兴的历史主线而展开的。红色旅游资源的纪念、教育和旅游开发价值都是建立在鲜明的政治内涵基础之上的。

2. 分布的广泛性及区域性

我国红色旅游资源分布比较广泛,东部、中部、西部都很丰富,表现出分布上的广泛性特点;同时红色旅游资源又具有区域性特点;中国共产党领导的革命斗争活动,在不同的历史发展阶段,其重心位于不同的地区,因而其历史遗迹也就表现出比较明显的区域性特征。此外,我国在现代革命斗争中涌现的领袖和其他历史名人,其诞生地也表现出区域性特点。

3. 具有丰富的精神内涵

民族精神是一个民族赖以生存和发展的精神支柱。中国共产党在长期的革命、建设和改革开放过程中,孕育了许多带有不同时代特征的革命精神,如井冈山精神、长征精神、延安精神、沂蒙精神、西柏坡精神等。这些革命精神都不是孤立存在的,而是通过红色资源和红色旅游资源,跨越时空,实实在在地展示着这些精神形成的时代背景和内容。红色旅游资源也因为是革命精神的承载客体而具有了深刻的精神内涵。

4. 具有深厚的文化内涵

中国共产党领导各族人民进行革命、建设和改革开放的历史,是5000年华夏文明史的延续。红色旅游资源是中国共产党传承和发展中华民族文化的真实写照。中国古代文化中包括的"刚健有为、自强不息"的民族精神,"先天下之忧而忧、后天下乐而乐""天下兴亡、匹夫有责"的民族品质,"富贵不能淫、贫贱不能移、威武不能屈"的民族气概以及"舍生取义"的理想人格和"仁者爱人"的博爱情怀等都在红色旅游资源所承载的文化内涵中得到传承和升华。红色旅游资源博大精深的文化底蕴,是中国共产党人对中华民族文化的继承和发展以及这种优秀文化精神在共产党人身上转化的历史实证。

补充资料

山东红色旅游资源概况

山东红色旅游资源丰富,总体可以概括为"一个核心、四个区域、一条主线","一个核心"是指以临沂为中心的沂蒙山老革命根据地,由临沂、莱芜、淄博、潍坊4大市区组成。其中临沂是国家18个革命老区之一,是包括沂水、临沭、苍山、莒南4县在内的革命老区,这里有"沂蒙红嫂""小推车送粮"等感人故事的流传,这个地区是沂蒙山革命精神的继承地,也是山东红色文化最浓郁的地区,有"华东的小延安"之称。"四个区域"是指原冀鲁豫边区的鲁西地区、铁道游击队活动区、胶东革命根据地和渤海革命老区。"一条主线"是指八路军115师在山东的转战路线。自1939年开始,115师转战大半个山东,从冀鲁豫边区到沂蒙革命根据地,再到胶东革命根据地,这条线把一个核心和四个区域串联起来，形成一个巨大的山东红色旅游区。

二、红色旅游资源导游讲解技巧

1. 尊重史实，塑造良好形象

红色旅游资源与党的历史息息相关，首先应在尊重史实的情况下进行讲解，应对讲解内容严格把关，杜绝不符史实、不切实际的歪曲讲解。强调对英雄人物，历史背景介绍的客观性，不能讲传说，不能加个人观点，不道听途说，不能自由发挥。确保红色旅游讲解的良好公众形象。良好的旅游形象是吸引旅游者的主要驱动力，对内也能产生历史凝聚力和亲和力。

2. 在内容上要突出一个"红"字

导游员不程式化地讲历史，要挖掘红色旅游资源的深刻内涵，提取其中的伟大精神，激励群众为民族复兴团结奋斗。引导游客关注国家的前途和命运，培养爱国信念，激发爱国情怀，从事红色导游讲解，其实就是爱国主义精神的宣传，让人们在赏心悦目中领悟胜利的来之不易，产生爱国、爱家的情怀，产生依恋，扎根于共同的家园，爱家护家。

3. 注意有声语言和体态语言的灵活运用

导游员要拥有崇高的信仰，丰富的知识，诚于中而形于外，展现出知行合一，积极向上的精神风貌。在讲解过程中导游员要掌握"情要取其高，声要取其中，气要取其深"的发音技巧，巧妙灵活运用体态语言，为游客创造有意义、有价值的"经历产品——旅游体验"，让游客在轻松愉快中接受红色教育。

4. 体现故事性

故事性是相对说教性而言，反映出人们对历史吸引物的取舍观。应摒弃千篇一律，千人一面，静态有余，动感不足的展览式的游览讲解，彰显红色旅游地厚重的历史感、独特的亲切感和"姹紫嫣红"的美感。历史典故往往形象、生动、有趣，容易让英雄走下圣坛，贴近群众和生活，产生亲和力。因此，要深入发掘红色旅游资源中的历史人物故事，既要反映领袖、英雄等"大人物"在历史中的重要作用，更要通过"小人物"的故事，揭示人民群众创造历史的真谛，使历史鲜活和丰满起来。

5. 掌握准确的历史背景

红色知识都是承载在某一个历史阶段里面的，如果对于一个地方的历史不了解，就不能把红色知识生动、有趣、准确地讲解出来。要把所有讲解的事件、人物放到准确的历史背景里面，讲解出来的东西才能发人深思，反之就脱离了事情本身的内涵。

6. 理解数字的重要性

红色知识里面有很多数字，很多导游不愿意讲解那些数字。除了记不住之外，很多数字会让客人觉得很乏味不生动。其实能否把有关数字的内容讲解到位也是非常考验一个导游员的讲解功底的。当然，导游员如果只是一味地讲数字也是没有情趣的，有总结和对比才会让数字更加形象，这样讲出来的数字才更有意义，更吸引人。

模拟导游

> 补充资料

红色导游讲解中数字讲解技巧[1]

"孟良崮战役中，我方拥军支前的民工总人数达到了92万人，其中蒙阴县有12万人拥军支前。"

如果只是这样讲解，客人根本不会有任何感觉，因为对于数字没有概念，没有对比，不知道这到底是多还是少。换一种说法试试呢？

"大家知道吗？在当年沂蒙大地上生活着420万沂蒙人民，仅仅在孟良崮一次战役之中，除去上战场参战的士兵之外，拥军支前的老百姓就有92万余人，如果加上参军的老百姓，孟良崮一次战役中临沂就投入了超过四分之一的人口，蒙阴县一共20万人就有12万民工支前。沂蒙山这块红色热土流传着这样一段话：最后一口粮做军粮！最后一块布做军装！最后一个儿子上战场！这就是"家家有英烈户户都拥军"的沂蒙山的老百姓，这就是在孟良崮一次战役之中受伤立功的人数达到8万多人的老百姓。所以当年毛主席说把反动派淹没在人民战争的汪洋大海之中！"

7. 以小见大，突出重点

很多红色的历史都是波澜壮阔的，通过导游员有限时间的讲解实在很难让客人感受到当时震撼人心的场面。要让旅游者对于一个地方的红色文化有深刻的认识，导游员在讲解过程之中一定不要贪多，要做到小中见大，通过抓住小人物、讲解小人物的方式让客人感受到当年无数革命先烈的博大爱国情怀。

> 补充资料

小人物韩成山体现大精神[1]

孟良崮战役之中围歼整编第七十四师的任务是非常重要的，但是大家有没有想到，另外一个战场的成败也是非常的关键呢？张灵甫当年能够上山，其中有一个重要的原因就是希望以自己作为诱饵，坚守山地来吸引我军主力将其包围，国民党的其他部队再从外面把我军包围，之后张灵甫来个中心开花外围反包围的战略意图。所以说当年的战役负责打阻击的我方部队任务和压力都是非同一般的，如果阻击失败，意味着就算把七十四师全歼，我军也面临着全军覆没的危险。所以战役的胜利其实和外围负责阻击的我军将士的努力是分不开的！这里介绍其中的一个小故事，主人公叫韩成山。他是八纵也就是王建安麾下的一名卫生员，他的部队负责在黄崖山阻击敌军。一共打退了敌人十一次疯狂的进攻，第十一次进攻是用山上的石头把敌人砸下去的。这次进攻之后整个山顶就剩下了六个人而且人人带伤，就剩下一枚手榴弹，山顶的石头都扔光了。当敌人第十二次进攻的时候他们把最后一颗手榴弹扔向敌人之后，把山顶的武器全部砸毁，手拉着手高呼"共产党万岁！打倒蒋介石！"就跳下了黄崖山。韩成山在跳崖后的两天奇迹般活了过来，后来被当地老百

---

[1] 本文由李岩坤（临沂国际旅行社有限公司，全国优秀导游员）创作。

姓救了，养好伤后由于部队转移就没有找到队伍，他本来是临沂人，就直接回家了。利用部队里面学习到的医疗知识帮助村民看病。

中华人民共和国成立后两位当年韩成山的战友到孟良崮来祭奠老战友，和当地村民聊天过程中偶然得知老百姓当年救了一个跳崖的战士，最后辗转找到了韩成山。三个老人几十年后再次相见，热泪盈眶，那种感情也许只有上过战场的人才能体会了。当年韩成山六人跳崖，所以后来被称为黄崖山六勇士，当年统计烈士名单的时候韩成山由于和部队失去联系也被记录在册，所以他也被后人称为"活着的烈士"。

8. 因人施讲的针对性

根据观众不同的特点和需求，导游员可将观众划分为不同年龄层次、不同文化层次、不同身份层次等类型，灵活选取讲解内容和灵活运用讲解方法，使红色精神能更加深入人心。

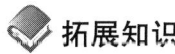 拓展知识

红色旅游讲解如何"因人施讲"？[①]

不同年龄层次观众的特点和需求不同。老年观众一般社会阅历丰富，知识面相对较宽，善于独立判断，但体力差，听力弱，反应慢。要求内容有一定深度，不必太多，时间长度要控制，理论点到为止；中年观众社会阅历参差不齐，知识面差距大，但一般体力好，反应快，理解能力强，善于思考，理性思维能力强，需求多样，有提问倾向。要求内容可适当多一些，内容知识面要宽；青年观众缺乏社会阅历，知识面普遍不够丰富，但精力旺盛，思维活跃而不规则，反应快，理解力强，提问倾向较强，求知欲强。要求了解他们所不了解不理解的事物；少年儿童对人生、社会基本不了解，接受能力弱，体力也弱，但好奇心强，有一定求知欲。要求通俗浅显，参观与游玩结合，有适当休息场所，降低难度，用语少儿化。

不同文化层次观众的特点和需求不同。较高文化层次观众社会阅历可能参差不齐，但普遍知识面宽广，思考能力强，要求较高，不满足于一般的讲解，如果内容不精彩有脱离讲解员自己观看的倾向。一旦质疑，一般是经过一定研究和思考的，可能会有难度，从而使讲解员感到被动和尴尬。因此，要吸引、服务好这类观众，一要有扎实的内容；二要表达准确恰当，言必有据；三要对学术问题的表达留有余地。中等文化层次观众是一般展览的最大多数观众，成分复杂，因此社会阅历更加参差不齐，知识面一般，多数乐于接受讲解员的解说。如果内容较丰富，引导得当，愿意自始至终听讲的占较大比例。即使提出问题，也相对较易解答。但也要注意：第一，不能随意对待，要给以正确的解说；第二，准备回答的问题面要稍宽。

---

① 资料来源：http://news.artxun.com/dianran-1542-7705828.shtml。

模拟导游

→ "导游事"分享

小杨的不足在哪里?

【事实】导游员小杨在"七一"这天带某市区的一些领导干部去临沂革命老区参观。但是小杨在路途当中并没有讲沂蒙革命老区的沂蒙精神和沂蒙军民牺牲奉献的革命事迹,讲解的内容不是让人能够回忆起革命战争岁月、昔日烽火硝烟,而是为博得游客一笑,将一些道听途说的政治笑话说给客人听,听完后客人很沉默,下车参观景点时也是有意无意地跟小杨保持一定距离。小杨很郁闷:这些做领导的怎么都这么难接近?为什么感觉总是和我若即若离?

【启示】导游讲解红色旅游资源时,要合理选取讲解内容,通过自己的倾情讲解,唤醒人们的历史记忆,让客人重温革命传统,接受红色教育;导游员不可歪曲历史事实,不可将庸俗、迷信等内容掺杂到讲解中。小杨途中讲解的所谓政治笑话虽然客人听了当时会开心,但是事后却觉得进行爱国主义教育旅游的导游员,如此讲解十分不严肃不到位,所以客人无形当中就拉远了跟导游员之间的距离。

三、红色旅游景区导游词示范

"沂蒙母亲"王换于[①]

各位亲爱的朋友,大家好!欢迎来到沂南县参观游览!我是大家此处红色之旅的景区导游员李岩坤,期盼我的讲解能够带给朋友们一片温馨。预祝今天的行程愉快顺利!

一提到沂蒙山,让人们首先想到的不是陈毅、粟裕这些功勋卓著的将领,而是诸如煎饼、小米、小推车、担架队等和老百姓生活息息相关的普通物件,沂蒙山区这个革命圣地区别于其他革命老区的最大特点就在于老百姓对党的拥护和对革命的无私支持,在这片土地上家家有英烈、户户都拥军,随便走到哪个村庄里面,和村里的老人聊聊天,老人都能说出几个当年打仗的时候拥军支前的感人故事。

沂蒙红嫂这个特殊的群体就是我们沂蒙人民拥军支前的典范,在这个群体当中,可歌可泣的感人故事不胜枚举,其中"沂蒙母亲"王换于就是典型代表。今天请大家跟随我的脚步,一起去回忆一下在那个战火纷飞的年代里,一个普普通通的沂蒙老大娘做出的可歌可泣的事迹。

各位朋友!这个石碑上刻的是当年王换于冒着生命危险保存下的一本《联合会刊》。咱们先到馆内参观。

这位就是"沂蒙母亲"王换于,沂南县马牧池乡东辛庄人。1888年出生,1989年去世,享年101岁。1938年12月,她加入了中国共产党,王换于的家被称为"第一堡垒户",像罗荣桓、徐向前、黎玉、朱瑞、郭洪涛等领导人,都曾经在她家住过。当时随军来到这里的还有许多孩子,由于环境险恶,小孩子得不到很好的照顾,徐向前委托王换于办起战地托儿所,一共收养了41位抗日战将的儿女,这些孩子最大的七八岁,最小的生下来才

[①] 本文由李岩坤(临沂国际旅行社有限公司,全国优秀导游员)创作。

3天,其中包括陈沂、马楠的女儿和罗荣桓将军的儿子。为了照顾好这些孩子,王换于的4个亲生骨肉均因为营养不足先后夭折了。那时的王换于,对她的儿媳妇这样说:"烈士的孩子饿死了,就断根了,咱的孩子饿死了你还能再生。让革命烈士的孩子吃奶,咱们的孩子就吃粗的吧!"她的4个孩子说白了就是活活饿死了,这是一种多么伟大的牺牲精神!

朋友们,这边是当年王换于老人的家。王换于老人用了一切办法,用了大半年的时间救护了大众日报社干部——白铁华。当时白铁华被抬到她家时眼看就要断气了,王换于听说獾油拌头发灰能治好他,于是寒冬腊月天就挨家挨户寻找獾,熬成油,又把自己的长发剪下来烧成灰敷在了白铁华的身上,白铁华在王换于的精心照料下用了半年的时间康复归队了,回队之后的白铁华因为种种原因,和王换于失去了联系,老人家十分挂念他,逢人必打听他的消息。从1941年到1983年,在历经了42年后,当白铁华辗转得到消息,得知王换于一直在寻找他时,专程带着夫人从广州来到沂南看望王换于,一进家门口就跪下给王换于磕头,喊道"娘,孩儿对不住您!……"王换于一眼就认出了白铁华,当时她的心里是又气又痛,又爱又恨,她上前搀起白铁华,只说了这么一句话,"孩子,老娘已经是95岁的人了,念着你的一颗心,悬了42年呐!"

这是王换于住过的房子,在这个百年老屋里,曾经生活着一对革命夫妻:朱瑞和陈若克。陈若克是当时中共山东分局书记朱瑞的爱人。她老家是广东,出生在上海。她在苦水里泡大,从十一岁就开始做童工。来到这里之后,陈若克住在王换于的家里,并拜王换于为娘。她们感情非常深,王换于以母亲的身份为朱瑞和陈若克举办婚礼。一九四一年冬天日寇大扫荡时,她已经怀孕八个多月了,可她毅然决定跟随部队转移,后来不幸落入敌人手中,并被残忍杀害。几经周转,她同孩子的遗体被运送了回来。那时,陈若克才二十二岁。王换于强忍悲痛,卖了自己的3亩半地为陈若克和孩子做了棺材,娘俩的遗体,一起被隐蔽地埋葬在村东王换于家的地里。一九五三年沂南县人民政府将陈若克和孩子的遗骸迁葬到孟良崮烈士陵园。陈若克曾经拉着王换于的手说,"娘,等把鬼子打完,过上好日子时,俺要好好孝敬您,让您住最好的房子,穿最好的衣服,吃最好的东西。"可谁想最后的结局竟是白发人送黑发人。

王换于抚养过的孩子们长大后时刻不忘沂蒙山区的养育之恩。这是一些老将帅以及王换于抚养过的孩子来看望王换于及其家人的场景。2001年6月,罗荣桓之子罗东进将军来到我们沂南看望了王换于的大儿媳妇张淑贞。这边是一些抗战老将帅和将帅的子女们回到沂蒙山区后为王换于题的字。可见王换于这种至深至爱的母亲情怀打动了一代又一代的中华儿女。

亲爱的朋友们,今天我们了解的王换于老人只是广大沂蒙红嫂中的一位,战争年代我们沂蒙山区非常贫穷,缺衣少食,可就是这样,在沂蒙老百姓无私的支援和拥护下,我们的党我们的军队在这里打了一个又一个胜仗。陈毅元帅曾经感慨道:"我陈毅就算是进了棺材也忘不了沂蒙山的人民,他们用小米喂养了革命,用小车把胜利推过了长江!"

任务三　蓝色旅游资源导游技巧

一、蓝色旅游资源概述

（一）有关概念

1. 蓝色旅游资源[①]

蓝色旅游资源是指在海洋、临海及临海陆上范围内，能够造就对旅游者具有吸引力环境，从而激发旅游者产生旅游动机和实施旅游行为，为旅游业所利用并能产生经济效益、社会效益和环境效益的各种因素。

蓝色旅游资源主要由海岛旅游资源和滨海旅游资源构成。海岛旅游资源特指脱离陆地而位于海上的已经开发成旅游景点的岛屿；滨海旅游资源是指沿海岸线分布、以海洋自然资源为主、具有海洋特色的旅游景点及与海洋文化有关的临海陆上景点。

2. 蓝色旅游

蓝色旅游作为新名词，在各类报纸、杂志和政府行文中得到了较多使用。烟台市在《烟台蓝色经济区旅游发展规划》中提出在未来重点打造游轮游艇旅游，海上运动开发、海上丝路文化旅游开发等能够体现烟台特色的蓝色旅游项目。威海市提出了构建国内知名旅游胜地的蓝色半岛。从旅游产业发展角度来看，许多学者和地方政府机构都使用了"蓝色旅游"来阐述对未来沿海地区旅游资源开发和发展前景的憧憬，但对"蓝色旅游"进行概念性解释的却很少，通常只是对该名词进行使用，大多是一种对新式词语的追捧，表达其对某个沿海地区旅游业特别是海洋旅游业发展的一种更为前瞻式的思考。在为数不多的对蓝色旅游进行概念性解释中，慎丽华，康伟（2010）提出的"蓝色旅游"概念最能够体现当今蓝色旅游的内涵。

蓝色旅游应当包括海洋旅游、海岛旅游、滨海旅游以及与海洋文化有关的临海陆上旅游，是一种以海洋、海岛、渔业、海滨等资源（包括所有与海有关的元素）为客体，以海洋文化为核心，以生态可持续为内涵，以海陆旅游文化资源整合为动力，为旅游消费者提供海洋休闲与享受的海陆旅游。

蓝色旅游在旅游区域上突破了海洋和临海空间范围，更广泛地深入到临海陆上地区，这种深入是以海洋文化为核心，以蓝色旅游主题景区为载体，以蓝色旅游产业为形式。

蓝色旅游在旅游形式上也具有创新性，不仅包括深海潜水、游轮旅游，也包括近海的游泳、冲浪、帆船和快艇等，还包括了陆上的海洋文化馆参观、海洋文化节等。

（二）蓝色旅游资源的特点[②]

1. 资源构成的多样性

蓝色旅游资源门类齐全，丰富多彩。以舟山海洋资源为例，舟山群岛夏无酷暑，冬无严寒，气候宜人，境内大小岛屿星罗棋布，构成了千岛之城的壮丽景色；舟山境内山海景

[①] 慎丽华，康伟. 构建山东半岛蓝色旅游经济区的思考［J］. 中国海洋大学学报（社会科学版），2010（4）.
[②] 百度文库.

观独特，名胜古迹众多，有佛教文化景观、山海文化景观、历史军事文化景观和海岛渔俗景观等 1000 余处；舟山几乎拥有旅游资源的各种要素，这在一般旅游目的地是很难具备的。

2. 产品类型多、档次高

根据蓝色旅游资源的构成特点及旅游业的发展要求，世界各国都在大力开发形式多样的海洋旅游产品，形成了多种多样的产品类型。如海洋观光游赏旅游、海洋度假休闲旅游、海洋文化艺术旅游、海洋运动健身旅游、海洋美食餐饮旅游和海洋康疗保健旅游等。

蓝色旅游产品不仅类型多，而且档次高，美国的夏威夷、泰国的芭堤雅、我国的北戴河等均属此类。

3. 项目开发更多体现游客的参与性

蓝色的海洋旅游开发出众多的游客可以参与的活动项目，如游泳、潜水、游艇、海上帆船等，在这些旅游活动中，首先由培训师对游客进行活动要求及要领的培训，让游客掌握必要的活动技能技巧，使游客更好更安全地体验到海洋旅游的乐趣。

4. 文化内涵独特

在人类文明的形成、发展、传播中，海洋起着极其重要的作用，为沿海人民造就了丰富的文化底蕴，体现出海洋独特的文化内涵。

二、蓝色旅游资源导游讲解技巧

1. 选择合适的讲解时机

蓝色旅游非常重要的一个特点是游客注重体验及品位，许多旅游产品游客的参与性很高，这就要求导游员的讲解必须选择合适的时机。比如在去往海水浴场的路上，导游员就要将海水浴场的概况讲解清楚，否则到达目的地后，游客没有心情继续听导游讲解，而是迫不及待地冲向浴场了。

2. 突出文化特色

蓝色旅游产品所包含的内容属自然旅游资源的偏多，不管是自然旅游资源还是人文旅游资源，导游员应该注重产品文化内涵的挖掘，让游客游有所获，避免讲解的空洞乏味。

3. 展示出海洋文化的神秘性

我国是农业大国，千百年来人们对于海洋充满了神秘感，导游员在讲解时要注意突出这个特点，可以较多地使用设问的方式体现海洋文化的神秘特色，更好地吸引游客。

4. 注意强调安全性

"安全第一"是一切旅游活动的宗旨。蓝色旅游具有明显的参与性高的特点，同时出现意外的概率也相对较高，导游员在讲解时要重复强调旅游注意事项，对于特别容易出现的问题要进行警示，尽量避免意外事故的发生。

➡ "导游事"分享

地陪小张服务中有哪些不足？

[**事实**] 陕西旅游团在山东的六日豪华游行程安排中，第三天的旅游日程是青岛海滨

景区的（含车含导即为费用中包含旅游车接送和导游讲解及服务）自行游览，由于时间较为充裕，地陪小张在车上没有急于向游客介绍海滨景点历史与文化内涵，只介绍了一天的行程安排和海滨旅游注意事项。旅游车首先来到上午的目的地——栈桥海滨景区，本来小张准备到达栈桥海滨后，用10分钟时间集中把栈桥的历史向游客做介绍，然后大家自行游览；可是，由于团中客人都来自内陆城市，很多客人平生还没有见过大海，刚到目的地，没等小张讲解，客人就冲向海滨景区了。

栈桥海滨景区自行游览结束后即为午餐，期间，客人对小张提出批评，认为小张的讲解不到位，致使他们对栈桥了解甚少。小张在青岛海滨景区的客人自行游览服务中存在什么问题？

[**启发**] 案例中地陪小张本来是做好进行相关景区（点）的讲解准备的，但到达海滨后，由于客人见到大海的急切心情，使得小张没有机会进行详细的景点讲解。貌似小张做得没有失误，却招致游客午餐时的批评，为何？在海滨景区游客自行游览（含车含导）的导游服务中，导游员必须把握好讲解的时机。此事件中，地陪小张明知客人来自内陆地区，有急切见到大海的心情，在去往海滨景区的路上，就应该将栈桥海滨概况及景点的主要知识点讲解清楚，对相关注意事项进行再三提醒，确定游客对以上内容都熟悉了之后，地陪小张再引导游客进入景区自行游览。这样就可以避免"栈桥海滨游览结束，午餐时游客细细品味旅游过程，方感觉导游讲解内容欠缺，没有让游客了解景区的文化内涵，从而对小张进行批评"的现象了。

三、蓝色旅游景区导游词示范

日照海滨国家森林公园导游词（部分）

游客性质：亲子团

各位女士、亲爱的小朋友们大家早上好！欢迎来到日照参观游览。我是各位日照之行的地陪导游员张慧芬，大家可以叫我张导，各位小朋友可以叫我慧芬姐姐，接下来我会带领大家游览我们美丽的日照海滨国家森林公园，小朋友们一定要跟上队伍，注意安全哦！

现在我们的旅游车正行驶在去森林公园的路上，我先为大家介绍一下日照海滨国家森林公园总体情况。此公园是1992年经原国家林业部批准，在日照市国有大沙洼林场的基础上设立的全国首批国家森林公园之一，我们也习惯地称之为"大沙洼"，现为国家4A级景区。聪明的小朋友们，你们猜这里为什么叫作"大沙洼"呢？原来啊！早在20世纪60年代，这里曾是一片地势低洼的沿海荒滩，当时还流传着这样一句话，大沙洼有三宝："飞沙、海雾和小咬。"听起来和绕口令一样，其实啊是用来形容这里的荒滩是不毛之地。春冬季节一旦有风，沙就随风而动，这风儿吹吹，沙儿飞飞，庄稼长得乱七八糟不好收。等到春季好不容易禾苗发出嫩芽，一遇到海雾就都萎蔫了。小咬则是由于这里地势比较低洼，形成了很多积水小沟，产生了一种形如跳蚤的咬人小虫。当地村民、农田深受其害。因此它们三个就成为名副其实的三害。自1960年开始，党政军民连续多年在这片海滩上大搞植树造林，以黑松为主建设万亩人工海防林带，固住了海沙，挡住了海雾，保护了几万亩农田的高产稳产，产生了巨大的社会效益和生态效益，就连小咬也少了。后来林场通过发挥其林海资源优势"变害为宝",发展成为国家 4A 级的旅游景区,"大沙洼"由此而得名。

日照海滨国家森林公园主要分为森林旅游区、海滨娱乐区、疗养度假区和太公文化区等 4 个功能区,主要包括海滨浴场、荷花池、灰喜鹊驯养站、姜太公文化园、水下鲨鱼馆、动物园、森林浴场等旅游景点。还开展了多人骑自行车、游览观光车、沙滩车、空中飞人等游乐项目。现有近 30 家独具特色的海滨度假酒店,可同时容纳 3000 余人食宿。

俗话说,"烟台看仙、威海看岛、青岛看城、日照看滩",那么日照最好的沙滩就要数日照海滨国家森林公园了,它位于日照新市区以北 15 千米处,位置优越,交通便捷,依山傍海,林海相映。

这里的蓝天、碧海、绿树、金沙滩,共同构成了一幅浪漫醉人的海滨风景,现已成为人们休闲旅游、避暑度假和开展海上运动的理想胜地。

亲爱的朋友们,日照海滨国家森林公园的最佳旅游季节是每年的 5 月至 10 月,其中游泳的最佳季节是 7、8 月。大家选择这个时间来日照,还真是有眼光啊。按照游览计划,今天我们的行程是这样安排的,我们先到灰喜鹊驯养站,观赏小朋友们比较感兴趣的灰喜鹊,然后我们大部分时间就是到海滨浴场尽情享受大海的拥抱。

大家知道日照的市鸟是什么?嗯,对,在 1989 年 3 月 12 日,日照市第十届人大常委会决定,灰喜鹊为日照市市鸟。但最早发现它是因为森林公园的黑松有一种常见害虫叫松毛虫,20 世纪 80 年代时日照的林业专家和林场工人惊奇地发现人工驯养灰喜鹊可以防治松毛虫,并取得了良好的防治效果。后来这种做法就被作为典型在全国推广,并被中央科教电影制片厂拍成《灰喜鹊》《巧借天兵》等多部电影,传播到国内外。美国、瑞典、日本的鸟类专家都曾到此学习,国内的安徽黄山、浙江杭州、江西庐山等 40 余个省、市林业机构和单位也派人来学习和引鸟治虫。这种科学除害的方法还被《人民日报》《大众日报》《中国林业》《林业科学》等 20 多家全国性报刊先后报道。一会儿,咱们就可以观看到灰喜鹊的精彩表演,体验一番人与鸟儿和睦相处的乐趣。同时小朋友也可以在游玩中学习到更多的科学知识。

……

各位家长,各位小朋友,现在我们就来到了海滨娱乐区。咱们现在站在两千米长的沿海防护大堤上,面向大海,映入我们眼帘的是森林公园海水浴场。这个浴场水质优良,空气清新,有关专家来日照海滨国家森林公园考察时曾发出感慨:这里是中国仅存未被污染的黄金海岸。而且,这里的海水浴场还有两个特点:其一为沙细,这里的沙粒极其细小,赤脚漫步十分舒适。抓一把干沙让它从指缝中慢慢滑落,你会发现这里的沙子是制作沙漏的好材料。一会儿,各位家长可以带上孩子到沙滩上感受一下"海风轻拂大沙洼,白浪逐沙滩"的惬意。所以祖籍日照的诺贝尔奖获得者、著名高能物理学家丁肇中先生来公园参观时,称这里的沙滩乃夏威夷所不及。其二是滩平浪缓,相信大家也都可以感受得到,浴场的沙滩比较宽阔平缓,沙滩落差非常小,所以说安全系数高。

各位朋友请看,那是沙滩车。沙滩车是沙滩上一个娱乐项目,大家可以在工作人员的指导下,亲自驾驶它在沙滩上驰骋。其操作简单便捷,有兴趣的游客朋友可以尝试、感受一下沙上飞车的刺激。不过,为了保证您的安全,请一定要在划定的区域内行驶。

现在游客朋友们看到的小飞机学名叫"动力三角翼",它是根据滑翔机的原理,由德国专业厂家设计生产的,配有专业飞行员。那边的警示牌上标识着注意事项,请朋友们务必仔细阅读,在您的身体条件允许的情况下,如果您感兴趣,可以坐在副驾驶的位置上,戴好头盔,系好安全带,随着发动机的轰鸣,在蓝天、白云之间欣赏一下森林公园的全景!

朋友们,顺着我手指的方向看,那边是公园的疗养度假区。疗养度假区紧靠海边,不少宾馆都设有海景房,在房间里就可以看到大海,尽情领略海边的风情。

好了,各位家长,亲爱的小朋友们,我的讲解就暂时告一段落,再次强调一下,请大家务必要注意安全,一定根据自己的身体状况选择娱乐项目,看明白海水浴场须知,严格遵守海水浴场的规定!各位家长务必照顾好自己的孩子!接下来的时间留给大家,请各位尽情享受吧!祝朋友们在这里玩得开心愉快!

……

亲爱的各位游客朋友,难忘的日照海滨森林公园之旅就要结束了,在享受了大自然赐予我们的美丽景色的同时,也使我们的身心融入了自然,得到了放松!我真诚欢迎各位朋友再来日照海滨国家森林公园旅游观光、休闲度假!祝福大家身体健康!家庭幸福!一切平安!朋友们,再见!

任务四 工业旅游资源导游技巧

一、工业旅游资源概述

(一) 有关概念

1. 工业旅游资源

工业旅游资源是以工业为媒介,由产品的生产场所、制造过程、生产成果、企业文化和管理经验等构成的工业景观资源,能为旅游业所利用,并能产生经济、社会等综合效益。

2. 工业旅游

工业旅游是指对现代工业场所的参观游览,包括参观游览产品的生产和制造过程。

工业旅游是伴随着人们对旅游资源理解的拓展而产生的一种旅游新概念和新形式。工业旅游在发达国家由来已久,特别是一些大企业,像德国的西门子、美国的通用等,他们利用自己的品牌效益吸引游客,同时也使自己的产品家喻户晓。近年来我国发展的工业旅游主要是依托运营中的工厂、企业、工程等开展参观、游览、体验、购物等活动。有越来越多的企业开始注重工业旅游。

(二) 工业旅游资源的特点

1. 动态性

工业旅游资源具有可迁移性,体现出动态变化特点,如厂址改变、工厂扩建等。工业旅游资源的动态性还体现在工业产品生产与旅游产品生产的同步。

2. 科普教育功能突出

求知是游客参观厂家最主要的目的之一，工业旅游资源科技含量高，不同厂家展示的旅游客体内容各异。通过参观游览工业旅游资源，旅游者能够增长见识，提高科学知识水平。

3. 季节性不明显

相对于自然旅游资源来说，工业旅游景区（点）本身的景观一般不会随着季节的变化而变化，可以全年向游人开放。

4. 多效益性

工业旅游资源融求知和审美于一体、集观光与购物于一身。开展工业旅游具有双向受益性，首先有助于树立企业的良好形象，为厂家做了很好的免费广告，实现无形资产与有形资产的相互转换；其次增加企业效益，体现在门票、服务和直销产品的收入方面，有利于促进签订合同，扩大企业形象。

补充资料

山东省工业旅游资源概况

山东省工业旅游资源丰富，分布广泛。有包括青岛港、青岛啤酒、海尔、海信、淄博陶瓷馆、烟台张裕葡萄酒、聊城东阿阿胶、德州皇明太阳谷等多家全国工业旅游示范点和周村烧饼、银麦啤酒、济南普利斯矿泉水公司等多家山东省工业旅游示范点。

二、工业旅游资源导游讲解技巧

1. 深入掌握工业旅游资源相关知识

如果导游员对工业旅游景区（点）的讲解比较生硬、肤浅，内容平淡，则激发不了游客的兴趣。一名合格的工业旅游导游员不仅要对游客所参观的工业企业有一个全面的了解，而且在某些方面甚至要具有很深的专业知识，这样才能使游客"游有所得、游有所获"。

2. 熟悉工业旅游景区的游览路线及重点内容

合理的参观路线对于旅游者参观活动的重要性是显而易见的，俗话讲"不打无准备之仗"，导游员应十分熟悉所要参观的工业旅游区的线路走向，旅游区内景区（点）的分布状况，是否能为游客提供优质价廉的购物产品，哪些景点是景区内的核心部分，怎样才能够使游客看到整个产品的生产制作流程，是否有参与性的项目，等等。熟悉工业旅游区的情况是导游员做好讲解的前提。

3. 选择合理的讲解内容

导游员要进行讲解内容的选择，切忌使自己的讲解过程变成了该工业企业的变相广告，让人游得兴致索然。针对不同的游客需求，导游员应该合理组织工业景区的讲解内容，做到因人而异，取舍得当，重点突出。通过导游员的讲解，使各类游客都能够了解工人们劳动的辛苦，从感性上了解了现代化工业企业，从而实现开阔眼界、增长见识的旅游目标。

4. 做好注意事项的提醒

导游员应该适时提醒工业旅游的相关注意事项,对于特别需要注意的问题要进行警示。如果工业企业有保密性的环节,应该及早排除在参观游览的范围之外。游客的安全问题至关重要,除了导游员及时提醒外,企业有责任对游客的活动进行全程安全监控和保护,确保游客安全第一。

➲ "导游事"分享

导游员樊某如何赢得客人的信任

[**事实**] 北京地陪樊某接待了来自香港的旅游团,按照日程安排,天坛游览结束后,地陪小樊陪同游客前往北京珐琅厂,参观那里的景泰蓝制作工艺(厂内有专门的讲解员)。在前往途中,有着魅力微笑和甜美声音的地陪小樊与香港游客聊起了北京的景泰蓝、雕漆、玉雕等传统工艺品,尤其是详细并风趣幽默地介绍了景泰蓝的制作工艺:制胎——掐丝——点蓝、烧蓝——磨光——镀金,还介绍了景泰蓝的保养方法,却只字不提购物一事。游客们听得津津有味,随即向地陪樊某询问北京珐琅厂内有无此类的旅游购物品、物品种类及价格等问题。

[**启发**] 进行工业旅游资源讲解的导游员应当充分运用所掌握的工业旅游相关知识,尽最大努力激发游客对工业旅游资源的兴趣,为游客提供优质服务;使游客开阔眼界、提高工业知识水平、收获高层次的物质和精神享受。地陪樊某讲解工艺品知识是工业旅游的需要,为何游客询问旅游购物品种类及价格这样敏感的问题?因为樊某工业旅游知识丰富,行前准备充足,讲解自信而充满魅力,深受游客喜好,且地陪樊某细致而贴心的服务赢得了游客的信任,消除了游客的戒备心理,进而激发出游客的购物欲望。

三、工业旅游景区导游词示范

中国黄金实景博览苑、淘金小镇导游词示范(部分)[①]

游客性质:企业中层干部考察团

尊敬的各位领导,大家好!欢迎来到中国金都——招远!我是大家此次黄金之旅的导游员王超,有着丰厚历史人文积淀的招远是金碧辉煌、金光盖地的,黄金储量居全国首位,黄金年开采量占全国总量的七分之一。古之招远是"招携怀远"之意,今之招远是以黄金招待远方的领导之意。现在就请各位领导随我参观游览著名的工业旅游示范区"中国黄金实景博览苑和淘金小镇"。这两个景区是国家4A级景区——罗山黄金文化旅游区的重要组成部分,由山东中矿集团投资13.8亿元兴建,分别于2009年和2012年对游客开放。

各位领导,请暂时收起您的期待与幻想,前方就是中国黄金实景博览苑了。

中国黄金实景博览苑由黄金博物馆、矿井体验区、实景展示区、餐饮宾馆服务区四部分组成,是国内规模最大的运用声、光、电、动漫、幻影全息成像等高科技手段打造,融

---

① 本文由王超(济宁乐途旅行社有限公司经理、优秀导游员,山东旅游职业学院2012届毕业生)创作。

互动、参与、体验为一体的黄金主题旅游景点,被誉为"中国黄金第一游"。在这个旅游区内,我们主要参观的是矿井体验区和实景展示区。

好了,现在请各位领导坐上轨道车,当一回采矿工人,到矿井体验区进一步探索黄金的奥秘吧!亿万年前形成的金矿脉,神奇的挂锣橛传说就在眼前!

这座体验矿井由一千米平巷加一提升井组成,重现了宋代采金和现代采金作业场景。各位领导请看,矿井里有矿工会议室、支护区、多功能演示区和留影室等硐室,这些设施在提高操作的安全系数,减少突发事件的伤害程度方面,起了很大的作用。

各位领导,中国黄金实景博览苑的实景展示区到了。这里的展示设备是原罗山金矿一条完整的黄金选矿、氰化、冶炼生产线,现在被当成文物全部保留下来,旧有的厂房和设备在今天看来已有些落后了,但是它们为20世纪晚期的黄金生产做出的巨大贡献是不容磨灭的。

各位领导,中国黄金实景博览苑我们游览到这里就先告一段落了,接下来我请领导们做一回淘金者去淘金小镇进行体验,首先给各位领导介绍一下小镇的概况。

远在北宋初期,开国元勋潘美将军就奉旨来招远玲珑矿田督采黄金,他府治于马山前,屯兵于琵琶岭,立市于潘家集,置坑采淘,岁益数千两。财神赵公明化身樵夫向潘美传授"五行寻金"之术、指引其建立五行金镇的故事,至今口耳相传。淘金小镇就是根据有关文献、实物和口述史料,经集聚浓缩后复建的。

淘金小镇南接中国金矿实景博览苑,北依罗山国家森林公园,由黄金主题体验区、财神广场、休闲娱乐区和综合服务区组成,融黄金文化、财神文化、市井文化和民俗文化于一体,以场景再现和游客参与的方式,集中展示宋代黄金采选冶炼技术、矿工生产生活、黄金管理机制以及商品市场等状况,满足您无须穿越就轻而易举地做一回古代人的愿望。

各位领导,淘金小镇到了,在这个景区,我们主要是以淘金者的身份进行淘金体验。大家看,淘金河里蕴藏着品位极高的沙金矿,一会儿,请您拿起金簸箕,在淘金河里亲身体验一下吧!不用"千淘万漉",稍稍用力沙土即尽,金粒即在手中凸显。淘多淘少那就看您的运气了,只要淘到的都可以免费带走,如果您愿意也可以拿到小街上的当铺,让那位"奸猾刻薄"的当铺先生给估个价。各位领导,别客气了,开始淘金吧!祝各位好运!Good luck to you!

好了,各位领导,请把"采矿工人"的难忘记忆和"淘金者"的兴奋体验在您大脑空间储存吧!今天的黄金之旅马上就要结束了,王超期待着给各位领导服务的下一次机会,并诚挚地祝愿领导们以及家人身体健康!事事顺心!同时也祝愿各位领导的未来发展如淘金者一路凯旋!一路高歌!

任务五 中国古建筑旅游资源导游技巧

一、中国古建筑旅游资源概述

(一)有关概念

中国古建筑特指我国古代所建造的各类建筑物,是我国土生土长的建筑体系,也是世界古建筑中延续时间最久的一个建筑体系,是中国传统文化的重要内容之一。

古建筑在我国旅游资源中占有重要的地位和作用,我国的人文旅游景区一般都以各类建筑为构景要素,文化内涵附载丰富的自然景观资源也离不开古建筑。

中国古建筑类型之丰富不胜枚举。从目前旅游资源的开发现状来看,主要类型有宫殿与庙坛建筑、陵墓建筑、村落古镇、传统民居、宗教建筑(详细内容见本项目任务六)、典型的工程建筑、古典园林建筑等。无论从数量上还是成就上,中国古建筑对不同类型的游客都有着较强的吸引力。

(二)中国古建筑的发展阶段

中国古建筑历史悠久,并且融入了科技、文化、艺术等诸多因素,体现了各个时期我国物质文明和精神文明发展的重要成就,在世界建筑史上占有十分重要的地位。

1. 秦汉以前建筑——形成时期

原始社会的先代居民最初是将天然崖洞作为居住处所的,后来有了"构木为巢"的故事,人们开始自己动手搭建居所。到了原始社会晚期,北方,开始在利用黄土层为壁体的土穴上,用木架和草泥建造简单的穴居,后来逐渐发展到地面上;南方则出现了干栏式木构建筑。

在商代,已经有了较成熟的夯土技术,建造了规模相当大的宫室和陵墓。原来简单的木构架,经商周以来的不断改进,已成为中国建筑的主要结构方式。此时,初步形成了中轴线对称的庭院布局模式,阶级社会中的等级观念也在建筑中得到了明显的体现。

随着封建时代的到来,瓦、砖、石料和彩画等因素也逐步进入建筑领域。其中瓦的出现,解决了屋顶防水问题,是中国古建筑的一个重要进步。至秦汉时期,木架构结构已日趋完善,抬梁式和穿斗式已经发展成熟,多层建筑逐步增加,石料的使用逐步增多,东汉时出现了全部石造的建筑物。这一时期出现了咸阳宫、阿房宫、长乐宫、建章宫、未央宫等历史上非常著名的宫殿建筑群,还有秦始皇陵、万里长城、都江堰等伟大的工程。

2. 魏晋南北朝建筑——发展时期

这是一个社会大动乱时期,也是民族和文化大融合的时期。在建筑材料方面,砖瓦的产量和质量有所提高,金属材料开始被用作装饰。在技术方面,木塔、砖塔等建筑大量出现,说明我国古代建筑的木结构技术和砖结构技术都在此时取得了长足的发展。同时,石工的雕凿技术也达到了很高的水平。这一时期,由于佛教的兴盛,出现了大量与宗教有关的建筑如寺、塔、石窟等,还有精美的雕塑和壁画。

3. 隋唐建筑——成熟时期

隋唐时期是我国历史上一个空前繁荣和稳定的时期,此时社会安定、经济发达、文化繁荣,中国古建筑的发展也进入了成熟阶段。这一时期的建筑风格雍容大度,简洁雄浑。唐朝的长安城,是当时世界上最大的城市。

这一时期,在建筑材料方面,砖的应用逐渐增多,砖墓、砖塔的数量增加;琉璃的烧制比南北朝进步,使用范围也更为广泛。在建筑技术方面,木构架技术已经非常成熟,建筑与雕刻装饰进一步提高。唐朝的住宅,根据主人不同的等级,其门厅的大小、间数以及装饰、色彩等都有严格的规定,体现了中国封建社会严格的等级制度。这一时期遗存下来的殿堂、陵墓、石窟、塔、桥及城市宫殿的遗址,无论布局还是造型都具有较高的艺术和技术水平，雕塑和壁画尤为精美，是中国封建社会前期建筑的高峰。隋代工匠李春设计建造的赵州桥是世界上现存最早、保存最完善的古代敞肩石拱桥，历经1400余年，仍然屹立在河北省赵县洨河上。

4. 宋元建筑——转变发展时期

五代、宋、辽、金是我国历史上又一个分裂时期，少数民族势力强大，但汉民族政治经济和文化继续发展。此时中国古代建筑的建筑艺术开始趋于华丽细致，风格不同于隋唐时期的规模宏大和气魄雄浑。

宋朝是中国古建筑体系的大转变时期。这一时期的建筑一般比唐朝小，但比唐朝建筑更为秀丽、绚烂而且富于变化。宋朝流行仿木结构建筑形式的砖石塔和墓葬，建筑构件的标准化在唐朝的基础上不断发展，各工种的操作方法和工料的估算都有了较严格的规定，并且出现了总结这些经验的建筑文献《营造法式》。

元朝是中国古建筑体系的又一发展时期，元大都按照汉族传统都城的布局建造，是自唐长安城以来又一个规模巨大、规划完整的都城。由于多民族国家的形成，各民族的文化交流加强。中国建筑吸收了外来的建筑艺术，并与中国传统文化相结合，在宫殿、寺庙、塔和雕塑等方面均有创造，出现了多种新的趋势。

5. 明清建筑——高峰时期

明清时期是中国古建筑体系的最后一个高峰时期，也是中国古建筑的集大成时期。此时的宫殿建筑和皇家园林均集传统建筑技术之大成，规模浩大，豪华壮丽。

这一时期制砖工艺大发展，明代大部分城墙和一部分规模巨大的长城都用砖包砌，地方建筑也大量使用砖瓦。此时的官式建筑已经高度标准化、定型化，建筑装饰更加繁缛琐碎；民间建筑的类型与数量增多，各民族的建筑均有发展，地方特色更加显著。皇家和私人园林在这一时期也有了很大发展。但此时，随着西方势力逐步渗透，西洋文化强势进入，打乱了中国传统建筑的持续发展局面，中国古建筑逐渐衰落。

（三）中国古代建筑的主要特征

1. 以木结构为主，辅以砖瓦，拥有完整的弹性木构架系统

从原始社会开始，我国建筑便形成了以木框架为主的独特风格。此结构方式，由立柱、横梁、顺檩为主要构件建造而成，各个构件之间的结点以榫卯相吻合，同时借助斗拱组成富有弹性的框架。其主要有抬梁、穿斗、井干三种不同的结构方式。

2. 平面规整，具有自身的布局规律

木结构建筑由于木材长度的天然局限，单体建筑物的规模不可能太大，所以中国古建筑总体原则是以"间"为单位构成单座建筑，再以主要殿堂为中心，四周围绕配厢、夹室、廊庑、围墙等单体建筑而组成庭院，进而以庭院为单位，组成各种形式的组群。

在将单体建筑组合成组群时，在布局上讲究中轴对称、均衡整肃。这种布局形式通常沿着中轴线对称均衡布局，主体建筑居中，附属建筑左右对称，形成整齐严谨、主次分明的布局风格，突出体现了中国传统文化中"礼"的重要内容。

当然，也并非所有的中国古建筑都使用中轴对称的布局模式。比如中国古典园林，尤其是私家园林，则大多是"因天时、就地利"的布局方式，出现了一些其他几何形状的布局或完全依据地势形态变化的自然布局模式。

3. 造型优美，尤以屋顶造型最为突出

中国古代建筑，无论是立面平面，还是屋顶，都特别讲究式样的变化。如柱子从中间向外逐渐加高，角柱高耸，屋檐飞翘，既增加了建筑物的稳定性和采光性，又使檐角体现出优美的轮廓线。而中国古代建筑的屋顶造型更值得一说，主要的屋顶造型有庑殿顶、歇山顶、悬山顶、硬山顶、攒尖顶、卷棚顶等多种形式。

4. 装饰丰富多彩，拥有种类繁多的附属建筑

中国古建筑装饰内容十分丰富，建筑色彩多根据需要和风尚而选择。宫殿、寺庙等多使用对比强烈的鲜明色彩，呈现出绚丽辉煌之感；而民间建筑则多以朴素淡雅为主要风格。彩绘多出现于内外檐的梁枋、斗拱及室内天花、藻井和柱子上，绘制精巧，色彩丰富。雕饰艺术也在中国古建筑中占有重要的地位，主要体现在基座、柱子、斗拱、屋顶、门、墙壁等部位。

除了靠装饰来取得艺术效果，中国古建筑也常常使用附属建筑物来衬托主体建筑。如宫殿、坛庙等建筑门前的"阙"、门内的照壁和门外的石狮，陵墓外或桥头的华表，以及各类牌坊等。

5. 深受中国传统文化的影响，注重与周围自然环境的协调

中国传统文化博大精深，其影响广泛深入到社会生活的各个方面，对中国古建筑也造成了巨大的影响。敬天祀祖的儒家礼制文化、天人合一的道家风水文化、君权至上的皇家等级思想、家长中心的家族思想等传统文化的精髓思想，均在我国古建筑中得到了充分的体现。

由于深受传统文化中天人合一思想的影响，中国古人历来十分讲究人与自然的和谐共处。在建筑方面，主要体现为中国古建筑十分注重与周围环境的协调。古代工匠们在进行设计时，对周围的山川形势、地理特点、气候条件、林木植被等都要进行认真调查和研究，务必使建筑布局、形式、色调等跟周围的环境相适应。

补充资料

山东古建筑旅游资源概况[①]

山东现存71余处省级以上古建筑类文保单位，从年代上来讲，占比例最大的是明清建筑。宗教纪念类建筑占的比例最大，反映了齐鲁文化重人文而轻实用的特征。包括：宫廷府第（济宁曲阜孔府、济宁邹城孟府）、防御建筑（烟台蓬莱水城）、纪念性和点缀性建筑（潍坊青州衡王府石坊、菏泽单县百狮坊、百寿坊等）、陵墓建筑（武氏墓群石刻、济南孝堂山郭氏墓石祠等）、园圃建筑（潍坊十笏园）、祭祀性建筑（孔庙、孟庙等）、桥梁及水利建筑（京杭大运河山东段、聊城临清鳌头矶等）、民居建筑（烟台栖霞牟氏庄园、烟台龙口丁氏故宅、滨州惠民县魏氏庄园等）、文娱建筑（济南府学文庙、潍坊万印楼、聊城海源阁、光岳楼等）、宗教建筑（济南灵岩寺、济宁东大寺、泰安岱庙、泰安泰山碧霞祠、烟台蓬莱阁、聊城山陕会馆或"关帝庙"等）、商业建筑（聊城临清运河钞关

---

① 资料来源：http://www.douban.com/group/topic/19146928/.

等),等等。这些建筑资源均是山东旅游资源中的佼佼者。

二、中国古建筑旅游资源导游讲解技巧

(一)逐步引导游客由观光状态过渡到审美状态

首先,导游员要对游览的古建筑知根知底,心中要有明晰的线条,并对讲解内容和方法进行设计,正确引导游客去观赏探究古建筑奥秘。通过旅游活动,使游客对中国古代建筑的游览从悦耳悦目的感性体验上升到悦心悦意的理性升华。

开始时,导游员要概括游览点的成因、价值、等级、布局、构件、游览路线等。可用古诗词等方式吸引游客,将游客单纯的观光心理逐步引导至精神层面。如:在讲解古建筑的基本构件台基时,可用诗词开头:"雕栏玉砌应犹在,只是朱颜改。"这句耳熟能详的词句是五代南唐后主李煜《虞美人》一词中的佳句,其中玉砌指的就是白色大理石砌筑的房屋阶基,也叫台基,而雕栏就是那阶基上的石栏杆,古代也叫钩栏。讲解斗拱前可用优美的比喻引出:如果说,中国的古典建筑是一簇美丽的鲜花,那么这斗拱就是她的花蕊。

(二)重点突出,主次分明

鉴于中国古建筑大多是采取中轴对称原则,主体建筑居中,附属建筑左右对称,游览时一般沿中轴线游览,正殿是游览的主要对象,应把它作为游览的重点。当然中轴线上的建筑也要根据游客的性质做到有所取舍,重点突出。次要建筑视情况而选择。

(三)实用性和艺术性相结合

中国古建筑的艺术性不必多言,但若只是空讲其艺术性只怕会使游客觉得比较虚空,所以在讲解古建筑时最好将艺术性和实用性相结合,让游客可以理论联系实际,更容易产生深刻印象。如,我们可以这样讲解古建筑结构:

"墙倒屋不塌"这一句中国民间的俗语,充分表达了梁柱式结构体系的特点。由于这种结构主要以柱梁承重,墙壁只做间隔之用,并不承受上部屋顶的重量,因此墙壁的位置可以按所需室内空间的大小而安设,并可以随时按需要而改动。正因大墙壁不承重,墙壁上的门窗也可以按需要而开设,可大可小,可高可低,甚至可以开成空窗、敞厅或凉亭。

由于木材建造的梁柱式结构,是一个富有弹性的框架,这就使它还具有一个突出的优点,即抗震性能强。它可以把巨大的震动能量消失在弹性很强的节点上。因此,有许多建于重灾地震区的木构建筑,上千年来至今仍然保存完好。像高达23米的辽代天津蓟县独乐寺观音阁,已经超过千年历史,曾经历了附近八级以上的大地震,1976年又受到唐山大地震的冲击,仍安然无恙,充分显示了这一结构体系的抗震性能。

(四)讲清楚古建筑的名称

中国古代建筑的类别、名目很多。每一类别、每个名目都有自己特定的称谓、用途和功能。如古建筑中宫、阙、廊、庑、间;楼、阁、馆、亭、台、轩、榭,等等,作为导游员一定要能够准确将其区分开来并为游客进行准确的讲解。

（五）凸显古建筑的深刻寓意

在创造建筑的过程中，我国古代人民将自己的各种观念、不断积累的建造经验以及对于美的理解都融入建筑之中，在用料、建筑形制、色彩运用、装饰物的选用及建筑布局等方面都有着深刻的文化内涵，使得建筑本身不再只是满足人们物质需要的对象，在一定程度上，建筑也成为人们寄托精神的载体，具有了深刻的寓意。

导游员首先要深刻体味古代建筑的内涵，之后凝练加工成自己的导游语言，使讲解言之有理，言之有物，言之有趣，言之有神，很好地向游客展示古代建筑深刻的文化内涵，让旅游者更加深刻地理解并喜欢我国古代建筑。

如导游员讲解北京古建筑时，要突出讲解其所展现的鲜明的"天人合一"观念、丰富的建筑数字暗示、艳丽的建筑色彩内涵、明显的封建等级观念等主要内容。

（六）指导游客亲身参与到游览项目中

对于一些可以允许游客亲身体验的游览项目，导游员应指导游客亲自参与到活动中，增强对景点的认知和印象。如北京天坛景区圜丘坛的天心石的回音效果，被称为天坛的三大声学奇迹之一，在这里游览，导游员可先让游客体验，然后再进行原理解释，游客的印象肯定会很深刻。

（七）积极创新，传播正能量

结合当前社会发展形式，导游员讲解时不要拘泥于固定的讲解词，要积极创新，让中华文化展现出永久魅力和时代风采。导游员做好文明表率，积极向游客传输文明旅游和可持续发展理念，在平凡的岗位上用真诚的服务传递温暖与正能量。

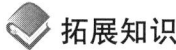
拓展知识

圜丘坛的"九"文化[①]

古代把一、三、五、七、九单数称为"阳数"，又叫"天数"，而九则是阳数至极。所以，圜丘的层数、台面的直径、墁砌的石块、四周的栏板均用天数，表示天体至高至大。坛圆形三层，最高一层台面直径是九丈，名"一九"；中间一层十五丈，名"三五"；最下一层二十一丈，名"三七"。这些数字都暗含了一、三、五、七、九五个阳数，而且三层台面直径之和为四十五丈，含有"九五之尊"之意。第一层台面中央嵌一块圆形石板，叫"天心石"，四周围绕有九重石块，第一圈是九块扇形板，为一重；第二圈十八块，为第一圈的倍数，而后依次按九的倍数递加，至第九圈为八十一块，称九重。每层四面有台阶，各九级。一层栏板七十二块，二层一百零八块，三层一百八十块，共三百六十块，正合周天三百六十度。

[①] 资料来源：http://www.cvett.cn/zzgp/view.php？cid=100&tid=950。

"导游事"分享

地陪小王为什么赢得了客人的赞赏？

[**事实**] 地陪小王带北京来的客人在曲阜孔庙参观。在游览大成殿的时候，客人抬头看到大成殿的屋檐上有很多神兽，便问小王为什么这里和北京故宫的数目不一样？小王回答道：在明清两代，全国除皇宫太和殿（金銮殿）屋檐的神兽用十个外，其他建筑上都要少于十个，神兽数目因建筑的等级不同而相应增减。太和殿屋檐用了十个神兽，象征着皇权的至高无上；北京天安门、曲阜孔庙大成殿等建筑虽其地位神圣也只能有九个神兽……之后，小王还为客人详细地介绍了神兽的传说及在建筑上的作用。客人听后对小王的博学钦佩不已。游览过程中，小王走到哪里，客人便紧紧跟随到哪里，生怕自己错过最精彩的讲解。

[**启示**] 导游员在带领客人游览以古建筑为主体的旅游景观时，要对建筑的年代、特色、构件、历史变迁、修复情况了如指掌，要把古建筑本身所蕴藏的文化内涵巧妙地表达给客人，让游客在轻松愉快的氛围中学到建筑学知识。小王知识丰富，讲解水平较高，尤其是对于建筑的细微之处也有较深的研究，在满足了"细究"客人要求的同时，也赢得了所有客人青睐的目光。

三、中国古建筑旅游景区导游词示范

聊城光岳楼导游词（部分）

游客性质：散客拼团

尊敬的各位游客大家好！

我是大家此次光岳楼之行的导游员马晓丽，各位朋友可以叫我马导或者称呼我晓丽。现在我们面前的这座高大宏伟的楼阁就是著名的光岳楼了。

光岳楼是国家历史文化名城——聊城的象征。它建于明洪武七年（1374年），居于聊城古城的正中心。当时建造这个楼阁的目的是为"严更漏，窥敌望远，报时报警"，也就是说是为了军事作用而建的。楼阁体现了宋元建筑到明清建筑的一种过渡，在中国建筑史上具有很高的地位，1988年被评为国家重点文物保护单位。

光岳楼占地面积1236平方米，外观为四重檐歇山十字脊过街式楼阁，有东、西、南、北四个拱门，四门相通，券上方砌门额，南曰"文明"，北曰"武定"，西曰"兴礼"，东曰"太平"。从建筑结构上来说，它与同时修建的西安的钟鼓楼相同，都是由墩台和主楼两部分组成，我们看到的用砖石砌成的高9米的（准确地说是9.38米）就是墩台，主楼位于墩台之上，高度为24米，整个楼阁的通高和底边长都是33米，也就是古代的九丈九尺，在中国古代"九"为阳数之极，寓意着它的高度是不可超越的。自建造以来，光岳楼一直是聊城古城区最高大最雄伟的建筑。

接下来就请大家随我登楼参观。

朋友们，这个楼阁是因为军事作用建造的，所以上下通道只有这一个，楼梯比较陡滑，大家在登楼的时候请一定注意脚下安全。

现在我们进入一楼的大厅参观。我们首先看到的就是聊城古城的模型图。它是根据清朝嘉庆年间《东昌府志》的《东昌府城图》制作的。从图上我们可以看出，聊城古城的边界非常方正，边长是一千米，面积就是一平方千米。在模型图上，居于古城正中心的这个高大的楼阁就是我们现在所站的位置光岳楼，大家看，它是四条主干道的交叉路口，这四条主干道方向非常的方正，呈十字形，其他大街小巷垂直交叉。从整体来看我们的古聊城就像是一个大棋盘，跟古城西安有几分相似，都是棋盘式方格网状构架。

现在我们来看一下这个楼阁的主要构件。这是一座卯榫搭扣的木制楼阁，在它的主框架结构中，没有用过一颗钉子。我现在手扶的这根两边有红色抱柱的木柱一共有32根，我们在屋里可以看到12根，另外有20根是砌于砖墙之内的。楼阁是框架结构，墙倒楼不倒，砖墙只是起到了挡风避雨的作用，整个光岳楼起主要支撑作用的就是这32根木柱。这种木柱我们现在叫金柱，因为它非常的高大，当地人也叫它通天柱，它的高度是11.58米，从一楼一直通到三楼，它是一整根的木柱，中间没有断接的。这种木柱便是前边咱们提到过的由原来的苏绿国也就是现在的菲律宾通过海运，经京杭大运河运到我们聊城来的一批贡木。用进贡的木料来建造聊城古老的城墙，可以看出，在当时聊城的军事地位是非常重要的。

各位朋友，光岳楼是木制楼阁，为了防火，楼上没有电，楼梯是比较黑的，所以大家在登楼的时候要注意脚下安全哦。

乾隆行宫到了，这里是乾隆皇帝当年题诗和休息的地方。据《南巡盛典》记载，光岳楼为乾隆36行宫之一。各位来宾请看：墙壁之上挂着的这幅图就是《南巡盛典图·东昌段》。乾隆皇帝南巡之时带了随行的画师，画师用笔把沿途的景色描绘下来，集结成《南巡盛典图》，东昌府在当时是一个军事要地，自然毫不例外地被描绘在了《南巡盛典图》里面。《南巡盛典图·东昌段》可以让现今的人们看到当时东昌府及周围的大致面貌。我们看一下，最高的楼阁就是我们的光岳楼，往下是古老的城墙，再往下这条河就是历史上非常有名的京杭大运河，这条河是元至元二十六年（1289年）所开凿的会通河的一段。运河给聊城带来四百多年的繁荣史，特别是明永乐十三年（1415年）海禁，这条河就成了连通南北的唯一的一条水路通道，因此在当时聊城是非常繁华的，被誉为"漕挽之襟喉，天都之肘腋"，也有"江北一都会"的美誉。旁边的塔就是聊城最古老的建筑，建于北宋年间的铁塔，距今已经有一千多年的历史了。

现在请各位来宾抬头往上看：由这里我们就可以直接看到三四楼的景致，这叫作"空井"，它是宋元的一种建筑风格。空井是用来通风、采光的。当时建造这个楼阁的时候，这个地方实际上是一个上料口。整座楼都是用木头构建，用料很大，从别的地方运很困难，所以通过这个地方用绳子把木料拉运上去，然后进行上层的建筑。

再往上看，我们就可以看到四楼的屋顶，一个非常漂亮的屋顶，是用木头依次雕刻而出的一朵硕大的莲花，周围用荷花、荷叶和莲子来衬托。它的学名叫"藻井"，也叫"莲花井"，古人把莲花雕刻在屋顶之上有很深的用意，楼阁是木制的，最怕的就是火，当时古人已经有了防火的意识，但是没有措施，因此便把水中的吉祥物雕刻在屋顶之上，起一个警示的作用，提醒自己一定要防火。您看这朵莲花，它是倒置在屋顶之上的，莲都是生长在水中的，也就是说屋顶便是水做的，"天水克地火"，古人巧妙利用五行相克的原理，是希望这朵莲花可以镇住这个楼阁，带来祥和。

现在我们已经来到三楼，大家可以发现我们的楼梯是越来越陡、越来越窄，这是因为这样易守难攻，便于防御。

三楼是一个结构暗层，光线非常暗。它是一个过渡层，在这儿起到承上启下的作用。

刚才在一楼的时候我给大家介绍过，我们这个楼阁是由 32 根高大的木柱起了主要的支撑作用，现在我们首先来看一下这 32 根木柱的顶端（在梁枋下面）。这就是其中的一根，11.58 米的高度就此终结。在它的上端周围都是一些木头的梁枋，是用圈梁的形式把内外两槽圈起来。我们看到的只是它最里面的一部分，外面还有一槽，中间有一定距离，在梁枋上方我们可以看到这些笨重的类似龙头一样的构件，它叫作斗拱。这些斗拱都是承重构件，它首先把下边柱子上的压力层层向上传递，然后把楼上的压力层层分解，这样上下两个方向的力就达到了平衡。大斗拱外面檐壁之下还有 200 多个小斗拱，斗拱内外两部分是连在一起的，这内外两者之间又可以把内外的力层层地分解、传递，使内外两个力达到平衡，由此我们可以看出古人在建造这个楼阁的时候已经把力学研究得相当的透彻了。

……

六百多年以来，这个楼阁大小火灾一次都没有发生过。六百多年了，它一直屹立于聊城古城正中心，见证着聊城的历史和沧桑，它是聊城古城的标志性建筑，也是聊城历史文化的象征。

各位朋友，光岳楼的游览就到此结束了，下面大家可以自由地参观一下，15 分钟后我们楼下集合。

任务六　宗教旅游资源导游技巧

一、宗教旅游资源概述

我国是一个多宗教的国家，宗教旅游资源十分丰富。

我国的宗教旅游资源主要包括：宗教教义的哲理性；保存较完整、体现着时代建筑艺术高峰的宗教建筑；较高成就的宗教艺术。宗教艺术所涉及的内容非常广泛，既包括绘画、雕塑、音乐、书法等；也包括宗教音乐、宗教舞蹈、宗教仪式、宗教节日、宗教武术及宗教养生方法等宗教活动。

宗教旅游不仅仅包括那种拥有强烈或唯一宗教动机的旅游形式即朝觐旅行，还包括非朝拜目的的宗教景区景点观光、修学以及游憩行为。

博大精深的宗教文化以及历史悠久、丰富多彩的宗教建筑形式和文物古迹是我国历史文化遗产中重要的组成部分，无不给旅游者一种神秘感和新奇感，引起旅游者的观赏欲望，促成旅游活动的开展。

补充资料

山东宗教旅游资源概况

1. 佛教

佛教于公元 1 世纪传入山东，魏晋时期开始广泛传播。南北朝时期初盛，各地相继兴建富有民族特色的寺庙、佛塔，石窟造像，摩崖刻经盛行。隋唐年间，山东佛教进入鼎盛时期，留下了长清灵岩寺、济南千佛山兴国禅寺、青岛湛山寺、荣成赤山法华院、泰山普照寺、五莲山光明寺和枣庄青檀寺等佛教遗存。

2. 道教

山东省是中国道教发祥地之一。先秦时期，齐国等地盛行巫术、神仙方术和黄老之学，为中国早期道教两大派别之一太平道的产生提供了条件。魏晋时期，道教分化，一部分向上层发展，民间则继续流行"通俗道教"。唐时期，中国道教隆盛，统治者实行了一系列崇道政策，促进道教在山东的发展。金元之际，王重阳在胶东创立全真教，道徒遍布山东各地。元朝，全真道是国内举足轻重并在民间拥有较大势力的道教派别，明朝以后转衰，但迄今仍是山东省道教主要派别。山东省道教文化名胜丰富。泰山、崂山、沂山、五峰山、昆嵛山、峄山等道教名山现仍保存着大量道教文化遗迹。泰山、崂山道教音乐特色鲜明。牟平烟霞洞、文登圣经山月牙石刻和圣水宫、莱州寒同山神仙洞和大基山道士谷、烟台蓬莱阁和毓璜顶、沂山东镇庙碑林，以及岱庙等一批具有较高文物价值的道教名胜和古宫观受到重点保护。

3. 伊斯兰教

唐宋时期，山东有少量穆斯林活动。山东清真寺的创建始于元朝。元朝以来，伊斯兰教随回民徙居繁衍而广为传播和发展。现存清真寺绝大多数为明、清以来建筑，主要分布在鲁西北、西南和鲁、苏、冀、豫交界处以及沿黄河故道、京杭大运河两岸商旅要道回族穆斯林较集中的地方。济南南大寺、济宁东大寺、青州市城里清真寺、泰安清真西大寺等均具有很高的观光价值。

4. 基督教

19世纪30年代，基督教传入山东。鸦片战争之前，西方教会在山东仅有零星的传教活动。1858—1860年《天津条约》《北京条约》签订后，英、美、法等国的传教士大量涌入，教会势力迅速扩展。中华人民共和国成立后，爱国爱教，坚持自治、自养、自传，成为山东基督教的发展主流。基督教建筑是基督教举行宗教活动的场所，其主要建筑是教堂。基督教传入中国后，其教堂建筑的风格和特色也随之传入。随着基督教的逐渐本土化，中国的基督教建筑形成了中西文化互为渗透的独特的中国基督教建筑风格。青岛圣弥爱尔教堂、济南洪家楼天主堂等都是吸引力很强的宗教旅游资源。

二、四大宗教旅游资源导游技巧

（一）佛教旅游资源导游技巧

1. 佛教旅游资源概述

佛教自两汉之际由古印度传入我国，佛教在我国生根发芽，形成以寺庙、石窟、佛塔为主的佛教旅游资源。佛教旅游资源主要分类如下：

（1）寺庙

印度佛寺传入我国后，很快与我国传统的宫殿建筑形式相结合，成为具有中国建筑风格的佛教建筑。通常情况下，佛寺建筑以南北为中轴线，自南向北依次为山门、天王殿、大雄宝殿、法堂和藏经楼。中国著名的佛寺有洛阳白马寺、济南灵岩寺、杭州灵隐寺、登封少林寺、日喀则扎什伦布寺等。

（2）石窟

石窟即是石窟寺，是佛寺的一种，为古代佛教徒就山崖开凿而成的寺庙建筑，起源于印度，最早是佛教徒的修习场所，后来发展成为供佛、礼拜的地方，故又称为石窟寺。南北朝时，作为佛教活动场所的石窟开凿开始兴盛，且规模宏大，分布较广。隋唐时达到鼎盛，技能也趋于成熟。到宋以后开始衰退。我国有100多座石窟，最著名的有甘肃敦煌石窟、山西大同云冈石窟、河南洛阳龙门石窟、甘肃天水麦积山石窟，并称为我国"四大佛教石窟"。

（3）佛塔

佛塔起源于印度，梵语称浮屠，原用于存放佛的舍利，后演变为寺院的标志性附属建筑。全国有名的佛塔中，楼阁式塔如西安大雁塔、杭州六和塔等；密檐式塔如登封嵩岳寺塔、大理千寻塔等；覆钵式塔如北海白塔、扬州瘦西湖的白塔等；金刚宝座式塔如北京真觉寺金刚宝座塔、呼和浩特五塔寺金刚宝座塔等。

2. 佛教旅游资源导游讲解技巧

（1）讲清寺院的格局

首先讲清寺院的基本格局，使游客对佛教寺院有个初步的了解。

（2）讲清佛教建筑的艺术特征

导游员在佛教建筑的导游中，不能单纯地去讲佛教本身，而是要讲建筑中所表现出来的艺术魅力，突出其与众不同的独特之处。主要应在以下几点上予以重视。

第一，突出建筑本身的艺术性。不同的佛教建筑所体现出的艺术性各异，有的是因造型别致，有的是材料特殊，有的是环境奇特，有的是规模宏大，等等，都具有非常强的艺术性。

第二，重视塑像的艺术性。塑像是佛教建筑中最基本的内容，虽然被佛教赋予了更多的象征意义，但客观上仍然表现出明显的艺术价值。佛教建筑中塑像的艺术性，主要从材料、造型、神态、色彩几方面体现出来。导游员在讲解中，应该既把握住塑像的宗教内涵，又能发现其艺术因素。

第三，把握其他佛教建筑艺术的内涵。佛教建筑艺术实际是一种综合艺术，是凭借各种各样的艺术手段丰富着佛教建筑的文化内涵。单就石窟艺术的讲解而言，对导游员的要求就很高，除了要具备一定的历史知识之外，还应有一定的艺术修养，同时还要掌握石窟艺术讲解的三个方面的要领：石窟的开凿过程；石窟的艺术表现手法、雕刻技法、结构布局；石窟的时代特征。

（3）讲清佛教建筑的思想内涵

佛教建筑是僧人与信众举行法事活动的场所，因此，必然带有浓厚的宗教色彩，其建筑形式也必然会表现出强烈的宗教信仰的主题思想。导游员在佛教建筑讲解中，要突出其思想内涵，主要从以下三个方面重点把握。

第一，体现宗教效果。佛教建筑有着较强的功能，其中一项很重要的内容，就是要营造特定的宗教效果，使人进入殿堂之后，产生一种神圣和敬畏之情。

第二，挖掘建筑含义。佛教建筑中有许多建筑及建筑附件都有较强的纪念意义。如祖师殿、祖师塔，是为了纪念前辈，发扬光大其精神。如大殿正脊上宝瓶、火焰等是佛教的重要标记。有的正脊是中间为法轮，两边各卧一只小鹿，以纪念释迦牟尼佛鹿野苑初转法轮。

第三，体现仪轨。佛教有着严格的仪轨制度，在寺院中，什么建筑中做什么事都是有严格规定的，大雄宝殿举行重大的法事活动，念佛堂用于诵经念佛，消灾延寿法会一般在药师殿进行，放焰火一般在观音殿进行，敲钟、击鼓、打板、敲梆都有特定的含义。

补充资料

佛诞节

佛教在中国传播过程中，一些宗教仪式同传统的民间风俗、习惯相结合，形成了一些佛教节日。每逢这些佛教节日，寺院或民间都要举行一些活动。

佛诞节也称"浴佛节"，是纪念释迦牟尼诞生的节日，也是佛教最大的节日之一。汉族地区是以农历四月初八为佛诞。佛教传说释迦牟尼诞生时，有九条龙喷出香雨浴其身，因此，寺院里在这一天为纪念佛的诞生，要举行"浴佛法会"。即在大殿用一水盆供奉一高约数寸的童子像，称为太子像，即释迦牟尼的形象。全体僧人以及信徒以香汤沐浴太子像，称之为浴佛。同时要以各种鲜花供奉，并举行诵经法会以及拜佛祭祖等宗教活动。

（二）道教旅游资源导游技巧

1. 道教旅游资源概述

道教是我国的本土宗教，客观讲，道教并非是由一个人独创的。但现在普遍认为，道教正式产生于距今1800前的东汉末年，以张陵创立的"五斗米教"作为道教正式创立的标志。

目前，全国各地都保存有丰富的道教历史文物，其旅游资源主要以名山、宫观庙宇、洞窟石刻及遗迹为主。著名道教名山有四川青城山、湖北武当山、山东崂山等。湖北武当山是最大的道教名山，其道教建筑规模最为宏伟，尤以金殿和紫霄宫最为出名；道教洞窟石刻中，山西太原龙山石窟为最重要的道教石窟；道教宫观中有著名的北京白云观、成都青羊宫、芮城永乐宫等。

道教建筑，统称为道观，它包括道宫、道观、道院及庵、庙、寺等，反映了道教敬天祀神的宗教信仰。道教建筑虽然同我国的传统建筑有许多共同之处，但作为一种宗教建筑，地址的选择、殿堂的结构，或是室内的布局、室外的装饰，无不体现着道教的思想内涵。因此，道教建筑具有自己的鲜明特点。

从选址上看，体现了道教崇尚自然、隐居修炼的思想；从布局看，体现了道教顺应自然、返璞归真的思想；从功能看，体现了道教的宗教哲学思想，道教讲究阴阳五行、八卦方位，所以体现在建筑上都暗合了道教的阴阳八卦学说；从规模看，体现了道教严格的等级观念，道教把神分为七级，地位不同，供奉他们的殿堂的面积、规模也就不同。

2. 道教旅游资源导游讲解技巧

（1）突出道教建筑的哲学思想

道教的哲学思想是中国传统文化的重要组成部分，在道教景区（点）的讲解过程中，导游员应该重点把握其精神实质。比如说道教的内养修炼，也称之为气功，导游员如能给予科学的解释，游客的满足程度就会提高。

（2）把握道教建筑的艺术特色

道教建筑的艺术性体现在各个方面。主要有殿堂等主体建筑的奇妙构思，艺术装饰的精美绝伦，神像雕塑的形态迥异以及再现宗教内容的各种壁画的绚丽多姿，等等。道教建筑中的装饰艺术在我国古建筑中占有重要的地位。导游员要善于发现道教建筑的美学价值，并把这些内容生动传神地介绍给游客。

（3）表达出道教建筑的历史价值

有些道教建筑在历史上曾有着显赫的地位和重要的影响，如岱庙，是历代皇帝举行封禅大典的必去之处，地位极高。导游员在讲解中要突出该建筑的社会历史价值。

（三）伊斯兰教旅游资源导游技巧

1. 伊斯兰教旅游资源概述

伊斯兰教旅游资源分布有着明显的历史性和民族性。一方面，伊斯兰教在唐朝传入我国、元朝迅速发展，信众主要是居住在西北的回族、维吾尔族等西北少数民族，因此西北内陆地区是伊斯兰教旅游资源集中分布区域之一，主要有新疆、宁夏等省区。另一方面，随着民族迁移和传播，伊斯兰教逐步扩展到东部和南部地带；在东部沿海的大城市以及回族聚集的中部城市，同样拥有数量可观的伊斯兰教旅游资源。

伊斯兰教旅游资源主要是伊斯兰宗教场所——清真寺，全国著名的清真寺有北京东四清真寺、牛街礼拜寺，宁夏纳家户清真寺等。另有号称四大清真名寺的是扬州仙鹤寺、广州怀圣寺、泉州清净寺和杭州凤凰寺。

清真寺建筑结构严谨、质朴。一般是由礼拜大殿、邦克楼（唤醒楼）、浴室、教长（阿訇）室、经学堂、居住用房、大门等组成。寺内装饰不用动物题材，只用几何图形、植物花纹及阿拉伯文字图案。邦克楼具有高耸之特色，成了清真寺特有的标志。

（1）殿堂式清真寺建筑风格

殿堂式清真寺具有中国传统建筑的风格，讲究中轴对称，采用院落布局，增加影壁、牌坊、碑亭、香炉等建筑小品。规模较大的清真寺，采用沿一条中轴线自东向西有次序的一进或二进四合院格局；大殿为大木起脊式，采取勾连搭构造将两个或两个以上坡形殿顶平接，平面呈现窄而深的长方形，其勾连搭构造在中国传统建筑中属独创；殿后凹壁外部角楼屹立；殿前左右方有南、北讲堂相对，一侧建有沐浴室；院内立碑，栽植花草树木，悬匾垂联，雕梁画栋。规模一般的清真寺，礼拜殿平面呈凸字形，院内建有讲堂、沐浴室等。规模较小的清真寺，仅能聚众礼拜。

（2）阿拉伯式清真寺建筑风格

自20世纪80年代阿拉伯式清真寺才陆续出现在我国的部分地区。这类清真寺采用集中式构图，强调垂直轴线，将整个建筑处理为上下两层：上层为礼拜大殿，下层做阿訇休息室和会客室等。其外观造型仿阿拉伯清真寺式样，建有一组浑厚饱满的绿色穹顶。有石砌的高大穹隆顶尖拱门，有外表光洁古朴、"望之如银笔"的邦克楼，礼拜大殿内有尖拱壁龛。

2. 伊斯兰教旅游资源导游讲解技巧

（1）从建筑艺术角度进行导游讲解

导游员应从建筑本身的艺术性角度入手进行讲解，突出其与众不同的建筑特色，满足游客求新、求奇的心理需要。

（2）从建筑功能角度进行导游讲解

导游员在对清真寺的讲解中，要有意识地将建筑与伊斯兰教的文化结合起来，体现出讲解的针对性和目的性。伊斯兰教不崇拜偶像，故清真寺虽然雕梁画栋，但不绘制人物和动物。一般采用花草山水之类素雅景物，殿堂内部多以阿拉伯艺术字体和几何线条图案装饰，脊兽则以花草形态塑成。

（四）基督教旅游资源导游技巧

1. 基督教旅游资源概述

基督教在我国的传播体现了断续性的特点，最初在唐朝传入中国，又称景教。后来在元、明代中期也有传入，清朝前期有一定的发展。但是大规模地传播则是在鸦片战争之后伴随着帝国主义的侵略而开始的。教堂大多首先在港口城市和开放城市兴建，并逐步向内陆扩展，因此基督教旅游资源的分布主要集中于东部的大城市。

基督教旅游资源主要体现为教堂，如北京的南堂、天津老西开、哈尔滨的圣索菲亚大教堂、上海市徐家汇天主教堂、南京石鼓路天主教堂、广州圣心大教堂等。基督教传入中国后，其教堂建筑的风格和特色也随之传入。随着基督教的逐渐本土化，中国的基督教建筑形成了中西文化互为渗透的独特的中国基督教建筑风格。

2. 基督教旅游资源导游讲解技巧

（1）导游员首先要具备有关基督教方面的知识，突出建筑艺术特点

基督教在建筑风格上属于西方建筑，内容上又属于宗教建筑，导游员在讲解中，要将风格和内容两个方面予以有机结合，以增强讲解的表现力，提高游客的接受度。

（2）突出基督教文化内涵

导游员在对教堂进行讲解时，要把与宗教有关的文化内容融入其中。比如，讲到教堂，可以联系宗教仪式、宗教礼仪等。

➡ "导游事"分享

VIP游客为何给王导高度评价

[**事实**] 灵岩寺导游员王某从事导游工作10余年，十分重视学习，积累了大量知识，尤其是宗教知识非常丰富。某天，他承担了为5位VIP游客讲解灵岩寺的导游任务。王导从容地向VIP游客介绍灵岩寺的概况及主要景点天王殿、大雄宝殿、千佛殿、辟支塔，VIP游客一路满意；在他刚刚讲解完墓塔林的基本概况时，一位客人打断他的正常讲解，问："王导能不能给我们讲讲中国佛教对周边国家的影响？"王导即刻整理思路，幽默地介绍了中国佛教是如何传向日本、韩国等国的，佛教传入后对这些国家的文化产生了哪些深

远的影响,等等,客人听后连连点头,对王导的讲解给予高度评价。

[启发] 王导是位善于学习、善于总结、不断进取的导游员,他之所以能够获得VIP游客的高度评价,主要因为他能够根据游客性质和需求,在较短的时间内、在其广博的知识海洋中选取适合游客需要的部分,并用灵活的方式表达出来;针对游客的提问,他镇定从容,在幽默的氛围中准确回答,游客哪还有不满意的道理!

三、宗教旅游景区导游词示范

昆嵛山景区概况导游词

游客性质:散客拼团

各位团友:

大家好,很高兴见到大家!我是今天昆嵛山之行的导游员刘晓丽。大家可以叫我小刘,或者叫刘导。

我们今天去的就是具有"仙山之祖"之称的昆嵛山景区。从我们烟台市到景区大概一个小时的车程。接下来我给大家介绍一下昆嵛山概况。

昆嵛山主峰名为泰礴顶,海拔923米,除主峰外还有大崮、小崮、金银崮、枪杆崮等72崮,形成了奇峰林立、雄伟壮观的自然景观。昆嵛山群山环抱,地形复杂,沟谷曲折幽长,形成了以溪水、瀑布、清潭、山泉为主的水体景观,长年不枯且无污染,九龙池瀑布实为人间仙境。

在历史上,昆嵛山还有"海上仙山""仙山之祖"的称号,那么它到底美在哪里呢?这昆嵛山啊有三美:第一美,就在于它怪石林立的山。昆嵛山是花岗岩山,这里的石头不但陡峭,而且形状都不一样,有的大,有的小。在昆嵛山有很多石头的形状到底像什么,还有待各位到昆嵛山游览的朋友去发现。

这第二美就是昆嵛山的水。山上大大小小总共有十四条河流,这些河常年流水不断,而且未受外界污染。水不但清澈,还含有各种矿物质,所以我们到了昆嵛山后,在观看美景的同时也要喝一口这上好的矿泉水呀。

这最后一美就是昆嵛山的林子了。昆嵛山的植被很丰富,各种珍贵的树木也有很多,像红松,水杉等。昆嵛山上的鸟有200多种,除此之外,还有各种珍稀动物,如狼、梅花鹿,等等。

朋友们,昆嵛山之所以有名,还有一个重要原因,就是这里是中国道教的发源地。说起道教,咱们看了那么多的金庸小说,王重阳、丘处机这两位著名的道长,相信大家一定都知道吧?当时王重阳就是在昆嵛山创立的全真教。历史上的全真七子也都在这里修炼过。所以昆嵛山以它的景色美和道教历史文化特色在旅游方面很受欢迎。

整个昆嵛山目前已推出泰礴顶、烟霞洞、九龙池、岳姑殿、无染寺5个旅游景区。我们今天去的是九龙池景区。九龙池景区因有九处池水而著名。关于九龙池还有一个神话故事。

相传在古时候,昆嵛山一带被大海所包围。大海里面就是东海龙宫。东海龙王有九个儿子,九个龙太子由于年龄小,不懂事,就知道四处玩,他们到的地方一定是大雨不断,江海泛滥成灾。后来大禹治水，把各个地方的洪水制服了，但事后大禹等人向玉皇大帝告了状。玉帝一怒之下就罚他们九个人在昆嵛山一带面壁思过。但是却适得其反，龙太子都被压在石头下面受罚，这昆嵛山一带就没有人降雨，于是又大旱了。老百姓只好天天求雨。玉帝一看没办法，就让太上老君领了圣旨，来到昆嵛山释放龙太子。太上老君刚宣完旨，九龙就从石头下面破壁而出。当时关押他们的地方顿时出现了九个石坑。刚好在那时候大雨就下了下来，九个石坑被雨水正好填满。于是就形成了我们将要看到的九龙池。九龙池非常陡峭，一会大家在爬山观景时一定要记住：走路不看景，看景不走路。

昆嵛山景区是国家级林区，所以在这里我要提醒各位朋友，景区内不许抽烟、点火。打火机、火柴什么的都要放在保管处。

任务七　地质旅游资源导游技巧

一、地质旅游资源概述

（一）有关概念

1. 地质旅游资源

地质旅游资源是指能够吸引旅游者产生旅游动机并实施旅游行为，为旅游业所利用，具有经济效应、社会效应和生态效应的地质遗迹以及与地质体直接有关的人类活动遗迹的总称。

地质旅游资源不仅包括了旅游资源中的山水名胜、自然风光等自然遗迹，也包括了在晚近地质历史时期人类形成与发展过程中的人类文化遗迹，即人类开发利用地质环境、地质资源以及人类遭受地质灾害等各种遗迹。[1]

地质旅游资源是大自然的无私馈赠，是地球家园统一体的组成部分。中国幅员辽阔、历史悠久，地质旅游资源蕴藏十分丰富，这为发展地质旅游，提高人们的生活质量和道德情操、促进经济发展奠定了雄厚的基础。

2. 地质旅游

地质旅游是指以地质遗迹和与地质体直接有关的人类活动遗迹作为主要旅游资源的一种主题旅游。地质旅游是以游览考察具有观赏及科研价值的地质景观为目的的旅游活动（陈辉，2009）。

地质旅游活动是一项以普及地学科普知识为基础，涉及经济、政治、社会等许多方面的发展潜力极大的综合性大众社会活动，大众普及性是地质旅游的重要特征。

（二）地质旅游资源的类型 [2]

地质旅游资源种类繁多，目前尚无统一的分类。李京森等以旅游价值为基础，以地质特点为依据对中国的地质旅游资源进行了分类，开辟了地质旅游资源专题研究之先河。

---

[1] 魏峰群. 地质旅游资源保护与开发多元模式研究. 中国地质学会旅游地学与地质公园研究分会第24届年会暨白水洋国家地质公园建设与旅游发展研讨会. 2009-10-01.

[2] 张伟，张国勇. 地质旅游的开发及其知识产权保护[J]. 西部探矿工程，2011（7）.

1. 地层型地质旅游资源

地层型地质旅游资源是指由典型的天然标准地质剖面或意义重大的天然地质剖面所呈现的旅游景观资源。如山东省张夏地区的寒武系地质剖面就是其中之一，此处地层发育较全，研究较为详细，是我国华北地区寒武系地层划分和对比的标准，具有较大的科学意义和旅游开发价值。

2. 遗迹型地质旅游资源

遗迹型地质旅游资源是指古生物遗体及古生物活动遗迹所形成的地质旅游资源。如河南省西峡地区恐龙蛋及恐龙骨骼化石遗迹。据查，西峡盆地的恐龙蛋化石在世界上是独一无二的，是全人类共同的珍贵遗产和财富。西峡盆地的恐龙蛋化石是揭示"繁盛于中生代的恐龙到中生代末突然灭绝之谜"的最重要的实物资料；对于研究生物界的演化甚至地球的演化具有极其重要的意义；为全人类提供了珍贵的旅游资源。

3. 岩浆型地质旅游资源

岩浆型地质旅游资源主要是由岩浆活动所形成的地质旅游资源，具体包括两类：一是火山景观，如我国黑龙江的五大连池、四川的峨眉山和日本的富士山都是有名的火山景观旅游区；二是岩体景观，如我国的黄山，为一巨大的花岗岩岩基，经同位素测定距今约14 300万年，相当于燕山运动的晚期。岩浆活动还形成了温泉，给旅游区增添了活力。

4. 构造型地质旅游资源

构造型地质旅游资源是由构造运动所形成的地质旅游资源，具体包括：构造运动形成的遗迹（如嵩山南坡的嵩阳运动遗迹和少林寺西山的少林运动遗迹）；构造运动形成的地貌景观，具体的有断层形成的裂谷及峡谷（如东非大裂谷）、断层形成的陡崖（如太行山山前大断裂）、断层形成的河谷（如德国的莱茵河谷）、悬河（如黄河开封段）、断层形成的湖泊、断层形成的带状泉水和溺谷，等等。

5. 地下水型地质旅游资源

地下水型地质旅游资源是由地下水所形成的地质旅游景观，主要是泉水。如山东济南早在两千多年以前就以泉水而名闻天下。

（三）地质旅游资源特征

1. 丰富多样性

地质现象的丰富多样性决定了中国地质旅游资源的丰富多样性特点。同样是地壳内营力的产物，因外部条件的差异可形成截然不同的形态特征。如相似条件下形成的碳酸盐类地层，在不同的自然环境中，有的形成峰林地貌，也可形成洞穴、溶洞；有的形成陡峭的悬崖峡谷，也可形成低缓的山丘。如此，相同的地质条件却形成多样的景观，能让人们类比观赏，增长知识。

2. 奇特性

奇特性主要表现为以下方面。首先，我国有许多地质旅游资源以奇绝著称于世界，其中许多被公认为世界独有或第一。如泰山、黄山、武陵源、九寨沟等17处地质旅游资源被列为世界文化和自然遗产；长白山、卧龙、梵净山、神农架、武夷山、西双版纳等12个自然保护区是联合国教科文组织国际生物圈保护内容。其次，我国名山中几乎都有佛教和道教的寺庙，诸多名山经常是帝王将相、名人墨客、高僧道士出没之地。因此，我国的

模拟导游

自然地质旅游资源的奇特性还表现在其与人文旅游资源紧密结合，将生活与艺术感巧妙结合在一起，将中国的独特的人文知识融于旅游之中。最后，千奇百态的地质旅游资源都有其科学的内涵，许多地质旅游资源是内涵和外延都十分奇异，由于普通旅游者缺乏对于地质知识的了解和认识，对于地质现象科学内涵的揭秘和对地质奇观的认知，通常都有神秘和奇特的感觉。

3. 地域性

许多地质旅游资源只能分布在特定地质性质的地域中。特殊的地质构造条件加上特殊的近代自然地理环境，而形成特殊的具有观赏意义的地质奇观，这种特定的地域条件同时造就了以地质因素为基础的综合地文景观。地域性特点使地质旅游资源更具奇特性，表现出垄断性，甚至成为"独一无二"的旅游资源，极大地激发着求新求异旅游者的旅游欲望。

4. 古老性[①]

现今的地质现象和地质景观是地球历史上数百万年甚至上亿年地质构造旋回地质演化遗迹的综合呈现，是一册以千万年计的地球历史画卷。探求地球的形成、发展和未来是人们感兴趣的课题，对"标志着地球沧桑巨变的地质景观"的观赏将给旅游者以知识并将激发其更强的求知欲。

5. 不可再生性

由于地质作用的速度十分缓慢，当地质旅游资源遭到破坏时，它将是在漫长的时间内不可或难以再生的。

6. 科学性

地质旅游景观是进行科研活动和启智教育的场所，是普及地学知识的最好基地。可以帮人们研究地质遗迹的形成、演化和发展的规律。通过地质旅游，让游客的眼光不仅仅集中在景物、景色上，可以满足其对于地学知识的求知欲望，体现出鲜明的科学性，极大地丰富了旅游的含义，为其注入新鲜活力。比如在欣赏黄山、华山的雄伟壮丽的同时，通过聆听导游员讲解，游客将认识和理解是花岗岩地貌成就了这种魅力景观，等等。

补充资料

山东地质旅游资源概况

山东省有丰富的地质旅游资源。自然地质旅游资源有山地峡谷、岩溶洞穴、海岸地貌、水体景观等类别；人文地质旅游资源有古代人工建筑工程、古人类遗址、古采矿冶炼遗址、具有艺术考察价值的摩崖石刻、石窟等类别。此外还有像地质灾害遗迹、矿床旅游资源等，这对于开发山东地质旅游的多样性、适应多层次游客旅游的需要具有重要的意义。

此外，山东省的地质旅游资源历史文化气息浓厚，自然与人结合紧密，独立的绝对的自然风光不多，尤其是山体景观，像泰山是世界自然与文化双遗产，崂山是道教圣地。尤

---

① 杨世瑜，等.旅游地质学[M].天津：南开大学出版社，2006.

其是儒家文化思想对山东各种地质旅游资源的影响意义深远。

然而，从山东地质旅游资源的分布来看，济南、淄博、青岛、烟台等地资源的总量和质量水平均较高，而滨州、德州、菏泽三地市则无论资源总量还是资源质量水平都比较低。

二、地质旅游资源导游讲解技巧

1. 提高导游员地学知识水平[①]

地质旅游资源的讲解通常是导游员讲解的弱项，根源在于导游员对于地质旅游资源知识掌握比较少，只知道皮毛不能深入。所以，要提高地质旅游资源的讲解水平，首先必须提高地学知识丰富程度。

导游员应该注重对地质学、地貌学、地理学、生态学以及相关学科知识的积累和学习，由广度和深度入手，不断超越，不断更新所学知识，最终达到由量变到质变。丰富的专业知识积累为娴熟的讲解奠定良好的基础。

2. 组织科学化人性化的讲解词

讲解词是地质景观导游讲解工作的基本依据。讲解词的编写，应建立在对地质景观的主要地质遗迹特色、展览主题、展览内容进行全面研究学习的基础之上。没有丰富的地质知识和对整个景观的透彻了解，导游员很难整理出准确、科学、生动、易于游客接受的讲解词。因此，在讲解词的准备过程中，导游员要精心挖掘地质景观中每一处地质遗迹背后的信息，思考它们蕴含的科学意义和教育意义，然后再把这些专业科学化的解释转换成自己生活化的讲解词。

导游员要对讲解内容进行统筹，做到重点、次重点和一般内容的和谐安排。比如，就某具体的地质旅游景区（点），准备突出哪些知识点，如何突出，准备延伸哪些知识点，怎么延伸，每个点之间的衔接采取什么样的方法，等等，从而增加讲解的条理性和旅游者接受的舒适性。

3. 讲解方法灵活多变

导游员要了解游客的需求，根据游客的职业、来源区域、年龄和知识层次等，适时调整讲解内容和讲解方法，满足不同观众群体的需求。

参观地质景观的游客情况不一，需求也各不相同，因而，参观目的、参观重点、对内容的接受能力等方面都不尽相同。导游员要善于区分对象，根据其不同的心理，采用不同的讲解方法，做到能长能短、能深能浅、随机应变、因人施教。

灵活多变的讲解方法可以使原本晦涩难懂的地质知识变得形象化、通俗化、趣味化，达到讲者有味，听者有趣。使地质景观旅游的知识性、教育性、专业性和高品位性得以体现，让游客在轻松感受大自然美妙造化的同时，了解地质景观的基本物性、构造演变历史、地质遗迹形成过程，感受地质景观的独特身姿，真正享受地质景观的旅游意韵，从而满足客人探索大自然奥秘的好奇心和求知欲，提高其对地质景观的鉴赏水平。

---

① 梅耀元. 地质公园博物馆导游讲解初探［J］. 中国矿业，2011（3）.

4. 对于安全问题要进行提醒和警示

不同游客的特殊生理条件和心理活动规律不尽相同，有的游客安全意识差，有的游客盲目追求个性体验，等等，这些都为一些安全隐患提供了温床。所以导游员一定要在合理合适的情况下，对游客进行注意事项的提醒。对于危险性较高的地质旅游项目（如探险、攀岩、滑翔、速降、穿越、野营、暴走、溯溪、漂流、潜水等）可能存在的安全隐患进行警示，做到尽人皆知，避免安全事故的发生。

5. 将地质遗迹保护的理念融入到讲解中

地球上的地质遗迹比比皆是，仅科学价值重要、景观优美，生态环境上乘的地质遗迹集中分布地区就星罗棋布，遍及各个角落。但是，地质旅游资源具有不可再生的特点，在发展旅游的过程中，要十分清楚地质遗迹是自然遗产的一部分，每个人都要有资源保护的意识。导游员要将"保护"的理念融入到讲解内容中去，让游客在欣赏地质旅游资源的同时，了解旅游资源保护的重要意义，从而自觉保护地质遗迹。切忌为了发展旅游业而只看眼前的效益，做出忽视长远的利益的短示行为。

➡ "导游事"分享

导游员小李尴尬在哪里？

[事实] 导游员小李是刚刚参加工作的导游员，带领20位保险公司客人去水帘峡一日游。基于客人都是青年人，到水帘峡旅游主要是为了走其大循环（以登山为主），所以小李事前并没有进行充足的知识准备，到了水帘峡景区后，小李简单介绍了景区的概况及线路的情况，就带领客人攀登。在天然石画园，一位客人指着旁边山体上"神龟驮经"石头问小李：这里的石头很漂亮，那些漂亮的花纹是如何形成的？面对客人的问题，小李尴尬地说：都是天然形成的。此时，另一由景区讲解员带领的团队恰巧经过，讲解员说：大家看到天然石画园的石头特别漂亮，不同石头的花纹不一样，就像是穿了不同花色的衣服，这就是大家耳熟能详的泰山奇石。这是几亿年来，地质运动的结果。用通俗的话说，水帘峡区域内泰山奇石主要为灰绿色的斜长角闪岩、角闪石岩经过后期浅色奥长花岗岩脉体穿插之后形成的，呈条带状，具千姿百态的图案。且此区域内泰山奇石集中产出，规模大、分布面积广，形态各异，精妙绝伦，引人入胜。具有很高的观赏价值和收藏价值。泰山奇石主要成分是斜长角闪岩，斜长石是肉红色，角闪石是黑色，这两种成分在构成上是均匀柔和分布的，大家想象一下，其构造与周易中的八卦图是不是很相近……

导游员小李被客人问倒了，但客人却听了景点讲解员的幽默讲解，对奇石的成因有了比较深刻的认识。

[启示] 导游员小李此次带团尴尬极了，造成这种局面的原因主要是小李对地质景观知识没有很好地进行准备，对于水帘峡中司空见惯的泰山奇石的成因竟然也不能讲解，这是一种不负责任的态度，怎么可能取得客人的信任呢？其实，小李接团之后，在研究客源构成的基础上，就应该认真准备相关景区知识，虽然客人是以登山为主，可是登山的沿途处处可见泰山奇石。小李不仅要清楚泰山奇石的成因，还应该将泰山石敢当的故事融合进来，就如讲解员说的那样，周易文化和民间传说故事相结合，泰山奇石便被赋予了镇宅、

辟邪、保平安的吉祥文化意义，客人要是听到这样的讲解，不想夸赞导游都很难啊。

三、地质旅游景区导游词示范

水帘峡地质公园导游词（部分）

游客性质：地理系的大学生进行地质课见习

27亿年地质之谜！27亿年地质遗迹景观！

亲爱的同学们，上午好！欢迎大家来水帘峡地质公园实习并参观。我是大家此次地质实习之旅的专职导游员周静原，真诚地祝愿咱们能够在水帘峡度过一段愉快的时光。

水帘峡景区地质内容丰富，地质遗迹众多，风光秀丽。公园内主体岩石为新太古代片麻状奥长花岗岩和斜长角闪岩，其中奥长花岗岩为山东省最典型的新太古代片麻状奥长花岗岩，也是省内出露面积最大的新太古代奥长花岗岩岩体，其形成年龄为 26.23 亿年，奥长花岗岩有较多的斜长角闪岩、角闪石岩包体，角闪石岩形成年龄为 26.78 亿年。

一会儿同学们随我上山的过程中，就可以欣赏到公园内众多的奇石，有条带状的、有团块状的，还有不规则形状的，如猛虎上山、雄狮伏猎、神龟驮经等均为颇具特色的奇石景观，乃鬼斧神工，天之造化。

同学们正在学习地质构造，我先给大家介绍一下水帘峡地质公园的地质形成背景。距今 5.45 亿年的寒武纪早期，这里下降成浅海环境，接受海相沉积。之后经历了时而或为大海，时而或为陆地的不断变迁。距今 0.65 亿年前的第三纪初期，泰山地区强烈隆起不断上升，同时，上覆地层不断被剥蚀，逐渐出露太古代结晶基底的面貌，由于上隆作用快速而且强烈，伴随着强烈的切割作用，形成了雄伟秀丽、多姿多态的山峰。

在历经 20 多亿年的地壳演化过程中，区内各种岩石形成了断层和大量的各种节理、裂隙，因岩浆岩多为致密的半自形粒状结构，含水性弱，故雨水多存于大小不等的裂隙和断层中，随着大气降雨的加强，地下水位逐步升高，断层和裂隙中含水量越来越丰富，于是流出地表，形成了各种泉水。因岩浆岩中有益元素较多，经过融解和渗滤，故泉水特别甘甜。泉水景观主要有水帘泉、龙虎泉、滴水泉、饮马泉、淘米泉、公主泉、苇泉等七大泉水景观。

请同学们结合自己所学知识，观察一下水帘峡地质公园内的地貌有什么特征？是的，大家说得好！水帘峡省级地质公园的显著特征就是山高峡深，地貌起伏很大，相对高差500多米。济南第一高峰梯子山，海拔975.8米，雄伟壮观，陡峭险峻；还有人称"九十七峡"的近百条幽深的峡谷，主峡长约 2.5 千米，蜿蜒曲折，为济南第一大峡谷，峡谷陡峭险峻，谷内到处可见由断裂节理形成的断崖、陡壁。峡谷主要由断裂节理发育，造成岩石崩塌，流水冲刷而成。

水帘峡风景区集泰山、徂徕山等地质地貌景观之大成，有极高的科学研究和观赏价值，是地学科普、观光旅游、休闲娱乐的圣地。

（来到天然石画园。）

同学们，顺着这条路往上走，我们可以看到整条山谷的山石上都布满天然花纹，就如我们真正走进了壁画谷，在此大家可感受到自然造化是多么神奇！水帘峡风景区是山东省的省级地质公园，是济南市唯一一家拥有泰山石的景区，泰山石质地坚硬，基调沉稳、浑厚，多以渗透半渗透的纹理画面出现，如文字石、数字石、人物石、山水景观、花鸟鱼虫等千变万化，咱们在上山的同时大家可以多多留意，仔细观察一下泰山石的奇特之处。除了这些之外，泰山石还代表庄重和久远，北京天安门广场、人民英雄纪念碑和毛主席纪念堂都是选用泰山石做基石。泰山石形成年代久远，距今已有25亿年，被称为"石祖"。

那么，请同学们运用所学的地质知识，解释泰山奇石的形成原因吧！是的，这位同学讲得多好啊：泰山奇石景观，主要是指灰绿色的斜长角闪岩、角闪石岩，被浅色奥长花岗岩等长英质脉穿插而形成的千姿百态的美丽岩石。

大家看对面那块巨石，是否像一头雄狮正潜伏在那里，耐心等待着眼前随时出没的猎物？那么，请看这块巨石，是不是很像一只正在驮经爬行的神龟呢？

在这巨大的天然石画园内，还有"夕阳红""野狼出山""雪山飞狐""枝上松鼠""雄鹰"等图案奇异的石头，同学们可以寻找一下，还可以对自己一见倾心的奇石命名呢！

好了，亲爱的同学们，大家今天水帘峡景区的地质实习游览已渐渐接近尾声了，感谢你们在实习游览过程中的积极配合，如果我有什么做得不周到的地方，还望大家见谅。赏游多姿奇石，欢娱南部群山，水帘峡地质公园期盼着各位同学的再次光临。同学们，再见！

任务八　水体旅游资源导游技巧

一、水体旅游资源概述

（一）水体旅游资源概念

水体旅游资源是专指水体本身或以水为主与其他造景因素相融合而形成的具有旅游吸引力的各种水体因素，包括江河、湖、泉、瀑、海洋等多种形态。

江河是地球的血脉，是重要的水资源，是交通大动脉，也是人类文明的摇篮。沿江河风光壮丽，人文荟萃。峡谷瀑布、城乡建设、文物古迹等遍布，适于开展观光旅游、人文访古、科学考察和漂流探险等旅游项目。主要代表景观有：长江、黄河、漓江、富春江、京杭大运河等。

湖泊是陆地上积水的凹地。按成因可分为构造湖、火口湖、冰川湖、堰塞湖。按所含盐度可分为淡水湖、咸水湖和盐湖。主要代表景观有：杭州西湖、青海湖、滇池、洱海等。

泉是指地下水的天然露头。主要有冷泉、矿泉、温泉、观赏泉等类别。代表景观有济南趵突泉、无锡惠山泉、杭州虎跑泉。

瀑布是从河床纵剖面陡坎或悬崖处倾泻而下的水流。瀑布以其银白色的练带自天而降，形成雷鸣般的巨响，飞溅的水珠雨雾蒙蒙，与蓝天、白云、青山峰洞、文物古迹等自然及人文景观构成有动、有静、有形、有声、有色的画卷。瀑布的大小、气势主要取决于地势落差和水量。代表景观有黄果树瀑布、壶口瀑布、吊水楼瀑布等。

海洋是个广阔的天地，旅游活动主要在海岸带进行。海岸带是海洋与陆地接触地带。

我国大陆海岸线北起鸭绿江口，南至北仑河口，全长18 000千米。沿海岛屿约计6500个，纵跨温带、亚热带、热带三个气候带。主要代表景观有：青岛海滨、大连旅顺口海滨、北戴河海滨等（海洋景观详细内容见项目五任务三"蓝色旅游资源"）。

不同时间、不同地点欣赏同一水体资源，都会给游客以不同的体验、不同的感受，产生不同的意境。

（二）水体旅游资源的特点

1. 地域性

水以不同形态广泛存在于自然界中。不同地域水体旅游资源特点各不相同。亚热带地区水资源非常丰富，江水浩荡，景色优美，如珠江、长江、闽江等；在暖温带地区，水流量四季变化较大，如黄河；在中温带、寒温带地区，水体配景夏季葱绿，冬季可滑雪滑冰，如松花江、黑龙江等。

2. 时间性

水体旅游资源呈现出明显的时间性。同一水景，在一年四季甚至在一日之内不同的时间里，景观特色各有不同。唐朝著名诗人白居易有古诗曰："日出江花红似火，春来江水绿如蓝"便是很好的例证。

3. 多变性

水体的水相、水量、水色会随环境而变化。水相有固态和液态之分，甚至还有气态。

补充资料

山东水体旅游资源概况

山东水体资源十分丰富。

山东省境内江河纵横，水系发达，蜿蜒曲折。主要有黄河、徒骇河、马颊河、沂河、沭河、大汶河、小清河、胶莱河、潍河等河流，分属黄河、海河、淮河流域或独流入海。全省平均河网密度为0.24千米/平方千米，长度在5千米以上的河流有5000多条。江河两岸物产丰富，古迹众多，形成了丰富多彩的水体景观。

山东省境内湖泊众多，犹如一颗颗闪亮的明珠散落在齐鲁大地。主要分布在鲁中南山丘区与鲁西平原的接触带上。山东湖泊总面积1496.6平方千米，蓄水量23.53亿立方米。较大的湖泊有南四湖（由南而北依次为微山湖、昭阳湖、独山湖、南阳湖）和东平湖。

山东地质构造复杂，各地质时期的构造断裂均发育良好，为各种类型泉水的形成提供了良好的条件。济南泉水甲天下，以趵突泉、黑虎泉、珍珠泉、五龙潭、百脉泉等为主的著名七十二泉享誉古今；济南、青岛、烟台、临沂、德州、聊城等地共发现了60多处地热资源，这些资源不仅矿泉类型齐全，分布面广，而且温泉品质高，具备良好开发条件和价值的代表性温泉有济南商河地热温泉、青岛即墨海水温泉、招远温泉、烟台栖霞艾山温泉、威海温泉汤、烟台龙泉温泉、临沂汤头温泉、德州齐河温泉等。

山东属于半干旱地区，雨量较少。瀑布主要集中在中部山区，主要有蒙山三叠瀑布、沂山百丈崖瀑布、沂源水帘瀑布等。

二、水体旅游资源导游讲解技巧

（一）充分把握水的美学特征[①]

水是构景的基本要素，在构景中均有形、影、声、色、光、味、奇等生动形象的特点。导游员如能正确掌握这些特点，把自然美和人文美有机地结合起来，将这些美感特征介绍给旅游者，定会提高旅游者的游览兴致，将其导入情景交融的境界。

1. 形态美

水体景观多以不同的形态表现出来，具有各自的形态风韵。海洋、江河、流泉、瀑布和外流湖泊一般以动态为主，内陆湖和部分淡水湖则以静态为主。由于受到地形和季节的影响，许多水体景观呈现动中有静、动静结合的特点。这些形象对旅游者产生很强的吸引功能。如"欲把西湖比西子，淡妆浓抹总相宜"道尽了杭州西湖的形态美。如"黄河之水天上来，奔流到海不复回"，写出了黄河一泻千里、气势磅礴的壮阔场景。

2. 倒影美

水是无色的透明体，所以在光线的作用下，万物倒入皆成影。

山石树木，蓝天白云，飞禽走兽，乃至人的活动都会在水中形成倒影，从而形成水上水下，岸边桥头，实物虚影的相互辉映，构成奇趣无穷的画面。如李白的《峨眉山月歌》"峨眉山月半轮秋，影入平羌江水流"，就是描写了诗人看到峨眉山的上空半轮秋月，月影倒映在流动不息的平羌江上，意境非常幽雅宁静。九寨沟镜湖等具有的"鱼在天上游，鸟在水底飞"的倒影景观更是魅力无比。

3. 声音美

水体运动所发出的各种声音，给旅游者造就了特定的情与境，因而声音美也是导游员讲解应该掌握的水体特征。声音能让游人在旅游过程中获得听觉乐趣，如泉水的叮咚声、溪流的潺潺声、瀑布的轰鸣声等，清浊徐疾，各有节奏。

4. 色彩美

水本无色，但透入水中的光线，受到水中悬浮物或水底沉积物及水分子的选择吸收和选择散射的合并作用，则会出现不同的颜色，给人以色彩美的享受。如黄河呈黄色，黑龙江呈黑褐色，鸭绿江呈鸭绿色等。

5. 光泽美

水体自身的运动，在光线的作用下，能产生美妙无比的光学现象，令人赏心悦目。宋代范仲淹称洞庭湖景色是"上下天光，一碧万顷"；而丽江古城中的万家灯火让本已浪漫的"小桥流水"再添万种风情。可以这样说，水体在日光、月光和灯光的作用下呈现出来的各种光学景象是非常美妙神奇的。

6. 水味美

水本是无色、无味、无臭的液体，有些未被污染的江河湖海水质清冽甘甜，含有丰富的微量元素，如青岛崂山矿泉水、杭州虎跑泉水、济南趵突泉水等均为甘甜醇厚的泉水，成为酿酒、泡茶和饮料加工的理想水源。

[①] 周晓梅.模拟导游[M].北京：清华大学出版社，2009.

7. 奇特美

水体的奇特美是自然界的一些奇特现象造成的。如安徽寿县的"喊泉",其涌泉量与人声音大小成正比;四川广元的"含羞泉",一遇震动,泉水便似害羞的姑娘,悄然隐去,待安静后泉水复出。还有的水体,具有奇特的作用,如庐山温泉、五大连池药泉等,成为我国著名的矿泉理疗康复旅游区。

(二) 突出"水文化"

自然景观能让游客大饱眼福,而水体旅游资源中的人文景观却能让旅游者全方位地体味水体景观,因此,导游员在讲解水体景观时尽量突出"水文化"的内容。水体景观的文化内涵往往体现在名人对景观的点评、名人与景观的故事、诗词楹联、当地的民俗风情、跟景物有关的历史故事等方面,导游员在讲解时可视不同情况进行相应选择。

补充资料

大明湖景观导游
(突出其悠久的历史)

大明湖历史悠久,湖名见诸文字已有一千四百多年。早在北魏年间,著名地理学家郦道元所著《水经注·济水注》中便有记载:"泺水北流为大明湖,西即大明寺,寺东、北两面则湖。"文中所指位置在今五龙潭一带,当时的大明湖称历水波,南至濯缨湖,北至鹊山和华不注山,也就是说现在的大明湖、五龙潭和北园是相连的一个大湖,湖阔数十里,平吞济泺。大明湖胜景自唐代起就名扬四海。宋时曾巩曾有诗道:"问吾何处避炎蒸,十顷西湖照眼明。"可知当时此处已是消暑游憩之地。曾巩任齐州知州时,为防御水患,修建了北水门,并在沿湖修建亭、台、堤、桥,使之渐成游览景观。明代重修城墙,大明湖遂初成今日形貌。经过历代清淤整治,植荷栽柳,至清代已形成"四面荷花三面柳,一城山色半城湖"的秀丽景色。

(三) 掌握水体资源的风格差异

同为水景,但因为水的类型不同,带给人们的景致也不同。

1. 不同类型的水体呈现出不同的美的风格

浩瀚无际的大海使人精神振奋、思潮起伏;而流泉、溪涧、小湖,则多给人以秀丽、幽美之感;江河大湖常介于两者之间,江河虽有"孤帆远影碧空尽"的意境,但终不及海洋带给人们的意境真切与强烈。某些海岸虽然也具有秀丽幽美的景色,但终不如泉、溪、小湖带给人的恬静与浓厚。所以,同为水体,其类型不同,美的风格差异较大。

2. 同一水体类型,因各自组合条件不同,其美的意境也不同[①]

以湖泊为例,湖泊面积大小不同,给人的美感不同。大湖泊能给人以旷畅的美感,所以古人用"帆影点点,烟波浩渺"来描述太湖风光;用"落霞与孤鹜齐飞,秋水共长天一色"来赞美鄱阳湖的绝妙景色。小湖泊多给人以清秀的美感,所以,苏轼用"欲把西湖比

---

① 周晓梅.模拟导游[M].北京:清华大学出版社,2009.

西子，淡妆浓抹总相宜"来赞美西湖。

再以河流为例，无论黄河、长江、珠江等江河，虽然皆有源头和入海口，但由于受各自地貌、气候、植被等自然地理环境条件的影响，其各自的水文特点不同，故各条江河，均各有其特色，如宋代范成大的《初入巫峡》中写道："束江崖欲合，漱石水多漩。卓午三竿日，中间一罅天。"长江在这里显得很险峻；唐朝诗人王之涣在《登鹳雀楼》中描述"白日依山尽，黄河入海流。欲穷千里目，更上一层楼"，成为描写黄河壮阔场面的千古绝唱。即使同一条江河，因地段不同，所造景致也不同，如长江三峡中瞿塘雄、巫峡秀、西陵峡险，美的具体内容是有差异的。

（四）突出不同类型水体独特的景观特征

对于江河景观，重点突出景色多姿、类型丰富。对于湖泊景观，大的湖泊突出其旷畅的特征；而小的湖泊则突出其清秀的特点；高山之巅湖泊则突出其神秘、奥妙、幽静、清澈等特征。对于泉水景观，要突出其奇特、多功能及转换性的特点。对于瀑布景观，则要突出其声、色、形的特征。

（五）从景观配合讲解水体特色

以水为主的自然景观之美，不但在于各种水体类型本身，更在于各种水体与其他造景因素的相互配合上，其中既包括同自然因素的地貌、植物、动物、天气和气候等的配合，也包括同人文因素中的各种建筑等因素的配合，还包括同历史文化和现实建设成就的配合。

补充资料

长江三峡导游片段
（体现出水体与历史文化和现实成就的结合）

长江黄金水道流域线，不但景色雄伟壮观，而且还存在着众多的名胜古迹。白帝城刘备托孤、秭归城屈原故里，一条长江如深远的文化纽带，连接着中华民族的历史长河。新建的三峡库区工程，又谱写了中国人征服长江，利用长江进行发电、灌溉、航运、养殖等多方面成就的一曲凯歌，它将成为全世界仅次于巴西伊泰普水电站的第二大水利工程，并带来新的经济增长点。

"导游事"分享

导游员小曲的委屈成立吗？

[事实]一学者旅游团在山东进行"济、泰、曲"的四日游览，最后一日的行程是游览济南的三大名胜。在泰安和曲阜的讲解中，地陪小曲做了充分的准备，对其文化内涵做了深入的讲解，客人非常满意。当小曲带领游客来到趵突泉时，由于正值旅游高峰时段，小曲本身身心也比较疲惫，只对趵突泉公园的游览路线做了简单的介绍，就请游客自行游览。行程结束时，游客对小曲没有讲解趵突泉景区景点表示不满并提出批评。小曲感到委屈，他认为趵突泉景区不像泰山和曲阜历史文化丰厚，加上水体景观观赏性比较强，就没有进行详细讲解。

[启发] 地陪小曲认为泰山和曲阜属人文景观，应侧重于文化内涵的讲解，而趵突泉属自然水体景观，故没有对其人文方面知识进行讲解，从而引发游客批评。其实小曲在趵突泉的导游服务中，分明是"懒惰"行为，稍稍有点旅游经验的客人对于这种行为自然就是"不满"地批评，甚至投诉。

自然景观之自然美能让游客大饱眼福；而自然景观的文化内涵（往往体现在名人对景观的点评、诗词楹联、跟景物有关的历史故事等方面）更能让旅游者全方位地体味水体旅游资源的文化底蕴，因此，导游员在讲解水体景观时，不仅要引导游客很好地欣赏自然景观的美感，还要尽量讲解"水文化"的内容，让游客获得更高层次的精神享受。

三、水体旅游景区导游词示范

观唐温泉导游词（部分）①

游客性质：中年汤客

尊敬的各位汤客朋友，大家好！首先请允许我代表山东观唐温泉（国际）度假村对大家的到来表示热烈的欢迎和最诚挚的敬意，我是景区讲解员张明建，大家可以叫我张导，期盼大家今天的观唐之行愉快顺利！

观唐温泉（国际）度假村坐落在千年温泉古镇——临沂河东区汤头镇，总投资3.2亿元，按照五星级酒店和国家4A级旅游景区打造而成，于2010年元旦正式营业。观唐温泉是集温泉旅游、休闲度假、餐饮娱乐、会议服务、养生住宅、拓展培训、有机农业于一体的综合性温泉旅游度假区。很显然，观唐温泉度假村的开发建设，为山东温泉行业的发展树立了标杆。

其实，早在两千多年前，汤头镇温泉就因医疗效果独特而名扬天下，无可非议地成为国内外有史料记载的最古老的温泉之一。观唐二字虽说看似简单，但绝大多数朋友可能不知道，其中早已渗透了千年的温泉文化。"观"字有欣赏之意，且此地地处小官庄旧址，取其"观"字谐音，"唐"字通汤，且唐朝时温泉文化盛极一时，故美其名曰观唐温泉。

我们此行的主要目的是泡温泉、体验温泉文化。那么就请大家随我到温泉区去看一下。

各位汤客朋友，我们现在所在的地方便是温泉区了，温泉区共有11大系列、80多个室内外温泉泡池，露天温泉数量多达66个。儒风古韵、蒙山沂水、绿色沂蒙、丽人养颜、名花名石、异国风情、蒙山三宝等十一大系列主题温泉，充分挖掘千年古汤头温泉文化、儒家文化，结合博大精深的八百里沂蒙山的民间中医特色，赋予温泉深刻独特的文化内涵，是观唐温泉的一大特色。

观唐温泉中不同的泡池给人以不同的体验和享受，其中泡后让许多汤客难以忘怀的，便是这掺杂有当地风土人情的绿色沂蒙养生汤区。这里有金银花汤、当归汤、枸杞汤、首乌汤、决明子汤、生姜汤、艾叶汤。众所周知，临沂市是闻名的"中国金银花之乡"、金

---

① 本文由张明建（济南市导游大赛冠军，全国旅游院校导游大赛一等奖；山东旅游职业学院2013届毕业生；"好客导游工作室"负责人）创作。

银花原产地和主产区。自古以来，金银花是清热解毒，治疗温病发热、热毒血痢等症的良药，亦用于风热感冒，支气管炎等病症。因此，此养生汤区也就成为了整个观唐温泉最受欢迎的汤区之一。

朋友们请看，这些分别是全蝎、蝉蜕、黑刺蚂蚁，产于沂蒙山区，千百年来，当地人便用其入药，治愈多种疑难病症，被誉为"蒙山三宝"。全蝎息风止痉，通经活络，消肿止痛；蝉蜕散风除热，利咽，透疹，明目退翳，解痉；黑刺蚂蚁活血络，消肿解毒，延缓衰老。大家可在此泡全蝎汤、黑刺蚂蚁汤、蝉蜕汤。

当地有句老话说得好，"蒙山高，沂水长"，蒙山、沂水溶洞区浓缩沂蒙山区的自然山水溶洞景观，根据不同水温疗效而设高、中、低温泡池，利用落差形成瀑布冲击浴及具有固本强身功效的中药浴足廊。

下面我们来到的是丽人养颜汤区，这里有芦荟汤、咖啡汤、蜂蜜汤、牛奶汤、米酒池、红酒池，是用千年温泉水融合红酒、米酒、牛奶、芦荟、薄荷、咖啡和蜂蜜研制而成的润肤汤，通过不同汤池和沐汤顺序的组合功效来呵护你的肌肤。

而文韬武略古汤区内有淡然池、静心池、五谷神汤池。"五谷"是中国古代所称的五种谷物，即稻、黍、稷、麦、菽，后泛指粮食作物。"五谷"是几千年来中国人传统的主食。中医自古就有"药食同源"的说法，山东观唐温泉萃取"五谷"中独有的药理成分添加至汤头千年温泉水中，开发出"五谷神汤"。在一排五个池子中，分别加"五谷"汤料，不同的汤池、不同的温度、不同的成分、不同的泡汤顺序和组合，产生不同的泡汤感受及功效。

名花名木名石汤区有香樟木池、火山石池、水晶池、麦饭石池、玉石池、玛瑙池、玫瑰池、桂花池、茉莉花池，具有香体、健身、养生、宁神功效。

异国风情汤区有以色列死海盐浴、古罗马浴、土耳其浴、芬兰浴、东瀛风吕浴。

各位朋友，温泉区同时设有大型室内SPA、游泳池、水上乐园、梦幻水屋、温泉滑道等。温泉休闲区设有网吧、桌球、棋牌室等游乐项目，三楼休息大厅免费开放，并设有健身中心。

好了各位汤客朋友，我的讲解到此结束。大家根据自己的喜好尽情地泡温泉吧！大家要是有什么问题，可以随时联系我。祝您在观唐温泉"泡"得开心、愉快！谢谢大家！

任务九 博物馆类旅游资源导游技巧

一、博物馆类旅游资源概述

（一）博物馆的概念

2007年8月24日，国际博物馆协会在维也纳召开的全体大会通过的《国际博物馆协会章程》中对博物馆有如下定义：博物馆是一个为社会及其发展服务的、向公众开放的非营利性常设机构，为教育、研究、欣赏的目的征集、保护、研究、传播并展出人类及人类环境的物质及非物质遗产。

此博物馆的定义中"教育"位于博物馆业务目的首位，反映了国际博物馆界近年来对博物馆社会责任的强调，反映了对博物馆社会效益的关注，也反映了博物馆在工作态度上更加开放，更具公益性。定义中，将"教育"作为"征集、保护、研究、传播、展出"等博物馆基本业务的首要、共同目的，也就是说，博物馆各项业务活动都应首先以"教育"为目的。此外，各项业务活动要协调配合，发挥各自专长，使博物馆教育发挥实效，丰富多彩。

（二）博物馆的发展

"博物馆"一词源于古希腊文"mous+eion（场所）"，为"思考之所"或"缪斯的宝座"之意。英文 museum 的出现始于 1605—1615 年，希腊时代许多学者的学园、学院多名之为 museum。公元前 284 年，托勒密·索托在埃及的亚历山大城建立了一座专门收藏文化珍品的缪斯神庙，被公认为是历史上最早的"博物馆"。缪斯神庙陈列天文、医学和文化艺术藏品，供学者们研究，并赋予博物馆以研究、知识、教育、收藏的意义[①]。东方文明中的"博物"一词，最早在《山海经》中就出现了，它的意思是能辨识多种事物；《尚书》称博识多闻的人为"博物君子"；《汉书·楚元王传赞》中也有"博物洽闻，通达古今"之意。

中国博物馆的发展道路可以追溯到商周时代，那时就有了收藏珍品的场所，此后，收藏之风历代不衰。两宋以来对藏品研究有很大发展，目录学、金石学取得重大成就。19世纪下半叶在洋务运动、维新运动中，有识之士不断提倡引进西方类型的现代博物馆，作为"开民智"的重要措施。1905 年，中国博物馆建设的先驱者张謇自费创建了中国第一座现代博物馆——南通博物苑，开始了中国现代博物馆事业的新纪元。

20 世纪 30 年代，受世界博物馆运动的影响以及社会的经济、科学文化发展的需要，中国才真正出现了博物馆发展的第一个高峰。1928 年全国博物馆只有 10 个，到 1936 年就发展到 77 个。大型博物馆如国立历史博物馆、故宫博物院、中央博物院、自然博物院相继筹建，各省也纷纷建馆。1935 年中国博物馆协会诞生，发行了会报，刊印了丛书，并于 1936 年举行年会讨论学术、规划事业。正当中国博物馆事业进入兴盛时，战争却中断了这一富有希望的进程，使中国博物馆遭到严重破坏。

中国博物馆事业发展的第二个高峰是在中华人民共和国成立后的 20 世纪 50 年代。中国共产党和人民政府对发展文物、博物馆事业十分重视。中央人民政府刚建立就发布了一系列法令保护珍贵文物和文化遗址，还专门发布了《征集革命文物令》，在经济困难的情况下仍然拨款发展博物馆事业。1949 年，中国内地只有 21 家博物馆；1952 年全国省、市级以上的博物馆就发展到 40 家。1953 年第一个五年计划开始后，仿照苏联地志博物馆筹办全面反映地方自然历史和社会主义建设面貌的地志博物馆，山东省博物馆就是当时的第一个全国红旗馆。

中国博物馆事业发展的第三个高峰是 20 世纪 80 年代。在改革开放的新形势下，加快了博物馆建设的步伐。10 年间博物馆在数量上、质量上都有了相当大的发展。1988 年底统计全国文化系统共有博物馆 903 个，10 年间增长了 2.6 倍。如果把非文化系统自办的博物馆也计算在内，至 1987 年底中国博物馆总数已达千余个。

---

① 黎先耀，张秋英. 世界博物馆大观［M］. 北京：旅游教育出版社，1991.

现代博物馆摆脱了旧有的思维模式，不再单纯是文物珍品的收藏、保管和研究机构，而是一个具有更广泛意义的、为公众和社会服务的文化教育机构、娱乐游览的场所和信息资料的咨询中心。卢浮宫的正式对外开放，标志着博物馆的发展进入了一个新的时期。菲利普·德·蒙特伯诺馆长在其《大都会与新千年》一书中，把"藏品研究与教育公众在博物馆具有的最优先地位"视为该馆重要传统。20世纪中期的"终身教育"理念，使博物馆成为不同于学校教育的社会教育、终身教育机构。博物馆作为一种旅游资源的教育功能也进一步凸显出来。美国博物馆委员会在一份报告中指出，"如果说藏品是博物馆的心脏，那么我们就应该把使用充分的信息和有启发性的方法，展示藏品的教育工作称之为'博物馆的灵魂'"。

处于飞速建设和发展时期的中国博物馆，为了让更多的游客感受这份来自远古的愉悦，2008年，中宣部、财政部、文化部、国家文物局联合下发《关于全国博物馆、纪念馆免费开放的通知》。根据通知，全国各级文化文物部门归口管理的公共博物馆、纪念馆，全国爱国主义教育示范基地全部实行免费开放，消除了游客去博物馆参观的最后一道门槛，为贯彻免费开放政策，中央财政每年安排专项经费20亿元。

据统计，我国平均每40万人就拥有一座博物馆。免费开放以来，全国博物馆年均接待观众4亿人次，每馆的游客参观量比免费开放前平均增长了50%~70%[①]。与此同时，博物馆在类型上更趋多样化。除了常见的综合性、历史类、自然类、艺术类外，更是出现了综合数字博物馆、生态博物馆、社区博物馆等一些新形态博物馆。博物馆事业进入了加速发展的"黄金机遇期"。

（三）博物馆类旅游资源的特点

1. 多样性

中国博物馆事业经过长期的发展，已经形成了一个门类众多，管理体制多样庞杂的群体。目前的博物馆按其收藏可以被划分为：综合博物馆、艺术博物馆、考古博物馆、社会历史博物馆、民族民俗博物馆、人物博物馆（纪念馆）、文化教育博物馆、自然博物馆、科技与产业博物馆、收藏博物馆等类别，它涵盖了旅游客体所需要的方方面面。

2. 吸引力的定向性

目前，中国博物馆类旅游资源类别多种多样，每一种类别的博物馆都有其自身的资源特点和优势，面对社会上的某类游客更具有吸引力，而对另外一些旅游者则无多大吸引，或者根本没有吸引力，这就是博物馆类旅游资源吸引力的定向性特征，如黑河市爱辉历史陈列馆所展示的历史内容，对一些爱好自然资源的旅游者就不具备吸引力。为了更好地整合资源优势，推动旅游市场的开发，爱辉馆在原有历史展示的基础上，增设了俄罗斯艺术馆，在历史、艺术、人文方面都具备了资源的吸引力，扩大了吸引力的客源市场定向范围。

3. 不可移动性

博物馆类旅游资源独特地分别在相对固定的地域里，因其内容的复杂多样性和垄断性，基本不具备复制的可能性，从而体现出该类旅游资源的重要特点，即不可移动性。

---

① 甄朔南.略论"十一五"期间我国博物馆发展的一些问题[J].中国文物报，2005（12）.

4. 易损性

易损性是文物古迹固有的特点，博物馆类旅游资源如果利用和保护不当，是很容易遭受到破坏的。为了减少或避免损坏情况发生，通常用各项管理制度把易损性减至最低限度，使其能够长期为对外交流和旅游业提供服务。

5. 可创新性

随着时间的推移，人们的兴趣需求以及对时尚潮流的认知时刻都在发生着变化，这使得旅游资源的创新性更加凸显。博物馆一般都有着长期固定的展出，比较稳定的基本陈列，体现着该馆的性质和任务。但是，博物馆可以经常性地举办一些临时性的展览，如流动展览、博物馆之间的联办展览，等等，这是活跃博物馆工作的一种有效的办法，更是创新性的体现。定期举办临时性展览，通过经常更新的主题内容展览吸引观众，满足观众求新求异的观赏心理，从而也达到了推进博物馆旅游发展的作用[①]。

二、博物馆类旅游资源导游讲解技巧

（一）储备大量的历史文物专业知识及展览的相关知识

博物馆是一种社会资源，让这种社会资源和大众社会生活结合紧密的方式就是对历史和文物的正确解读，而实现这种社会使命的先锋就是导游员（讲解员）。讲解是知识和语言的高度综合艺术。讲解服务的质量和水平直接影响着观众的受教育和参观质量，影响着博物馆、纪念馆的窗口形象，甚至影响到一个地区和国家的形象。导游员（讲解员）首先要具备广博的专业的历史文物知识，才能给游客讲述文物背后的故事。

1. 大量阅读积累知识

前辈们总说："要想倒给别人一杯水，自己至少要有一桶水。"这句话尤其适合于导游员（讲解员）。要想正确、全面、深刻地向游客介绍整个展览，并完美地解答游客提出的各种问题，成为"一口井""问不倒"的导游员（讲解员），需要长期不断地学习与积累。阅读，是积累知识的有效途径，读书、读报、网上阅读等，在不断的阅读过程中积累见闻，在扩大知识面的同时提高了自身综合素质，丰富了内心情感，成为才华横溢的人，在给观众讲解时，就会思路清晰、内容丰富、语言优美、才能全面体现文物的价值、真正体现博物馆教育的意义。

2. 学习时事政治、关注文物工作发展动向

在阅读历史、文物书籍的同时，不能忘记关心国计民生，因为我们始终不能忘记我们所传播的一切是为了让观众通过我们的讲解了解中国的过去，展望中国的未来，更加热爱现在的祖国。随着党和国家在文物博物馆事业中指导思想的与时俱进，博物馆人也完善了新中国博物馆事业的理论体系，从"民族的、大众的、科学的"到"科学性、思想性、艺术性"再到"贴近实际，贴近生活，贴近群众"。尤其是在博物馆免费开放成为广大群众精神文化生活中不可缺少的组成部分的今天，博物馆更要强化服务理念，调整服务措施，改进服务方式，保证降低门槛不降低服务标准和服务质量。所以，跟上时代的步伐、学习新时代下的新精神成为提供优质服务的基础。

---

① 初丹.浅析博物馆的旅游资源特点[J].黑河学刊，2010（7）.

3. 正确领会陈展意图，收集相关知识

如果能够正确理解展览的意图，观众会随着你的讲解逐步领略这种社会资源的价值。比如：秦汉——罗马文明展，主要展示公元前3世纪到公元2世纪，雄踞世界东西部的秦汉、罗马，开创了人类社会发展的两大不同模式，代表着当时世界文明的最辉煌成就。当时人们的日常生活是什么模样？这两种文明对世界产生过哪些影响？讲解员们要正确理解陈展意图与目的，积极进行展前的准备工作，搜集大量相关知识材料并熟记，才会为观众打开一扇了解这些谜底的"窗口"。

（二）灵活运用各种讲解方法

一名高素质的导游员（讲解员）在完成讲解过程中，绝不是"以不变应万变"式的讲解，而是"眼观六路、耳听八方"，善于根据观众对讲解信息反馈的情况，有针对性地采取不同的讲解方法，来实现对讲解现场的有效调控，从而取得最佳的讲解效果。

1. 正确运用调控技法

接待观众讲解时，由于时间、内容、形式等多种原因，可能会存在"引不起观众的兴趣，在讲解过程中的观众聊天、困倦"等现象，此时讲解员要尽快调整讲解的内容、方式及侧重点来引发观众兴趣。如在接待一批台湾青年游客时，游客对厚重的历史没有表现出浓厚的兴趣，便开始交头接耳，在这种情况下，导游员（讲解员）首先是暂时停顿，随即顺势穿插一些台湾政要参观博物馆时的评价及印象，顿时游客安静了下来，讲解员接着讲解与台湾有联系的国内有名的青铜器，如虢季子白盘与毛公鼎的故事，他们的兴致高涨了起来，之后整个讲解都是在轻松愉快的氛围中结束的。这场讲解就运用了无声调控、顺势穿插、激起共鸣的讲解技法。

2. 进行讲解内容的精简与浓缩

在当今社会，人们的生活节奏加快，多数人喜欢主题突出、构思缜密、语言精练而又有深刻意义的讲解，面面俱到的讲解自然引不起观众的兴趣，而且在有些场合下非常不适宜。如一些党政要员的参观，导游员（讲解员）要有选择有的放矢，可以集中一点，以小见大、也可以跳跃式的讲解、概括性的讲解，这是讲解中的精简与浓缩的技法的体现。

3. 语言幽默，表情丰富

比如接待中小学生时，对于历史类知识表述过于平淡是不能引起他们的兴趣的，但是如果导游员（讲解员）调整讲解角度、讲解方式，便可以令人耳目一新。中小学生好动，导游员（讲解员）必须一张嘴就要吸引他们，要使用充满激情的语音语调，幽默的语言与和蔼的表情。在讲的过程中要不断提问、反问、甚至讨论，保持与他们沟通交流。对待调皮的孩子，幽默可亲地问上一句：这位小帅哥，让我知道你在说什么，行吗？其他的孩子们便会哄堂大笑，他也自然会安静下来，并会再次激发起同学们的参观兴致。在讲解结束后，可以针对讲解中涉及的知识点再次提问使之加深印象，起到寓教于乐的目的。

（三）精心准备展览导游词脚本

展览的导游词，一般要准备若干套脚本，以山东博物馆的展览导游词为例。

基本脚本：按照一般的参观顺序，将展览内容按基本基调整理出基本导游词脚本。

西方游客脚本：以汉语脚本为原文，适当减少内容，将复杂的、不易被西方游客理解和接受的内容删节。将西方游客可能感兴趣的内容，增加一些适当的解释，翻译成英语、

韩语、日语三种导游词。

港、澳、台游客脚本：他们的游览只是一般性的浏览，将基本脚本做适当的删节，只留有山东历史发展的脉络，展线上的重点展品等内容，多留一些时间给他们拍照和自行游览。

学生观众脚本：这类观众参观山东博物馆，一般是历史课课堂教学的补充，在基本解说词的基础上，着重历史重要事件的时代、人物、经过的介绍。每项解说时间不宜过长，要留给学生记录展品说明和自主笔记的时间。

老年旅游团脚本：老年人对历史上的故事、展品的细节更感兴趣，所以可在历史事件讲解中加一些故事细节描述，一般的科学数字或纪年表可省略。对老年游客的解说词句子要简短，导游员（讲解员）在解说过程中放慢语速和强调重点，同时注意留出更多的时间让游客自由提问。

精练导游词：即对时间紧迫的特殊观众准备的精确提炼的短小导游词。为了让日理万机的国家领导人、部队的首长、科学家、学者，或者要赶飞机、火车的旅客观众，也能抽空参观博物馆，专为这部分游客准备一套精巧短小的导游词，将渲染气氛的或者专门为达到特殊效果的段落删节，留有最为严谨的内容。经删节的解说词一定要经过反复通读，反复推敲，千万不能因删节而造成不必要的逻辑错误和明显的说明漏洞[①]。

➡ "导游事"分享

李导的问题出在哪里？

[**事实**] 中学生考察团到莱芜战役纪念馆参观，导游小李认为学生团好带，于是决定不需要听纪念馆讲解员讲解，自己便可亲自为学生讲解。开始学生们听得很专注，"各位亲爱的同学大家好！（莱芜战役和纪念馆的简单概况）……现在我们经过的就是露天兵器展场，在大家的左侧是T34型坦克，右侧是歼六型飞机。"这时有一军事迷学生提问："导游姐姐，你知道坦克和飞机的类型吗？什么是运动战？"此时的小李有点不知所措，竟然无言以对。

[**启发**] 一般来说，对于博物馆纪念馆之类的旅游资源，都有训练有素的专业讲解员为游客进行义务讲解。李导不是景区景点导游员，尤其不是博物馆纪念馆这类专业性极强的景区讲解员，在导游服务中高估自己的水平，面对学生的提问不能回答，场面尴尬可想而知。

此事件有两点启示：第一，李导不该高估自己对专业性较强的纪念馆类景区的讲解水平，导致看似比较简单的专业问题不能回答，犯了眼高手低的低级错误；第二，既然选择了亲自讲解，遇到不能回答的问题时，应该谦虚诚恳地向学生道歉，说明自己在这方面知识的欠缺，待查明后在随团期间适当时机给予补充说明，而不应该表现得不知所措。

---

① 杨小东.解说的职业艺术[M].北京：文物出版社，2009.

三、博物馆导游词示范
山东博物馆"明代鲁王展"导游词
游客性质：事业单位领导考察团

各位领导，大家好！欢迎来到山东博物馆参观游览。我是"明代鲁王展"的景点导游员周晓丽，今天就由我带领各位领导穿越时空，走近明代鲁王。

现在我们所在的这个展厅就是山东博物馆常设展厅——明代鲁王展展厅，本展厅面积900余平方米，展出内容为1970—1971年由山东省博物馆主持发掘的明朝第一代鲁王——朱檀墓出土的600余件精品文物。

明鲁王朱檀生于洪武三年（1370年），卒于洪武二十二年（1389年），距今约600余年。朱檀是明代开国皇帝明太祖朱元璋的第十子，是明代最早去世的亲王。朱檀因求长生不老，误食丹药，伤目而亡，朱元璋既恨又痛，给了他一个恶谥"荒"，世称"鲁荒王"。此次"明鲁王墓文物陈列"摒弃以往从出土墓葬角度进行内容大纲设计的常规思路，以鲁王朱檀"生活背景"为主线，从所谓生活的"角度"展出这些精品文物，以求达到观赏性和知识性的统一。本展览内容可分为六个部分。开始部分和结束部分分别为序厅和结尾，对主要文物展品归纳为四大方面，在中间的四个部分进行展出，分别是"王事礼仪""生活起居""文房珍宝""出行仪仗"，这四个方面基本涵盖了朱檀墓出土的全部文物精品。接下来请各位领导跟随我一起参观。

请领导们注意坡道。

现在我们所在的位置是序厅。大家现在看到的是"鲁王之宝"木印。它是随葬品，真正的"鲁王之宝"金印是留传给世子的，所以用木印来替代"鲁王之宝"金印。这件"鲁王之宝"木印为木质贴金，我们可以看到木印的上面有个龟纽，纽孔内穿用红棉纱捻成的绶带，印面还刻有"鲁王之宝"四字篆书阳文。这个木印左侧的三个木匣是用来装木印的，木印放在第一个小的盝顶匣内，外面的两重木匣是两个沥粉贴金云龙纹木匣。朱元璋建立明朝以后，鉴于宋元不建藩屏、王室孤立的教训，便参照汉晋等前朝分封之制，将其二十三个儿子分封各地为王。按明代的分封制，皇子封为亲王，授以金册金宝。册相当于现在的证书，宝就是印章。但因亲王世子"止授金册，传用金宝"，也就是说亲王之金宝，留传世子，所以"鲁王之宝"木印成为葬仪的象征品，用来替代金宝。

现在我们所在的区域为第二部分"王事礼仪"区。这个区域以鲁王朱檀进行祭祀礼仪为主题，从礼仪的穿戴出发，将朱檀墓出土文物中内涵与外延及与此相关的所有文物都归结于本区，其展品是整个展览中的亮点之一。

首先我们看到的是朱檀墓中出土的玉佩，这对玉佩是用青玉制成，质地细腻，玉片上刻有描金的云纹。按照中国古代的礼仪，行走过程中，玉片相撞所发出的声响应当缓急有度，轻重得当，如果节奏杂乱则被认为失礼。

接下来看到的是白玉圭、青玉圭，它玉质莹润，表面磨制光滑。玉圭是上古重要的礼器，后被广泛用作"朝觐礼见"表明等级身份的瑞玉及祭祀盟誓的祭器。

各位领导，现在我们看到的是墓中出土的一件九缝皮弁，这件皮弁是迄今发现的唯一一件明初亲王的皮弁实物。皮弁是明代祭祀、朝贺时穿用礼服的头部装饰，是我国最古老的朝冠之一，它的产生可推至史前时代，后来演变为礼服制度。皮弁古时用白鹿皮制成，它最初的形制如两手相合状，在中国古代它是分等级的，天子十二缝，每缝缀五彩玉饰十二颗；太子、亲王九缝，每缝缀五彩玉饰九颗。到了明代，皮弁多以藤篾编织而成，外覆乌纱，因朱檀是明初亲王，所以该皮弁前后各有九缝，缝中压金线，每缝金线上前后各缀五彩玉珠九颗，中间贯一金簪，符合明代亲王礼制。

接下来我们看到的是"王事礼仪"区的最后两件展品：戗金云龙纹朱漆木匣、戗金云龙纹朱漆木箱。

这件戗金云龙纹朱漆木匣是用来盛放白玉圭、青玉圭的。盖面和匣两侧饰戗金云龙纹，行龙图案（龙纹的一种，表现龙的行走之态，又名"走龙"），龙体弯曲流畅。戗金，就是在打磨光滑的漆器表面采用特制的针或细雕刀，刻画、雕镂出凹面纹饰，并在花纹内填金，使填金的纹饰部分与漆器表面相平。若填以银，则称为"戗银"，若填入其他色漆，则称为"戗彩"。"戗"在这里是雕镂刻画的意思。这种工艺最早出现于西汉，宋代比较流行，它经常使用在皇家器物上。明代时的戗金技艺非常成熟，但流传下来的却很少。这件鲁王墓出土的戗金云龙纹朱漆木箱在设计上独具匠心，在制作上更是集中展现了当时各种工艺的最高水平，堪称国宝级文物，戗金云龙纹朱漆木箱内分三层，是用来盛放墓主朱檀的冕服等衣物。

现在我们所在的区域是第三部分"生活起居"区。这一部分采用"联想"的方式，遥想当年鲁王朱檀的日常生活"情景"，将朱檀墓出土的许多与生活相关的文物串联起来展出。这些展品中有小模型家具、实用的石面心朱漆木桌、洪武官窑的青白釉瓷器、华美的明初亲王龙袍、保存完整的乌纱折上巾等。下面我们具体看一下。

这是一组明器家具，展现的是成套的明初家具形象。它是把朱檀生前用过的一批生活用具缩小到一定比例，放置于墓葬中作为随葬品。这批明器家具品种和样式丰富多彩，既有木制的卧室及起居用具，又有竹制的箱、篓、筐等，还有铜和锡质的盆、盘、杯等。它们造型小巧玲珑，比例协调，制作精美，充分体现了明式家具古雅精丽、简练质朴的艺术风格。明代家具制造是我国家具制造史上最辉煌的时期，但保存流传下来的主要是中晚期明式家具，早期家具较少。这些明器家具一方面寄托了鲁王朱檀死后永享富贵的愿望，另一方面为我们研究我国家具发展史特别是明初家具发展史提供了重要的实物资料。

接下来我们看一下墓中出土的这件石面心朱漆木长方桌。这张半桌主要是饮酒用膳时使用。它是典型的明早期半桌家具的代表，所谓半桌是因为它的尺寸相当于八仙桌的一半。这张桌子的桌面平镶花石面心，四周有拦水线，桌子腿微外斜，木桌迎面、背面安有镂花和透雕卷云的牙条，罗锅枨两侧雕刻成卷叶状，高高拱起贴近牙条，牙头透雕成卷云纹。这件半桌作为元末明初半桌家具的标准器，它的卯榫结构严谨，线条刚柔相济，装饰繁简相宜，表现出了简练质朴、典雅大方之美，得到了著名家具收藏鉴定专家王世襄先生的赞誉。

这是墓中出土的一组洪武时期的青白釉瓷，这组瓷器除底外施全釉。青白瓷是宋代景德镇创烧的一种具有独特风格的瓷器，也叫"影青""隐青""映青"。鲁王墓出土的这几件瓷器应为典型的洪武青白瓷代表，为瓷器研究中不可多得的标准器。中间的是青白釉云龙纹盖罐，左边的是青白釉云龙纹盘，右边的是青白釉云龙纹梅瓶。

这是墓中出土的一系列生活用品,有梳妆用的云龙纹铜镜、素面铜镜、还有错金云龙纹铁锁和涂金铁锁以及金牙签、金挖耳勺、金币等,其中这组"洪武通宝"金币是用纯金制成,共计19枚,文字为楷书,以手工錾刻,"宝"字为简化字。这19枚金币并非流通货币,应是为下葬专门制作。金币数为19应隐喻明鲁王朱檀19岁短暂的一生。

我们重点来看一下这件织金盘龙纹黄缎袍。这是迄今为止在全国范围内发现的保存比较完整的明初亲王等级常服袍,堪称国宝。这件衣服上的织金图案有团龙、升龙、降龙等,还配有行云、流云、如意云纹等,图案华丽,工艺精美。所谓的织金就是把金线织到织物中去。在我国用金银装饰服装最早出现在汉代,宋元时期这一工艺有了很大的发展,饰金织物达到十多种,到了明代就更多了,被广泛采用到皇帝、皇后、亲王大臣们的所有服饰中。

各位领导,下面我们进入到了展览的第四部分"文房珍宝"区。鲁王朱檀自幼好诗书礼仪,礼贤下士,博学多识,所以这些文房珍宝不仅反映出了朱檀善舞文弄墨的文人气质,还折射出了朱檀的艺术修养。

明代是文房用具发展的鼎盛时期,但由于毛笔、古墨易损,流传至今的极其罕见。鲁王朱檀的这一套"文房四宝",是明初文房用具的真实写照,为明初古代文房用具极其工艺研究提供了真实可靠的资料,极为珍贵。

我们现在看到的是剔黄卷云纹毛笔,保存至今的剔黄毛笔可以说是凤毛麟角,所以朱檀墓中出土的这支剔黄毛笔非常难得,是一件珍品。这支毛笔笔杆、笔帽表面漆黄漆,剔刻卷云纹,立体感极强。剔黄是一种雕漆工艺,始于唐代,盛于明、清,到现在已有一千几百年的历史了。剔黄是剔彩的一种,其工艺是把天然漆料在器物胎骨上层层涂抹,每次涂抹后都要阴干,积累到相当厚度,再用刀在漆层上剔出花纹。因涂红、黄、绿、黑等不同颜色的漆层做底色,所以剔彩分为剔红、剔黄、剔绿、剔黑等。

这件是墓中出土的蓬莱进余墨,这件蓬莱进余墨正面的上部一圆圈内隐约可见团龙纹饰,属贡墨。中间竖印"蓬莱进余"4字篆书阳文,背面上部有2行阳文楷书"吉甫家子昌法",下有阳文楷书七绝一首:"墨法家传岁月深,高山流水有知音,蓬莱宫里曾经进,一寸真如一寸金。"全诗集中表现了此墨的珍贵。

这是一件白玉花形杯,是一件玉制的笔洗,由和田白玉雕琢而成。杯体设计成一朵盛开的花朵,五瓣相连,杯内底凸雕五瓣小花为蕊,一镂藤状枝叶构成杯柄和杯托,脉络清晰。玉质温润柔和,整体形态自然温婉,典雅大方,为我国古代玉笔洗中之佳品。

这是墓中出土的古琴——天风海涛琴。因琴底篆刻"天风海涛"四字,由此得名。古琴是中国最古老的弹拨乐器,有着三千多年的历史,唐代时已经达到相当高的制作水平。鲁王朱檀的这张"天风海涛"琴属仲尼式琴,桐木制成,琴身涂黑漆,纹如蛇蚹。琴七弦已缺失,调弦用的玉轸尚存,十三徽由金片镶嵌而成。龙池内有墨书两行:"圣宋隆兴甲申重修,大唐雷威亲斫",说明此琴宋代重修过。雷威,唐代人,以善制蛇蚹琴著名。宋人陆游有诗赞曰:"古琴蛇蚹评无价,鱼肠宝剑托有灵。""天风海涛"琴的出土在考古界曾引起了很大的震动,因为雷威的蛇蚹琴在宋、明两代已是传世珍品。所以朱檀用过的这件"天风海涛"琴弥足珍贵,是极难得的珍品。

大家看到的这件是宋代《葵花蛱蝶图》,是目前山东现存最早的书画,距今约八百多年,此画为绢本,金粉设色,以没骨法绘出蜀葵与飞蝶。没骨法是直接用彩色作画,不用墨笔立骨的技法。画的背面有宋高宗赵构的金字跋;还有冯子振和赵岩的题跋。画上方和金字跋右方均盖有"皇姊图书"朱印。画左下方盖有"司印"二字的骑缝朱印。这位皇姊就是元仁宗的姐姐元代鲁国大长公主。她被封在鲁国,热衷于收藏书画,被誉为"中国历史上第一位女收藏家"。宋代《葵花蛱蝶图》就是她的收藏。洪武十八年(1385年)鲁王朱檀就藩兖州府时,所携书画皆出自皇室书画库,流传脉络清晰。这些宋元书画丰富了我国古代书画艺术和书画收藏的研究资料。尤其是《葵花蛱蝶图》曾收藏于宋、元、明三朝皇室,对于研究宋代书法绘画、元明皇室收藏史有着重要的意义。

元钱选白莲图,这幅画距今约700多年,钱选,宋末元初人,与赵孟頫、王子中、牟应龙等称为元初"吴兴八俊"。善画花鸟山水人物。此画为纸本,绘工笔白莲花。尾有钱选自题:"余改号雪溪翁者,盖赝本甚多,因出新意,庶使作伪之人知所愧焉。"落款"钱选舜举"。后有冯子振和赵岩二人题跋。

这里展出的是墓中出土的诗书古籍。这六种书籍,均为珍贵的元刻本,上面有元代坊刻木或家刻木的木记。书籍在墓中曾遭水浸泡,出土时已粘结成块,后经故宫博物院修补装裱后,保存至今。鲁王朱檀收藏的这些元刻版善本书(指校勘严格,刻印精美的古籍),均为图书典籍中的珍品,除《朱文公校昌黎先生文集》外,其余尚未见过著录,堪称孤本,又一次丰富了我国的文化典籍资料。

各位领导,接下来我们进入的是第五部分"出行仪仗"区域。本部分也是此展览的一大亮点。本部分将朱檀墓出土的397件木俑、16匹马俑、2件象辂组成一个木俑方阵展示。车骑出行是中国古代王室威严的象征,也是身份地位的象征,历朝历代都有严格的规定。元明时期一般墓中已不再以俑随葬,但在一些王公官员的墓中,还常发现有数量众多的陶制或木质的仪仗俑群,例如朱檀墓中就葬有以象辂为中心的仪仗俑和仆侍俑,鲁王朱檀的这个仪仗俑群应是明初亲王出行仪仗的真实反映。

这边所展出的是朱檀墓出土的仪仗俑群中的木俑精品,有左手牵马俑、右手牵马俑、门卫俑、武士俑、乐队俑,等等。这是车马出行时为防尘、遮阳、象征主人权威的三件木翣,这三件木翣首均呈圭首式,四周沿边用黑白二色绘卷云纹,中部纹饰不同,分三种图案。分别是卷云纹、两弓相背的黻(fú)纹、斧钺纹。

好了,各位领导,小周的讲解到此结束,谢谢大家!我热切期盼着和您在山东博物馆的下次相见。祝福各位领导身体健康!事业辉煌!领导们,再见!

项目模拟实训

将班级学生分成9个小组,每个小组负责一种旅游资源的某代表性景区的资料收集、导游词创作和导游词讲解;任务完成后,组织一次班级导游词创作与讲解比赛,选出最优秀的小组和表现最出色的学生。

项目六　导游才艺展示技巧

任务导读

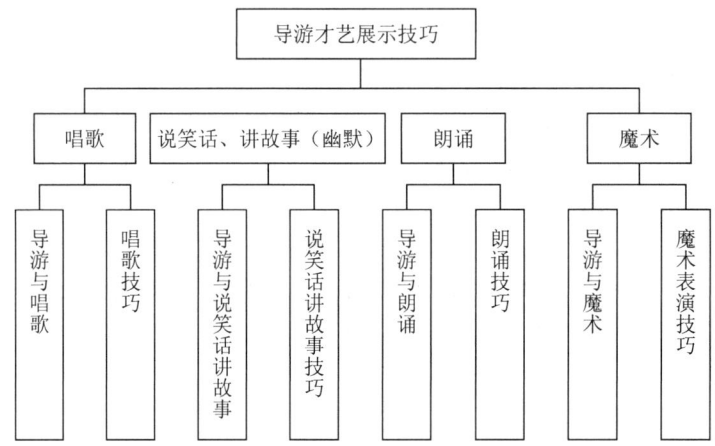

学习目标

（一）知识目标
1. 了解导游服务中才艺表演主要类型
2. 熟悉导游与才艺的关系
（二）技能与能力目标
能够运用旅途中导游常用才艺展示技巧进行才艺展示

学习内容

任务一　唱　歌

一、导游与唱歌

唱歌是普遍的大众性娱乐活动，几乎人人都能唱上两句。导游员为游客唱歌可调动起整个旅游团（者）的气氛，容易引起游客的共鸣，产生愉快的心情，同时拉近与游客之间的距离。再者，旅游车上有专门的音响设备，这为导游员的表演和游客的参与提供了平台。导游员在唱歌时可适当加些个人元素，如自编歌曲、改编歌词，等等。导游员不是专业歌手，但在业余生活中学习必要的歌唱基础知识，并适当进行训练，进而掌握一定的唱歌技巧对于旅游服务特别重要。

二、导游员唱歌技巧

（一）掌握正确的唱歌姿势

在工作中，导游员掌握正确的唱歌姿势，不仅可以展示导游员的精神面貌，同时也是导游员良好心态的表现。

导游员要学会气息的运用，注意共鸣的调节，注重唱歌的效果，在平时训练过程中，要养成良好的歌唱姿势，目光平视有神、下颌内收、颈部不紧张、脊柱挺直、小腹微收、腰部稳定。

（二）正确呼吸

导游员在做呼吸练习时，先摆好正确的唱歌姿势，眼望远处，从内心到面部的表情都充满情谊，然后痛快地叹一口气，使胸部放松，吸气时，口腔稍微打开，硬软腭提起，并与提眉动作配合，将腰围向外松张，让气自然地、流畅地流进，使腰、后背都有气感，胸部也就自然有了宽阔的感觉。呼气时不要过深，否则会使胸部、腹部僵硬，影响发音的灵活和音高的准确，吸气时不要有声响。

在日常生活中导游员要养成两肋扩张，小腹微收的习惯[1]。

（三）科学发声

导游员初学唱歌时必须从最基本的发声练习开始。可以做气息支点的练习，体会吸与呼的配合，吸气时有闻花香的感觉，呼气时均匀地随着声音呼出，利用科学的哼唱方法，口腔打开，半打哈欠的感觉，运用胸腔共鸣和头腔共鸣，体会并调节自己的歌唱共鸣。以"吗啊""米吗"等基本练声曲学会张开嘴巴唱歌，上下齿松开，下巴放松，舌尖自然地抵下牙。

（四）咬字、吐字

导游员如果希望演唱的歌曲受到游客的赞美，必须要掌握咬字、吐字的技巧。练唱时，将每个字按照出声"引长归韵"的咬字方法，先念几遍，再结合发声练习，以字带声，力求做到字正腔圆，声情并茂。[2]

（五）区分对象

在带团中展示歌唱才艺时，要区分客人的年龄、性别、文化层次、职业等情况，"见什么人，哼什么曲"。如果游客是老年人，有知识层次，一般要唱红歌，唱老歌；如果游客是大学生、是青年人，宜唱最新流行歌曲；如果游客是小学生，宜唱励志歌曲。在展示才艺前，可征求客人的意见，察言观色，如果游客对所选择的歌曲有意见，导游员要立即

---

[1] 傅远柏，章平.模拟导游[M].北京：清华大学出版社，2010.
[2] 傅远柏，章平.模拟导游[M].北京：清华大学出版社，2010.

灵活改变思路。

（六）把握歌唱时机

导游员在工作中一展歌喉，要选择合适的时间和合适的场合。通常，唱歌的时间应该选择在客人游览一个景点后情绪饱满、亟待抒发自己的情怀的时候；在酒足饭饱，需要宣泄兴奋的时候；在长途跋涉中，感觉时间难以打发，非常烦躁的时候，等等。导游员唱歌不可在客人想休息的时候、由于服务不周客人烦躁不安的时候、客人想听导游员讲解景点的时候和有需要导游员紧急处理事情的时候进行。

（七）体现参与性

在旅途中调动客人的情绪，使大家快乐旅游是导游员展示歌喉的目的。导游员在唱歌的同时，要仔细观察每位客人的反应，有的客人会随着音乐摇头晃脑，有的客人会伴着音乐轻轻演唱，有的客人在默默欣赏，也有的客人无动于衷。一般情况下，客人中会有一位或几位是大家特别喜欢的"焦点"人物，导游员应选择这些"焦点"人物共展歌喉。如果是游客都熟悉的歌曲，也可邀大家同唱。

补充资料

唱歌发声基本功的练习

歌唱发声基本功的练习，一般按音域进展的规律，可分为三个阶段进行。

第一阶段，以中声区训练为基础，掌握基本的发声方法，调节和锻炼肌肉以适应歌唱技术的需要。无论哪一个声部，都应该从中声区开始训练。练中声区的音相对巩固后再逐步扩大音域，要知道声乐学习要从基础入手，中声区是歌唱嗓音发展的基础，基础必须打得扎实，要记住"欲速则不达"的道理。

第二阶段，在中声区的基础上，适当扩展音域，加强气息与共鸣的配合训练，练好过渡声区（即换声区的训练），为进入头声区的训练打好基础。第二阶段的练习是关键的一环，需要花费的时间相对也比较长，但千万要有耐心和信心，不要急于唱高音，要沉得住气，等这段音域巩固后，再进入高声区的练习。

第三阶段，即高声区的练习。可以在以上两个阶段比较巩固的基础上加强音量音高的训练，进一步扩大音域，做较复杂的发声练习，使各声种达到理想的音高范围。这个阶段的练习要特别注意高、中、低三个声区的统一，音的过渡不要发生裂痕和疙瘩，重点是加强头声区的训练，获取高位置的头腔共鸣，从而达到统一声区的目标。这样我们就可以唱一般和难度较大的歌曲了。

"导游事"分享

穆导的唱歌才艺福

[事实]山东地陪穆晓丽接到了来自广东的"山东豪华六日精品游"旅游团，穆导致欢迎词后，有一位客人要求她说几句粤语听听，穆导微笑解释："亲爱的朋友们，我是土生土长的山东大嫚，不会讲粤语，但我会唱粤曲，各位想听不？"大家都惊讶于一个北方

女孩会唱粤曲，一起叫好。于是她吊起嗓子，字正腔圆地唱了一段《帝女花》，就这一段粤曲就已经给游客足够的亲切感。这个团后来的几天在住宿方面有点小问题，但游客都原谅了，因为他们喜欢这个地陪。

[启发] 广东旅游团长途跋涉来到山东，对一切都充满着好奇的同时，对陌生环境存在着不安的心理，忽然之间听到"乡音"当然会倍感亲切，客人感觉受到了尊重，在接下来的旅游中自然就十分配合导游工作。

作为一名地陪虽然常年直接面对游客提供导游服务，但是跟每一位游客直接接触的时间并不长，在短时间的接触中，穆导能抓住游客的"异地心理"对症下药，一曲乡音不但消除了游客身处他乡的惶恐，而且拉近了跟客人之间的距离，为接下来的游程免去不少麻烦。

 拓展知识

导游工作中歌曲选择基本常识

导游员对客服务过程中，歌曲是少不了的。导游员不需要唱得多美，因为我们不是歌唱家，重要的是气氛、是心情，所以，不要怕，敢唱就足够了。

1. 各种省份都可以唱的歌曲

混搭客人（散客拼团）歌曲：《好人一生平安》《朋友》《快乐老家》《大家一起来》《跟我出发》《祝你平安》《一路顺风》《祝福》《万水千山总是情》《明天会更好》《掌声响起来》《甜蜜蜜》《大约在冬季》《爱的奉献》《其实不想走》《桃花朵朵开》

老年团歌曲：《莫斯科郊外的晚上》《夕阳红》《洪湖水》《我的祖国》《沙家浜》《红梅赞》《草原上升起不落的太阳》《太阳最红毛主席最亲》《唱支山歌给党听》

年轻团歌曲：《月亮之上》《套马杆》《江南》《稻香》

儿童团歌曲：《小毛驴》《小螺号》《采蘑菇的小姑娘》《数鸭子》《让我们荡起双桨》《小星星》《蜗牛和黄鹂鸟》《爸爸我们去哪里》

幽默风趣：《路边的野花不要采》《天仙配》《纤夫的爱》（可和客人合唱）

2. 各省份相关歌曲

山东：《沂蒙山小调》《大海》《父老乡亲》《谁不说俺家乡好》《弹起我心爱的土琵琶》《木鱼石的传说》

湖南：《辣妹子》《浏阳河》《采槟榔》《马桑树儿搭灯台》《一根竹竿容易弯》

湖北：《洪湖水浪打浪》《山路十八弯》《哪有空闲回娘家》

青海：《青藏高原》《四季歌》《半个月亮爬上来》

西藏：《青藏高原》《珠穆朗玛》《坐上火车去拉萨》《天路》

山西：《走西口》《送情郎》《山丹丹花开红艳艳》

陕西：《兰花花》《信天游》《南泥湾》

甘肃：《花儿》《交亲亲》《美丽的甘南平原》《咱们的领袖毛主席》《军民大生产》

河南：《编花篮》《少林少林》《谁说女子不如男》（戏曲）《牧羊曲》

云南：《远方的客人请你留下来》《彩云之南》《放马山歌》《赶马调》《美丽的西双版

纳》《蝴蝶泉边》《有一个美丽的地方》《敬酒歌》

四川：《神奇的九寨》《康定情歌》《太阳出来喜洋洋》《盼红军》《八月桂花遍地开》《哈达献给毛主席》《幺妹子》《采花》《绣荷包》

北京：《北京欢迎您》《我爱北京天安门》《北京颂歌》《北京北京》《北京一夜》《北京的冬天》《逛北京》《相约北京》

海南：《我爱五指山我爱万泉河》《我爱红色娘子军》《颂海南》《黎家酒歌》《万泉河水》《请到天涯海角来》

黑龙江：《乌苏里船歌》《我爱你塞北的雪》《家在东北》《忠实的心儿想念你》

浙江：《采茶舞曲》《蘑菇头号》

河北：《回娘家》《小放牛》《捡棉花》《剪花花》

江苏：《姑苏风光》《杨柳青》《九连环》

江西：《采茶谣》《打着山歌过横排》

内蒙古：《牧歌》《挂红灯》《森吉德玛》《想亲亲》

新疆：《达坂城的姑娘》《举杯》

广西：《壮乡风光美》《山歌好比春江水》《刘三姐对歌》《藤缠树》《烟雨桂林》《山歌牵出月亮来》

安徽：《凤阳歌》《天女散花》

台湾：《牛犁歌》《期待再相会》

香港：《东方之珠》

澳门：《七子之歌》

福建：《茶叶青》《丢丢铜》《六月茉莉》《阿妈的话》

贵州：《歌唱美丽的家乡》

东北：《送情郎》《小拜年》《摇篮曲》《家在东北》《阿里郎》

任务二　说笑话、讲故事（幽默）

一、导游与说笑话、讲故事（幽默）

游客的旅游生活应该是丰富多彩的。在游客觉得无聊的时候，给游客讲个笑话、穿插一个景点传说故事，会丰富旅游行程的内容，更会给游客带来无穷的乐趣。

欢歌笑语贯穿整个旅行过程，不仅体现团队融洽、和谐、愉快的氛围，而且反映导游员与客人之间的友好关系，也是导游员职业素养的体现。"笑一笑十年少"，让游客在笑声中、在快乐中旅游是导游员的天职。

二、导游员说笑话、讲故事（幽默）的技巧

（一）注意平时积累

导游员平时在学习生活中要学会提炼精华、积累生活。在书上看到的、听到的相关知

识，可以经过自己的加工，提炼成笑话。这样，日久天长，只要用心，导游员就会有丰富的关于笑话（故事）、幽默方面的积累，为提供良好的服务奠定基础。

（二）沉得住气

为使笑话（故事）（幽默）不失去应有的效果，导游员对于故事、笑话或者幽默的结构和意义要有清楚的了解。在讲述过程中，要适当渲染，制造悬念；同时，词句表达要正确精练，情节安排要高低起伏。整个讲述过程，导游员一定得沉住气，不要过早暗示故事的结果和包袱，更不能自己没说就先笑了起来。

（三）体现针对性

说笑话、讲故事（幽默）的过程，实际上是导游员把自己的感受转移给游客从而引起心理共振的过程。因此导游员要根据游客的受教育程度、地域分布、年龄性别、兴趣爱好以及游客旅游过程中的实际需求程度等情况，有针对性地选取能够激发游客情感的故事、笑话和幽默，体现出相对"个性化"服务特色。

（四）选取内容适度

说笑话、讲故事（幽默）能够让客人精神愉悦，心情舒畅，体现出导游员的幽默和风趣。但是导游员真正的幽默风趣应该是高雅、智慧、真诚、耐人寻味、引人入胜、积极向上、健康、愉快的。所以导游员说笑话、讲故事（幽默）时所选取的内容必须是阳光的、积极向上的、符合法律法规的。导游员在说笑话、讲故事（幽默）时，不得涉及低级趣味、庸俗、黄色、阴暗、邪恶之类的内容。

➡ "导游事"分享

导游员王某的做法可取吗？

[事实] 某旅行社组织了黄山2日游，导游员王某全程陪同该团队，她是一名刚从学校毕业不久，从事导游工作时间还不长的女孩子，但组织能力较强、旅游知识较丰富，在前往黄山的途中，王某还为游客唱了几首歌，并介绍了安徽的风土人情、风景名胜。但一些游客却觉得不够刺激，其中游客A非要王某讲几个"黄色"笑话，并说所有的导游员都应该会讲。王某此时感到非常为难，她认为导游员在带团过程中讲"黄色"笑话是不妥当的，就婉言拒绝了游客A，并提议让所有游客参与做一个互动游戏。游客A遭拒绝并指责导游员不开放，不能满足游客需要，遂产生怨气。抵达目的地后，游客A发现自己的手机不见了，怀疑是导游员王某拿错了，要检查导游员的包并搜身。导游员强调自己没拿，对游客A要搜身更是不能接受。但游客A坚持要查包搜身，否则就去旅游行政管理部门投诉她和旅行社。导游员王某想着自己刚参加工作，为了避免旅行社遭受投诉就委曲求全，让游客A检查了自己的包，并让一名女游客搜查了自己的衣服，均未发现游客A的手机。

[启示] 导游员真正的幽默风趣应该是高雅、健康、愉快的。导游员说笑话、讲故事（幽默）时所选取的内容必须是阳光的、积极向上的、符合法律法规的，不得庸俗化，不得诱导和迎合游客的低级趣味。本事件中的导游员王某拒绝讲"黄色"笑话，符合导游人员的职业道德，不属于服务缺陷；旅游行政管理部门对此类游客投诉不予支持。

> 模拟导游
> MONI DAOYOU

导游人员进行导游活动时，其人格尊严应当受到尊重。导游人员有权拒绝旅游者提出的侮辱其人格尊严或者违反其职业道德的不合理要求。本事件中，游客 A 查包搜身的行为严重侵犯了导游员王某的人格尊严，对其人身安全造成威胁，王某应当予以拒绝，若游客 A 不听劝阻，可以向当地公安机关报案，而不应该放弃原则一味迁就和退让。

📖 拓展知识

导游带团实用笑话示范

借剑

包大人："展昭，把你的剑借我用用。"展昭把剑送上。包大人抽出宝剑称赞道："果然好剑！也够锋利！"展昭："不知大人借剑何用？"包大人："嗯！说来惭愧，我的指甲刀找不到了！"

任务三　朗　诵

一、导游与朗诵

朗，即声音的清晰、响亮；诵，即背诵。朗诵，就是用清晰、响亮的声音，结合各种语言手段来完善地表达作品思想感情的一种语言艺术。

朗诵是导游口语交际的重要形式。要想成为口语表述与交际的高手，作为导游员，就不能漠视朗诵。

导游员在带团过程中穿插朗诵节目，是自身文学修养、文化内涵的体现，这就要求导游员不但要会向游客传诵知识，成为历史、文化、景点知识的"杂家"，还要有一定艺术细胞，展示自己的朗诵才能，"以声传情"增加艺术感染力，使旅途生活富有诗情画意，增强游客的审美情趣。

朗诵既是一门艺术，也是一项创造性的活动。它不仅仅是口耳艺术，而且还综合了其他门类艺术的特点。导游员在朗诵时应该掌握一些朗诵技巧，使游客全面感受旅游带来的美感和乐趣。[①]

二、导游员朗诵技巧

（一）注意停顿

停顿是指朗读、朗诵过程中声音的断和连。朗读是朗诵的基础，导游员在朗读时，既不能一字一停，断断续续地进行，也不能字字相连，一口气到底；无论是朗读者还是听众，无论是生理要求，还是心理要求，朗读中的停顿都是必不可少的；切忌紧紧巴巴，仓促平淡。停顿既是显示语法结构的需要，也是明晰表达语意、传达情感的需要。

---

① 资料来源：http://zhidao.baidu.com/question/355495766.html。

导游员需要根据不同的文学作品，创造朗诵意境，酝酿朗诵情绪。

（二）把握语速

语速是指朗诵时，在一定的时间里容纳一定数量的词语。世间一切事物的运动状态和一切人在不同情境下的思想感情总是有千差万别的。导游员在朗诵作品时，要正确地表现各种不同的生活现象和人们各不相同的思想感情，就必须采取与之相适应的不同的朗诵速度，把握节奏如同唱歌要合乎节拍，跳舞要"踩住乐点"一样。一般说来，热烈、欢快、兴奋、紧张的内容速度快一些；平静、庄重、悲伤、沉重、追忆的内容速度慢一些。而一般的叙述、说明、议论则用中速。

（三）表现重音

在朗诵中，为了准确地表达语意和思想感情，有时强调那些起重要作用的词或短语，被强调的这个词或短语通常叫重音，或重读。一般用增加声音的强度来体现。在由词和短语组成的句子中，组成句子的词和短语，在表达基本语意和思想感情的时候，不是平均地处在同一个地位上。有的词、短语在表达语意和思想感情上显得十分重要，而与之相比较，另外一些词和短语就处于一个较为次要的地位上，所以对前者有必要采用重音。不需刻意突出，也不能轻描淡写，同样一句话，如果把不同的词或短语确定为重音，由于重音不同，整个句子的意思也就发生了很大的变化。

（四）妙用体态语言

朗诵要求不看作品，面对游客，所以除运用声音外，导游员还要巧妙借助眼神、手势等体态语言来更好地表达作品感情，引起游客共鸣。但朗诵不同于演戏，手势、姿态等只是帮助表达感情的辅助性工具，不宜过多、过火。

补充资料

朗诵、朗读、演戏三者的区别

朗诵不同于朗读，也不同于演戏。朗读是用清晰、响亮的声音把文章读出来，以传达文章的思想内容。朗诵则是用清晰、响亮的声音带有感情色彩地把文章思想内容传达出来。可见，朗诵的要求比朗读要高，它要求不看作品，面对观众，除运用声音外，还要借助眼神、手势等体态语言帮助表达作品感情，引起听众共鸣。

演戏时，演员不直接和观众交流，他扮演剧中人物，模仿剧中人物的语言、动作，他只和同台的演员进行交流，而朗诵者直接交流的对象是听众，他主要是通过声音把感情传达给听众，引起听众共鸣，手势、姿态等只不过是帮助表达感情的辅助性工具，不宜过多、过火。

"导游事"分享

朗诵的魅力

[事实]地陪小王接到了来自深圳的"海边三日精品游"旅游团，接团时天公不作美下起了小雨，虽然客人已有心理准备，但是刚到目的地就遇上下雨，心理还是有点小失

落。旅游车上，小王为了缓解有些沉闷的气氛唱了一首歌，又做了互动游戏，客人情绪稍稍有些回升。之后，小王灵机一动来了一篇应景的诗朗诵："在苍茫的大海上，狂风卷集着乌云。在乌云和大海之间，海燕像黑色的闪电，在高傲地飞翔……让暴风雨来得更猛烈些吧！"接下来，小王讲了青岛的海鸥与游人互动的可爱场景，让游客暂时忘却了下雨之事。客人夸赞："小王朗诵非常专业，让我们有种身临其境的感受，小王真棒。"良好的第一印象为此后旅游活动的顺利进行奠定了基础。

[启示] 事件中遭遇下雨天气，客人情绪低落是在所难免的。导游员灵活运用专业技能，有效缓解了客人的低落情绪。当然导游员在选取朗诵题材时一定要根据游客的情绪和当时的环境状况进行，不能因为自己选择的不慎，而起到了相反的效果。

导游员在带团过程中与游客互动是经常的事情，人道是："江山美不美全靠导游一张嘴。"这里的嘴主要是指导游员的语言能力。一流的语言表达能力在导游工作中往往会产生意想不到的效果。

任务四 魔 术

一、导游与魔术

魔术一词是外来语，在中国古称"幻术"，有两千多年历史，亦称"障眼法""掩眼法"，民间还俗称"戏法"。

魔术是能够产生特殊幻影的戏法，即以迅速敏捷的技巧或特殊装置把实在的动作掩盖起来，使观众感觉到物体忽有忽无，变幻莫测。从广义说：凡是呈现于视觉上不可思议的事，都可称为魔术[①]。

为了消除游客的旅途疲劳，调节气氛，增加神秘感，导游员在带团过程中，可以通过魔术表演，吸引游客的注意力，提升自我形象。

二、导游员魔术表演技巧

（一）静心

导游员作为一位魔术表演者，在表演前会有紧张情绪，尤其是初学者会感觉到心里没底，害怕失误。所以在表演前导游员要做到心静，除了充分练习和准备道具之外，一定要做到让自己有一个平和的心态；在表演过程中，导游员不要在观众面前表现出一副扬扬得意或者骄傲自大的样子，一定要平和谦虚。不论是准备过程还是表演过程，都不要慌张。魔术表演是严谨的，有些魔术一步错步步错，所以要做到不慌张，保持沉着冷静，哪怕是表演过程中出现差错或者突发状况，也要冷静处理。导游员面对的是各种各样的游客，什么都可能发生，所以静心是非常重要的。

---

① 资料来源：http://zhidao.baidu.com/question/355495766.html。

（二）精心

首先，在准备道具的过程中，要仔细认真地检查各个细节，确保万无一失。导游员要充分考虑到表演过程中可能出现的突发情况，比如游客知道魔术秘密，游客要求检查道具或者游客要求导游员当场教学，等等，这都是常见的问题，导游员要考虑周全该如何应对这些问题。整个表演流程的顺序和关键步骤一定要牢记，一步一步扎扎实实推进，这样一个完美的魔术表演就可以了。

（三）敬心

导游员表演魔术时，首先要拥有一颗敬心，要尊重魔术，从"手、眼、身、法、步"开始刻苦认真训练，以便更好地展示导游员魔术表演形态的艺术性，体现魔术魅力。同时，导游员不能在同一环境同样观众的情况下，重复表演同一个魔术；要保守魔术秘密。这也是对付出艰辛劳动的魔术创造者的尊重。

（四）尽量体现参与性

当今魔术已经不再是单纯的魔术，而是一种多元化的娱乐表演。魔术可以和各种艺术（比如舞蹈、戏剧、杂技等）相融合，呈现出相互辉映的效果。导游选择魔术表演内容时，尽量本着简单易行（比如扑克牌、卡片等魔术）、游客能够参与的原则，让旅游者享受到参与的快感，品味到魔术的魅力。

➡ "导游事"分享

导游员小孟的问题在哪儿？

［事实］河南某国际旅行社导游员小孟接待了二十位来自台湾的魔术爱好者到云台山旅游。接到客人后，旅游车直接赴云台山。小孟按照服务规范上车后先致欢迎词，讲解了云台山的概况；之后，为了拉近与游客的距离，小孟自告奋勇表演一段牙签刺穿可乐罐的魔术，客人很是高兴。但由于小孟自身经验不足，表演过程中出错，最后尴尬收场。

［启示］事件中，小孟的出发点是好的，但事先没有做好充分准备，贸然行事最终尴尬收场。所以导游员在带团过程中一定要量力而行，适度展示，方能轻松应对。莫要因小失大。

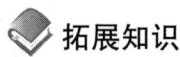拓展知识

导游带团小魔术

1. 牙签刺穿可乐罐

一罐可乐、一根牙签、一张面巾纸。表演前先悄悄将揉成小球的面巾纸吸饱可乐藏在右手里。右手拿牙签，左手拿可乐，不要让对方发现手中的小纸球。将牙签的尖端抵在可乐罐的侧边，右手快速往前推，牙签进入右手，但看着像刺进了可乐罐。紧捏手中的面巾纸球，把可乐挤出来。

【揭秘：面巾纸球要吸足可乐，这样才有可乐罐被刺穿的效果。】

2.巧算年龄

请对方将出生月份键入计算器。

乘以2后再加3，乘以50，再加上目前的年龄，减去150，即得到一个包含月份和年龄的数值。

例如四月份出生，目前17岁：4×2+3=11；11×50+17=567；567-150=417

项目模拟实训

1.请根据游客性质填写适合歌曲

游客性质	适合的歌曲（每一类游客填写三首歌曲的名称）
老年游客	
中年游客	
青年人	
儿童	

2.学生自行准备故事（笑话或者幽默），在全班范围内进行一次讲解练习

3.逻辑类魔术——生日感应练习

（1）道具：手机

（2）表演流程：首先拿出手机，找出计算器功能，然后按照公式开始计算，让学生用自己生日的月份乘以4，得出的结果再加上9，得出结果再乘以25，得出结果再加上学生自己生日的日期，用最终结果再减去225得出学生的生日。

（3）重点提示：这并不是一个非常不可思议的高级魔术，但效果比较明显，适合带团过程中互动使用。

项目七 经典地接旅游线路产品模拟导游知识

（以山东"济泰曲'山水圣人'旅游线路产品"为例）

任务导读

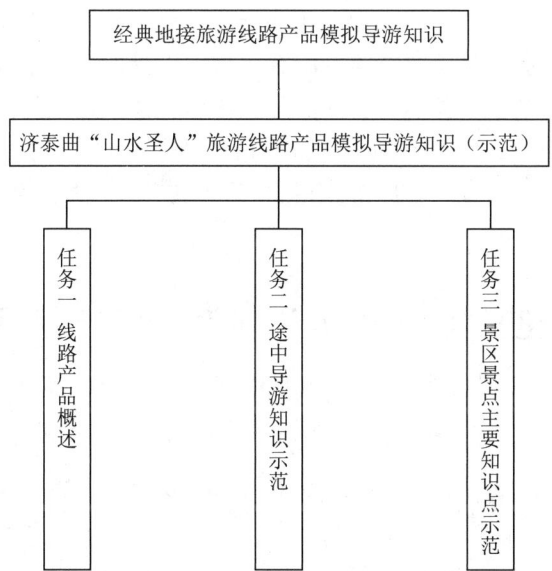

学习目标

（一）知识目标
1. 了解掌握地接旅游线路产品的整体构成情况
2. 熟悉地陪讲解过程中在开场、途中和景区（点）等各个不同阶段的知识特点
3. 掌握山东经典旅游线路产品地陪讲解主要知识点

（二）技能和能力目标
1. 具备线路产品设计能力，能够进行旅游线路产品策划设计

· 159 ·

2. 能够进行途中导游词创作和途中导游讲解
3. 能够进行景区（点）导游词创作和景区（点）导游讲解

学习内容

知识是指人们对某个事物的熟悉程度，包括事实、信息、描述或在教育和实践中获得的技能。可以说知识是构成人类智慧的最根本因素。

地陪是旅游者在异地进行旅游活动时接触最频繁、时间最长的工作人员。可以说，地陪是旅游目的地的代言人，是游客了解旅游目的地的窗口。地陪广博的知识内涵，幽默风趣的讲解，动听的语言会引导和传递一种良好的社会风尚和文化品位，带动旅游者和当地居民综合素质的提高。

"巧妇难为无米之炊"。地陪的工作对象千差万别，所以地陪须了解掌握中外历史、地理、政治、经济、文化、建筑、艺术、宗教、美学、心理学、法律、民俗等各个方面的知识，成为博学多才的"杂家"，可以说，知识是导游员在当今社会赖以生存和谋生的一种不可缺少的本领。

本项目以山东经典地接旅游线路产品"济泰曲'山水圣人'旅游线路产品"为例，对地接旅游线路产品的总体构成、途中导游知识和相关景区（点）的导游知识进行详细模拟示范。本项目展示的旅游线路产品是针对特定的游客性质而设计的，每条线路产品同时考虑了作为教材本身所应该包含的主要景区（点）；所有讲解内容仅是在其游客性质范围内做出的一种示范。在实际工作中，针对不同的旅游线路产品和不同的旅游团队（者），地陪要举一反三，灵活应变，组织适合当下旅游线路和游客性质的讲解内容，出色完成接待任务。

任务一　济泰曲"山水圣人"旅游线路产品示范

一、团队情况

杭州某大型企业奖励旅游团30人，客人在35岁到45岁之间，没有少数民族客人

二、线路产品名称

济南、曲阜、泰安豪华4日游

三、具体日程安排

济南、曲阜、泰安豪华 4 日游

时间	行程安排	用餐情况	住宿情况	备注
第一天	地陪于上午 9:00 在济南遥墙机场接机（航班 7:35/9:35），后乘大巴赴济南市区，游览"天下第一泉风景区"中的【趵突泉景区】（约 1 小时左右），趵突泉居济南七十二名泉之首，也是最早见于古代文献的济南名泉。后游览【泉城广场】（约 30 分钟），泉城广场是省会济南的中心广场，坐落于市中心的繁华地带，又被称为济南城市客厅。午餐后赴"天下第一泉风景区"中的【大明湖风景名胜区】游览（2 小时左右），随后泉城路芙蓉街自由活动（1 小时左右），自费品尝济南特色菜点。住宿济南。	午餐	济南挂牌四星酒店双标间	
第二天	早餐后乘车赴鲁国故城曲阜（行车时间约 2.5 小时）。抵达后游览世界文化遗产三孔（孔庙、孔府、孔林）。首先游览世界上祭祀孔子规模最大、最原始的庙宇【孔庙】（约 1 小时），之后游览孔子嫡系子孙办公、生活的地方——天下第一家【孔府】（约 45 分钟），中餐后游览世界上延时最久，面积最大的孔氏家族专用墓地【孔林】（约 45 分钟）。后乘大巴赴泰安（约 1 小时），住宿泰安。	午餐 晚餐	泰安挂牌四星酒店双标间	
第三天	早餐后乘大巴赴【泰山】，游览岱庙（约 1 小时），后步行登泰山，从岱宗坊到玉皇顶，沿途游览经石峪、中天门、五大夫松、十八盘、南天门、天街等主要景点，天街午餐后继续游览岱顶景观（步行登山游览共约 6 小时）。之后南天门乘索道至中天门（8~15 分钟），再乘当地换山车（行车时间约 30 分钟）下山。晚餐后入住酒店	午餐 晚餐	挂牌泰安四星酒店双标间	
第四天	早餐后乘大巴赴长清（车程约 30 分钟），游览与浙江天台国清寺、江苏南京栖霞寺和湖北江陵玉泉寺并称为域内四绝的海内第一名刹【灵岩寺】（约 1.5 小时），中餐后乘大巴抵济南遥墙机场，乘坐航班（15:10/16:50）返回杭州，结束愉快的行程，返回温暖的家！	午餐		灵岩寺在一般团队行程中是不设计在内的（此处为客人的特殊要求和教学需要）

四、分项报价项目示范（具体价格将随着时间而改变，此处不展示）

项目	总计费用	分项明细
门票	___元/人	岱庙+泰山+曲阜三孔+天下第一泉旅游景区中的趵突泉+灵岩寺
餐费	___元/人	含3个风味餐（曲阜孔府宴、泰安农家宴、济南饺子宴）和3个普通正餐。共6个正餐。餐标皆是___元/人
房费	___元/人	
车费	___元/人	___元/台
导服费	___元/人/天	
保险	___元/人	旅游意外伤害险
总计	___元/人	

五、服务标准

服务项目	服务标准
景点	景区第一大门票
住宿	全程豪华四星级酒店双标间
用车	31座（不含司机座椅及导游座椅），2年内新车
用餐	全程3早餐6正餐，早晨酒店内用自助餐，正餐餐标___元/人/餐（含有特色餐：曲阜孔府宴、泰安农家宴、济南饺子宴）
导服	优秀中文地陪导游服务
保险	旅行社责任保险、旅游意外伤害险
购物店	全程NO SHOPPING！

六、温馨提示

1	如遇人力不可抗拒因素（自然灾害、堵车、政策调整等）所造成的景点不能游览等事项，旅游公司只负责退还优惠后的折扣门票价格，不承担因此而造成的损失。
2	在不减少景区（点）的情况下，旅游公司有调整景区（点）旅游顺序的权力，旅游期间如客人自愿放弃当地景区（点）、用车等，均不退还相关费用。
3	如产生自然单男单女，由客人补足房差。请随身携带身份证，以便入住时登记。
4	泰山游览过程中一定要按照导游员提醒的注意事项行动，确保山地游览的安全。
5	客人持优惠证件产生门票优惠，如果需要退票，将按旅游公司折扣后实际价格退还客人。

续表

| 6 | 客人在游览期间对接待质量未提出疑义的,旅游公司均视为满意。回程后客人再提出疑义,请恕旅游公司不再受理。 |
| 7 | 接待单位:山东精英国际旅游公司,认红底白字"精英"导游旗。 |

联系人:徐晓丽,联系电话:13×××××××××。

任务二 途中导游知识示范

一、济南机场接团后到济南市区景区的途中导游讲解知识示范

(说明:由于航班时间原因,地陪于济南遥墙机场接到杭州某大型企业的奖励旅游团队后,直接赴济南市区的景区游览。在前往济南市区景区的途中,首先致欢迎词,接着开始首次沿途导游讲解)

1. 欢迎词示范

各位贵宾,上午好!欢迎大家来到山东观光游览、休闲度假。我叫徐晓丽,是大家此次"山水圣人"旅游线路之行的导游员,各位贵宾可以称呼我徐导或者叫我晓丽,这位正专心驾车的师傅姓周,周师傅有十多年的旅游车驾驶经验,请大家放心乘坐。在接下来的四天里,我们将到济南5A级景区——天下第一泉风景区,领略天下第一泉趵突泉的风采,探寻大明湖中乾隆皇帝和夏雨荷相会的踪迹;我们将在天下四大名刹之一的灵岩寺,欣赏栩栩如生的宋代彩色泥塑罗汉像;我们将登上五岳独尊的巍巍泰山,领略一览众山小的神韵;我们将赴东方圣城曲阜,接受儒家文化的熏陶……各位贵宾在山东参观游览期间,就由我和周师傅全程陪伴。如果大家有意见或者建议,请尽管提出,我们将尽心尽力为各位提供最好的服务,努力使每一位贵宾真正领略到"好客山东"的热情和豪迈!感受到"文化圣地,度假天堂"的魅力与精彩!期盼各位贵宾乘兴而来,满意而归!谢谢各位!

2. 首次沿途导游知识示范

各位贵宾,我们正行驶在济南遥墙机场高速路上,再经过东绕城高速、经十路到达景区,大概需要50分钟的车程。我们今天的主要行程是参观游览济南的5A级景区——天下第一泉风景区中的趵突泉景区和大明湖风景名胜区,晚上住在济南。

各位贵宾,早在2000多年前,至圣先师孔子就向大家发出了这样的邀请:"有朋自远方来,不亦乐乎",于是在2000多年后的今天大家一起欢聚在了山东,实在是很深的缘分啊。接下来我就为各位贵宾简单介绍一下山东。

山东省位于我国的东部沿海,地处黄河下游。东部是山东半岛,伸入黄海与渤海之间,北边隔着渤海海峡与辽东半岛遥相呼应,东边与朝鲜半岛和日本列岛隔海相望。西部是山东内陆,西北与河北省接壤,西南与河南省相邻,南方与安徽省和江苏省毗邻。全境陆地南北最宽420余千米,东西最长700余千米,土地总面积为15.58万平方千米①,近海

---

① 资料来源:2017年8月2日《山东省第一次全国地理国情普查公报》最新数据。

面积约17万平方千米。截至2016年全省常住总人口达到9947万人[①]，是名副其实的人口大省。现辖济南、青岛、淄博、枣庄、东营、烟台、潍坊、济宁、泰安、威海、日照、临沂、德州、聊城、滨州、菏泽16个地级市。济南市是山东省的省会，济南市和青岛市皆为国家副省级城市。

山东是历史悠久的文化名省，山东的名称由来已久。战国时期，秦国雄踞关中，称太行山以东地区为"山东"。正式将"山东"作为行政区的名称则始于金代。明代山东布政司管辖6府、104县，大致奠定了如今山东省行政区划的版图。清代山东基本沿袭明代山东版图，称为山东省。

因西周时期，山东地区主要有两个诸侯国家，一个是齐国，一个是鲁国。齐国的国都在距离济南东100多千米处的淄博市；鲁国的国都在距济南南150多千米处的曲阜市。齐国经济发展在当时诸侯国中处于领先水平；鲁国后来成为儒学文化的起源地，因此山东简称"鲁"或者"齐鲁"。

山东省地势总体表现为中部高、四周低。泰山、鲁山、沂山、蒙山、徂徕山等海拔千米以上的中山构成鲁中山地的主体，地势最高。东部及南部为起伏和缓的低山丘陵。北部及西部为坦荡的平原，呈弧形围绕在山地丘陵的外围。山东境内地貌类型多样，其中以平原面积最大，约占全省总面积的65.56%[①]。

山东省气候属暖温带大陆性季风气候。降水集中，雨热同季，四季分明。年平均气温在11~14℃，由东北沿海向西南内陆递增。

山东省河流分属黄、淮、海三大流域及半岛独流入海水系。黄河横贯菏泽、济南等9市，在东营市垦利区入海；较重要的河流还有沂河、沭河、洙赵新河、泗河、大汶河、徒骇河、马颊河、小清河、潍河、大沽河等。湖泊主要分布在鲁中南山丘区与鲁西平原接壤带，较大的湖泊有南四湖和东平湖。

山东省是农业大省，是中国重要的农产区，素有"粮棉油之库""中国温带水果之乡"的称誉。山东的水果远近闻名，有"烟台苹果莱阳梨，小枣樱桃萝卜皮（小枣是乐陵金丝小枣，樱桃是烟台樱桃，萝卜皮指的是潍坊潍县萝卜）"。烟台苹果有100多年的栽培历史了，其中以青香蕉和红香蕉两个品种最为名贵，红富士苹果更是畅销海内外，烟台苹果以"果形端正、色泽艳丽、果肉甜脆、香气浓郁"享誉国内外，入选2019农产品区域公用品牌；莱阳梨是胶东名果中的"长者"，梨皮呈黄绿色，粗糙而有黑斑，果形头粗尾细，但肉质细嫩，甘甜如饴，并且清脆可口。由于莱阳梨长相丑陋，但口味绝伦，被称为"乞丐的外表，皇帝的内心"，而且以莱阳梨制作的急支糖浆，具有止咳化痰的药用效果；乐陵金丝小枣，其栽培历史始于商周，距今已有3000多年，枣内富含丰富的蛋白质和维生素，据鉴定，枣内维生素C含量比柑橘高10倍，相当于10个苹果的维生素C含量，因此小枣又被称为维生素C丸，是女人美容的最佳品，就因为如此，迎合了当地的一句谚语：一天吃三枣，青春永不老。

"一方水土养育一方人"。山东人杰地灵，诞生了许多杰出的思想家、政治家、科学家、军事家、文学家、艺术家、书法家。如春秋末期伟大的思想家、教育家、儒家文化的

---

① 资料来源：国家统计局。

创始人孔子，儒家文化的传播人、亚圣孟子，著名农学家贾思勰，军事家孙武、孙膑，三国时期著名政治家、千古良相诸葛亮，宋代著名词人辛弃疾、李清照，"世界短篇小说之王"《聊斋志异》的作者蒲松龄，东晋著名书法家王羲之等。当今的中国第一夫人彭丽媛、诺贝尔文学奖获得者莫言等也都是山东人。

  关于性格特点，在小说家们的笔下，总免不了写山东人的耿直豪爽、行侠仗义。隋唐好汉秦琼、程咬金、罗成等在瓦岗寨"以仁义结交天下"，为朋友两肋插刀；宋代梁山泊的英雄一百零八将，个个虎背熊腰、豪迈大气、大碗喝酒、大块吃肉、有福同享、有难同当，推崇"替天行道人将至，仗义疏财汉便来"，成功塑造了"山东好汉"豪爽、行侠仗义的形象。山东人的另一个特点就是直率，如果您与山东人商量事情，他们会很直率告诉您行还是不行，绝不会拐弯抹角。山东人的直，是发自良心深处，是极其纯正的直爽，没有蛮横或者粗野的味道；山东人的第三个特点就是儒雅。山东是孔孟之乡、礼仪之邦。孔孟之道一向提倡"仁义礼智信和温良恭俭让"，所以齐鲁文化也就更多积淀到山东人的为人处世和行为规范中。山东人乐于助人，为朋友宁愿自己吃苦吃亏，不愿别人为难。山东人表里如一，心里有什么就说什么，心直口快，毫不保留，所以很多人都喜欢和山东人打交道。

  每个地方都有自己的方言，若是不了解当地的方言俚语，常常会闹出笑话来。山东话以胶东话和鲁西南话为代表，地方味道十足。胶东威海话把昨天叫"夜儿"、青岛人把喝啤酒叫哈啤酒、把小姑娘叫小嫚，等等。

  山东旅游资源丰富多彩，16座独具特色的城市宛若16颗璀璨的明珠镶嵌在这片深情的土地上。全国最早的古城遗址就在济南章丘附近的龙山镇；粗犷奔放的胶州秧歌、唱腔婉转优美的吕剧等文化艺术多种多样、特色鲜明；天下第一泉趵突泉在泉城济南喷涌而出；奥运帆船在海滨青岛扬帆起航；八仙传说在仙境蓬莱广为流传；"五岳之首"的泰山，自古以来就因占有其他任何山峰都无法替代的神圣位置而成为华夏文明的象征，被称为神山、圣山、国山，从古代起，帝王将相、黎民百姓纷至沓来，进行封禅祭祀或者烧香祈福朝拜；孔子是中国儒学的创始人，封建王朝对孔子尊崇加封，儒家思想作为封建社会的统治思想历时2000多年，影响了整个中华民族文化的发展进程。

  山东利用丰富的旅游资源，组织开发了多姿多彩的专项旅游。山东的乡村旅游、红色旅游、蓝色旅游、工业旅游、地质旅游等专项旅游深受游客喜欢。

  山东人注重乡情、友情、亲情，民俗旅游特色浓郁。每逢元宵节、中秋节、重阳节、春节等传统节日，各地都举办丰富多彩的民间娱乐活动，游客可与当地百姓一起参加灯会、山会、庙会、赏月会、联欢会，观赏耍龙灯、跑旱船、扭秧歌、踩高跷等民间风俗。还可到泰安、曲阜、潍坊等山东各地的农民家里做客，吃农家饭，住农家房，干农家活，交农家友，亲身体验淳朴浓郁的农家风情。

  山东是中国四大菜系之一的鲁菜的发源地，有着魅力迷人的美食。济南菜、孔府菜、胶东菜各具特色，各有所长，充分体现了孔子"食不厌精，脍不厌细"的思想。山东还有许多地方风味小吃，如泰山"三美"、淄博酥锅、潍坊朝天锅、德州扒鸡等。渗透齐鲁文化的山东美味佳肴，配上名扬海内外的青岛啤酒、烟台张裕葡萄酒，让游客唇齿生香，意犹未尽。

山东每年都举办许多大型旅游节庆活动。孔子国际文化节、青岛国际啤酒节、泰山国际登山节、潍坊国际风筝会、济南泉水节、菏泽国际牡丹花会、青岛海洋节、淄博陶瓷琉璃艺术节等多项节庆活动让游客流连忘返。

山东省交通四通八达，已形成空中、海上、公路、铁路相互连接的立体交通网络。

山东是一个既富传统、又很现代、充满生机和活力的、值得去细细品味的旅游目的地。近些年来，山东省旅游业的发展如火如荼，发展水平在全国名列前茅。继"好客山东"品牌之后，山东省又创新性提出了"东方圣地、仙境海岸、平安泰山、泉城济南、齐国故都、鲁风运河、水浒故里、黄河入海、亲情沂蒙、鸢都龙城"十大文化旅游目的地品牌建设的思路，这是落实文化强省建设目标，推进山东省全域旅游工作的重要抓手，是"好客山东"大品牌落地生根的鲜活见证。

（说明：由东绕城高速路进入经十路）

现在我们已经进入了济南市区。首先请各位贵宾闭上眼睛想象一下：在一个中古的老城，有睡着了的大城楼，有狭窄的古石路，有宽厚的石城墙，环城流着一道清溪，倒映着山影，岸上蹲着个红袍绿裤的小妞儿。你的幻想中要是这么个境界，那便是济南。这是老舍先生在《济南的秋天》这篇文章中对济南的赞美。从古至今，有很多文人墨客都在用诗歌来抒发对济南的热爱。那么济南到底魅力何在呢？接下来我就娓娓道来。

济南是山东省的省会，是山东省的政治、经济、文化、教育中心。截至2019年，济南辖历下、市中、天桥、槐荫、历城、长清、章丘、济阳、莱芜、钢城10区，商河、平阴2县；济南市土地资源总面积为10244.45平方千米，常住人口890.87万人[①]。

济南是黄河下游的一座古城，历史源远流长。古时因位于济水之南而得名（济水在古代是一条很重要的河流，它与黄河、长江、淮河并称为"四渎"）。从前黄河并不流经济南，在咸丰五年（1855年），黄河在河南的铜瓦箱决口，黄河水夺济水河床入海，自此济水消失，黄河流经济南。在春秋时，济南称为泺邑，是济南最早记入史册的地名；战国时期，济南称为历下邑；汉至明、清相继在济南设置郡、府。从明代起，济南为山东省的省治，之后便一直是山东省的政治、经济、文化和教育中心。1929年正式成立济南市。

每个城市都有自己的别称，如昆明因四季长春，被称为"春城"，北国冰封的哈尔滨被称为"冰城"，广州被称为"花城""羊城"，黄沙弥漫的敦煌被称为"沙城"，而我们济南因为泉水众多被称为"泉城"。

据统计，济南有十大泉群，仅济南市区就有100多处泉水，众泉相连，环环相扣。这些泉水大部分分布在老城区。济南的泉水不仅数量多，而且形态各异，精彩纷呈，有的呈喷涌状，有的呈瀑布状，有的呈湖湾状。早在宋代，文学家曾巩就评价道："齐多甘泉，冠于天下"，元代地理学家于钦亦称赞说："济南山水甲齐鲁，泉甲天下。"清乾隆皇帝下江南所带的水是北京的玉泉水，他来济南后，用趵突泉的水沏茶，"色如琥珀，幽香袭人"，所以乾隆皇帝一高兴就把趵突泉封为天下第一泉。综合上面几点，把济南称为"泉城"可以说是名不虚传。"家家泉水，户户垂杨""四面荷花三面柳，一城山色半城湖"就是对我们老济南最好的写照。

---

① 资料来源：济南市人民政府网站，2021年4月发布数据。

济南人杰地灵，人才辈出。战国时期神医扁鹊，中国古代阴阳五行学说的创始人、战国思想家邹衍，隋末农民大起义的起义军领袖杜伏威，唐朝开国功臣、一代名相房玄龄，名将秦琼，中华词坛"婉约派"和"豪放派"的杰出代表——宋代女词人李清照、辛弃疾，金元散曲家张养浩等都是济南人。

来到济南，我们不能不了解一下济南有特色的道路。济南的道路命名基本上分为两大区域。一是北部的老城区街道。从西门至青龙桥、从南门到大明湖北门这一区域为济南老城区，古代的政府衙门多位于此，所以这个区域的道路名称好多与官衙有关系，如省府前街、按察寺街道、布政司街等，另外，老城区泉水集中的地区，街道名称好多与泉水有关系，如芙蓉街、黑虎泉路。二是老城区向南的经纬路，东西向的道路称为经路，南北向的道路称为纬路。经路从经一路由北向南依次排列至经十一路；纬路从纬一路由东至西排至纬十二路，这样，外地游客来济南就不容易迷路。

各位贵宾，我们车子所走的这条路叫经十路，含公交车道，是双向十车道。2005年，经十路道路及环境建设工程被评为"山东省市政金杯示范工程"（山东省市政工程最高奖）、"省优良工程""市优良工程"。2006年1月，经十路道路及环境建设工程荣膺全国建设最高奖"鲁班奖"，这是济南市市政工程建设史上第一次获此殊荣，也是全国唯一获得"鲁班奖"的城市道路。2008年7月23日，奥运圣火就是从山东省体育中心出发，向东沿经十路，经山东省体育局、泉城公园、山东电视台、山东大学、千佛山、大众报业集团、燕山立交桥、山东建筑大学济王校区、当年即将竣工的济南奥体中心等，最后由舜华路向北抵达传递的终点——齐鲁软件园。

沿着旅游车行进的方向，大家的左手边是为承办第十一届全运会所建的济南奥体中心。总建筑面积约35万平方米，总投资超过30亿元，基本格局为"一场三馆"。设计分别取自济南的市树柳树和市花荷花，总体布局成"东荷西柳"，充分体现了浓郁的济南地方文化特色。其中，体育场在西边，体育场承担第十一届全运会的开幕式和田径比赛项目，外围由128片柳叶组成，是"东荷西柳"特色设计理念的重要组成部分，可容纳6万观众；网球馆、体育馆、游泳馆在东边，体育馆承担十一运会的体操、艺术体操、蹦床比赛项目以及闭幕式，外围由36片荷叶组成，建筑面积5.9万平方米，可容纳12 000名观众。

"东荷西柳"的设计者是大名鼎鼎的"水立方"设计者赵小钧。赵小钧是济南人，1985年毕业于山东省实验中学，之后进入天津大学建筑系学习，现为国家一级注册建筑师。在济南奥体中心奠基之时，赵小钧曾出现在媒体面前介绍过他的设计初衷。济南奥体中心在设计时充分考虑到了济南当地的文化特征，将荷花、柳叶、泉水等具有济南传统特色的文化符号，作为建筑元素融入设计中。东侧体育馆选用市花"荷花"的造型，西侧体育场选用市树的"柳叶"造型，"东荷西柳"不仅显示了济南的特色，而且还体现出济南浓厚的历史文化传统韵味。

二、济南至曲阜途中导游讲解知识示范

1. 开场

各位贵宾朋友，早上好！我们现在要赶往孔子的故乡曲阜参观游览，曲阜在济南南约150千米处，从济南至曲阜大约需要2.5个小时的车程。接下来的时间里，我将为大家简

模拟导游

单介绍孔子及我们要到达的目的地曲阜。

2. 孔子简介

孔子生于公元前551年，卒于公元前479年，享年73岁，是春秋时期伟大的思想家、教育家，是儒学这一博大精深、源远流长的东方学说的创始人和奠基人，是一位堪与苏格拉底、柏拉图、亚里士多德、耶稣和佛陀比肩的世界级伟人，被西方人称为"世界十大历史文化名人"之首。

孔子的六代祖叫孔父嘉，是宋国的一位大夫，做过大司马，在宫廷内乱中被杀。孔父嘉的儿子木金父为避灭顶之灾逃到鲁国的陬邑（曲阜城东南部），从此孔氏在陬邑定居，变成了鲁国人。

孔子的父亲叫叔梁纥（叔梁为字，纥为名），母亲叫颜征在。叔梁纥是当时鲁国有名的武士，力大过人，建立过两次战功，曾任陬邑大夫。叔梁纥先娶妻施氏，生9女，无子。但是，中国古代封建社会，传宗接代的思想观念很严重，"不孝有三，无后为大"就如紧箍咒一般束缚着中国古代的男人们，叔梁纥又娶妾，生一子，取名伯尼，又称孟皮。但是因为孟皮脚有残疾，不能承担传宗接代的重任，所以在叔梁纥六十多岁时，又向当时曲阜城的颜襄家求婚。颜襄家为曲阜名门，颜襄本人饱读诗书，知识渊博，为人忠厚仁慈，当时颜家有三个女儿均未出嫁，且个个知书达理，聪慧贤淑，貌美如花。但是老大老二两个女儿都嫌叔梁纥年纪较大不愿意嫁给他，只有不到二十岁的三女儿颜征在答应了婚事。

补充资料

单臂举千斤之闸

孔子的父亲叫叔梁纥。壮年从军，是鲁国贵族孟献子属下的一名武士，力大无比，《左传》一书曾经记载了他的事迹：是鲁襄公十年（前563年），鲁国军队跟从各诸侯国去攻打一个叫偪（bī）阳的小诸侯国（在今山东枣庄一带）。叔梁纥跟随主将出征作战。不料聪明的偪阳人搞了一个空城计，打开了城门诱使诸侯大军进城。正当诸侯大军鱼贯而入时，偪阳人突然将悬着的城门放下，想要将入城的队伍拦腰截断，分割包围，各个击破。就在这千钧一发之时，叔梁纥冲上前去，用双手托住了即将下落的城门，鲁国的军队潮水般地退出，使鲁军将士得以生还，避免了一场大的伤亡。叔梁纥立了大功，从此他就因"单臂举千斤之闸"而闻名于当世。

结婚后，叔梁纥和颜征在两人常去曲阜附近的尼山送子庙祈祷，祈求上苍能赐给他们一个儿子，后来果然如愿怀孕得子，并于公元前551年农历八月二十七日在尼山的一个山洞里生下了孔子。

补充资料

关于孔子出生的传说

一次，叔梁纥和有孕的颜征在去尼山送子庙祈祷，在赶往送子庙的途中，忽然天空怪异，一会乌云密布狂风大作，一会红霞满天，当他们拜完送子娘娘返回山下的途中突然天空中出现了万丈红霞，在万丈红霞中飞出了一只玉麒麟，只见这玉麒麟嘴里衔着一块玉，玉上写着："文曲星下凡"几个大字，颜征在感到腹痛，于公元前551年农历八月二十七日在尼山的一个山洞里生下了孔子。初生的孔子长得很丑，顶如盂，四边高中间低，眼露筋，鼻露孔，耳露轮，牙齿露在外面，犹如怪物。因孔子头部如山丘，生于尼山，在男孩中排行老二，故取名孔丘，字仲尼。叔梁纥和颜征在见孔子这样丑陋，再加上他出生时天空出现了那么多奇怪的现象，便以为他是个不祥之物，所以颜征在叔梁纥的劝说下含泪将孔子丢弃在尼山的山洞里就回家了。孩子再丑毕竟是自己的亲生骨肉，颜征在心不忍，思念儿子，便独自一人来到这个山洞，当时正值炎炎夏日，颜征在惊奇地发现，一只老鹰正在用翅膀为孔子扇凉，一只母老虎正在给孔子喂奶喝。颜征在便觉得这孩子一定不是常人，就把孩子偷偷抱回家，这样孔子才得以存活下来，这也是孔子当地关于其出生流传的："凤生、虎养、鹰打扇"的来历！

孔子3岁时，父亲叔梁纥去世，孔子17岁时，其母亲颜征在去世。在孔子父亲去世后，叔梁纥之正妻施氏专横残忍，孔母颜征在只好携孔子与孟皮移居曲阜阙里，生活艰难，孔子也就在这样的生活环境中勇敢地成长着，做过很多苦役。

由于孔子母亲颜征在生于知书达理的家庭，所以孔子从小虽然生活艰苦，但能够接受母亲的教育，从5岁起，由于母亲要赚钱养家，年纪较大的外祖父就成了教授孔子学习的主要老师。到15岁这年，孔子读完读懂了外祖父家里所有藏书。在20多岁时他在曲阜已经很有名气，有许多人拜他为师！孔子生活在春秋末期社会大动荡的时代，鲁国独有的文化氛围使他既承受了商文化的影响，又受到浓重的周鲁文化的熏陶。他一生勤奋好学，面对动荡的社会现实，结合自己的观察认识，学习总结前代的历史文化遗产，创立了自己的思想学说，提出了自己的社会理想。为推行其学说，他适齐，仕鲁，周游列国，积极从事政治活动，创办私学，他广收学徒，诲人不倦、因材施教，传播文化，培养了大量人才。

在封建社会，教育是被官府垄断的，只有官宦人家和富贵人家的孩子才有受教育的权利，穷苦人家的孩子是没有这种资格的。但是孔子创办"私学"，提出"有教无类"，打破了官府、贵族垄断学府的旧面，开私人讲学之风，设立私塾，收授学生。他的学生来自11个诸侯国，有各种出身的人。当时孔子的学费就是粮食和腊肉，有些特别穷的孩子，孔子就免费收徒。孔子教学的内容主要有六个方面："射、御、礼、书、数、乐。"（射即射击、御是驾御马车、礼即礼仪、书是书写、数即算术、乐是音乐）。对于学习的目的，孔子通过弟子的言论提出"学而优则仕"的主张，支持平民出身的学生从政施展才能。在教学方法上，孔子善于发现学生各自在性格和学业上的特点，主张因材施教。他循循善诱，注意启发学生独立思考的能力，激发学生求知的欲望。他还强调学与行结合、学与见闻结合。孔子的教育与实践经验为中国传统教育理论的形成奠定了基础。

孔子学无常师，一生虚心好学。他倡导"知之为知之，不知为不知，是知也"，称"三人行，必有我师焉""择其善者而从之，其不善者而改之""敏而好学，不耻下问"。孔子也向他的学生学习，说"当仁，不让于师"。

孔子的思想学说以"仁"为核心，以"礼"为行为规范，以"中庸"为思想方法。他所提出的社会原则和社会理想包括丰富的多层次的内涵，既维护以君、臣、父、子为核心的宗法等级制度，又强调各级之间应该互相承担的责任和义务，尤其倡导一种从天子到庶人、治世修身都应具有的以"仁""德""忠""恕"为中心的道德精神。他的思想学说具有明显的政治伦理道德化、伦理道德政治化的特点。

　　直到汉代，经过总结秦朝灭亡的教训和对百家各派的选择，汉武帝采取董仲舒提出的"罢黜百家、独尊儒术"之后，孔子思想才被确定为封建社会的正统思想。此后，虽然在封建政权交替转换的时期，孔子的地位时有降低，但是每当新的封建王朝建立，为了巩固统治，当政者又总是给予肯定和抬高。儒家思想的体系本身在历史发展的过程当中，经过不断地发展和改造，变得更加符合"维护封建制度"的需要。因而儒家思想在历时2000多年的封建时代里，始终占支配地位。

　　在儒家思想成为封建社会的统治思想之后，历代帝王为了表示对其开创者的尊崇，不断对孔子加封。汉平帝始封孔子为"褒成宣尼公"，到元武帝时已升为"大成至圣文宣王"，至清初被推崇为"万世师表"。孔子的弟子及其重要传人也受到推崇，如颜回被尊为"复圣"，孟子被尊为"亚圣"。孔子的嫡系在汉高祖时被封为"奉祀君"，至宋代改封为"世袭衍圣公"，且此封号一直延续到民国二十四年，两千年来备受当政者的隆崇和优待。在封爵推崇的同时，历代封建王朝对孔子的尊崇，还以种种物化形态表现出来，经过长期的积累，在孔子故里形成了一批极其珍贵的历史文化遗存，这其中就包括曲阜的三孔。

　　孔子的文化思想对历朝历代产生了巨大影响，也给他的后世子孙带来了无上的荣耀，但是他自己的一生却是相当坎坷的，且他的思想学说，理想抱负在当时都未得以实现。当时正处于春秋战国时期，各诸侯国为了争夺土地、人口和财产，不断进行征战，孔子在鲁国无法实现他的政治抱负，于是在55岁时，他被迫离开鲁国，开始了长达14年的周游列国之行，孔子先后到达齐国、卫国、曹国、宋国、郑国、陈国、蔡国、楚国等诸侯国，所到之处没有国君愿意采纳他的政治主张。在周游列国途中，孔子及其弟子多次遇险，吃尽苦头。孔子68岁时，其学生冉有在鲁国做了大官，他极力向国君鲁哀公推荐孔子，于是鲁哀公派遣季康子以隆重仪式迎接孔子回到了他的故乡。孔子回鲁国后，把主要精力用在潜心教学，整理文献上，直到终老！

　　（链接语：好了各位贵宾，有关孔子的生平事迹暂时先介绍到这里，休息一下！精彩内容我们稍后继续！）

3. 孔府宴

　　孔府宴被称为"天下第一宴"。

　　由于孔家世代尊荣，所以很多王公贵族，便纷纷把自己的女儿嫁入孔家。明弘治年间的太子太傅、吏部尚书、华盖殿大学士、国史总裁李东阳将自己的女儿嫁给了孔子的第62代孙衍圣公孔闻韶做了一品夫人；到了明代正德及嘉靖年间，严嵩取代了李东阳的地位，成为当朝权臣，他上任后也看中了孔府这块招牌，于是把自己的亲孙女嫁给了孔子第64代孙衍圣公孔尚贤为一品夫人；到了清代，乾隆皇帝又将自己的亲生女儿于氏嫁给了孔子第72代孙衍圣公孔宪培为一品夫人。当时乾隆担心自己的女儿在山东吃饭不惯，于是便从皇宫调了大批御用厨师来到山东，并恩赐404件主、副、配和大小器皿组成的"御赐银质礼食大宴食器"。其实，皇帝的担心是多余的，孔府菜世代相传，经久不衰，历史悠久，烹调技艺精湛。自汉初到清末，孔府的历代主人们迎接圣驾、向皇宫进贡、宴请钦差大臣、接待各级祭孔官员，加之府内的婚宴、寿宴、丧礼等高规格的活动繁多，因而孔府设宴频频；再加上衍圣公夫人又多是各地的宦门贵族之女，她们常从娘家把厨师带入孔府，孔府菜更是广泛吸收宫廷、官府和民间烹饪技艺之长，经孔府历代名厨精心创制，在继承传统孔府菜文化的基础上又着意创新，因而孔府菜成为我国烹饪文化宝库中的瑰宝，可谓独树一格。孔府人饮食之讲究、孔府宴之精美，是一般人难以想象的。

孔府菜一菜一式，百菜百味，而且菜菜有掌故，因而吃一次孔府宴，不仅是一次饭食口味上的享受，更是对中国传统文化的深刻体验。由于孔府所接待人员的不同，上自皇帝、王公大臣，下至地方官员、亲朋贵戚以及各种庆典，待客宴席就要根据饮宴者的身份或亲疏而划分成不同规格、不同等级，因而孔府宴可分为三六九等。

第一等是招待皇帝和钦差大臣的，是最高级的酒席，叫"孔府宴会燕菜全席"，又叫"高摆酒席"。就是后人所称的"满汉全席"。历代皇帝和蒋介石、顾祝同、刘峙、孔祥熙、冯玉祥等人受过此种招待。"高摆"是燕菜全席上特有的装饰品，用糯米面做，1尺多高，碗口一般粗的圆柱形摆在四个大银盘中，上面镶满各种细干果，形成绚丽多彩的图案，联起来就是这个酒宴的祝词。做"高摆"就跟绣花一样，四个高摆就需要12名老厨师48小时才能完成。这种酒席还要用特制的"高摆餐具"，瓷的、银的、锡的各种质地都有，都是专套定做的，如果损坏一件，就无法买到配齐，因此每次使用都要安排可靠的人专门照管餐具。餐具的形状有方形的、元宝形的、祥云形的，都是根据府菜的特点设计，餐具中还有一套是带"水池子"的，加热水可保持饭菜长时间不凉。

对最高级酒席，很多资料称之为"满汉宴"。"满汉宴"的餐具是孔府中最珍贵的一套食器，是乾隆皇帝恩赐的"御赐银质礼食大宴食器"，由404件主、副、配和大小器皿组成，可供上196道菜肴的大席之用。由于乾隆皇帝的"满汉姻缘"，又赐高规格的餐具，加之宴席上充实以满族的"全羊带烧烤"等，比汉族的熊掌、驼蹄、燕窝、鱼翅等更别具风味，菜肴更丰盛，形成了"满汉全席宴"。

满汉全席是烹饪史上一颗灿烂的明珠，是南北厨师精心设计、千锤百炼的烹饪大作。但由于满汉全席过于铺张、挥霍，至20世纪80年代中期国内尚未有办过。据说香港曾有人举办，一席即需港币10万元（1986年前的折算）。全席196道菜，若10个人，要整整吃四天，才能把全部菜品尝完。

第二等是平时寿日、节日、婚丧、祭日和接待贵宾用的"鱼翅四大件"和"海参三大件"宴席。菜肴随宴席种类确定，什么席，首个大件就上什么；大件之后还要跟两个配伍的行件。如鱼翅四大件：开始先上八个盘（干果、鲜果各四），而后上第一个大件鱼翅，接着跟两个炒菜行件；第二个上鸭子大件跟两个海味行件；第三个上鲌鱼大件，跟两个淡菜行件；第四个上甘甜大件，如苹果罐子，后跟两个行菜，如：冰糖银耳、糖炸鱼排。少顷，上两盘点心，一甜一咸。接着再上饭菜四个（四个瓷鼓子，如果上一品锅，可代替四个瓷鼓子。因为锅内有四样：白松鸡、南煎丸子加油菜、栗子烧白菜、烧什锦鹅脖），之后四个素菜，紧跟四碟小菜，最后上面食。

最低等的酒席是给府内仆人们吃的，仆人们不能上桌吃饭，在前上房的大院子里搭起天棚，地上铺上新炕席，仆人席地而坐，围成圆圈，叫作"坐席"。每一"桌"席有十碗菜，这种菜的规格叫"十大碗"，据一张"十大碗"的菜单记载，这十大碗菜有：海参、鱼肚、红肉、清鸡丝、瓦块鱼、白肉、肉饼、海米白菜、八仙汤、甜饭。孔府内的饭菜也不都是山珍海味，有一套"公爷饭"食谱，就是六个普通菜，还有咸糊糊、煎饼、山芋、咸菜，都是山东农村老百姓的日常食品，但经过细做而成。

孔府菜最大的特点是文化含量高，命名极为讲究。有的取名古朴典雅，富有诗意，如"诗礼银杏""阳关三叠""黄鹏迎春"。有的是投其所好，引人入胜，如"带子上朝""玉带虾仁"。有的名称用以赞颂其家世之荣耀或表达吉祥如意，如"一品锅""福、禄、寿、喜""万寿无疆""吉祥如意""全家平安""年年有余"等。

4. 内孔与外孔

在曲阜，孔姓人口约占总人口的1/3，但是并不是姓孔的人都是孔子的子孙后代。孔姓有内孔和外孔之分。因为在孔家的历史上，曾发生过一次差点篡改了孔家历史的事件。孔子第四十二代孙泗水主簿孔光嗣，收留了一个叫刘末的病孩子和他的父亲。父亲进府当差，改姓孔，刘末因此改为孔末。孔末有病，孔家为孔末治病，治好后让他在府内当差。孔末很会揣摩主人的心思，因此深得主人喜欢，对他委以重任，不料孔末见主人仁慈好欺，竟然联合一帮歹人杀害了主人，取而代之。这还不算，孔末还想斩草除根，杀害当时只有几岁的孔子第四十三代孙孔仁玉。恰巧当日孔仁玉跟着他母亲去了外祖母张家，孔末便带人追到张家。张家有一个小孩，是仁玉的舅舅，跟仁玉一般年龄，而且两个小孩都是秃头发。张母便将自己的孩子跟孔仁玉换了衣服，替仁玉被杀。之后张母和孔仁玉以母子相称，抚养仁玉长大成人。后来孔仁玉考中科举，向皇帝奏明事情的原委。皇帝派人查明属实，诛杀孔末，命孔仁玉继承孔家爵位，孔仁玉被孔家尊称为"中兴祖"，这也是家庙里供奉除了孔子、孔鲤和孔伋之外还供奉孔子第四十三代孙孔仁玉的缘故。孔末的后代搬出孔府后称为"外孔"，而孔仁玉的后代被称为"内孔"。

中华民国南京国民政府行政院长、财政部长、银行家及富商孔祥熙是孔子的第七十五代孙，当代人民学习的典范孔繁森是孔子的第七十四代孙，乒乓名将孔令辉是孔子的第七十六代孙。

5. 曲阜市区简介

曲阜位于山东省的西南部，是济宁的一个县级市，东临泗水，西接兖州，南接邹城，北靠宁阳，东西宽25千米，南北长35.8千米，总面积为896平方千米。曲阜地势东北高、西南低，境内河流均自东向西流淌，自古就有"圣人门前水倒流"之说。

曲阜历史悠久，文化灿烂。早在五六千年前，我们的祖先就在这里生活了，中国历史上早期最著名的人物都与此地有关：黄帝生于寿丘（曲阜城东8千米处）；舜帝于寿丘作什器；炎帝、少昊建都于此。

曲阜是周朝时期鲁国国都。鲁国是曲阜历史上的黄金时期，是当时除周王朝首都镐京外，全国文化最发达、周礼保存最完整的诸侯国。特别是春秋末期，孔子在鲁国聚徒讲学，鲁国俨然成了全国的教育中心。所以，人们至今用"鲁"作为山东省的简称。

曲阜是我国古代伟大的思想家、教育家、儒家学派创始人孔子的故乡。同时也是"坐怀不乱"的柳下惠及"木匠的祖师爷"鲁班的故乡。1982年被国务院公布为首批历史文化名城,在中国漫长的封建社会,一直是人们心目中的圣地名城,被西方人士誉为"东方耶路撒冷",也是世界四大圣城之一。

"曲阜"之名最早见于《礼记》,东汉应劭解释道:"鲁城中有阜,委曲长七八里,故名曲阜。"阜在古代是城墙的意思,意思是城墙很长,城池很大。可见在两千多年前这里就是一座大的城市。鲁顷公24年(前249年),楚国灭鲁国,设鲁县。隋开皇四年(584年)定名为汶阳,隋开皇十六年(596年),更名为曲阜。宋代因黄帝诞生于曲阜的寿丘,故改名为仙源县。金代恢复曲阜县名。1986年,经国务院批准撤县制,改为省辖县级市,始称"曲阜市",属于济宁市代管。曲阜市的市树是桧柏,市花是兰花,市鸟是鹭鸶。

漫步在曲阜城市街头,精致的仿古建筑、完好的文化遗址和丰富的文化遗存,让我们能够真实地体验到两千多年前的民俗风貌。城市建筑古朴、雅致,无论是宾馆、商场、办事机构或者居民房屋,采用的都是青石灰瓦,跟三孔建筑群和谐交织在一起。为显示孔庙及其大成殿的雄伟高大,曲阜规定在曲阜老城中建筑均不可超过大成殿的高度。曲阜老城区中交通工具也是仿古模样,没有公共汽车,有的都是马拉车和人力三轮车,一是为了环保,二是突出鲁国古城的文化氛围。

曲阜这座古老的城市,不旱不涝,没有乌鸦,也没有蛇。元兵突袭中原、日军侵华,都没有波及曲阜来,这是否都可以归功于那位伟大的思想家、教育家,儒家学派的创始人孔子先生!

三、曲阜至泰安途中导游讲解知识示范

1. 开场

各位贵宾,参观游览完三孔之后,我们就要赶往下一个城市泰安了,从曲阜到泰安大约1个小时的车程。在这里,我简单给大家介绍一下即将要到达的城市泰安以及明天上午我们要参观游览的泰山,让大家对泰安和泰山有一个大体的认识,并让大家提前了解一下登山的注意事项,为明天登览泰山做好充分的准备。

2. 泰安概况

说起泰安,它的名字源于泰山,古语讲:"泰山安则天下安,泰山安则四海皆安",泰安的寓意即为"国泰民安"。这是一座古老而又神秘的城市,曾有先秦七十二帝王、秦至清十二位皇帝来此祈求国泰民安;这是一座令人向往和流连忘返的城市,神奇秀丽的自然风光,悠久灿烂的人文景观,每年吸引数千万游客来此观光游览;这是一座平安祥和的城市,它的名字和国家的康泰平安联系在一起。

泰安位于山东省中部,北依山东省会济南,南临孔子故里曲阜。7761平方千米的土地上滋养了563.5万[①]泰安人民,现在泰安境内设泰山区、岱岳区两区,新泰市、肥城市两市,宁阳县、东平县两县。

泰安历史悠久,早在5万年前就有人类生息繁衍;6000年前,汶河两岸的氏族部落便创造了繁盛的大汶口文化。上古时期,泰山被视作神山,帝王频频前来巡狩、祭祀,在山下专门设置了管理泰山的行政机构,称作"岱岳镇"。夏商时期,泰安一带称作"博邑",

---

① 资料来源:百度百科,截止到2019年底数字。

分属青州和徐州；周代时隶属齐、鲁两国。秦朝时归齐郡。西汉初设泰山郡，隶属兖州刺史部。金大定二十二年（1182年）设泰安州。明代隶济南府。清代雍正时创制泰安府，隶山东行省。中华人民共和国成立后，1950年5月，泰山、泰西两专署合并为泰安专属，驻泰城。1985年3月撤销泰安地区，原县级泰安市升格为地级市，实行市管县体制。

泰安是国家公布的第一批对外开放旅游城市，也是著名的历史文化名城，具有悠久的历史和灿烂的文化。大自然的造化形成了泰山雄伟壮丽的自然景观，长期的人文积淀造就了独具特色的"泰山文化"。泰山被誉为"五岳之首"，历代帝王封禅祭祀，百姓朝山进香不断，儒释道和谐发展，成为古老华夏文明的重要发祥地和中华民族精神的象征；泰山之阳的大汶口遗址是大汶口文化的代表遗址和命名地，生动体现了泰山地区由母系氏族向父系氏族过渡以及原始社会解体、阶级社会诞生的繁荣景象。它的发现和确立，为山东地区的龙山文化找到了渊源，成为华夏文明史上一个重要的里程碑。

改革开放以来，泰安全面实施经济国际化战略，吸引了大量国内外资金和技术，在文化、交通、经济、旅游等多个方面全面发展。

如今，山城一体的泰安大地，利用齐鲁文化的优势，依托泰山，大力发展文化产业。以泰山石敢当习俗、泰山皮影戏、山东梆子等非物质文化遗产为重点的传统文化事业不断推陈出新；广播影视、报业出版等文化产业发展强劲；诸多重量级旅游文化项目相继落成，成为泰安文化产业和旅游经济新的亮点。

"济南府人全，泰安州神全"，咱们再来了解一下泰安的神仙。仙山圣境纳众仙，也许因为泰山的绝妙景色，也许因为泰山是传说中的"通天之路"，连神仙们也争相择此聚居。

泰山诸神可以归结为五大类：原始神、道教神、佛门神、儒家神和民间神。其中"三位主神"分别为东岳大帝、碧霞元君以及泰山石敢当。东岳大帝的神位在泰山下的岱庙，传说东岳大帝掌管着万物的发育生长和人"生死转化"的大权。相传农历三月二十八为东岳大帝的生日，这一天必有盛大的"泰山庙会"，届时岱庙内外香火鼎盛，人头攒动，民间杂耍、曲艺、土特农产品也都挤进了庙会；碧霞元君是泰山上最显赫的神灵，被民间称为"泰山奶奶"或"泰山老母"。善男信女们赋予了碧霞元君掌生死、主丰欠、管生育、避灾祸等众多权力，被称为"万能的女神"，正如顾颉刚先生所言"碧霞元君是北方一般香客心目中的女皇"；泰山石敢当属于道教中的物灵神，道教认为，万物有灵，天地山川花草树木等，其珍奇灵异者，皆有神性。泰山石敢当就是镇妖驱魔保平安的灵石神。

各位朋友，接下来，我再来给大家介绍一下泰安的名吃。泰安物华天宝，物产众多。其中最负盛名的要数泰安煎饼了，煎饼卷大葱已成了山东人的招牌。而新泰市的楼德镇被评为"中国煎饼第一镇"；泰安久负盛名的还有"泰安三美"，即白菜、豆腐、水，这三样听上去很平常，但与别处的确有不同之处。泰安白菜指的是特有的白菜品种——黄芽白菜，据古药书记载："白菜为齐鲁之地遍产之，惟岱岳镇者为最上。"黄芽白菜出水少，易熟烂，汤浑白，味道十分鲜美，自古以来泰山脚下的酒店和农家盛宴无不选用黄芽白菜作为席菜。泰山的水低矿化度、高氧洁净、硬度低，有利于人们的身体健康，《泰山药物志》甚至把泰山的水列为药材，用它做出的豆腐具有浆细水多、质嫩不流、洁白如雪、味道甘美、富有弹性、久煮不老不糊等特点，可谓是"看似明晃晃，似水又不淌"，因此被乾隆皇帝誉为"神豆腐";再如宁阳的团铃枣、新泰天宝镇的樱桃、肥城的佛桃都闻名全国,是泰安著名的特产。

3. 泰山概况

泰山地处华北大平原的东缘,位于国家级旅游热线"一山一水一圣人"的中心位置。泰山绵延200多千米,宛若一道绿色屏障,横亘于齐鲁大地上。我国唐代著名的诗人杜甫《望岳》诗中:"岱宗夫如何?齐鲁青未了。造化钟神秀,阴阳割昏晓。荡胸生层云,决眦入归鸟。会当凌绝顶,一览众山小。"形象描述了泰山的气势。

天下名山,五岳当先;五岳之尊,首推泰山。泰山的名字形神兼备,寓意深刻。仅仅一个泰字,不但突出了泰山雄伟高大、峻极于天的外在形貌,还阐发出了国泰民安的深刻内涵。

泰山,古称东岳,又名岱山,面积426平方千米,海拔1545米,被誉为"五岳之首"。自古以来,巍巍泰山不仅是文人墨客吟唱之所,更是历代帝王封禅祭天的"神山""圣山"。五千年丰富的历史文化内涵,使它成为中华民族的精神象征,华夏历史的文化缩影。1982年,泰山被国务院列为第一批国家级重点风景名胜区,1987年被联合国教科文组织列为世界自然与文化双重遗产。2006年9月被列入"世界地质公园"名录,同年底成为我国首批66个5A景区之一。作为自然与文化双重遗产的泰山,不但受到众多科学家的高度重视,也获得了无数旅游者的喜爱,还被誉为"中国摩崖刻石博物馆""活着的世界自然遗产"等。

泰山海拔高度并不高,在五岳名山中次于华山、恒山,高度仅排第三位,但是泰山却被称为"五岳之首""五岳独尊",又成为历代帝王登封告祭之地,这是为什么呢?

第一,从地理位置上看,泰山地处辽阔坦荡的华北平原东缘,以"拔地通天之姿,擎天捧日之势"巍然屹立在齐鲁大地上,在人们视觉上显得格外高大。

第二,从历史文化角度看,来到泰山封禅或祭祀的君王以及无数的文人墨客给泰山留下了丰富的历史文化印迹,这是其他任何一座山所不能比拟的。西汉著名史学家、文学家司马迁曾发出"人固有一死,或重于泰山,或轻于鸿毛"的感叹,而"稳如泰山""重于泰山"等无形的思想意识在人们心目中深深扎根,无意中人们已经将泰山视为中华民族伟大崇高的象征。

第三,泰山地处东方,东方是太阳升起的地方,古人即认为东方是万物交替之所,初春发生之地,因此东方就成了生命之源、希望和吉祥的象征。所以古代先民就把东岳视为神灵,把山神作为祈求风调雨顺的对象来崇拜,地处东方的泰山便成了"万物孕育之所""吉祥之山"。受天命而成为帝王的"天子"更把泰山看成国家统一和权利的象征,为答谢天帝,他们来到泰山封禅、祭祀,祈求社稷稳定、江山永固。泰山的重要地位不言而喻。

泰山不仅以雄伟壮丽、文化灿烂驰名中外,而且还以物产丰富、药材品种众多著称于世。据近代泰山名医高宗岳编纂的《泰山药物志》记载,泰山有特产药物60余种,通产药物500余味,其中何首乌、四叶参、黄精和紫草被中医药界誉为"泰山四大名药"。泰山赤灵芝,民间称灵芝草,是著名的泰山特产,为我国医药宝库中的珍品,是地道名贵药材,自古以来灵芝被称为仙草,有"吃了泰山灵芝草,返老还童人不老"的说法。

随着车子的不断前行，我们现在已经来到了泰山脚下，在这里给大家讲一下登山注意事项：①登山游览安全第一，大家要遵循"走路不看景，看景不走路"的原则。②为了更好地游览，大家最好不要单独行动，一定不要擅自另辟路线，以免迷路或发生意想不到的情况。③山上的文物古迹是不可再生资源，我们大家要注意保护。④大家要协助景区做好防火工作，不要吸烟。这样不但对您的身体有好处，而且无形当中还对景区做出了贡献。⑤下山时是在南天门乘缆车到中天门，然后换乘环山车到天外村，我们的旅游车在天外村停车场等着大家。⑥泰山上下温差较大，尤其到了山顶，山风较凉，所以大家可以根据情况带挡风外套。好了，请各位带好自己的物品，我们下车了！

四、灵岩寺至济南遥墙机场途中导游员欢送词示范

尊敬的各位领导，四天的行程马上就要结束了。在这四天里，我们游览了天下第一泉风景区，感受了天下第一泉趵突泉的神韵，品读了大明湖畔乾隆皇帝邂逅夏雨荷的浪漫；"千年古刹"灵岩寺的宋代彩色泥塑罗汉像让我们震撼，"五岳独尊"的泰山，让我们醉心期间，东方圣城曲阜的儒家思想学说开启了我们的心智，"天下第一庙"孔庙、"天下第一家"孔府、"世界最大的私人家族墓地"孔林，穿越千年的历史，向我们展示了曲阜这座古老城市的岁月和沧桑。

这是魅力的四天，这是迷人的四天，这是终生难以忘怀的四天！和大家一起共同度过的美好时光将深深留在我的记忆里！

时间过得真快，现在就要跟各位领导说再见了。也许我不是最好的导游员，但是各位领导却是我遇见的最好的客人，能和最好的客人一起度过这难忘的几天是我的荣幸和骄傲。在这次旅游过程中，如果我有做得不到位的地方，还请大家多多包涵并期盼领导们多提宝贵意见！我衷心地感谢各位领导这几天来对我工作的支持、配合和帮助。最后真心地祝各位领导一路平安！在以后的日子里万事如意，天天快乐！欢迎您再到"好客山东"做客！谢谢！

任务三　景区（点）主要知识示范

一、天下第一泉风景区之"趵突泉景区"主要知识示范

（一）趵突泉景区概况

济南天下第一泉风景区位于山东省省会济南市的市中心，位置优越、交通便利。天下第一泉风景区由"一河（护城河）一湖（大明湖）三泉（趵突泉、黑虎泉、五龙潭三大泉群）四园（趵突泉景区、环城景区、五龙潭景区、大明湖景区）"组成，总面积3.1平方千米，是集独特的自然山水景观和深厚的历史文化底蕴于一体的精品旅游景区，是国家5A级景区，是泉城特色标志区的重要组成部分。

趵突泉景区是天下第一泉风景区的核心组成部分，建于1956年，因景区内有趵突泉而得名。趵突泉景区总面积有10.5公顷（约158亩），是一座以天然泉水为主要景观，融合江南园林特色，具有鲜明民族风格的自然山水景区。

项目七 | 经典地接旅游线路产品模拟导游知识

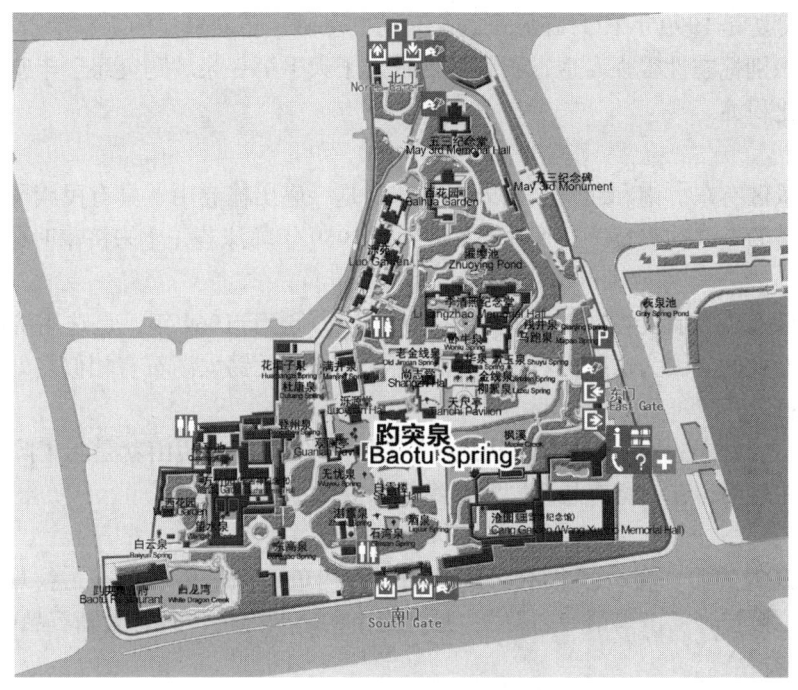

图 7-1 趵突泉景区导览图

趵突泉为济南七十二名泉之冠，被誉为"天下第一泉"，与其附近的金线泉、漱玉泉、柳絮泉、马跑泉等 20 多处泉组成趵突泉泉群。

在中国古代文献中，趵突泉是我国最早有记录的泉。根据 2002 年考古专家从河南安阳出土的甲骨文的考证，早在公元前 1541 年，趵突泉就已经有文字记载了①。

趵突泉水水质洁净，清冽甘美，水温四季恒定在 18℃ 左右，三座泉眼浪花飞溅。"趵突腾空"为济南古八景之首。

（二）趵突泉景区主要景点知识

1. 趵突胜境坊

在进入景区东门之前，首先看到的便是位于东门口的趵突胜境坊。这座牌坊在泉城广场中轴延长线上，与广场的泉标也就是济南市的标志遥相对应。为济南增加了一道亮丽的风景线。

牌坊高 7.5 米，宽 9.2 米，两面各悬空挑出 1.5 米，这种造型在中国古代建筑中称为"四柱三间冲天挑担式"。牌坊的用料采用的是质地坚硬的莱州芝麻白沙石，由一整块石雕刻构造而成，总用石量达到 30 吨。石坊上雕刻着巨龙附柱与游龙戏水，灵动浩气。柱下由石鼓夹抱，稳固坚定，防风防震。

在磨光的牌坊正面、背面花岗石上分别刻了"趵突胜境"和"观澜知源"八个凹形贴金大字。"趵突胜境"这 4 个大字是由当时 93 岁高龄的全国著名书法家武中奇先生题写的。"观澜知源"则是由时年 80 岁高龄的蒋维崧先生题写的。

---

① 资料来源：百度百科 http://baike.baidu.com/view/4621.htm。

趵突胜境坊是1999年10月在原来趵突泉坊的基础上重新修建的。整个石坊气势博大、宏伟壮观，识别标志性很强。透过石牌坊展现出了天下第一泉"趵突泉"丰富的历史内涵和深厚的文化积淀。

2. 东门

趵突泉景区有东、南和北三个出入门。东门是一座出檐卷山、具有民族风格的卷棚式建筑。大门匾额上"趵突泉"3个贴金大字，是1959年郭沫若先生来济南时题写的。

3. 假山

进入景区东门，首先映入眼帘的就是这座假山，建于1964年，是选用济南南部山区的石头构筑而成的。因为这些山石的石质、色泽与江苏无锡太湖石有相似之处，所以被称为"北太湖石"。

"障景"是我国古典造园艺术手法之一，这里迎门建造的假山就是为了障景，即把园中的美景挡在后面，让人留有悬念，激起继续参观的欲望。

4. 龟石

这一块高耸的石头是一块很有名的太湖石，叫龟石。它姿态优美，纹理自然，高4米，重8吨，被誉为"济南第一名石"，是济南市的镇城之宝，具有太湖石品中的瘦、皱、透、漏、秀的特点。

龟石的来历和元代中国著名的散曲家张养浩有关。张养浩字希孟，号云庄，山东济南人，是唐朝著名宰相张九龄的后裔。张养浩的代表作散曲《潼关怀古》感人至深，这是他赴陕西救灾途经潼关所作的，特别是此散曲中的"兴，百姓苦！亡，百姓苦"几乎成为千古绝唱。

张养浩酷爱自然山川，弃官归隐济南后与山猿、野鹤、山石为友。根据记载，他的一生曾经收藏过十块著名的太湖石，其中四块根据形状分别命名为龙、凤、龟、麟，总称为四大灵石，到现在其他三块灵石都已不知所在，只留下了这一块龟石。来这里游客都喜欢在此留影，一是为纪念著名的散曲作家，二是取延年益寿之意。

5. 马跑泉

这处泉水叫马跑泉。南宋建炎三年（1129年），金兵逼临济南城下，当时的守将刘豫想叛逃投金，他的部下关胜坚决反对，刘豫便设计陷害关胜，让他出城迎战金兵。当关胜走出城门，刘豫即刻关闭城门，并在城上射箭，关胜受内外夹攻而牺牲。关胜的战马见主人被杀，怒哮愤腾，刨地出泉，所以这个泉子命名为"马刨泉"，跑此处读（páo）即走兽用蹄刨地，真是"刨地出泉烈士马，当年碧血漾清波，淙淙千古一溪水，犹唱将军爱国歌"。

在由二十多处泉水组成的趵突泉群里，马跑泉和趵突泉的关系十分紧密，可以说马跑泉是趵突泉的晴雨表，只要马跑泉有水流出，趵突泉就一定会喷涌。

6. 漱玉泉

这一汪清泉名字叫漱玉泉，是趵突泉泉群中一个常年有水的泉。背面石头栏杆上"漱玉泉"3个大字是已故的近代济南书画家关友声的手笔。

相传，宋代著名词人李清照经常在泉边梳洗打扮，构思词句，古代把女子的牙齿称为玉，所以取名漱玉泉。

7. 李清照纪念堂

李清照纪念堂 这是一组具有古典风格的建筑，门上"李清照纪念堂"6个大字是郭沫若先生的手迹。纪念堂的原址是清朝山东巡抚丁宝桢祠堂，1956年趵突泉景区建设时根据史书"李清照故居在漱玉泉边"的记载，将丁宝桢祠堂改建为李清照纪念堂。经过屡次维修和扩建，李清照纪念堂从原来占地300平方米扩大到现在的4000多平方米，所有建筑都具有宋代风格，堂阁亭台，溪水环绕，是国内面积最大的李清照纪念堂。

迎门屏风上面有郭沫若先生于1959年为李清照题的词，前面是"一代词人"，后面是"传诵千秋"。这两句话取自郭沫若为李清照写的一首诗《题济南李清照故居》，全诗是这样的："一代词人有旧居，半生漂泊憾何如，冷清今日成轰烈，传诵千秋是著书。"

院落里种植的芭蕉、海棠和桂花等都是李清照生前十分喜欢的植物。

纪念堂正厅门前抱柱上有郭沫若先生题写的木刻楹联，上联"大明湖畔趵突泉边故居在垂杨深处"，下联"漱玉集中金石录里文采有后主遗风。"上联讲的是李清照故居所处的优美环境，下联讲的是李清照写的词集以及她为丈夫赵明诚的《金石录》所作的序具有南唐后主李煜的风格，提到李煜自然就联想到了这位伤感皇帝留下的千古名句"问君能有几多愁，恰似一江春水向东流"。

纪念堂正厅中的这尊塑像就是李清照，由山东菏泽著名的雕塑家王昭善创作。后墙东部这幅画是李清照31岁时的画像。

李清照蜡像馆 蜡像馆把这位著名宋代词作家的人生划分为四个部分，用四组蜡像表现出来。

第一部分是父母教诲。李清照（1084—1151），号易安居士，山东济南人。她的父亲李格非是宋朝的礼部员外郎，博学多才，精通经史，尤其擅长散文，师从唐宋八大家之一的苏轼。母亲是状元王拱辰的孙女，知书善文。出生在这样一个上层士大夫家庭，自幼受到父母双亲的熏陶，加上李清照资质聪慧，酷爱读书，为其成为著名的文学艺术家和蜚声文坛的女词人奠定了坚实的基础。

第二部分叫词坛绽秀。李清照才华横溢，博学多能，受到当朝文人黄庭坚、周邦彦和张耒等人的赞扬，这一组蜡像展示的是李清照和当朝著名文人探讨诗词的场景。

第三部分为志同道合。公元1101年，李清照18岁，与赵明诚结婚。赵明诚是丞相赵挺之的第三个儿子，宋代著名的金石学者。婚后夫妻恩爱，志同道合，除作诗填词外，还收集金石书画，并著有《金石录》一书。在创作形式上，李清照善于运用白描手法塑造鲜明生动的艺术形象，语言清丽动人、明白流畅，文学史上称为"易安体"，对后世影响很大。在词学评论上，她强调协律，崇尚典雅、情致，要求严格划清诗和词的界限，反对以作诗的方法来作词。在名家辈出的宋代词坛上，李清照独树一帜，成为词人中最杰出的代表之一，后世有人称之为"词圣"。

李清照一生奋笔不辍，著述很多。原有《易安居士文集》七集，《李易安集》十二卷，可惜这些作品多已散佚，现仅存《漱玉词》一卷及其他零星著作。由于李清照前期与丈夫过着悠闲的生活，而且赵明诚经常外出，因此李清照前期的作品，多是歌颂自然和描写男女之间的爱情。如《如梦令》《怨王孙》等。她的《一剪梅》是新婚不久因思念远游的丈夫而作的，词中写道："花自飘零水自流，一种相思，两处闲愁。此情无计可消除，才下眉头，却上心头。"可见其相思之苦。《醉花阴》一词中她写道："薄雾浓云愁永昼，瑞脑消金兽。佳节又重阳，玉枕纱橱，半夜凉初透。东篱把酒黄昏后，有暗香盈袖。莫道不销魂，帘卷西风，人比黄花瘦。"

第四部分是流寓江南。公元1127年，金兵入侵中原，国家南迁，夫妇两个人也随同移居江南，不久丈夫赵明诚病逝，这给李清照沉重打击。赵明诚去世后第三年，李清照嫁给一个名叫张如舟当朝官员，婚后三个月，李清照发现张如舟是一个贪官，就告发了他，并且同他离婚，在当时的时代，这需要多大的勇气！当时国破家亡、夫死物失、恶语中伤一起向她袭来，李清照在离乱和贫困中度过了凄凉的晚年。所以后期李清照的作品主要是悲叹身世，抒发精神上的凄苦，如《声声慢》："寻寻觅觅，冷冷清清，凄凄惨惨戚戚……这次第，怎一个愁字了得？"梁启超曾评价这首词"一字一泪，都是咬着牙根咽下"。

从大的环境上看，晚年李清照的这种沉痛，并不仅仅是个人感情的一种表达。在大宋王朝的大好河山被拱手让敌的大背景下，个人生活又经历如此的波折，让这个有爱国心的文弱女子表达出了对国家衰亡的莫大沉痛。她的爱国主义精神，在流传至今的《夏日绝句》中展现得淋漓尽致："生当作人杰，死亦为鬼雄，至今思项羽，不肯过江东"，慷慨激昂，正义凛然，以宁死不肯渡乌江的项羽来讽刺当时仓皇南逃、不敢收复失地的南宋政府。孑然一身的李清照，晚年的生活十分凄凉。有关她的记载截止到73岁，究竟她已于该年辞世，或是又活了更多的时日，已无从知晓。但是，这位旷世女词人美轮美奂的词句和高风亮节的情操却将永世流传。

8. 名泉景区

这个不大的地盘上，分布着许多名泉，所以称为名泉区。

金线泉　金线是难得一见的泉水景观。实际上，这眼泉水是由两个泉构成的，泉水从泉池的两边向中间对流，且势力相当，于是就在中间形成一条线，在光线的照耀下闪闪发光，给人一种神秘的感觉。景色很美，却不轻易示人。曾巩有诗："云依美藻争成缕，月照灵漪巧上弦"可以说明当年他是在月光下看到金线的；而元好问则没有这么幸运，他在金线泉徘徊几日，却始终与金线无缘，只好带着遗憾离去。

皇华泉　名字源于《诗经·小雅·皇皇者华》中的"皇皇者华"之句。古时国君派遣使臣外出，所到之处皆受到隆重接待。因其带着国君的光华而来，故称使臣为"皇华使"，使臣所驻馆舍称"皇华馆"。皇华泉是为歌颂哪朝哪位使节而得名，没有确切考证。《墨子·尚贤下》则记载皇华泉是为了弘扬舜的丰功伟绩而名。

天尺亭　泉池南边为天尺亭，整个建筑格局为内盆外池。内盆中央有圆形石台，青瓦彩栋的三角亭就嵌建其上。亭为三角形，因此其楹联为三联。依次为"水底洞天巧侧脉，城西泉上最关情，历下灵源永相思。"此联作者为徐北文。外池石雕护栏嵌有30块二龙戏珠透雕图案栏板。圆形池壁内有9个石刻龙头，清透的泉水从仰天的龙口中喷出。石雕护栏外的黑色大理石面上，转圈刻着济南七十二泉的金字泉名。

卧牛泉　传说古时泉水流量很大，常有金牛在此饮水，横卧于此而得名。

老金线泉　是最初出现金线的泉池。后来金线不见了，在刚才看到的金线泉出现，此处便为老金线泉。

柳絮泉　水盛时，泉水上涌，池面上泉沫翻飞，如同春日柳絮飞舞，泉因此而得名。

9. 三大殿

这组建筑是三大殿景区。最初这里是著名文学家、唐宋八大家之一的曾巩建设的泺源、历山二堂。现在看到的建筑是清朝重新修建的。三座建筑坐北朝南，在同一中轴线上。

北殿 原来叫"斗母宫"，现在改名叫"三圣殿"，祭祀中国古代部落联盟首领尧、舜、禹。"趵突腾飞，三泉歌唱尧舜禹；中华昌盛，万代长明日月星。"是济南著名学者徐北文教授所撰、朱学达先生所书楹联于堂前抱柱之上。

中殿 中殿为娥英祠。上方匾额"娥英祠"三字是吴富恒所写，祠堂是为了纪念舜的两位妃子娥皇、女英而建。堂前"琴瑟友之，钟鼓乐；凤凰归矣，潇湘吟。"为济南著名学者徐北文教授所撰书楹联。供奉舜帝二位妃子的塑像于其中，墙面壁画惟妙惟肖、栩栩如生。

南殿 南殿称"泺源堂"，始建于北宋年间，现为清代重建。原为吕祖庙，历经多次整修。泺源就是泺水源头的意思。泺水是一条古代河流的名字，水源就是前面的趵突泉，当时河向北流至泺口入另外一条名叫济水的古河。趵突泉水流出时有落差，因此"泺"作河流名称时读 luò，这就是泺水名称的来源。公园南边的这条大街也据此起名叫泺源大街。泺源堂里陈列有很多图片，反映了不同年代趵突泉的喷涌状况，另外还有济南其他名泉的图片。

泺源堂的楹柱上悬挂的木刻楹联，是元代画家、书法家赵孟頫的咏泉的佳句，上联是"云雾润蒸华不注"，下联是"波涛声震大明湖"，字体是魏体，是当代著名书法家金棻先生书写。楹联淋漓尽致地把趵突泉的特点表达了出来。华不注是一座山的名字，位于济南东北部，因山势陡峭可以跟西安的华山媲美，故称小华山。趵突泉水常年恒温，保持在摄氏 18 度，冬天时室外非常寒冷，最冷时可达零下十几度，温差相差很大。这时趵突泉的水面上形成一层水汽，水汽蒙蒙上升，把远处的华不注山都给遮住了；下联写的是趵突泉喷涌的轰鸣声在大明湖畔都可以听到。

双御碑 在泺源堂和娥英祠之间用玻璃罩起来的这幢碑叫双御碑。清朝的二位祖孙皇帝康熙和乾隆曾经多次游览趵突泉，两人都对趵突泉赞不绝口。康熙皇帝（1684 年）游览趵突泉后题词"激湍"，描写了趵突泉喷涌的气势；乾隆皇帝（1748 年）游览趵突泉后，专门写一首"再题趵突泉作"的诗，对趵突泉的美景给予了极高的评价。因为两个皇帝在同一块碑上题过字，所以起名叫"双御碑"，这种样式全国罕见。

10. 趵突泉主泉区

这里就是闻名天下的趵突泉主泉区。

趵突泉有着悠久的历史。在三千五百多年前的甲骨文上就有这个泉水的记载。根据其他文献，春秋时期，鲁桓公十八年（前 694 年）曾经在这里"会齐侯"。公元 6 世纪，北魏郦道元《水经注》中记载"泺水出历城县故城西南"，在《水经注》第八卷上讲"泉源上奋，水涌若轮"。北宋时称为"槛泉""瀑流"，直到宋代文学家曾巩才开始正式称作"趵突泉"。清朝作家刘鹗在他的作品《老残游记》写道："三股大泉，从池底冒出，翻上水面有二三尺高。"水流在旺季时高度可以达到刘鹗看到的 2 倍。所以"趵突腾空"列济南古八景之首。由于景观奇特，被历代文人赞咏。但对趵突泉描写最好的当数老舍先生的

《趵突泉的欣赏》，这篇文章的节选就在泉池的南面。

碑刻 靠近观澜亭附近有几块石碑。这块"趵突泉"碑上的"趵突泉"的3个字是明代山东巡抚胡缵宗题写的，"突"字少了两点，这里有三种说法：第一种说法是因为它是大书法家胡缵宗所写，正所谓名家手下无错字，就这么保留下来了；第二种说法是说，它表达了人们希望趵突泉永远喷涌，没有尽头的美好祝福，故意写成这样；第三种说法流传最广，也最为人们所津津乐道，当年趵突泉喷涌的势头太旺盛了，把突字的点给冲掉了，顺着泉水流到大明湖去了。在大明湖，您可以看到"明"字的"日"字上多了一个小横，有人就说，这就是趵突泉漂过来的"点"！"观澜"碑上的"观澜"二字是明代山东布政使张钦书写的；"第一泉"三字是清代道光年间出生在济南的举人王钟霖题写的。

当年乾隆皇帝在北京时，觉得北京颐和园以西2千米的玉泉水好喝，封为第一泉。南下江南时，随从就带了玉泉的泉水供他在路上饮用。但是来到趵突泉，品尝了泉水后，发现趵突泉水比北京玉泉的泉水还要好喝，于是把玉泉更名为"玉泉趵突"，封趵突泉为天下第一泉，并让随从倒掉了玉泉水，换上趵突泉水。用趵突泉的水泡茶则味醇色鲜，是济南的一道风味，素有"不饮趵突水，空负济南游"之说。

观澜亭 趵突泉西边的亭子叫"观澜亭"，是观赏趵突泉的绝佳位置。亭名取自《孟子·尽心》里的"观水有术，必观其澜"之义。"观澜亭"三个字是明代书法家邢侗所写。当年乾隆皇帝来济南时就在那里观赏趵突泉水，1953年毛泽东主席来济南时也在那里观赏趵突泉。观澜亭上的楹联是张养浩的诗句，"三尺不消平地雪，四时长吼半空雷"，道出了趵突泉的喷涌气势，楹联由我国著名书法家武中奇题写。

来鹤桥 桥最初是历城知县张鹤鸣建立的木桥，1956年公园建立时改为石桥。桥头的牌坊上写有"蓬山旧迹"，另一面写有"洞天福地"。中国古代传说海中有蓬莱、方丈、瀛洲三座仙山，都是可望而不可即的。人们来到趵突泉，看到趵突泉的三股水柱，就像海中的三座仙山一样，也是可望而不可即的，猛然醒悟，原来仙山在此，所以立"蓬山旧迹"坊。

在这里可以拜读一下老舍先生的文章《趵突泉的欣赏》：

泉太好了。泉池差不多是见方的，三个泉口偏西，北边便是条小溪，流向西门去。看那三个大泉，一年四季，昼夜不停，老那么翻滚。你立定呆呆地看三分钟，你便觉出自然的伟大，使你再不敢正眼去看。永远那么纯洁，永远那么活泼，永远那么鲜明，冒，冒，冒，永不疲乏，永不退缩，只有自然有这样的力量！冬天更好，泉上起了一片热气，白而轻软，在深绿的长的水藻上飘荡着，不由你不想起一种近乎神秘的境界。

池边还有小泉呢，有的像大鱼吐水，极轻快地上来一串水泡；有的像一串明珠，走到中途又歪下去，真像一串珍珠在水里斜放着；有的半天才上来一个水泡，大，扁一点，慢慢的，有姿态的，摇动上来，碎了；看，又来了一个！有的好几串小碎珠一齐挤上来，像一朵攒得很整齐的珠花，雪白。有的……这比那大泉还更有味。

11. 白雪楼

白雪楼是明朝万历年间山东布政使叶梦熊为了纪念李攀龙修建的。李攀龙，字于鳞，号沧溟居士，济南历城人，是明代著名的文学家，"后七子"（李攀龙、王世贞、谢榛、宗臣、梁有誉、徐中行、吴国伦）之首。他倡导文学复古运动，写下了不少脍炙人口的五言、七言诗句,著有《沧溟先生集》。他考中进士后,曾在陕西任提学副使,明世宗嘉靖三十七年(1558年)辞职东归,筑楼于鲍山山下和大明湖畔,均称"白雪楼",后倾圮。叶梦熊为纪念他,亦在趵突泉畔建楼,仍名为"白雪楼"。

白雪楼为卷棚歇山式布瓦(筒板瓦)两层园林古建筑,正面悬山出厦,背面设计戏台。其彩画样式是在采用苏式彩画的基础上融入地方特色的杂式彩画。此楼主体300平方米,为带戏台式二层古建筑。楼的四周绿水环绕,山石掩映,相邻有湛露泉、酒泉、石湾泉,微风徐徐,景色清幽。白雪楼的楼上檐下悬挂白底黑字木匾,上书"白雪楼"三字,上款"嘉庆八年三月",下款"英山金光悌书"。门匾"泺源讲社"四字为山东著名书法家魏启后所写。门外两边抱柱楹联:"人拟古今双学士,天开图画两瀛洲",为明代济南诗人边习(字仲学)的诗联,由当代书画家孙墨龙书。

正厅内是李攀龙的全身坐姿铜像,他低眉紧蹙,似在沉思。两边柱上有楹联,上联"白雪曲高传异域",上款"公元一九九七年孟夏书句",下联"泉源上奋汇沧溟",款题"徐北文撰联并书"。铜像背后檐檩上悬匾,为吴富恒题书"大东风雅"。厅内还有其他当代名人所题写撰刻的诗文匾额。墙上挂的大幅《沧溟先生会友图》,再现了当年李攀龙先生传诵词诗的盛景。

北面的白雪楼大戏台是与白雪楼同期建造的二层连体建筑,总面积为100余平方米,前面出厦,落地木槅,红柱花窗,古朴典雅。戏台长6米,宽12米,两边楹联"百花齐放,推陈出新"为毛泽东主席手书,匾额"振兴京剧艺术,弘扬民族文化"为时任总书记的江泽民手书。二楼匾额"履无咎盦"为清代名家刘墉书写。这里经常演出京剧、吕剧、曲艺等多种剧目,全国梨园名家多次临台献艺,已成为戏曲文化的活动场所,这里也是全国群众文化的典范之地。

12. 万竹园

万竹园位于趵突泉西邻,占地有1.2万平方米,有3处庭院,13个院落,房屋186间。院内有望水泉,东高泉,白云泉等名泉,还有4亭、5桥、1处花园。它是吸取北京王府、南方庭院、济南四合院的建筑风格而形成的古建筑庭院,是一处独具风格的园林胜景,园中的木雕、砖雕和石雕被称为万竹园三绝。

万竹园这个名字最早见于元朝。明朝隆庆四年(1570年),当时体察黎民,敢于直言的宰相殷士儋被人排挤,归隐济南,在园中筑亭疏泉,广植花木,又将张养浩生前所喜爱的太湖石"十友"之一"龙石"迁来园中,将万竹园改名为"通乐园",平日与李攀龙、许邦才等文人读经论史,并对登门求教的学生讲学论文,在这里写有《金舆山房稿》十四卷。清康熙年间济南著名诗人王苹认购了这个园林,改名为"二十四泉草堂",取园内望水泉居济南名泉第二十四位之意。王苹一生坎坷,嗜古好学,特别致力于诗,曾谢绝交游,闭门苦吟,因而他的诗为王渔洋等人所欣赏,并广为赞誉,一时声誉鹊起,著有《二十四泉草堂集》及《蓼村集》。到了清末民初,山东督军兼省长张怀芝奉袁世凯的授意为袁总统修建生祠选中这里。期间由于袁总统忙于做皇帝对山东建祠堂不感兴趣,张怀芝就乘机建立了私人住宅。为了满足居住、办公、娱乐、宴客的需要,他邀集江南江北的能工巧匠,并动用军队,历时10年之久,建成今天这样的规模。新中国成立后,张怀芝的后代把万竹园卖给了国家,政府整修后于1984年5月1日开放,1985年又恢复和改建了西花园，并起用了原名"万竹园"，成为趵突泉公园里的园中园。

万竹园由四个院落组成，前、东、西三院呈品字形排列，花园位于西部。园区建设时充分利用泉水丰富的条件，在北方四合院的基础上，借用江南古典园林的造景手法，在有限的面积内，仿效自然，移天缩地，小中见大。按照使用功能的要求，全园被划分成若干小景区，每区都具有主题和特色。空间构图突出了对比效果，组合成有大有小、有开有合、有高有低、有明有暗、丰富多彩的空间。各空间互相穿插、渗透，运用借景和对景手法，增加丰富空间层次，达到步移景异的妙处。

水的运用更是别具匠心，泉水穿厅入户，环绕于建筑物之中，将房屋，花木，山水融为一体。有溪流，有泉池，动静相应。形成院院相通、渠渠相连、楼堂层层、流水潆洄的景观。

万竹园的建筑均古香古色，朴实雅致，厅堂馆榭潜意赋形，兼顾点缀湖山，体量虽多，却以轻快、玲珑为胜。既有轩敞的厅堂，又有幽静的斋馆。主要建筑全都规则排列在轴线上，自南而北，形成一条优美的透视线，园中空间环环相扣，层层相因，使人有深邃之感。室内以隔扇、花隔墙、屏风进行划分，使变化更有层次。院内回廊逶迤，院间多采用垂花门或异形门。关门闭户，各院自成一体。建筑装修色彩淡雅，雕刻精美，富有变化。

万竹园的植物栽培以竹为基调，树种疏密相间。院内各有主题花木，如玉兰院、石榴院、海棠院、木瓜院、杏院等，各不相同。1993年，万竹园被收入《中国传统民居建筑》图集。它无论是园林艺术，还是历史文物，都是一份宝贵的文化遗产。

李苦禅纪念馆位于万竹园内，共有18个展室，常年展出李苦禅遗作和生前收藏的书画文物400余件，有《红梅怒放图》《晴雪图》《墨竹图》《盛夏图》等精品。其中最大的作品《盛夏图》面积达到21平方米，而且是李苦禅在84岁高龄时绘制的，这在写意花鸟画史上是罕见的。

李苦禅（1899—1983）原名李英，中国当代杰出的书画艺术家、美术教育家。曾受教于徐悲鸿、齐白石的门下，是齐白石的第一个学生，也是最得意的一个学生。1922年在北京国立艺专学习，这期间经常在晚间拉洋车维持生活，为此，同学林一卢赠他"苦禅"二字为名，苦，即苦难的经历；禅，即禅宗画（即写意画）。1925年毕业于北京国立艺专，先后在北京师范学校、保定第二师范、杭州艺专等学校从事国画教育。中华人民共和国成立后，任中央美术协会理事、政协第五、第六届全国委员会委员。

李苦禅大师出生于山东高唐县一个贫苦农民的家庭。他幼年受到民间画师的启蒙，青年时代，他刻苦研究民族绘画的优良传统，融汇西方技法为我所用，师法古人而又独辟蹊径，创造性地走出了自己的艺术道路，形成了自己独特的艺术风格。李苦禅大师在长达半个世纪的艺术生涯中，创作了许多艺术珍品，树立了大写意花鸟画的一代风范。大师的书法古拙苍劲，韵味深厚，与其画互为表里，相得益彰。中国大写意画坛素有"南潘北李"之说，南潘指的是浙江书画家潘天寿。李苦禅纪念馆是中国书画家纪念馆联馆会员，是全国最大的书画纪念馆之一。

13. 南大门

趵突泉景区南大门建于1995年，是一座仿宋建筑。它建筑面积1575平方米，气势恢宏、壮观,被园林专家们称为"中国园林第一门"。

迎门匾额上的"趵突泉"3字取自乾隆皇帝手迹。两侧抱柱上的楹联"济上林泉此处允称绝胜,域内圣哲仲尼乃为独尊",由山东大学教授吉常宏撰联,著名书法家蒋维崧题写,意思是说:在济南众多的泉水中趵突泉为名泉之冠,先秦圣人中孔子独占鳌头。此门又叫泺源门,因临近泺水源头而得名,泺源门3个字是集王羲之的字。

二、天下第一泉风景区之"大明湖风景名胜区"主要知识示范

(一)大明湖风景名胜区概况

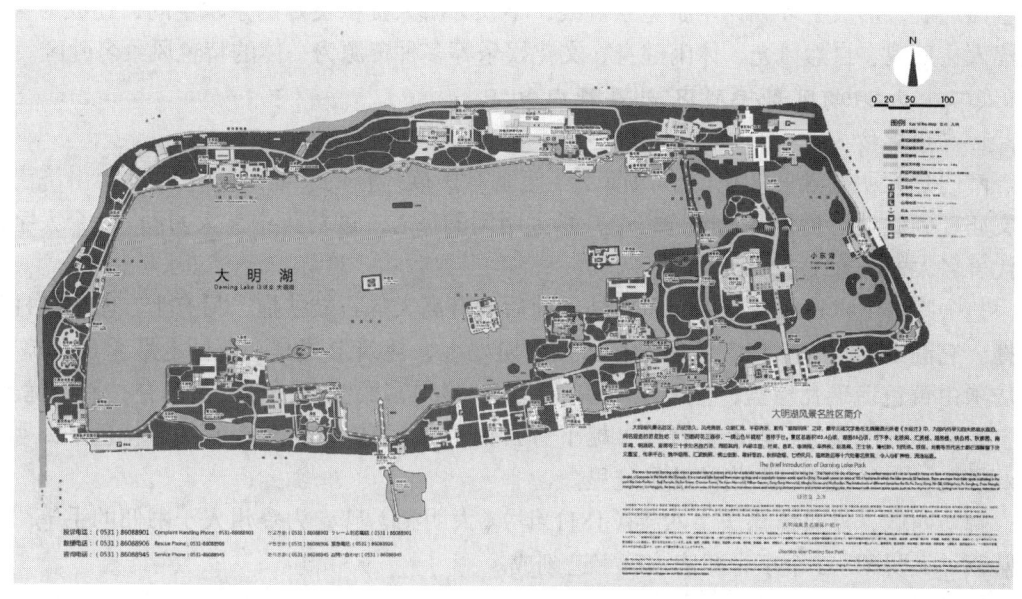

图7-2　大明湖风景名胜区导游图

大明湖风景名胜区位于泉城特色风貌带核心区域,是天下第一泉风景区的重要组成部分。湖水是由城区内四大泉群的泉水汇集而成,水源充足,有"众泉汇流"之说,这在全国独一无二。平均水深2米,最深处约4米,是繁华都市中一处难得的天然湖泊,素有"泉城明珠"的美誉。

大明湖在1958年开辟为公园并对游人开放。在济南古八景中,大明湖景区就有四景:鹊华烟雨、明湖泛舟、历下秋风和汇波晚照。

大明湖最早见于文字记载是在北魏地理学家郦道元的《水经注》中,至今已经有1500多年的历史了。这里水陆美景连绵不断,自古以来就是名人雅士聚集览胜之地。唐代大诗人杜甫曾在历下亭饮酒赋诗:"海右此亭古,济南名士多";意大利大旅行家马可·波罗在《中国游记》中写道:"园林美丽,堪悦心目,山色湖光,应接不暇";刘凤诰和铁保曾在小沧浪亭前诗酒话别,留下了"四面荷花三面柳,一城山色半城湖"的赞誉;还有曾巩、苏轼、苏辙、晁补之、元好问、蒲松龄、赵孟頫、张养浩、李攀龙、王象春、王士禛、刘鹗、郭沫若、老舍等历代名士都为其美景所陶醉,在湖畔留下诗文墨宝,传颂千古。

大明湖曾有多次修缮拓展,2004—2009年的扩建改造工程是其中规模最大的一次。

大明湖新扩建区域主要位于南岸，本次扩建于2009年9月21日正式完成并对外开放。景区面积由原来的74公顷扩大到103.4公顷。新建区域重点塑造的八大景观（稼轩悠韵、明昌晨钟、竹港清风、曾堤萦水、秋柳含烟、七桥风月、超然致远、鸟啼绿荫）与明湖旧十景（汇波晚照、明湖秋月、佛山倒影、遐园好音、沧浪荷韵、画船烟波、丹坊耀日、历下秋风、钟鸣蛙静、柳岸春深）完美融合，整个景区呈现出曲径通幽、溪桥相映、草木葱茏、瑞鸟翔集等内容丰富、层次分明的优质景观效果，虽由人作，宛若天成，匠心独具，巧夺天工。

扩建后的大明湖，由"园中湖"变成了名副其实的"城中湖"，同时实现了与环城河的全面通航，形成了环湖休闲游览景观线，不仅为游人提供良好的亲水空间，还成为一处汇集人文景观、自然风光、休闲健身、文化娱乐等多种资源为一体的特色风景名胜区。

（二）大明湖风景名胜区主要景点知识

1. 南门牌坊

南门是大明湖景区的正门，门前是一座富有民族风格的彩绘牌坊，1952年由济南府学文庙迁到此处，整个建筑金碧辉煌，是大明湖的标志。牌坊正中"大明湖"3个大字是清代著名大书法家于书佃题写的。

整个牌坊由六根红柱支撑，每根柱子前后均有高大的石鼓挟抱，另有十二根朱红柱为斜撑。它高8.3米，阔14.7米，立在石砌台阶之上，建筑形式是"五间七踩重昂单檐"。牌坊顶由黄色琉璃瓦覆盖，呈"三阶错落"式，显得富丽堂皇；它飞檐起脊，造型优美，脊上和微翘的檐角上，各饰有脊兽；檐下有云头斗拱承托，使建筑极富民族特色。大明湖的八景之一"丹坊耀日"指的就是这里。

牌坊西侧，立有清嘉庆十六年（1811年）《大明湖》碑，为登州人于书佃的手笔。牌坊匾额"大明湖"3个字，即依该碑字迹刻成。

2. 遐园

遐园是一座民族形式的古典庭园，被誉为"济南第一标准庭院"。

这里原为清代科举考试贡院旧址，1900年取消科举考试制度后废弃。当时任山东提学使的罗正钧曾出国考察，回来后欲效仿西方文化教育，在1908年请山东巡抚袁树勋奏请清政府，在原来贡院的位置建立图书馆以开启民智，经朝廷核准之后，于清宣统元年（1909年）罗正钧亲自主持在大明湖西南角仿照浙江宁波著名藏书楼天一阁的形式建造了图书馆，并于当年12月16日落成，取名遐园。罗正钧兼任坐办（馆长），成为全国建立最早的省级图书馆之一。

遐园在始建之时，其宏丽优雅不比天一阁逊色，故有"南阁北园"之誉。

遐园内西北角长廊的墙壁上，嵌有宋以来的石刻。其中最著名的是岳飞书写的诸葛亮前后《出师表》，刻工精细，狂草飞舞，堪称艺术珍品。

3. 辛稼轩纪念祠

辛稼轩纪念祠是为纪念南宋爱国英雄、豪放派词人辛弃疾而建的，是一组古代官署型建筑，始建于清光绪三十年（1904年），原是为李鸿章所建的祠，称为李公祠。1961年修建为辛稼轩纪念祠。1964年陈毅在大明湖亲题"辛稼轩纪念祠"匾额。1995年被济南市政府定为爱国主义教育基地。

辛弃疾（1140—1207），字幼安，号稼轩，济南历城人，是我国历史上有名的抗金英雄，是南宋著名的爱国词人和文学家，其与苏轼并称为"苏辛"，为豪放派之魁首。

辛稼轩纪念祠占地1400平方米，祠堂坐北朝南，三进院落，在同一中轴线上，结构紧凑，严谨古朴。祠院的大门正中悬挂着陈毅手书的"辛稼轩纪念祠"匾额。祠堂前抱柱上还有郭沫若先生于1959年题写的楹联，上联是：铁板铜琶继东坡高唱大江东去（称赞他的词像铁板铜琶琶弹奏的音乐一样，非常有力，气势磅礴，继苏东坡之后又创作了"大江东去"豪放风格的词）；下联是：美芹悲黍冀南宋莫随鸿雁南飞（展现了辛弃疾忧国忧民，壮志难酬的爱国情怀）。

祠堂内的铜塑像就是辛弃疾，是雕塑家张昆仑所做。展橱内陈列着辛弃疾的生平介绍和他的代表作以及后人研究他的重要文献资料。两侧陈列着辛弃疾生平大事简表、生平活动示意图以及辛弃疾的故里、旧居和陵墓遗迹等照片资料。

4. 铁公祠

概况　铁公祠位于大明湖北岸西端，是一座亭廊环绕的园中园，为纪念明代兵部尚书铁铉而建。始建年代不详，清乾隆五十七年（1792年），山东盐运使阿林保重建。由铁公祠堂、小沧浪亭等景点组成，是一座民族形式的庭园。

西圆门内两侧楹联　清嘉庆九年（1804年）夏，乾隆进士、山东提督学政、文学家刘凤诰期满回京前，受当时的山东巡抚、书法家铁保邀请同游大明湖，并于铁公祠的小沧浪亭设宴话别，面对艳丽的明湖景色，刘氏兴致勃然，即席赋得联语"四面荷花三面柳，一城山色半城湖"。铁保闻后无比兴奋，即席书，后镌刻石镶嵌于园内西廊壁间。此联石刻至今嵌在庭园西圆门内两侧，已成为形容济南古城风貌的名联佳句。

小沧浪亭　是清乾隆五十七年（1792年）仿照苏州沧浪亭的设计风格建造的，是由水榭、湖滨回廊、八角亭、荷花池等组成的亭园，其名典取自屈原的《楚辞·渔父》："沧浪之水清兮，可以濯吾缨；沧浪之水浊兮，可以濯吾足。"

小沧浪水榭檐下悬清道光年间山东巡抚觉罗崇恩题"小沧浪亭"匾额。水榭前楹柱上楹联："垂柳轻摇沧浪外，佛山倒映明湖中"是由山东著名书画家关友声先生书写。

铁公祠堂　位于庭院中央偏西北处，大门上"铁公祠"匾额是清代大书法家翁方纲题写的。门柱上有清代文人严正琅对联："湖尚称明问燕子龙孙不堪回首，公真是铁为景忠方烈差许同心"，表达了后人对铁铉爱国忠君的敬仰之情。

祠堂内1.2米高的石砌台上置铁铉铜像，像高2.3米，重1.8吨，仿古青铜色。铁公着明代文官服饰，冠带袍笏，双眉微蹙，面带愁戚，人物传神，栩栩如生，造像以传统手法与现代雕塑相结合，较好地刻画了人物性格与内心世界。堂内墙上嵌有古今书法家手书石刻八方，真、行、草、篆、魏碑各有千秋，功力深厚。

铁公原名铁铉，自幼聪明好学，深得明太祖朱元璋的赏识，赐字为"鼎石"。朱元璋的孙子朱允炆继位后，任命铁铉为山东参政，后提升为兵部尚书。靖难之役后被朱棣俘获处死，那年37岁。乾隆来济南时，为了宣扬铁铉的忠心，在这里修建了铁公祠。现在看到的铁公祠是1996年铁铉的二十二世孙铁明正出资修建的。

5. 历下亭

历下亭，又称古历亭，因最初建在历山，也就是现在济南南部的千佛山脚下而得名。

具体建造年代不详，几多变迁。唐朝时在现今五龙潭附近。今天看到的历下亭是清康熙三十二年（1693年），由济南知府李兴祖重建并移到湖心岛上的，1965年时进行了大规模的改建。

门上楹联："海右此亭古，济南名士多"为《陪李北海宴历下亭》中的诗句，楹联由何绍基书写。唐天宝四年（745年），著名诗人杜甫来齐州看望时任主簿的弟弟杜颖，途经济南，与当时由青州赶来宴请他的北海太守、大书法家李邕同游大明湖，并宴饮历下亭，席间，李邕盛赞杜甫祖父杜审言的诗作，杜甫即兴作诗一首《陪李北海宴历下亭》，历下亭由此得名。

岛上有一座八角攒尖重檐式的亭子，红柱青瓦，斗拱承托，饰以吻兽，蔚为大观。上面的匾额"历下亭"3个大字为清乾隆皇帝手书。

后面的建筑为"名士轩"，其中的"名"字多了一点，"士"字多了两点，共多了三点，这是清朝文学家和画家朱庆元先生在此游览后题写的，他的意思是希望济南的名士多点、多点、再多点。门前抱厦上楹联为郭沫若先生所题，上联是"杨柳春风万方极乐"，下联是"芙蕖秋月一片大明"。轩内有李邕、杜甫以及济南其他名人的石刻画像，神态自然，栩栩如生。

6. 北极阁

北极阁也叫北极庙，也称真武庙，是济南市区最大的道教庙宇。从地面向上延伸到北极阁大门的这段台阶正好有三十六级，符合道教中所阐述的三十六洞天、七十二福地的说法。

北极阁高耸于7米台基之上，建于元至元十七年（1280年）。明朝及以后有多次修建，至今已经有700多年的历史了。现在看到的建筑是1981年重修的，占地1078平方米。由钟楼、鼓楼、正殿、后殿、庑殿和门厅等建筑组成。

大门上的"北极阁"3个大字由周福森书写，门口前的楹联："宫中下见南山尽，城上平临北斗悬"形象地描述了北极阁高峻的地势。

正殿真武庙里供奉真武大帝，真武原名玄武，是道教的四方神之一，中国传统说法中真武是镇守北方的神，北方神主水，而济南多水，人们把真武大帝供奉在大明湖畔就是希望他能镇住水里的妖魔鬼怪。正殿中央神龛内供奉真武大帝的金身坐像，高2.5米，神龛上面高悬"位极天枢"黑底金字巨匾。真武大帝威武端庄，彩塑金童玉女侍立左右，供案上有长方形的铜铸龟蛇合体造型，是真武大帝手下的龟蛇二将，铸造于明代嘉靖年间。神龛前下方为火（执旗）、水（持剑）、龟（吞魔）、蛇（杀魔）四大将领。神龛的左边为持剑的青龙、持鞭的赵天君、持大刀的关天君、持金球的仙真、持枪的风伯和持锤錾（zàn）的雷公；神龛的右边为持枪的白虎、持三尖两刃刀的马天君、持狼牙棒的瘟天君、持笏板的仙曹、持宝葫芦的雨师、持铜镜的电母。塑像形态各异，栩栩如生。殿内东西两侧壁上，绘有关于真武大帝传奇故事的壁画：从真武辞别父母到深山跟"真人"刻苦学道，直到修炼成仙，最后玉皇大帝派仙人把他接到天宫，封为北方之神。故事情节曲折有趣，引人入胜。

正殿后面的这座大殿是启圣殿（父母殿），明成化初年（1465年）德王朱见麟建。殿内中央供奉真武大帝父母坐像，左右两侧有玉女立像。殿内墙上绘有演奏、舞蹈、献果等祝寿场面的壁画。上方的匾额上书有"父母天长",取"天长地久"之意,祝愿父母长寿,是艺术大师刘海粟1983年88岁来济南时的题字。落款为"年方八八",其含义是:在父母殿中,有父母在,儿女永不言老。

7. 南丰祠

概况 南丰祠在大明湖东北岸,原名曾公祠,是为纪念"唐宋八大家"之一的曾巩而建。

曾巩(1019—1083),字子固,北宋昌都(今江西南丰)人,世称"南丰先生",宋神宗熙宁四年(1071年)六月,由越州(今浙江绍兴)调任齐州知州,熙宁六年(1073年)二月,奉命调任襄州(今湖北襄阳市),在济南仅1年8个月时间。他任(齐州知州)济南太守期间,主要做了三件大事:除暴安良,惩治恶霸;构建亭馆(趵突泉畔的泺源、历山二堂,大明湖周围的百花堤、北渚亭等),美化齐州;疏通河道,筑城防水,整治西湖(修筑北水门,筑建百花堤,构建七桥)。曾巩深得齐州人民爱戴,以至当他调离济南时,"州人闭门绝桥留之,至夜乘间乃得去"。

今日的南丰祠为四面封闭、清静幽雅的中国古典式庭园,由祠堂、戏厅、雨荷厅、明昌钟等建筑构成。西门上的"南丰祠"3个大字由武中奇题写;门前抱柱上有对联:"作湖山一日主人看万脉奔流诸峰罗列,历唐宋百年过客有少陵诗笔曾巩文章。"

南丰戏楼 为济南市区乃至山东省内现存最大的清代戏楼。门口有楹联:"书韵如闻小玉唱,茶香留待老残游。"戏楼由戏台和看台组成,南为戏台,东西为看台,台分两层,均有木梯可登,上下均可摆桌看戏品茶。

曾巩祠堂 建于1994年,祠堂门上的"南丰祠"3个大字由朱学达题写,门前抱柱楹联为:"北宋一灯传作者,南丰两字属先生。"祠堂内的曾巩雕像是由高2.5米,直径1.1米的千年古樟树雕刻而成。雕像高2米,重约1吨。雕像上曾巩峨冠博带,宽袍大袖,手持书卷,栩栩如生,很好地体现了曾巩的文人气质和儒吏风度。

明昌钟亭 明昌钟亭居于南丰祠内高4.2米的石砌晏公台上,1993年5月1日建,亭呈方形,四面八柱,两层飞檐,红柱青瓦,点金彩绘,上有宝顶,上下八个檐角均悬风铃。亭内悬挂重8000公斤的铁钟,铸造于金章宗明昌年间(1190—1196年),距今有800多年历史。铁钟铸造浑厚精湛,造型壮观,虽经金、元、明、清几代风雨沧桑,依旧光亮圆润,声音雄浑清越,被誉为"齐鲁第一钟"。钟亭上,"明昌钟亭"匾额是由魏启后先生题写,楹联"金钟鸣处蛙声静,碧月升时客梦清"是徐北文先生撰写的。

雨荷厅 这个三间四面的长亭就是雨荷厅,是济南的文人墨客们在这里欣赏风景、吟诗作画的地方。红柱青瓦,檐角高翘,花格门窗,门前对联:"山色只宜远处看,竹香时向静中闻。"周有环廊坐栏,并有"凹"形曲池环绕北、东、西三面,池水荡荡,清荷满池。

最初时名字叫四面亭。前些年,电视剧《还珠格格》热播后改名为雨荷厅。《还珠格格》中关于乾隆与济南姑娘夏雨荷的爱情故事就发生在这里。乾隆皇帝南下江南途经济南,在大明湖认识了夏雨荷,二人相爱。后来乾隆皇帝离开了雨荷,并答应她会回来找她,但是最后乾隆皇帝却始终没有回来,雨荷很失望,在她临终时,她把这件事告诉了女儿紫薇,要她去找她的父亲乾隆。在《还珠格格》中留下了最触动人心的台词:"等了一辈子，恨了一辈子，怨了一辈子，想了一辈子，可依然感激上苍，让我有这个可等、可恨、可怨、可想的人，否则，生命将会是一口枯井，了无生趣。"

补充资料

关于乾隆皇帝和济南民间女子夏雨荷的动人故事

乾隆辛酉年间，也就是公元1741年夏末秋初，赏荷时节，乾隆皇帝第二次来到大明湖，只见他乔装打扮，微服私游。他看到大明湖"接天莲叶无穷碧，映日荷花别样红"，十分高兴，游兴大发。当他走到大明湖东北角时，忽然听到一阵阵悠扬悦耳的古琴之声于荷柳丛中传出。他循声而至，看到一个四面环水、荷莲围绕的大厅。大厅内摆设古雅，一位淡妆青年女子正在抚琴，琴台旁香烟袅袅。乾隆见这女子生得姿容秀丽，柳眉凤眼，樱口朱唇，胜过宫中佳丽三千，于是心中大悦。与之攀谈，又见该女子知书识礼，谈吐高雅，落落大方。两人谈眼前景致，谈琴棋书画，谈诗词文章，十分投机，大有相见恨晚之感。这女子名夏雨荷，是一书香门第的大家闺秀，世代居住在大明湖畔。当夏雨荷知道这是皇帝造访时，更是受宠若惊，她对乾隆皇帝是十分崇拜的。二人于是成为知己，乾隆皇帝于是在湖畔小住。他们吟诗作画，抚琴弈棋，荡舟游湖，赏荷观雨，其乐陶陶，一来二去，便双双坠入爱河。一日，风雨忽至，二人在雨荷厅内，听雨打荷叶珠落玉盘，看湖上烟雨朦胧缥缈，如诗如画，美不胜收。夏雨荷亲手泡制了荷花茶献给乾隆品尝。这荷花茶是夏雨荷以鲜荷花瓣、嫩荷叶和莲子、冰糖等制成的，非同一般。乾隆尝了一口，满口生香，赞叹不已，说这是他从来没喝过的好茶。他还称赞夏雨荷慧心手巧，同时将随身携带的折扇铺在案头，攒笔蘸墨，勾皴（cūn）点染，在扇上画了一幅"烟雨图"，并题诗一首：

"雨后荷花承恩露，满城春色映朝阳。
大明湖上风光好，泰岳峰高圣泽长。"

写完之后，乾隆郑重地赠予夏雨荷。夏雨荷是极端聪慧伶俐、善解人意的女子，她深知这段情缘恐怕难以长久。为了表明心迹，她在锦帕上写了古乐府诗一首，回赠乾隆，诗曰：

"君当如磐石，妾当如蒲草。蒲草韧如丝，磐石无转移。"

8. 超然楼

超然楼始建于元代，为元代学士李泂（jiǒng）的别墅，《历城县志》记载：李泂建大明湖水面亭后，又建超然楼。清代著名文人蒲松龄也曾在此居住。2007年景区寻其旧址，增其旧制，遍查文史得以重建。重建的超然楼为钢筋混凝土仿木结构，楼阁式古建筑群由超然楼、博艺堂、贺胜斋组成，超然楼建筑面积5673平方米，楼高51.7米，坐落在宽大的花岗石台阶上。超然楼采用了多种铜构件及铜装饰件，很好地提升了整个建筑的装修层次标准和文化内涵，为超然楼成为名副其实的"江北第一楼"打下了坚实的硬件基础。

远远望去，那曲线优美的屋顶交错重叠，轻巧灵动的歇山重檐，鸟翼伸展的檐角，恰似展翅欲飞的大鹏，整座楼结构精巧，布局美观，巍峨挺拔，气势雄浑，不论从哪个角度看，都给人以和谐的快感。超然楼体现济南泉文化、城市园林文化及老济南民俗文化，是济南这座历史文化名城的新地标。迎门匾额"超然楼"和抱柱楹联"寄兴超然物外，承天德化心中。"由大书法家欧阳中石书写。

一楼共分为七个展厅，分别是"泉水之都"展厅、"泉水成因"展厅、"名泉名景"展厅、"市井之泉"展厅、"互动游戏"展厅、"济南园林"展厅和"影视放映"展厅。七个展厅风格各异，内容丰富，虽定位不同，但各具特色，从不同的角度展现了济南泉水文化的内涵和底蕴。

二楼是木雕的世界。进入正门，迎面便是一幅大型木雕作品"泉城揽胜"，匾额由济南著名的书法家陈梗桥先生书写，整幅作品采用的是印尼产的楠木雕刻而成的。整幅作品高8米，宽6米，依据泉城的真实景观来布局，把泉城济南具有特色的景点展示在内，自上而下雕刻有鹊、华二山，有大明湖及历下亭，有趵突泉、五龙潭等五处名泉，有济南的老街巷芙蓉街，有护城河，最下面是佛教圣地千佛山。这样一幅大画置于江北第一楼内，可谓是珠联璧合，相得益彰。作品是由济南美术家吴军、张卫正先生构图设计，由国家非物质文化遗产继承人浙江东阳冯文土先生率领18名工艺雕刻师花费半年时间制作完成。

在四周的墙面上镶嵌着八幅木雕作品，描绘了济南的老八景：锦屏春晓、趵突腾空、佛山赏菊、鹊华烟雨、汇波晚照、明湖泛舟、白云雪霁、历下秋风，八景木雕作品都是选用东北产的椴木雕刻而成，以多层叠雕和高浮雕为主，画面上最多层次达6层之多；这里还展出关友声、张茂才、岳祥舒、黑伯龙、高小岩等近代书画名家的真迹作品；在室内适当的空间，还有鲲鹏展翅、龙吐九鲤、万马奔腾等雕刻以及明湖荷花会大型紫藤壁画。

在电梯的正对面，一棵酸枝木雕刻的白菜放置于此，还有喜鹊和蜗牛刻于其上，取"千福百财"之意，正对电梯寓意开门见财。白菜的后面，是元代画家赵孟頫的《鹊华秋色图》，这是采用德国技术复制放大的，原作长度不到1米，现存于台北"故宫博物院"。

北厅为"老残·济南印象"之老济南的陶艺馆，馆内布局完全按照《老残游记》中的描述所设置。通过陶人的夸张表情、肢体动作、交际活动，配合场景、道具，生动形象地描摹出清末济南的市井风情。大型陶艺群雕艺术展，为青年雕塑家汉方用一年多的时间策划创作完成。

三楼是超然楼赋，正如历史上著名的楼宇，都会有赞美它的佳作传世一样，超然楼也不例外。《超然楼赋》是大明湖集体智慧的结晶。四楼是泰山玉石雕展品；五楼是奇石展；六楼为以观光为主的平台，即超然楼观光的最高处，登上超然楼的六楼，泉城秀姿和明湖无限风光尽收眼底。

9. 七桥风月（鹊华烟雨）

古时大明湖周围，环绕七座桥梁：鹊华、百花、芙蓉、水西、湖西、北池、泺源，七桥风格各异，富有情趣，于是七桥风月便成为一大胜景。

宋以来的文人学士多以此为题，赋诗为文："从此七桥风与月，梦魂常到木兰舟""城外青山城里湖，七桥风月一亭孤"。今日大明湖扩建，由秋柳桥代替泺源桥，其余全部恢复重建，再现七桥风月景观。各式各样的桥连通整个新建区域，呈现出小桥、流水、人家的景致。

鹊华桥是七桥风月景观中最重要的一座。这座桥始建于北宋，是大明湖历史上著名的古桥。站在桥上向北眺望，远处鹊华两山如一对绿裳仙女遥遥对舞，田野阡陌交错，村郭炊烟缭绕，宛若一幅水墨大画，古人称作"鹊华烟雨"，元代大书法家赵孟頫根据回忆绘就《鹊华秋色图》，成为传世佳作。清乾隆皇帝两次登上鹊华桥并作诗以记之。

现如今鹊华桥经过重建后，位于大明湖超然楼南侧。由于城市楼宇的遮挡，站在桥上已经难以见到鹊华二山，但桥畔的明湖美景依旧迷人。

三、泉城广场主要知识示范

（一）泉城广场概况

图 7-3　泉城广场

泉城广场是山东省会济南的中心广场，济南人亲切地称它为"泉城大客厅"，泉城济南素以泉为特色，以山、湖为景，自古以来就有潇洒似江南的美誉，而泉城广场就是将泉、山、湖有机结合在一起的优美画卷。

泉城广场坐落于济南市中心繁华地带，南望千佛山，北依大明湖，西临趵突泉，东眺解放阁；以贯通趵突泉、解放阁的边线为主轴，各功能分区围绕轴线由西向东依次展开，主要由泉标广场、下沉广场、银座购物广场、荷花音乐喷泉、文化长廊等十余部分组成。夜幕降临时，整个泉城广场与其周围的市容市貌、林立的高楼大厦交相辉映，使泉城济南呈现出现代都市不夜城的迷人风貌。

泉城广场曾多次接待党和国家领导人、国外友人及全国各地代表团，是举办各类大型公益性活动和宣传活动的首选之地，是济南乃至山东省的一道亮丽风景线。

（二）泉城广场典型功能区主要知识

1. 泉标及泉标广场

泉标及泉标广场是泉城广场的主要视觉中心。

泉标高 38.11 米，重 170 吨，采用的是纯净的天蓝色，取篆体"泉"字的意象造型，用现代艺术手法加以修改，以曲线为主，并以三股形似清泉的造型有机结合，上有三条曲标，塑造了三股清泉自城中拔地而起，辗转上升，直冲云霄，水天一色的城市景观；泉标中的钛金钢球象征着泉城广场如城市中的明珠，璀璨夺目。

图7-4 泉标

泉标广场地面铺以隐喻城池的图案，"泉"自"城"中磅礴而起；泉标的底部地面镶刻有济南72名泉的名称，并配置72股涌泉及四组泉群，动静互补，极大地丰富了泉标的形象及环境艺术魅力。

泉是济南的灵魂，泉标是泉城的点睛之笔，它昭示着泉城淳朴清雅的地方特色和悠久厚重的历史文化。

2. 荷花音乐喷泉广场

荷花是济南的市花，荷花音乐喷泉广场的喷泉中央是一朵直径8米的不锈钢荷花雕塑，环绕主体荷花的有10个小的不锈钢荷花雕塑，周围还有一圈宽为6米的圆环状旱泉；荷花主喷泉直径5厘米，可以喷射出78米高的水柱，副主喷头可以喷射出28米的水柱。随着音乐的起伏和节奏、色彩、激光的巧妙融合运用，可以变换出40余种水体造型，是泉城广场最具动感的看点。

3. 文化长廊

文化长廊位于泉城广场东侧，是泉城广场东部重要标志性建筑物，也是登高欣赏广场全貌的最佳场所。文化长廊以喷泉为中心，呈圆弧状，南北长150米，高16米，分三层。集中体现了齐鲁文化的博大精深与源远流长。

长廊内设有大舜、管仲、孔丘、孙武、墨翟、孟轲、诸葛亮、王羲之、贾思勰、李清照、戚继光、蒲松龄共12尊历史名人雕塑；在长廊南北两端及西立面柱基上，镶嵌着东方曙光、舜耕历山、伯禽治鲁、太公封齐、管仲霸齐、晏婴谏君、孔子讲学、子贡货殖、孙武兵法、稷下争鸣、孟子游说、鲁班学艺、扁鹊行医、邹衍辩论共14幅浮雕。

四、灵岩寺主要知识示范

(一) 灵岩寺景区概况

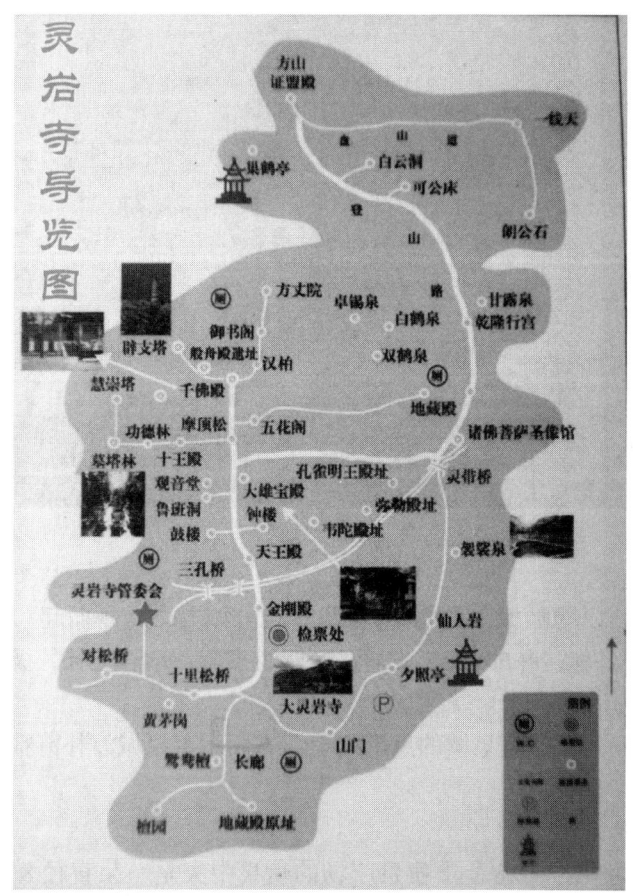

图 7-5 灵岩寺导览图

灵岩寺位于济南市长清区万德镇境内,距 104 国道 8 千米,北距济南约 40 千米,南距泰山主峰约 10 千米,是世界自然与文化遗产泰山的重要组成部分,1982 年被列为全国重点文物保护单位,是国家级风景名胜区和佛教圣地,以悠久的宗教历史和深厚的文化内涵驰名于世,明代文学家、史学家、"后七子"领袖之一的王世贞曾经这样评价过灵岩寺:"游泰山不游灵岩,不成游也。"

灵岩寺所处的山叫灵岩山,是泰山的十二支脉之一。从远处望,灵岩山的主峰犹如一头雄狮蹲伏,因而称为狮山,海拔为 683.7 米。灵岩山的山顶有一巨大岩石,四壁如削,呈方形,所以又被称为方山。因为山顶巨石方方正正,就如古代将军的玉符,北魏郦道元《水经注》中称其为玉符山。曲折起伏的山峦向东西两侧延伸,山前是满目葱茏的灵岩峪,灵岩寺就坐落在山之阳的翠谷之中。

灵岩寺创建于东晋,与东晋著名高僧竺僧朗有关。朗公经常来看望隐居此处的好友张忠,并在此讲授《放光般若经》。根据《神僧传》记载:朗公讲法,每次听者千余人。一次，当讲到精彩之处，山石为动，不住点头。众弟子告诉朗公，朗公说："此山灵也，为我解化，他时涅槃，当埋于此。"灵岩寺由此得名。朗公法师为开山第一祖。

北魏太平真君七年（446年），中国历史上第一次灭佛，灵岩寺废弃；北魏正光年间，法定禅师来到灵岩寺，先在方山北部建了一座神通寺，后来又迁到了方山南面、甘露泉的西边，起名叫"灵岩寺"，恢复了荒废七十多年的寺院，闻名一时。

唐贞观年间，高僧慧崇又将寺迁到现在的位置。经过慧崇高僧及之后的几代住持的辛苦努力，灵岩寺发展很快，麟德二年（665年）唐高宗和武则天皇后到泰山封禅，曾率兵马驻跸灵岩寺十天，可见规模和经济实力非同一般。

唐朝之后的灵岩寺也是几经毁坏，几经修缮扩建，形成了现在的规模，灵岩的名字也一直沿用到今天。

唐朝名相李吉甫把江苏南京的栖霞寺、浙江天台国清寺、湖北当阳（江陵）玉泉寺、山东长清的灵岩寺合称天下寺院"四绝"（或者四大名刹），而灵岩寺位居四绝之首。清乾隆帝在灵岩寺建有行宫，巡视江南时曾8次驻跸灵岩，饱览灵岩风光。

灵岩寺峰峦奇秀，风光旖旎，以风景幽深、泉石秀丽著称于世，素有"灵岩奇异出尘寰，压尽江南万重山"的美誉。寺内古木苍翠、怪石林立、殿宇峥嵘，灵洞曲涧、青峰翠峦环绕着古刹精舍，构成一幅绚丽多彩的画卷。

（二）岩寺景区主要景点知识

1. 金刚殿

灵岩寺的正门叫"金刚殿"，也叫三门殿，因有空门、无相门和无作门三门并立而得名。这座大殿只留空门，旁边两门已经用窗替代。

金刚殿面阔三间，单檐硬山顶。始建于元代，现在的这个大门是清代重修的。殿内现有1985年新塑的金刚两尊，俗称"哼哈二将"。金刚是金中最刚的意思，比喻牢固、锐利、能摧毁一切。传说哼将能哼出黑气，袭人魂魄；哈将能哈出黄气，把人的魂魄击散，杀人于无形中。因此把他们放在门口起到守卫的作用。

金刚殿前立有"大灵岩寺"碑，碑文为元至正三年（1343年）山东廉访副使文书讷所书写。

2. 天王殿

天王殿也叫二山门，因殿内塑有护法四天王而得名。天王殿创建于金末元初，现存的是明代建筑。柱头上有一斗三升斗拱，柱础是复莲式，为宋代的遗物。1994年重塑弥勒佛和四大天王像。

天王殿迎面正中，大肚弥勒佛笑哈哈迎接客人。这里的弥勒佛不是佛教中未来世界的教主弥勒佛，而是中国的布袋和尚契此。有副对联说得好：大肚能容容天下难容之事，开口便笑笑世间可笑之人。

殿内供奉四大护法天王（据印度佛教传说，须弥山腰有一山叫犍陀罗山，此山有四峰，每座山峰各有一王居住，各保护一方天下，所以叫"四大天王"。中国内地的佛教寺院中一般都有四大天王塑像）。白色塑像是东方持国天王，手里拿琵琶司调；青色塑像是南方增长天王，手持宝剑司风；红色塑像是西方广目天王，右手臂上缠绕着一条蛇司顺，其左手呈金刚箍的形状（寓意控制蛇的行为，可以收放自如）；绿色塑像是北方多闻天王，右手持伞司雨，左手拿鸽子（寓意和平）。四大天王合起来就是风调雨顺，寓示"五谷丰登"，这代表了中华民族祈求国泰民安的良好心愿。

俗称"进门拜弥勒，出门拜韦驮"，弥勒佛背面的这尊金刚力士塑像就是韦驮。传说韦驮是南方增长天王手下的一个将军，英勇善战，疾走如飞，堪称佛国第一飞人。相传佛祖火化后，有个"捷疾鬼"突然盗走佛祖的两颗牙齿，被韦驮发现了，韦驮拔脚就追，很快就追上并夺回了佛祖的牙齿，立了大功，从此就专门担当起守护佛祖灵塔的重任。

韦驮手里拿的是一种古印度的兵器，名叫金刚杵。金刚杵的拿法不同，说明寺院的性质不同。灵岩寺的这尊塑像，金刚杵是拄地的，说明寺院是非接待寺，不接待外来的和尚。如果某座寺院韦驮天的金刚杵横拿在手中，就说明这个寺是接待寺，行脚僧可以在这里白吃白喝白住，外来的和尚也可以通过竞争做这里的主持。

3. 大雄宝殿

大雄宝殿创建于宋朝，后多次修缮，原名献殿。在灵岩寺中，大雄宝殿为正殿，是寺僧诵经礼佛之地。里面供奉的主尊就是佛祖释迦牟尼。"大雄"是佛教徒对佛祖的尊称，是说他如同大勇士一样，有神力降伏众魔。由于佛经说他是按绝对真理如实而来，民间习惯上就称他"如来佛"。明代正德年间，鲁藩捐塑三大士像，安放在大殿内，更名为大雄宝殿，现存建筑是清朝中叶建造的。殿内的石柱及柱础是宋代的遗物。枋额彩画形象生动、逼真，充满生活气息。前厦下的木雕非常细致，显示了我国劳动人民的艺术才能。

佛教等级森严。佛祖释迦牟尼是佛教的最高等级，大雄宝殿内正中供奉的是佛祖释迦牟尼；菩萨是第二等级，主要职责就是协助佛祖，拯救在苦海中挣扎的芸芸众生，度他们到西方极乐世界去永享天福。大雄宝殿中位于佛祖左手边的是智慧第一的文殊菩萨，专司佛的智力，他的道场在山西的五台山；位于佛祖右手边的是大行大德的普贤菩萨，助佛弘法传教，他的道场在四川的峨眉山；后面左边的是大慈大悲的观世音菩萨，观世音司职阳间，只要世上有人念诵其名字，她便会观到这个声音，前去救助，所以叫作观世音。只是到了唐代，为了避唐太宗李世民的讳，才简称观音的。民间把她看作大慈大悲、救苦救难的菩萨，她的道场在浙江普陀山；后面右边的是地藏王菩萨，他的职能和观世音相反，其司职阴间，管人死后的事情，就度地狱中的罪鬼，他的道场在安徽九华山。

4. 五花殿遗址

五花殿又名五花阁，位于大雄宝殿以北，是宋景祐年间（1034—1038年），由琼环长老创建的。这座大殿和明清时重修的建筑都毁于火灾。根据《灵岩志》记载："阁架两层龟首四出，备极精工，前人称为'天下第一'。"原来的五花殿全为石料砌筑，上祀三大士：中为观音、左为文殊、右为普贤。四面各五间，各有一个门洞，还有回廊围绕。现存八棱石柱及复莲柱础都是宋代遗物。

补充资料

三大士

"三大士"是指文殊、普贤、观世音。"大士"为梵文的音译，意思是"伟大的人"，是对菩萨的通称。宋徽宗宣和元年（1119年）曾经下诏书，佛改称金仙，菩萨改称大士，僧人改称德士。佛教中最伟大的菩萨是观音、文殊、普贤，所以三位菩萨合称为"三大士"，供奉三位菩萨的佛殿就叫三大士殿。通常情况是观音居中，文殊在左，普贤在右。

5. 摩顶松

五花殿西侧，有一棵千年古树，名字叫"摩顶松"。从外形上判断，这棵树与松树有很大区别，它应该是柏树，不应该是松树。可为什么柏树称为松呢？原来是"柏"与"悲"谐音，因为有人忌讳"悲"字，就改叫松树。后来有人在这棵树西侧栽了柿子树，取"百（柏）事（柿）如意"的谐语，"柏"又转为"百"字。以此吉祥语，向世人祝福。

> 补充资料
>
> **关于摩顶松的传说**
>
> 关于摩顶松的来历，有一个很有趣的民间传说。相传，唐僧往西域取经，临行前，曾来灵岩寺，见寺内有一棵柏树甚为茂盛，玄奘法师抚摩其顶讲："吾西去，汝向西，若归即可东向。"唐僧西去后，树枝果然朝向西方，数年后，西指的树枝忽向东指，寺里的僧人看见之后都讲："吾师回矣，快迎之。"唐僧果然回来了，摩顶松由此得名。
>
> 实际上玄奘和尚从未至此，这种说法只是附会而已。倒是稍晚于玄奘以后有位名叫义净的名僧，也曾赴印度取经，义净是今济南人，在长清境内土窟寺出家，这个传说或许与这位"唐僧"有关吧。

6. 千佛殿

概况 千佛殿是灵岩寺的主体建筑，也是寺内保存最完好、规模较大的一座古建筑，因为殿内墙壁上下各有数量很多高约30厘米的小座佛，所以称为千佛殿。

千佛殿始建于唐贞观年间，由唐代高僧慧崇创建。宋、元、明各代又有扩建重修，现存建筑是明嘉靖年间重建的。

千佛殿建于高大的台基之上，面阔七间，单檐庑殿顶，绿琉璃瓦覆顶。檐下置疏朗宏大的斗拱，错落美观，木棱彩绘华丽，檐角长伸高耸，大有展翅欲飞的雄姿。前檐八根石柱，柱础雕刻有龙、凤、花、叶、水波、莲瓣等纹样，雕工精美，匠心独具，有明显的唐宋风格。抱柱上有清同治年间山东布政使长赓的对联："甘露洒诸天现清净身说平等法，慈航超彼岸以自在力显大神通。"

三身佛 千佛殿内正中塑有通体贴金的"三身佛"，皆结跏趺坐，仪容端庄，衣纹流畅，服饰简洁，具有强烈的艺术感染力。

中为"法身"，指佛先天具有的佛法体现于自身，代表光明普照，名为毗卢遮那佛，通高5.46米，由藤胎髹漆塑造，宋治平二年（1065年）僧人惠从搭船从钱塘运至灵岩。佛像虽然庞大，却非常稳重。毗卢遮那佛端坐在莲花座上，莲花座上有数百支细长花瓣，围成花球状。这莲花座是用江南的藤条做成，有风吹来时，藤条做的花瓣会随风招展，赏心悦目。现在年久失修，花瓣已不能摇动。身后附以火焰形背光，令人敬畏膜拜。

东侧为"报身",即一切妄想彻底断除、智慧圆满之身,名卢舍那佛,通高3.87米,为明成化年间孙海通发愿募施,用5000斤铜铸成。

西为"应身",表示随缘教化各种不同众生的佛身,名为释迦牟尼佛,通高3.67米,也为铜质,明嘉靖年间,贾信施资用铜5000斤铸造。

罗汉 千佛殿内最为观光者和专家们称道的是四十尊彩色泥塑罗汉像。这些塑像皆坐于80厘米高的砖砌束腰座上,罗汉头顶距座面高度在105~110厘米。罗汉是梵语译音阿罗汉的略称,小乘佛教认为,阿罗汉不是神,是依照佛的指示修行成正果的人,即罗汉果,获此果者长生不老,免受轮回转世之苦,人最高只能修成阿罗汉。大乘佛教认为,阿罗汉的果位次于菩萨,职责为协助佛和菩萨普救世人,有500罗汉之多,其中玄奘也是500罗汉之一。最重要的是18罗汉。无疑,罗汉是佛徒中的佼佼者,老百姓把他们视作力量和吉祥的象征。

殿内罗汉塑像以现实人物为基础,多是高僧祖师。罗汉都是按照稍大于真人的比例塑造的,技法精湛,线条流畅,比例匀称,色彩浓淡适度。泥塑罗汉身上的桩銮用的是朱砂红、黄丹、雄黄、石绿、大青、天蓝、茄皮等天然矿物质颜料涂饰,不仅色彩浓淡适宜,而且永不褪色。

这尊罗汉像黑面隆鼻、盘腿阖目,一副身倦头蓬的样子,似乎是在表现他长途跋涉的艰辛。他就是南北朝时期从印度渡海来到中国的禅宗祖师达摩高僧。

这尊罗汉是位中年僧人,他左手托起一方陈旧的蓝手帕,右手的两个手指好像正从手帕里拿出一样东西,双眉紧蹙,喉结突起,甚至喉结下边两个凹下去的小坑也清晰可见,说明这位大师不仅是位多愁善感的僧人,而且睹物生情而悲伤至极,乃至流泪不止。

身穿破衫的是济公和尚。济公是南宋僧人,原名李心远,浙江台州人。他先是在灵隐寺出家,后又移居净慈寺,由于他不守戒规,喝酒吃肉,举手投足疯疯癫癫,人称济癫僧。他不畏权势,扶弱济贫,又被人称为"济世活佛",尊称为"济公"。

古代艺术家们在塑造这些罗汉形象时,打破传统的佛教造像模式,侧重于写实,保持一定的世俗的气息和现实生活情趣,以形写神,以神表情,以情现心,体现出每尊罗汉个性与特点,重点刻画罗汉的内心世界,使之真实、生动、接近生活。观其动态,或端恭、或拄杖、或合掌、或跌坐、或口讲手指、或侧耳细听,无不准确生动。察其神情,有的勇猛、愠怒,有的老诚、和善,有的据理力争,有的闭眸默思,有的笑容可掬,有的俯首低吟,有的纵目远眺,无不细致入微。看其气质,有的清姿秀骨,有的寒碜潦倒,有的雍容华贵,无不形象传神,真是栩栩如生,呼之欲动。此外,人体与衣饰的关系处理也非常得当,线条的直曲、虚实与起伏,动中瞬间的衣褶变化,织物的质感,表现准确而有节奏。根据每个罗汉的不同肤色,袈裟、袍袖、手帕、衣带、缨穗以及花边等图案,设色非常和谐精当,清秀雅致,与每尊罗汉的身份神态也十分协调相称。就是服饰的细微处也卓见工巧,如法衣的白领和花纹白边,衬托得佛像全身神采焕发,整洁秀美,如同活人的衣着。每尊罗汉的神情状貌,生动传神,喜怒哀乐俱形于色:有的喜上眉梢,心花怒放;有的愤恨难消,怒从胸来;有的悉苦悲切,紧锁双眉;有的精神恍惚,茫然若失。一个个口目传情,呼之欲出,完全摆脱了一般佛教塑像的固定形式。这些罗汉的价值远远超出宗教的范畴,具有艺术的典范意义。

有一位医学界人士说，透过罗汉的袈裟，能看出古人对人体解剖学的准确掌握。1982年济南市文管会进行维修保护时，在泥塑的腔体内、殿壁上，发现了大量文物和题记，彩塑罗汉们像人体一样还有腹腔，腹腔内有用丝绸做的五脏六腑，此外还有五铢钱，开元通宝和宋代以前的铜钱、墨书题记等文物，都证实了罗汉是宋代塑造的，距今有九百多年，是中国泥塑遗存的艺术瑰宝之一。这一次的维修普查，揭开了灵岩寺罗汉像塑造的奥秘。

专家们推断，做这些塑像要先根据拟塑人物的动态，用木制成骨架，手指等细部则用铁条。骨架做好之后，首先缚扎谷草或芦苇构成体积的雏形，然后用粗泥捏制胚胎，干后，再用湿润黏软的细泥自内而外逐步添泥，用捏、塑、贴、压、削等办法塑出具体的形象，这称作中泥。中泥干后，再用细沙、胶泥合成的泥膏塑造形体表面的细致部分，干后，经过修整，再在外面用点、画、染、刷、涂、描等技法上色。由于颜色大多是天然原料，如朱砂、雄黄、大青、茄皮紫等，所以罗汉像的颜色保存比较久远，提到灵岩寺的泥塑时，都说是彩色泥塑。

1922年，近代思想家，戊戌维新运动领袖之一的梁启超来此游览，称它为"海内第一名塑"。1983年刘海粟给这里题词"灵岩名塑，天下第一，有血有肉，活灵活现"。贺敬之对灵岩名塑倍加欣赏，赞誉为：传神何妨真化神，神来之笔为写人；灵岩四十罗汉像，个个唤起可谈心。

7. 朗公石

山上的那块状如老僧的石头就是著名的朗公石了，老僧身披袈裟，守拄禅杖，正在向山上艰难攀登。而身后的柏树，活脱脱就是一队弟子，跟随着他们的师傅，向佛教的解脱境地走去。大自然造化真是神奇！

8. 辟支塔

辟支塔是灵岩寺的标志性建筑。辟支是佛教语，是梵语"辟支迦佛陀"，简称"辟支佛"，所以辟支塔就是佛塔。佛塔起源于印度，称"堵波"或"浮图"，是用来藏舍利子和经书用的。史料记载，塔与佛教一起传入我国，古塔是佛教的象征，是用土木砖石抒写出的民族灿烂文化。我国古代的建筑大师、能工巧匠先后吸收了古印度和尼泊尔的佛教艺术，并融合了中国传统建筑精华，创造出独具特色的中国式"塔"。辟支塔作为灵岩寺内的最高建筑，屹立千年，岿然不动，既展现了我国古代建筑艺术的高超水平，也彰显了佛教"兼容并蓄，普度众生"的文化内涵。

辟支塔是一座八角九层十二檐的楼阁式砖塔，也是我国现存唯一密檐楼阁式砖塔。始建于唐天宝十二年（753年），宋淳化五年（994年）重新修建，历时63年后，于嘉祐二年（1057年）建成，距今已有900多年的历史，其工程之浩大，结构之复杂，不言而喻。塔高55.7米，底周长48米。下三层为重檐，上六层为单檐。塔身为青砖砌就，塔檐与塔径自下而上逐层递减，收分得体。

塔基为石筑，上有浮雕，镌刻着古印度孔雀王朝阿育王皈依佛门的故事。塔顶是铁刹，由覆钵、相轮、圆光、仰月、宝珠组成。刹竿直刺云霄，另外有八根铁链分别由九层塔上的八尊金刚拽引加固，显得玲珑奇巧、美不胜收，又可以起到避雷针的作用。塔体呈灰白色，背依峦嶂，依邻溪漳，与山色风光构成一幅美丽和谐的图画。明代王重儒这样赞道:"宝塔巍峨震地灵,摩云剑阁映高屏,应经炼石女娲手,玉柱擎空碧海清。"

因为造塔所用的砖必须经过很多工序,所以建造这座塔历时了63年,有些家庭祖孙三代都参与了造塔。据记载,宋代造砖技术非常复杂,泥坯的和制过程很长,就像我们和面一样,需要反复揉搓,做成泥坯之后,不能放在太阳下晒,要阴干之后,再放入铜油中浸泡,然后烧制。经过这样处理过的砖质密,中间几乎没有孔隙,颜色发黄,有金属色,而且用手叩击可发出金属的声响。砖砸断之后,断面非常整齐。宋代文学家曾巩有诗赞曰:"法定禅房临峭谷,辟支灵塔冠层峦"。

辟支塔的塔基原装饰着四十幅浮雕,现存三十七幅。浮雕内容反映了印度孔雀王朝第三世国王阿育王的政治生涯及其皈依佛门的故事,颇具深意。塔基浮雕虽然表现的是古印度的佛教传说,但形象构图和雕刻手法,皆为我国传统的模式,构图紧凑严谨,在传统的散点透视基础上,又掺加了稚拙的焦点透视,于程式化中又有突破。这些浮雕对研究当时的宗教、礼制、建设、服饰、社会生活、生产技术、雕刻技法、连环画艺术等诸多方面,都是不可多得的珍贵资料。类似题材,保存如此完整的佛塔基座,目前在我国仅此一处。

每一幅浮雕都蕴藏着一个动人的故事。比如这面的"无忧树的悲剧",讲的是阿育王勤于国政,但性情暴躁,独断专行,不容异己。有一天,他在妃嫔的簇拥下,走进宫外的树林里,看到几棵花繁叶茂的无忧树,这种树音译为阿育,与他同名,阿育王对树木大加赞赏,妃嫔里有几个曾经侍奉过他的兄长西摩王子,由于经常受到阿育王的斥责,早就怀恨在心。当阿育王离开后,她们立即将无忧树的树枝折断,以示报复。阿育王知道后大怒,认为是反叛国王的行为,都处以死刑,有很多人在这次悲剧中丧生。

9. 墓塔林

灵岩寺的墓塔林埋葬着自北魏以来灵岩寺的历代高僧,是一座造型精美、风采绚丽的艺术之林。现存墓塔167座,墓志铭81通,墓塔数量仅次于河南登封少林寺,居全国第二位。墓塔林体现了灵岩寺不同时期墓塔的特征及寺宇悠久的历史,堪称一座罕见的石刻艺术博物馆。1982年被国务院评定为"露天的石刻艺术博物馆"。

在墓塔林中,最早的是北魏法定墓塔,为砖石结构的单层重檐式塔。又称北魏祖师塔,显示出它在整个墓塔林中的地位和作用。除了法定墓塔外,墓塔林中的塔皆为全石结构塔。

唐塔仅1座,即慧崇塔,是为唐代高僧崇慧而建。慧崇墓塔造型古朴、方形、单层、重檐。慧崇是唐贞观年间的住持,是唐代灵岩寺创建者,他将灵岩寺从甘露泉迁至今址,创建了千佛殿、御书阁等,功绩赫然,对寺院建设做出了极大的贡献。他活了100多岁,生前死后颇受僧人尊重和仰慕,圆寂建墓塔以藏舍利。该塔建于天宝年间,高5.3米,石砌方形,单层。慧崇塔砌、雕、磨都很精细,南面是半圆拱门,券额雕兽头、武士像,里面是方形室。塔顶是迭涩砌筑,上面有露盘、仰莲、宝珠收顶,构成塔刹。东西门是假门,装饰用的,雕有乐伎、飞天等精美浮雕,保留着六朝、隋代的一些艺术风格。东门雕刻的是一个人侧身走进一个门,西门雕刻的是一个人走出门,这两幅雕塑形象地反映了一个人的一生。此塔是研究我国古代绘画、雕刻艺术的珍贵资料。

完整的一座佛塔是由塔刹、塔身、基座和地宫四部分组成。塔座一般呈方形、圆形、八角形，有浮雕装饰；塔身较高大，上刻僧人法名年号；塔刹则有相轮、仰月、宝珠、花卉等图案造型，象征着佛国净土，至高无上。墓塔旁通常有墓碑，记载着高僧的经历，也见证着佛教寺院的历史沿革。

灵岩寺墓塔形体的高大程度直接反映着高僧生前灵岩寺的经济状况，像这座塔，它的形体很大，说明那个年代寺里很富裕；所以寺院衰落的时候，墓塔的形体就相对要小。灵岩寺墓塔的塔身有钟形、鼓形和方形等多种形状，比如墓塔的塔身为钟形，说明他的主人是日出时去世的；墓塔的塔身为方碑形，说明他的主人是中午去世；墓塔的塔身是鼓形，说明他的主人是日落时去世的，等等。墓塔基座束腰的雕刻十分讲究，各种内容的艺术形象生动传神，有的雕刻着承重的力士，它们个个在重压下张着大嘴，面部扭曲，瞪圆双眼，眼珠似要迸出，四肢与腰背弯曲，全身的肌肉突起，给人以力量的感受并让人联想到拼命托扶的艰难；有的雕有骑士跨着雄狮，手指曲棍击打彩球的打马球场面，古代称"击鞠"；有的雕有玩耍嬉闹的幼狮，等等。各幅浮雕布局合理，内容丰富，情趣尽致，对研究佛教史及雕刻史，都是很珍贵的历史资料。

在墓塔林中，有一块与众不同的《息庵禅师道行碑记》石碑，是由日本僧人邵元和尚于元至正元年（1341年）为灵岩寺第三十九代住持息庵禅师撰写的墓碑，碑高1.63米，宽0.74米。碑首署名："日本国山阴道州正法禅寺住持沙门邵元撰并书。"铭文落款刻：清亭石匠张克让等镌。

息庵禅师道行碑之书、文并茂，堪称上品，记载着中日两国人民的传统友谊，是两国人民自古友好交往的珍贵实物资料，邵元在中国的事迹已被日本学者冢本靖介绍给日本人民。息庵碑的碑文拓片被日本学者常盘大定等人在报纸、书中加以宣传介绍。郭沫若同志1973年曾为此题诗一首："息庵碑是邵元文，求法来唐不让仁，原作典型千万代，相师相学倍相亲。"

补充资料

关于邵元和尚和息庵禅师

邵元和尚号古源，日本越前州人（1295—1364）。时年33岁的他因"慕中华释教之盛"于元泰定四年（1327年）来到中国，在中国居住了二十一年。期间，参拜和游历了我国许多佛教圣地，到过天台山、天目山、金山寺、五台山、少林寺、灵岩寺及元大都北京等佛教圣地。曾任少林寺首座僧职，还被选为百僧之一进宫诵《大藏经》。他不仅通晓禅宗教义，而且对汉文化也造诣颇深。

息庵禅师（1283—1340），俗姓李，名义让，世称让公。河北保定人，生前曾任少林寺第十五代住持，后来到灵岩寺任第三十九代住持，息庵任少林寺主持时，邵元和尚也在少林寺任过首座僧职，俩人结下了深厚的友谊。息庵圆寂时，邵元和尚正在元大都游历，灵岩参学小师胜安找到邵元，请为息庵作记。邵元闻讯后，怀着悲痛的心情，挥笔写成《息庵禅师道行碑记》铭文。历述息庵生平，并极其热情地赞扬其功德修行。

五、孔庙主要知识示范

（一）孔庙概况

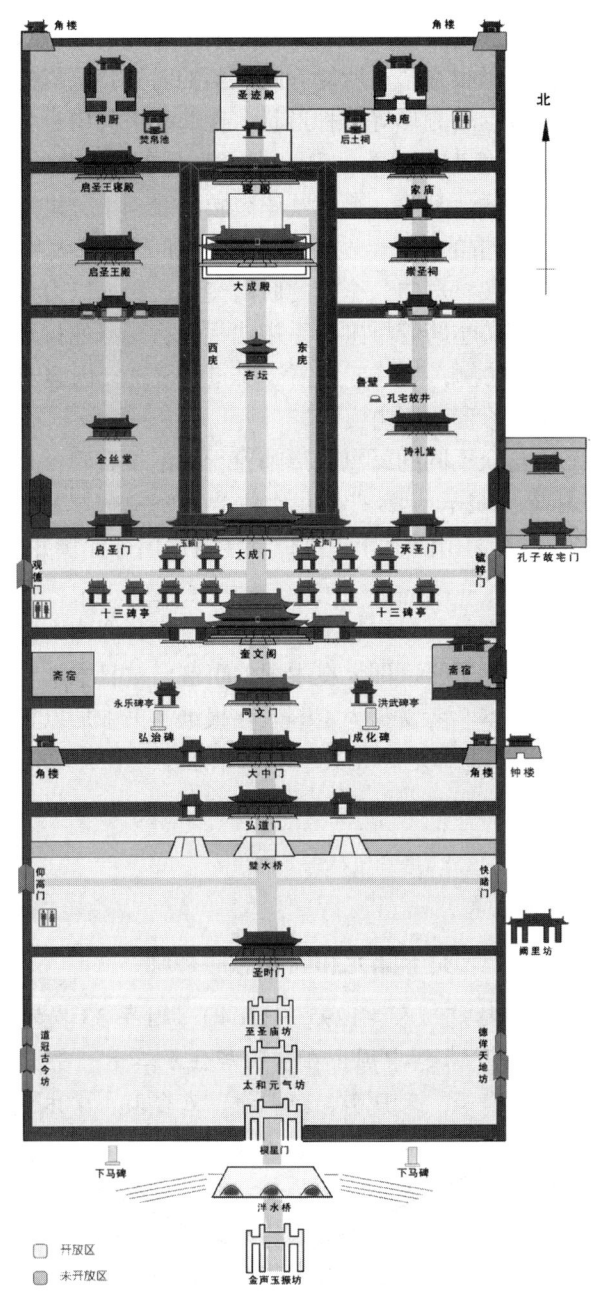

图7-6 孔庙平面示意图

公元前478年即孔子病逝的第二年，鲁哀公下令将孔子生前居住的三间茅草屋改为庙宇，藏孔子生前所用衣、冠、琴、车、书，用于祭祀。

孔庙的兴旺借助于孔子思想。真正意义上的祭孔大典始于公元前195年，当时汉高祖刘邦过鲁，首次以"太牢（牛、羊、猪齐备）"（即皇帝祭天大典）祭祀孔子，开孔子祭祀活动升为祭孔大典（国之大典）的先河。刘邦是中国历史上第一个亲自祭祀孔子的人，不过他没有开始用于统治就去世了；他的曾孙汉武帝刘彻把孔子定为一尊，使孔子思想登上了中国思想的统治舞台。自此以后，无论谁人君临天下，孔子的儒学始终是中国封建社会的统治思想。作为尊孔崇儒的表现之一，孔庙日益被看重。

北魏、隋、唐对孔庙皆有修；北宋真宗赵恒天禧二年（1018年），修缮规模较大，实现建筑物316间；金时（1195年）建筑达到360间；元朝时使孔庙升格为仿皇宫规制。

明朝朱元璋重孔，他在登位当年，召见第56代衍圣公孔希学，要他将孔子遗教发扬光大。明最大一次修缮是弘治十三年（1500年）开工，李东阳亲自监工，还将女儿许配给孔子第六十二代孙孔闻韶，历时4年，耗银152 600两，本次修建，无论规模还是质量，都是空前绝后的，此时的孔庙基本定型。

清朝继续修缮孔庙，最大一次是雍正三年八月十二日动工，到雍正八年九月十六日竣工，历时六年，耗银157 000两，这次将瓦的色彩上升到帝王规格。至清末民初，孔庙终于被营造成为一座世界罕见的具有特殊文化意义的庞大建筑群。

孔庙现存建筑分别建于金、元、明、清时期，共有殿、阁、门、坊、亭、堂104座，466间。占地21万平方米，庙内存历代碑刻约1172通，古树名木约1250株。

孔庙的别称有夫子庙、文庙、至圣庙等。天下的孔子庙可以分为两大类：礼制庙宇（奉孔子思想为正统思想而由国家所建造的礼制庙宇）和非礼制庙宇（是由社会团体和个人所建造的孔子庙）。礼制庙宇主要分布在中国、朝鲜、韩国、越南、日本等国家；非礼制庙宇主要分布在中国、朝鲜、韩国、日本、印度尼西亚、新加坡、英国、美国、德国等国家。历史上，全世界总共有孔庙2000多处。其中中国1500多处，异国他乡建造的大大小小的孔庙也有500多处。现在国内保存完好的孔庙还有数百座，东亚、东南亚、欧美等地的现存孔庙有百座以上。孔庙是名副其实的世界性庙宇，曲阜孔庙是所有孔庙的祖庙。

孔庙主体建筑贯穿在一条南北中轴线上；附设建筑分列左右，对称排列，结构严谨，整齐雄伟；四周围以高墙，配以门坊、角楼、黄瓦红垣、雕梁画栋，碑碣如林，古木参天；孔庙的建筑格局更重要的是享用了皇宫建筑规格：前后共有九进院落，正殿大成殿九开间，重檐九脊，在古代社会，只有皇帝才可以用九，在皇帝之外，唯一能享用九重、九间建筑的，便是孔子的在天之灵；正殿的黄瓦，大成殿的龙柱，四隅的角楼，也是只有皇帝才有。孔庙是历代尊孔崇儒的历史见证，是劳动人民勤劳智慧的结晶。

孔庙的整体建筑格局，旨在展示孔子崇高的地位；孔庙的单体建筑，则是用来烘托、渲染孔子和他的思想；各座建筑的价值，意义不在建筑样式，而在于它们的用途和名称；孔庙在某种意义上来说，可以说是儒学的祀庙。

孔庙建筑成为中国古代建筑独特艺术和美学成就的标志，突出体现着儒家建筑艺术风格取向。孔庙建筑群堪称"和"的建筑美学观的典范。孔庙是一座古典建筑的丰碑，上面有读不尽的文字；是一座神圣的文化殿堂，里面有取之不竭的文化宝藏；是朝圣膜拜的神圣庙宇，到处都有令人叹为观止的景致而让人流连忘返。

孔庙作为具有东方特色的庞大建筑群，其建筑规模之大，气魄之宏伟，保存之完整，历史之久远，被古建筑学家称为世界建筑史上唯一的孤例，有"天下第一庙"之称。

孔庙游览内容可以划分为两大部分，从金声玉振坊到十三碑亭，是孔庙的第一部分，有人叫"前导区"或"前备区"，是用来烘托主体建筑大成殿的，也是祭祀孔子前做准备工作的场所；从大成门往北，便是孔庙的核心祭祀区。

（二）孔庙主要景点知识

1. 金声玉振坊

此坊为石制，是由明代山东巡抚、钦差大臣胡缵宗所建，是孔庙的起点。共有四根石柱，夹抱石柱的称为石鼓，在每根石柱上面都饰有一个莲花宝座，宝座上蹲有一个古朴的圆雕独角怪兽，称为辟邪，据说可以避邪保平安。这不仅是装饰，也是地位的象征。在古代，只有官宦人家可使用，象征孔庙的地位。

坊额上的"金声玉振"4个大字，是明嘉靖十七年（1538年）著名书法家胡缵宗所题写的。它出自《孟子·万章》篇中孟子评价孔子的一句话："孔子之谓集大成，集大成也者，金声而玉振之也。金声之也者，始条理也；玉振之也者，终条理也。"古代奏乐以击钟开始，发出金属之声；以击磬结束，发出玉石之声。金声、玉振表示奏乐的全过程，以此象征孔子的思想集古代先贤之大成，有始有终，和谐动听，完美无缺，达到了尽善尽美的程度。

2. 泮桥

这座小桥名为泮桥，也叫"二百单一孔"，桥的东西两边，各有一棵合抱古柏，挺拔如盖，因柏与百谐音，所以称"二百单一孔"。泮桥桥面是二龙戏珠的石阶，桥下"流水"呈半圆绕过。孔庙门前虽然有渠有桥，但渠内没有河水。此河开凿于1684年，康熙皇帝来曲阜祭孔时，由当时的衍圣公孔毓圻奏请开挖，后经曲阜知县孔尚愉勘察，引水入城容易危及孔庙安全，不便开凿。康熙皇帝认为确有道理，就下令停工，成了现在的样子。

过了泮桥，左右两边各立一块石碑：官员人等至此下马，俗称下马碑。此碑立于金代，明代重刻。以前官员至此，骑马的下马，坐轿的下轿，甚至连皇帝也要下辇而行，以示对孔子的尊重。

3. 棂星门

此门是孔庙的第一道大门。棂星又名天田星，是天上的文星，主管文人才士的选拔。古代祭天先要祭祀棂星，孔庙设有棂星门意为孔子是天上星宿下凡，尊孔如同尊天。

此门始建于明代，原为木质结构。清乾隆十九年（1754年），乾隆皇帝亲题"棂星门"3个大字，并下诏给七十一代衍圣公孔昭焕重修改为石制结构（只有中间的梁是铁制的）。

4根石柱下有石鼓夹抱，顶端雕有怒目而坐的四大天王像，在此保佑曲阜风调雨顺，五谷丰登。

☞ **补充资料**

古代庙门用"棂星"为名的条件

在古代，要冠以"棂星"庙门，必须达到三个很苛刻的要件：第一，是规模较大、气势宏伟的庙宇；第二，必须是人才辈出的地方；第三，须皇帝下诏书。

4. 圣时门

为孔庙的第二道大门，始建于明永乐十三年（1415年）。

雍正八年（1730年），世宗雍正钦定为圣时门，"圣时门"3个字是乾隆皇帝题写的。此门名字出自《孟子·万章》篇："孟子曰：伯夷，圣之清者也；伊尹，圣之任者也；柳下惠，圣之和者也；孔子，圣之时者也。孔子之谓集大成。"在此，孟子将孔子跟几位先贤做了比较后，认为唯有孔子集古代先贤之大成，是圣人中最适合时代者。

在古代圣时门一般不开，只有在皇帝来的时候或衍圣公出生的时候才可以打开，平时都是大门紧闭，不准进入的。

在院内东西两侧有两个门，是古代文武百官出入的，而且是文东武西。东快睹门；西仰高门。

5. 弘道门

为孔庙的第三道大门，此门建于明洪武十年（1377年）。清雍正皇帝根据《论语·卫灵公》"子曰：人能弘道，非道弘人"来钦定命名的。意在赞颂孔子发扬光大了古代的正统思想，孔子能从一个普通人成为一个千古圣人，正是因为他总结了先贤的经验，并弘扬了道德。弘道门3个字为乾隆皇帝的手书。此门门槛很高，据说这是防鬼神的。

6. 大中门

为孔庙的第四道大门，始见于金代孔庙图中，系当时孔庙大门，3间，建于金大定年间，后遭火灾。明弘治十三年（1500年）重修扩建为5间。清乾隆帝御书门匾"大中门"。

大中门原名中和门，孔子一生遵循中庸之道（仁、义、礼、智、信），"中者，天下之正道；庸者，天下之定理"，中不偏，庸不易，离开中者，就不是正道，成了歪门邪道了，所以到了明朝改为大中门，意在赞扬孔子的中庸之道。

大中门东西各建有一座绿瓦角楼，建于元代，清康熙年间重修，仿照皇宫形式建造。用于守卫和瞭望。

7. 同文门

为孔庙的第五道大门，宋代时为孔庙正门。这座门周围没有围墙，是座"孤门"，也是孔庙主体建筑的屏障，"同文门"3个字是乾隆皇帝所题写的。意思是把天下所有的文章道德都统一到孔子思想上来，书同文；行同伦；车同轨。

此门东西原来有围墙，明弘治十三年（1500年）大修孔庙时，在此门修建四座碑亭，拆墙建亭，遂使此门成为孤门。

同文门周围有四幢巨碑，后方左边是明洪武碑，后方右边是明永乐碑；前方左边是明成化碑，前方右边是明弘治碑。

在这四幢巨碑中，最有价值的是明成化碑，全称《御制重修孔子庙碑》，立于明朝成化四年（1468年），故通常称为成化碑。石碑的书法为正楷，非常标准、正规、美观，被古建筑学家称之为杰作。但是此碑最吸引人的要数碑文的内容。碑文除了简述修建孔庙的经过外，主要是对孔子之道的赞扬。碑文说："朕惟孔子之道，天下一日不可无焉。何也？有孔子之道，则纲常正而伦理明，万物各得其所矣。不然，则异端横起，邪说纷作。纲常何自而正，伦理何自而明，天下万物又岂能各得其所哉。是以生民之休戚系焉，国家之治乱关焉。有天下者，诚不可一日无孔子之道也。""孔子之道之在天下，如布帛粟菽、民生日用一日不可暂缺……"它的意思是把孔子的思想看作每天的吃饭、穿衣一样,一天也离不开,有了孔子的思想和办法,就能人尽其才,物尽其用了。

明成化碑把尊崇孔子之道推到了极致,它充分道出了历代封建王朝尊崇孔子的原因所在,说明了儒家思想与封建政治之间的关系,是历代帝王尊孔崇儒的代表。也许正是因为该石碑的重要性或者特殊性,它在"文革"中被破坏断裂,后来进行了修复,并修补了残损之处。

碑下驮碑的动物,是李东阳笔下的龙的第六个儿子叫"赑屃"。据说龙生九子不成龙,"赑屃"是龙头、龟背、鹰爪、蛇尾,长得四不像,它最善于负重,所以用它来驮御碑。

8. 奎文阁

相当于孔庙的第六道大门,它始建于宋天禧二年(1018年),原名藏书楼,是收集帝王所赐的书籍和字画之处,以藏书丰富建筑独特而驰名中外。金昌宗在明昌二年(1191年)重修时改名"奎文阁"。明弘治年间扩建为3层楼,清雍正年间改覆黄琉璃瓦。

"奎文阁"3字为乾隆皇帝重新题匾。"奎"为星名,是中国古代天文学中二十八星宿之一,由16颗星组成,屈曲相钩,如文字之画,因此古代有"奎主文章"之说,奎文阁之名即比喻孔子是天上的奎星下凡。

奎文阁面阔七间,黄琉璃瓦歇山顶,三重飞檐,建筑非常精巧,为全木结构,整个建筑没用一根铁钉,全靠木头接榫而成,结构非常合理,异常坚固。自明弘治十七年(1504年)重修以来,经受了几百年风风雨雨的侵袭和多次地震的摇撼,据记载在清康熙年间发生了一次7.2级的大地震,使曲阜"人间房屋倾者九,存者一",而奎文阁安然无恙,在中国全木结构楼阁式建筑史上称为"孤例"。

阁西的碑亭中记载康熙年间地震的石碑就是奎文阁坚固的旁证。阁前廊下石碑二幢,东为"奎文阁赋",系明代著名诗人李东阳撰文,著名书法家乔宇书写;西为"奎文阁重置书籍记",记载着明代正德间皇帝命礼部重修赐书庋藏的情况。

如今阁内已经没有藏书,能看到的仅是一些碑刻和《孔子圣迹图》的部分内容。

9. 十三碑亭

此院共有碑亭13座,其中金代碑亭2座,约建于金明昌二年至六年(1191—1195年)的大修工程中,是孔庙现存最古老的建筑;元代碑亭2座,分别建于元大德六年(1302年)和元至元五年(1339年);清代碑亭9座,其中御制碑亭5座,遣官致祭碑亭4座,分别建于康熙、雍正、乾隆年间。

十三碑亭前后两排排列,南(前)面8座,北(后)面5座,是专为保存封建帝王御制石碑而建,又称"御碑亭"。共存石碑55幢,是唐、宋、金、元、明、清、民国七代所刻,分别用满文、汉文、八思巴文(元代蒙古文)所书写,碑文多是记录了历代帝王对孔子的追谥加封,亲自祭祀、派官祭祀以及整修庙宇的状况。

北五碑亭左右各有一门,即东华门和西华门,北五碑中东面三块碑自东往西依次是乾隆、雍正和康熙碑。其中康熙碑是孔庙中最重的碑,清康熙二十五年(1686年)所立,共65吨重(碑身重35吨,赑屃连同水盘重30吨),是"大清皇帝御制阙里至圣先师孔子庙碑"。这块碑石采自北京的西山,在当时的技术条件下,能将此碑安然运抵千里之外的曲阜,不能不使人惊叹。当时从北京将碑刻好,然后沿京杭大运河从通州运往济宁,中间用了两个多月的时间。然后又从济宁运往曲阜，济宁到曲阜90华里，征用了民工600人，耕牛443头，趁冬季寒冷，地上泼水结冰，碑从冰上滑行，文献上讲每天走卧牛之地，这样90华里路运了整整十五个昼夜，耗费库银600余两。

10. 大成门

此门是孔庙的第七道大门，也是最后一道门。从此门开始，便进入孔庙的核心祭祀区了。"大成"一词是孟子对孔子的评价，意思是孔子已达到了集先贤先圣之成的最高境界。

大成门重檐歇山顶，黄琉璃瓦覆盖，金碧辉煌，气派壮观。由清雍正皇帝题写"大成门"3个大字，门旁的楹联"先觉先知为万古伦常立极；至诚至圣与两间功化同流。"也是清雍正皇帝题写，意思是说孔子先知先觉，至诚至圣，是人类万代典范，是与天地等同的圣者。

大成门前后各有龙柱四根，中间两根为深浮雕龙柱，两边的为浅浮雕龙柱。大成门的东南角伸到十三碑亭的康熙碑亭两角之间，形成了"钩心"，大成门的两檐角与康熙碑亭的两檐角形成"斗角"，体现出建筑学的"钩心斗角"这种建筑结构。本来是建筑术语，但是后来用于人际关系的复杂。

11. 先师手植桧

相传是孔子亲手所栽植。据记载孔子当年确实亲手种植过3棵桧树，后来几经枯荣，于金代贞祐二年（1214年）毁于兵火。现在看到的桧树是清雍正十年（1732年）复生的新条，名为再生桧，它高约十米，粗可合抱。

在封建社会，这棵桧树历来备受重视。人们把它看作孔子思想的象征，它不仅和孔氏家族的命运联系在一起，而且还同封建统治者的命运联系在一起。传说，孔子手植桧不但能死后复生，还能预报世道好坏。

"先师手植桧"5个大字为明万历二十八年（1600年）杨光训题写。

12. 杏坛

相传，杏坛是孔子讲学的地方。《庄子·渔父》篇中有记载说："孔子游乎缁帷之林，坐休乎杏坛之上，弟子读书，孔子弦歌鼓琴"，意思是说"孔子游历到名叫缁帷的树林，坐在围有杏树的土坛上，弟子们读书，他则弹琴吟唱"。可以想象孔子当年设学聚英才而教之的动人情景。可是古书中没有记载杏坛的具体位置。

宋天禧二年（1018年），孔子第四十五代孙孔道辅监修孔庙的时候，将正殿大成殿后移，除地为坛，环植以杏，名曰"杏坛"，于是，杏坛成为教育圣地的代名词。到了金代在坛上建了重檐十字脊方亭，四面歇山，黄瓦朱柱；亭内藻井以细小斗拱装饰，彩绘金龙，绚丽多姿。亭上的"杏坛"为乾隆皇帝手书。

"杏坛"亭内有两块石碑，这一块碑虽没有基座，但是在"文革"期间却没有被破坏过，保存完好，这是因为梅花大篆"杏坛"2字是金代大文学家党怀英题写的，党怀英姓党，党的东西是不能乱砸的，以此被红卫兵保护；而另一块乾隆碑虽然有基座，却被破坏得厉害，后复修。

乾隆皇帝对杏坛十分推崇，当他第一次来曲阜时，就在这块碑的正面题刻了一首《杏坛赞》，就是楷书题刻的这一面："忆昔缁帷，诗书授受，与有荣焉，轶桃轹柳，博厚高明，亦曰悠久，万世受治，杏林何有？"诗中回忆了孔子杏坛讲学的场景。乾隆皇帝擅长行书，这里为何用楷书书写呢？因为楷书工整，表示恭敬，以此来表达乾隆皇帝对孔子的尊重。乾隆皇帝第二次来曲阜时，正赶上杏花开放，他诗兴大发，又在同一幢碑的另一面题写了一首《杏坛赞》："重来又值灿开时，几树东风簇绛枝。岂是人间凡卉比，文明终古共春熙。"

13. 大成殿

孔庙的主体建筑就是大成殿，大成殿是我国著名的三大殿之一，是孔庙最高的建筑，也是整个曲阜老城区的最高建筑。

大成殿始建于宋朝天禧二年（1018年），原名有文宣王殿、宣圣殿。宋徽宗赵佶取孔子"集古代先贤之大成"之意，下诏更名为大成殿，并亲自题写匾额。明弘治年间遭雷火重建，清雍正二年（1724年）再次遭雷火，又重建为面前这座大殿，这次重建按照皇宫设计建造，采用了红墙黄瓦，整个大殿建设花了六年时间。

大殿高24.8米，长45.69米，宽24.85米，面阔九间，重檐九脊，黄瓦歇山顶，金龙和玺彩画，可见，瓦色、开间及彩画均采用最高规格。大成殿建于高台之上，高台四周石刻的须弥座上、台阶上，都雕刻很精细的龙纹及各种花卉神兽等，设计十分精巧。高台之上的大殿居高临下、巍峨壮丽，同时又具有通风防湿、接纳光线好的特点。双重飞檐中间，所看到的海兰色竖匾上木刻贴金的群龙紧护的3个大字"大成殿"为雍正皇帝题写。

大成殿虽然比故宫太和殿低了三层砖，但它确实有超过太和殿之处，那就是大成殿的龙柱。在大成殿周围共有28根龙柱，这些龙柱每根高5.98米，直径0.81米，整石刻成，是明弘治十三年（1500年）敕调徽州工匠刻制，一共用了六年的时间才完成；前面的10根深浮雕龙柱，每柱有两条龙，一为升龙，一为降龙，上下对迎而翔，盘旋升腾，龙周围遍刻云朵，石柱下端刻山石波涛，两条龙就如腾海升空，穿云飞翔，10根深浮雕龙柱图案各异，无一雷同，姿态栩栩如生，可谓是中国罕见的石刻艺术珍品；殿后及两山的18根八棱水磨石柱，以云龙为饰，为浅浮雕，每面浅刻9条龙，每柱有72条龙，18根浅浮雕龙柱共有1296条龙。

龙柱是曲阜独有的石刻艺术，堪称世界瑰宝。大成殿的建筑艺术充分显示了我国古代劳动人民的才华和智慧。

大成殿内金碧辉煌，有大型神龛9座，雕像17座。大殿中间有一巨大雕龙贴金神龛，内正中供奉的孔子塑像。从西汉起，孔庙里就设有孔子塑像，后几次雷火，几经毁坏。现在看到的孔子像是1982年山东省拨专款48.5万元、黄金48两，组织技术人员重新修复。孔子像坐高3.35米，头戴十二旒冠冕，身穿十二章王服，手捧镇圭，采用的是我国古代天子的装束，这是被历代帝王神化了的孔子，前面有"至圣先师孔子神位"的红底金字牌位。可见孔子地位之高；在神龛的两侧为坐于木制贴金神龛内的四配（四公、四圣），东西对坐，是四位同孔子一起享受祭祀的圣人，他们是：左为复圣颜回、述圣孔汲；右为宗圣曾参、亚圣孟轲；再两侧为坐于木制贴金神龛内的十二哲，东位面西的自北向南依次是：闵损（子骞）、冉雍（仲弓）、端木赐（子贡）、仲由（子路）、卜商（子夏）、有若（有子若），西位面东的自北向南依次是：冉耕（伯牛）、宰予（子我）、冉求（子有）、言偃（子游）、颛孙师（子张）、朱熹。殿内还陈列着各种礼器、乐器、舞具，是祭祀用的。

大成殿有许多著名的匾额，门外正中的匾额上是清雍正皇帝题写的"生民未有"，意思是自从有人类以来，还没有全面超过孔子的人；殿内正中是清康熙题写的"万世师表"

匾额,他封孔子为"万世皇帝之师,千古人类之表";殿内"斯文在兹"的匾额是清光绪皇帝题写的,意思是天下的文化都在这里。

大成殿东西两侧,共有厢房 80 余间,称为两庑,是后世人祭祀儒家学派中著名人物(诸如董仲舒、韩愈等)的地方。东西两庑内北侧陈列着 584 块"玉虹楼石刻",是乾隆年间,孔子第六十九代孙孔继涑收集历代名家书迹,临摹刻制而成。

14. 寝殿

寝殿与大成殿、奎文阁构成了孔庙中轴线上的三大主体建筑。

孔子夫人亓官氏一直跟孔子一起享受祭祀,到了唐朝,才有了寝殿,亓官氏开始单独享受祭祀。现在的寝殿始建于宋代,寝殿内供奉着亓官氏的牌位,上书"至圣先师夫人牌位",且罩有木雕游龙飞凤神龛。寝殿周围有 22 根 8 棱石柱,浅雕图案为凤凰牡丹,如帝后居室规制。

15. 圣迹殿

圣迹殿建于明朝,是孔庙中轴线上的最后一道建筑,是专为保存圣迹图而建的大殿。

圣迹图是记载孔子一生事迹的石刻连环画,共有石刻 120 幅,记录了孔子一生的主要言论活动,是我国第一部有完整人物故事的连环画,具有很高的历史和艺术价值。

明万历二十年(1592 年),巡按御史何出光主持修建圣迹殿,他搜集有关孔子材料,根据孔庙原存木刻《圣迹图》增补刻成石质圣迹图,整个工作由曲阜儒学生员毛凤羽汇校、维扬画工杨芝作画、吴郡画工章草刻石。

殿内正中高立康熙皇帝手书石刻"万世师表"4 个大字,字正下方是唐代画家吴道子所做的《孔子为鲁司寇像》;左边是晋代名画家顾恺之画的"先圣画像",习称"夫子小影",据说"小影"在孔子像中最真,最接近孔子原貌;右边是吴道子画的"孔子凭几像",孔子按几而坐,弟子分侍左右。

16. 鲁壁

这堵红色的墙壁就是著名的鲁壁,这里记载着鲁壁藏书的故事。历史上历代帝王都尊孔,只有一个皇帝例外,那就是秦始皇。当年秦始皇"焚书坑儒"的时候,孔子的九世孙孔鲋认为:"秦非吾友……吾将藏之,以待其求。"就将孔子的部分经典书籍藏到孔子故宅的夹墙里面,自己到嵩山隐居去了,到死也没有回来。到了西汉时,刘馀被封为鲁恭王,他非常喜欢宫殿,于是拆除孔子故宅为扩建宫殿让路,据说当拆除孔子故宅时,忽然从墙里传来金石丝竹之声,有五音六律之美,同时,从拆除的墙壁里发现了《尚书》《礼记》《春秋》《诗经》《论语》等古文经书竹简。后人为纪念孔鲋藏书,就建了这堵墙。

17. 孔宅故井

鲁壁旁边的这口井据说是孔子当年吃水的井。至今已有 2000 余年了。乾隆皇帝对孔宅故井特别尊崇,旁边这块石碑就是见证。乾隆皇帝八次来曲阜,此碑竟有他五次的题字,而且有他饮水拜师的记载:"我酌一勺,以饮以思。呜呼宣圣,实我之师。"

18. 诗礼堂

诗礼堂是当年孔子教儿子学《诗》学《礼》的地方,也是孔子第 64 代孙孔尚任给康熙皇帝讲经的地方,始建于元代,明朝重修。《论语·季礼》记载,当年,孔子坐在院子中,他的儿子孔鲤从身旁走过,孔子问:"你学习了《诗经》没有?"孔鲤说:"还没有。"

孔子说:"不学诗,无以言。"意思是说,不学习《诗经》,和别人谈话时就没有谈话的内容。因为在当时,上层士大夫们谈话时都引经据典,如果对《诗经》不熟悉,就无法和上层士大夫接触,于是孔鲤就回去学习了《诗经》。又一次,孔鲤又从此处经过,孔子问:"你学习了《礼记》没有?"孔鲤答:"还没有。"于是孔子又说:"不学礼,无以立。"意思是说,不学习《礼记》,就没法立身做人。于是孔鲤就回去学习了《礼记》。这就是所谓"诗礼传家"。后人为了纪念孔子教儿子学《诗》学《礼》,特意建造了诗礼堂。这院中有三棵古老的树木,一棵是唐代的槐树,但是在2003年的时候枯萎了;这两棵树是宋代的银杏树,经历风霜,至今依然枝繁叶茂。

六、孔府主要知识示范

(一)孔府概况

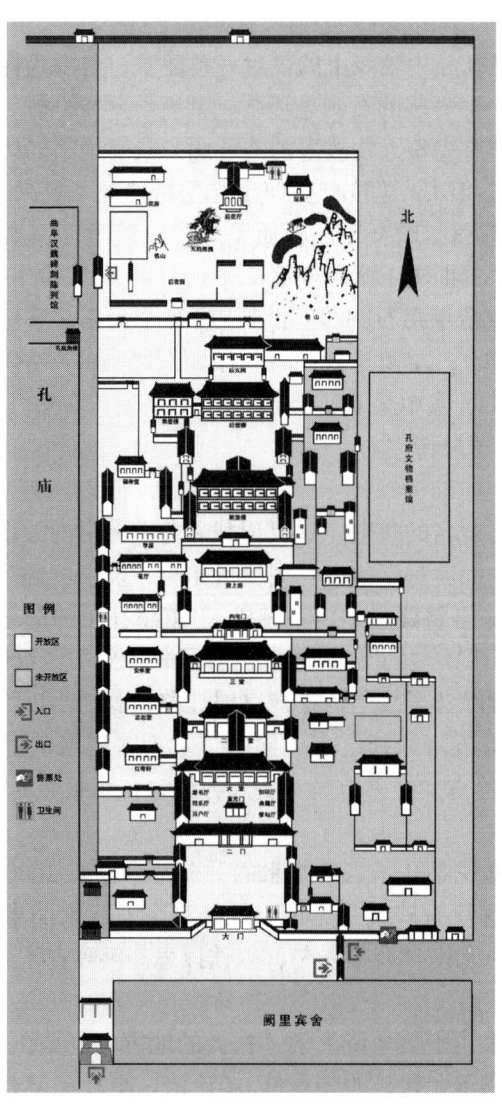

图 7-7 孔府平面示意图

孔府，即"衍圣公府"，也称"公府""老府""圣公府""圣府"，又名"至圣府"。是孔子嫡系长子长孙、历代衍圣公的衙署，也是孔子嫡孙的住宅。孔繁灏在《修衍圣公府纪恩碑》中有："以名虽公署，实赐第也。"

"衍圣公"就是圣人、圣道世代相传、代代相衍的意思。"衍圣公"是我国封建社会享有特权的大贵族。五代时相当于五品官；元代提升到三品；但是到了封建社会末期，其地位扶摇直上。明初是一品文官，地位仅次于丞相。丞相制度废除后，又"班列文官之首"。到了清代，"衍圣公"不但班列阁臣之上，还特许在紫禁城骑马，在宫中御道上行走。封建皇帝多次赐给"衍圣公"大量田地，免除各种差役赋税。此外衍圣公还有包揽讼词、干预地方政务的特权。从孔子的第四十六代孙孔宗愿被封为"衍圣公"开始，到孔子七十七代孙末代"衍圣公"孔德成为止，这个封号持续了32代880多年。

唐代以前的孔子嫡系长支多住在阙里故宅，故称"袭封宅"；从孔子的第46代孙孔宗愿被封为"衍圣公"后，改称"衍圣公府"；宋仁宗宝元年间（1038—1040年）开始扩建孔府；明朱元璋下令衍圣公有权设置官署，同时又赦令在孔子故宅以东重建府第。清代又在原有基础上进行了较大规模的重修，从而达到现在的规模。

现孔府有楼房厅堂463间，三路布局，九进院落，是中国历史上唯一一个官衙与内宅合一的建筑。前面是官衙，设有大堂、二堂、三堂及管勾（gòu）厅、百户厅、典籍厅、司乐厅、知印厅、掌书厅；后面是内宅，有前上房、前堂楼、后堂楼、后五间等，最后是花园。

（二）孔府主要景点知识

1. 大门

大门为明代建筑。大门正中上方高悬蓝底金字的"圣府"竖匾，相传是明代权臣严嵩题写的；大门左右木柱上的对联是清代才子纪昀（纪晓岚）所书写的，上联是"与国咸休安富尊荣公府第"，下联是"同天并老文章道德圣人家"。上联和下联各有一个错别字，上联的"富"字少了上面一点，这叫"富贵无头"，所以孔家凡写富字都将"富"字头上一点去掉；下联的"章"字最下一竖直穿出头，成了破"曰"之状，这叫"文章通天"，说明孔子及其学说与天地并存，与日月同辉。这副楹联正是天下第一家孔府在中国漫长封建社会中显赫地位的真实写照。

2. 二门、重光门

孔府二门竖匾上的"圣人之门"为明弘治、正德年间的内阁首辅、六十二代衍圣公孔闻韶的岳父、著名诗人、著名书法家李东阳题写。二门内东侧有明太祖朱元璋接见衍圣公的谈话记录碑。

进入孔府二门后看到的这道屏门小巧玲珑，别具一格，比较独特，周围不接垣（yuán）墙，四根圆柱上承托着一处彩绘艳丽的屋顶，独立于庭院中，起到一个屏障的作用。这道门前后共有8个倒垂的木雕贴金花蕾，所以又叫"垂花门"。四柱三楼，灰瓦悬山顶，比例匀称，造型庄重，具有明代前期建筑风格，属于明代垂花门的上乘之作，是孔府现存最早式样最古朴的一座建筑，可以说是建筑学上的一朵奇葩。因为此门悬有明朝皇帝朱厚熜亲颁的"恩赐重光"扁，所以这个门叫重光门。

此门平时紧闭，只有帝王临幸、喜庆大典、迎接圣旨和举行重大祭祀活动时，才会在十三响礼炮声中开启，所以又称"仪门"。

3. 六厅

重光门两侧的东西厅房，是孔府仿照封建王朝的六部而设的六厅，即：管勾厅、百户厅、典籍厅、司乐厅、知印厅、掌书厅。孔府作为贵族世家，不仅有豪华的府第，还占有大量的土地和田产，并有管理着一定数量户人的官衙，因而必然要建立一套完备的组织管理机构，以维护其统治。官勾厅负责征收祭田租粮、租银和集市税银，筹办制作祀祭祭品；百户厅负责护卫林庙、保管礼器、管理林庙户人，祭祀时宰杀牺牲、清洗礼器；典籍厅负责保管奎文阁书籍、管理训练礼生、掌管典章制度；司乐厅掌管乐学、祭祀乐舞、乐器及舞具，负责培训乐生、舞生；知印厅掌管公府印信，办理签押公文，负责一切印务；掌书厅掌管文书档案、起草文告、信函、填写信票、执照等。各厅长官由正五品到正三品官员充任。

4. 大堂

孔府大堂是衍圣公迎接"圣旨"，接见文武官员，审理重大案件，举行重大节日仪式的场所。是整个孔府权力的象征和宗法统治中心。

大堂为明代建筑，面阔五间。大堂的中央设一彩绘云蝠八宝暖阁，正中的太师椅上，披着一张斑斓虎皮，椅子前面狭长高大的红漆案上，摆着文房四宝、印盒、签筒、公府大印、令旗、令箭、经堂木等。大堂上方正中悬挂着顺治皇帝让衍圣公"统摄宗姓"的匾额，意思是所有姓孔的人都要听从衍圣公的号令。从唐代起，朝廷就规定曲阜县令由"衍圣公"兼任，明代以后规定由衍圣公管摄、保举孔氏族人兼任，实际上掌握地方实权的就是"衍圣公"。

大堂的两侧摆放着很多正一品爵位的仪仗，如金瓜、雀枪、鬼头刀、八棱锤、如意钩等。其中有一件与众不同就是这根甘蔗棍，是惩罚犯人用的。在孔家挨了打是不能喊疼的，要喊"甜啊甜啊真甜啊"。喊疼加倍惩处，喊甜减轻惩罚。后面的这些官衔牌，俗称"十八块云牌銮驾"，如"袭封衍圣公""赏戴双眼花翎""奉旨稽查山东全省学务""紫禁城骑马"等，最能体现衍圣公特权的当数"紫禁城骑马"。众所周知，紫禁城内未经允许是不准进入随意走动的，但是皇帝特许孔子第七十六代孙孔令贻在紫禁城内皇宫御道上骑马，由此可见孔家的地位之高。每当衍圣公出行时，都有专人执掌，以示威严。历代衍圣公持着这些云牌銮驾进京，可以畅行无阻。

5. 穿廊

绕过暖阁，进入穿廊，首先看到的是两条古朴的红漆长板凳，游客看到这两条板凳马上想坐下，但是两条板凳可千万不要坐，为什么呢？因孔家在朝廷当中的地位很高，所以很多的王公贵族都想和孔家攀亲，以保持在朝廷当中的官位做得久一些，这其中就包括明代权臣、大奸官严嵩。严嵩有个孙女，长相丑陋但是却很有才华，嫁给了孔子的第六十四代孙孔尚贤为妻，做了一品公夫人。这严氏虽然长相丑陋，但是过得门来，也是夫唱妇随，日子过得非常幸福美满。可是严嵩依仗着自己权尊势重，上欺天子下压众臣，陷害忠良，贪赃枉法，干尽了坏事，多行不义。嘉靖四十一年（1562年），在朝为官、红极一时严嵩遭到了弹劾，皇帝不仅将他降为布衣，还要治他的罪。曾为阁老的严嵩当然不甘心，于是就跑到孙女家,想请衍圣公到皇帝面前为其求情,当他来到启事厅,烦请启事厅的长官为其通报衍圣公,转达来意时,小小的启事厅长官公然对他冷若冰霜,不让他进入内室,只让他坐在板凳上等。年老丢官的严嵩如同下山的老虎,落地的凤凰,只好忍气吞声地坐在板凳上静候。他一会坐在东边的板凳上,一会坐在西边的板凳上,就像热锅上的蚂蚁一样,足足等了两个时辰也没有等来衍圣公。所以这条板凳就叫"冷板凳",是不能坐的。另外因为严嵩官居阁老,所以又叫"阁老凳"。本来是两条普通的板凳,但是经过严嵩一坐,变得不同寻常,几百年过去了,依旧完好无损。

6. 二堂

二堂为明代建筑,五间,灰瓦悬山顶。二堂也叫后厅,是当年衍圣公会见四品以上官员、宣示典章礼仪的地方,也是替朝廷选拔礼、乐童生的场所。

二堂内东西各设有一厅。东厅为启事厅,负责孔府上传下达、内禀外报的事务,内设正四品官一人担任启事官,其余人员皆七品官;西厅为伴官厅,是专为衍圣公进京朝见皇帝时的随从人员所设,实际是起着保卫、文书的作用,官员由正七品担任。

二堂正中悬挂的两块木刻贴金、群龙围绕的金匾,分别是康熙皇帝题写的"节并松筠"①和乾隆题写的"诗书礼乐",是对儒家圣地和孔府主人的赞颂之词,孔氏族人深感荣幸之至,故而高高悬挂于此。

后墙两旁立着七幢碑石,其中最引人注目的是慈禧皇太后的笔迹"寿"字、"松鹤图"和"九寿桃图"。这些字画是在清光绪二十年(1894年)十月,孔令贻同其母"一品太夫人"彭氏、"一品原配夫人"孙氏到北京为皇太后慈禧祝寿时所受的赏赐。

7. 三堂

三堂为明代建筑,面阔五间,灰瓦悬山顶。三堂也叫退厅,是衍圣公处理家族内部纠纷和处罚府内仆役的地方。

三堂明间正中悬挂的是:"六代含饴"木雕金匾,是乾隆为孔子第七十一代孙孔昭焕的高祖母,诰封衍圣公一品夫人黄氏所题写的。乾隆二十二年(1757年),乾隆皇帝第四次来曲阜朝圣,孔子第六十七代孙孔毓圻的夫人黄氏已经81岁高龄了,而孔子第七十二代孙孔宪培也已经出世,从黄氏到孔宪培已经是六代同堂。乾隆皇帝看到孔府人丁兴旺,家庭和睦,生活像吃了饴糖一样甘甜,遂赐这"六代含饴"匾,这也突出体现了中国人对于家庭关系的重视。

在公案两旁还放有衍圣公出巡时乘坐的"金顶紫襻绿帷"八抬大轿和"金顶红尼刺绣"八抬大轿。室内两侧陈设的是原来的紫铜镜和大鹿角及其他物品。铜镜放在此处有鉴之意,每每处理诉讼案件前后,衍圣公都要到此镜前观照一下自己,叩问、沉思是否开明公正。三堂的东西两暗间,东为小会客室;西为向朝廷书写奏章的地方,设六品书写官一人。

---

① 节是气节,松指松树,筠是指竹子的青皮,后来引申为专指竹子。松树气节很高尚,而竹子更是"未曾出土先有节",一向得到人们的喜爱。这4个字是说孔子以及孔子的子孙气节像松竹一样高尚。

8. 避难楼

这幢灰色的四层小楼就是孔家的避难楼,为明代砖石结构建筑。

楼的底层内部设有活动扶梯,下有陷阱,二层楼板均包铁皮,以防火攻。原为孔府藏放金银货币的金库。此楼主要为孔府眷属遇劫避难之用,当有危难时,孔家的主人们就躲到小楼里,楼上储有淡水和粮食,以备不时之需,即使避难者与外界失去联系,也不至于挨饿。在当时条件下,袭击者也只能望楼兴叹,毫无办法。

9. 内宅门

内宅门为明代建筑。内宅门也称内宅禁门,是官署和内宅的分界线。此门前面是官衙、后面是内宅。内宅门戒备森严,任何人不得擅自入内。清朝光绪皇帝特赐虎尾棍、雁翅镗、金头玉棍三对兵器即三种刑具,有守门人持武器立于门前,有不遵令擅自入内者,打死勿论。那么,里面和外面是靠什么来联络呢?是通过大门两边的耳房,房门上面写有当差者的名字,仅此门当差者就有三十多人,轮流值班,负责内传外达,就连平日给孔府送水的挑水夫也不可以擅自入内。那么旧时孔府内宅用水怎么办呢?内宅门西侧墙中有一个水槽,这个水槽又叫石流,它穿墙而过,挑水夫把挑的水倒入石流,水穿墙流入墙内水槽,里面有女佣接水,再分到内宅各用水处。这便是孔孟之道宣扬的"男女授受不亲"的一个很典型的例证。

10. 内宅壁画"犭贪"

进入内宅门后,其屏门有幅寓意深刻的彩绘图画,俗称"戒贪图"。很多游客误认为图画中的动物是一只麒麟。其实麒麟头上是有角的,这个动物头上是没有角的,这个动物究竟叫什么名字呢?它的名字叫"犭贪",这个"犭贪"是传说中的怪兽,生性贪得无厌。它的本性和名字相符。神话故事"八仙过海"中八仙的宝贝都被它所拥有了,但是它还是不满足,仍然张开血盆大口,虎视眈眈盯着太阳,想把太阳一口吞进腹内,结果没有吃到太阳,自己反倒掉到海里给淹死了。

古时候,官宦人家通常都画一只"犭贪"放在一出门就可以看到的地方,借以提醒自己,为官一定要清正廉洁,千万不要贪赃枉法,切不可像"犭贪"一样,贪得无厌。衍圣公将此图制作在宅门附近,是因为这里是从内宅外出的必经之路,可以提示衍圣公及他的孔氏裔孙们不要贪得无厌。孔子一生重道义轻财利,所谓"君子喻于义,小人喻于利""君子爱财,取之有道",认为对物质利益的追求要符合道义,如果追求物欲超过一定的限度就会祸及其身。这幅画告诫孔子后裔要警钟长鸣,牢记圣人教诲,体现了孔子后裔的处世哲学。

11. 前上房

前上房为明代建筑,面阔七间,前出廊。前上房为孔府内客厅,是孔府主人接待至亲、近支族人、举行家宴及婚丧礼仪的主要场所。

前上房的室内陈设豪华,家具精美,文物古玩琳琅满目。中堂挂的"寿"字(二堂内的"寿"字碑石刻源于此字)是慈禧太后亲笔所题。寿屏为山东地方官所献。正堂上方悬挂着曲阜邻县的绅士们联合赠给孔令贻夫人陶氏的"宏开慈宇"巨大匾额。桌子上的摆设很有特色,东边是花瓶、西边是石镜,中间是一座停止摆动的钟表,意为:"东平、西静、始终平静。"

东侧里间有一套荆根雕刻而成的床、椅，是当年乾隆皇帝送给女儿的嫁妆。旁边房间的桌子上摆放着一套银器餐具，这套餐具是供办满汉全席宴用的。整套餐具共404件，器皿上分别刻有鹿、鸭子、鱼等，有些餐具分上下两层，上层放食物，下层盛水保暖。整个宴席要上196道菜，是招待皇帝和钦差大臣时举办的宴席。

西侧间是孔子第七十六代孙衍圣公孔令贻签阅文件的地方，桌子上放的是文房四宝，书架上陈列的是孔子的部分著作和孔氏族谱。

12. 前堂楼

通往前堂楼有一窄窄的胡同，只容一个人通过，据说这是过去孔府选丫鬟用的，不要胖的要瘦的，还有一个原因就是防止丫鬟们在干活、走路的时候交头接耳、耽误做活。过了胡同，就到了前堂楼。

前堂楼是孔子第七十六代孙衍圣公孔令贻和他的夫人、子女居住的场景。

孔令贻生于清光绪二年（1876年），5岁时袭封"衍圣公"，先后娶了四位夫人。原配夫人孙氏因病早逝，没有生育；孔令贻又娶了丰氏为妾，可是丰氏同样没有生育；继娶陶氏，陶氏是北京一个大房产主的女儿，据说长相、身材都特别像慈禧太后，但是因为不是官宦人家的小姐，所以慈禧很不喜欢她。当年孔令贻带陶氏到北京为慈禧太后祝寿，慈禧对孔令贻讲："达官贵人家的小姐多得很，你怎么选中了她。"陶氏生一子夭亡，以后不育；在封建社会，不孝有三，无后为大，于是孔令贻就纳陶氏从娘家带来的陪嫁丫鬟王宝翠为妾，生两女一子：孔德齐、孔德懋和第七十七代孙孔德成。

补充资料

孔令贻的四姨太及孩子们

孔令贻的四姨太王氏是一个孤儿，从小在陶府家当丫鬟。随着年龄的增长，王氏出落得亭亭玉立，陶氏的两个哥哥同时看中了她，两个人为了她经常闹得不可开交。陶氏嫁到孔府后，一次回娘家，她的两个哥哥又为了王宝翠大打出手，陶母见状，索性让陶氏把王宝翠带到孔府作贴身丫鬟。王宝翠十七岁来孔府，到第二年十一月十三日，生下了一个女孩，陶氏便命女仆把孩子抱到自己房中，称为大小姐，后来起名叫孔德齐，自此成为陶氏的孩子，之后就出现了王宝翠生孩子，陶氏坐月子的现象。到民国六年九月十五日，王姨太又生了一个女孩，还是抱到陶氏的东间，称为二小姐，后来起名叫孔德懋。到民国八年，王姨太又怀身孕，至五个月时，孔令贻赴北京参加其岳父陶士鋆丧礼，1919年11月8日，孔令贻因病在北京去世，王宝翠生了儿子孔德成17天后，就被陶氏用毒药给害死了，死时只有二十五岁。陶氏之所以害死王宝翠，是因为在封建社会，母以子贵，陶氏没有孩子而王宝翠有三个孩子，尤其生孔德成后，伴随着孔德成的长大，王宝翠的地位一定会超过陶氏的，这是陶氏所不愿意看到的。王氏的一生非常的凄苦，虽然贵为三个孩子的母亲，但是她并没有享受到做母亲的快乐。因为孔令贻非常惧内且她是姨太太，所以，每次孩子生下来，就被抱到陶氏房中，成了陶氏的孩子。王宝翠在孔府备受陶氏折磨，经常挨打，地位甚至比不上仆人，见到自己的女儿，要像仆人一样毕恭毕敬地喊小姐。生下孔德成，还没来得及看一眼就被抱走了，至死都没有见到自己的儿子。所以她的女儿孔德懋在其回忆中写道:"当她是个孩子的时候,就失去了母亲;当她做了母亲以后,又失去了孩子。"

现在的前堂楼为清光绪十二年(1886年)重建的七间二层楼阁,高深宽敞,富丽堂皇,一层室内陈列布置保存着当年的原貌。

堂中间放置的是铜制暖炉,是当时取暖用具。正面上方悬挂孔令贻书写的"松筠永春"巨匾,意为孔氏家族长盛不衰,永远保持旺盛生命力。匾的下面有一副对联"天下文章莫大乎是,一时贤者皆从之游"是著名书法家冯恕写给孔令贻的,体现了儒家文化的博大精深。

东间是"多宝阁",摆放着凤冠、人参、珊瑚、灵芝、竹雕、玉雕、牙雕、玛瑙杯、瓷器如意、各种古代书画、名人墨迹等。极为珍贵的元、明代衣冠也保存在这里。在封建社会,每当一个新的王朝建立,都要将前一代的服饰销毁掉,但是因为孔家的独特地位,元、明时期的衣冠一直保存了下来。里套间是孔令贻夫人陶氏的卧室;再里间是孔令贻两个女儿的卧室。西面第一间是四太太王宝翠的卧室,靠近门的地方摆放着王宝翠生前的照片,长得非常漂亮;西套间是丰氏的卧室。

13. 后堂楼

后堂楼的现存建筑为清光绪十二年(1886年)重建。后堂楼是孔子第七十七代孙、衍圣公孔德成和他的夫人孙琪芳女士居住的院落。

孔德成是孔子后裔中最后一个被封为衍圣公的人,故被人们称为"末代圣人"。16岁时,孔德成与孙琪芳女士在后堂楼结婚,时值1936年12月16日,蒋介石本来打算为他们主婚,不料发生了西安事变,蒋介石被张学良、杨虎城扣留在西安,未能亲来,但是他送了一对沙发作为贺礼。

后堂楼是按照当时的原貌陈列的。明间正中悬挂的带有"瑞应雎麟"字样的帐幔是山东省民国政府主席林森题赠的,是双喜临门的意思,雎是鸠鸟,《诗经》头篇就是"关关雎鸠,在河之洲,窈窕淑女,君子好逑"。麒是麒麟,这四个字是说他们结婚是一大喜事,婚后再生一个麒麟子,可谓双喜临门。这幅"天作之合"是孔广愚先生赠送的。

东里间摆放的沙发就是当年蒋介石送的贺礼,东墙右侧挂有著名京剧艺术家梅兰芳先生的"牡丹"画轴。里套间就是孔德成和孙琪芳结婚时的洞房,卧室里也有一对沙发,这对沙发是当时美国马歇尔将军所送的,墙上的镜框里镶有孔德成夫妇及儿女的合照。西边两间就是孔德成奶妈的卧室,因为孔德成的生母王宝翠生下孔德成不久就被陶氏毒死了,孔德成是由奶妈养大的。1948年,孔德成随蒋介石去了台湾。2008年10月28日孔德成先生因心肺功能衰竭病逝于台北县慈济医院,享年89岁。

后堂楼院内的东楼是女佣做针线活的地方,西楼是招待衍圣公夫人娘家人的卧室,相当于现在的客房。

补充资料

孔德成惊天动地的"出生"

孔德成是一个遗腹子，生于 1920 年，他的父亲孔令贻是 1919 年在北京不幸染病去世的。正因为是遗腹子，所以给他的出生带来了一番惊天地、泣鬼神的大轰动。孔令贻在世时，王氏已经生下两个女儿，当他在北京身染重病、奄奄一息、觉得自己将不久于人世时，不禁为自己没有继承人而深感伤心苦恼，潸然泪下，把一线希望寄托在王氏的遗腹上，于是，由他口述，请人代笔，分别给当时的大总统徐世昌和逊帝溥仪写了遗呈。遗呈中写道："念臣年近五旬，尚无子嗣，幸侧室王氏现已有娠，倘或生男，自当承袭世爵。"孔令贻去世后，孔府内外围着子嗣问题展开了激烈的斗争。

等到王氏要分娩时，大总统徐世昌亲自派北洋军阀的一个少将带领大队人马荷枪实弹，三步一岗，五步一哨，把整个孔府围了个水泄不通；孔府近支十二府的老太太们坐着软轿到孔府监产，为的是怕别人"狸猫换太子"。因为按照规定，若王氏生下的还是女孩，他们这一支要搬出孔府，衍圣公的爵位就要由其他近支族人承袭；山东省主席和全国各县县长频频来电报询问情况。谁知王氏又偏偏难产，从清晨一直折腾到傍晚才生下了孔德成。小圣人一落地，忙坏了府里的上上下下，又是敲锣向全城报喜，又是鸣放鞭炮庆贺。至此，衍圣公有了合法的继承人，孔府人心中的一块石头才算落了地。孔德成出生百日纪念时，徐世昌派人送来了命令："孔德成袭封衍圣公。"

14. 后花园

孔府后花园始建于明代，由当时太子太傅、吏部尚书、华盖殿大学士李东阳监工设计的。他为什么要亲自设计，为孔府出大力？因为李东阳的女儿嫁给了孔子的第六十二代孙"衍圣公"孔闻韶做一品夫人。到了后来，严嵩取代了李东阳的位置，把自己的亲孙女嫁给了孔子第六十四代孙、"衍圣公"孔尚贤做一品夫人，严嵩又帮助衍圣公扩建重修孔府后花园，从各地名山搬来奇石怪岩，从各地园林移植名花奇草，使孔府后花园更为壮观。

到了清代，乾隆皇帝又将自己的亲生女儿嫁给了孔子第七十二代孙、"衍圣公"孔宪培做一品夫人。把各地的能工巧匠都集中到曲阜，仿照故宫的后花园把孔府后花园修得焕然一新，经过这前后三次大修，花园越修越大，占地 50 余亩。山、水、花、树应有尽有。

花园中最有名的要数近四百年的"五柏抱槐"，这棵树四周五枝是柏树，而中间是一棵槐树。这是大自然中一个很普遍的现象，形成原因很简单，柏树的寿命较长，年岁久了，五杈中间烂成洞，洞中积土，槐树籽落入其中，便长出了槐树。但是，过去的人并不是这样认为，而认为这是因为孔府的风水好，才能长出这样的树来，于是，这株树成了孔府的一道独特风景被保护起来。"五柏抱槐"的五枝柏树自然生长在一起，互不相欺，体现出和平共处的精神，又称"五君子柏"。

这形似山峰的铁矿石是一种含铁量较高的陨石，本不在孔府后花园，清嘉庆年间，孔子第七十三代孙衍圣公孔庆镕重修后花园时从别处移来，称"天降神石"并把花园命名为"铁山园"，他自己从此也以"铁山园主人"自称。

出口处的一幅画非常神奇，画的中间是一条路，右边是一排整齐的树木，左边是一片茫茫的湖水（也说是一条河），在湖水的远处隐隐看见山。这幅画有一个特点，就是你在180°的范围内转，无论你怎么走，在哪个方向，中间的路始终是朝着你自己的，很奇特，这幅画是什么年代画的，由谁所画，为什么画，都已无从考证。其实这幅画采用的是西方绘画中的透视原理。路的开口很大，铺满了整个底边，而路的远端又极尽地向画里收缩，最后化为一点，人从路的开口向里看，很容易造成路始终对着自己的错觉。

七、孔林主要知识示范

（一）孔林概况

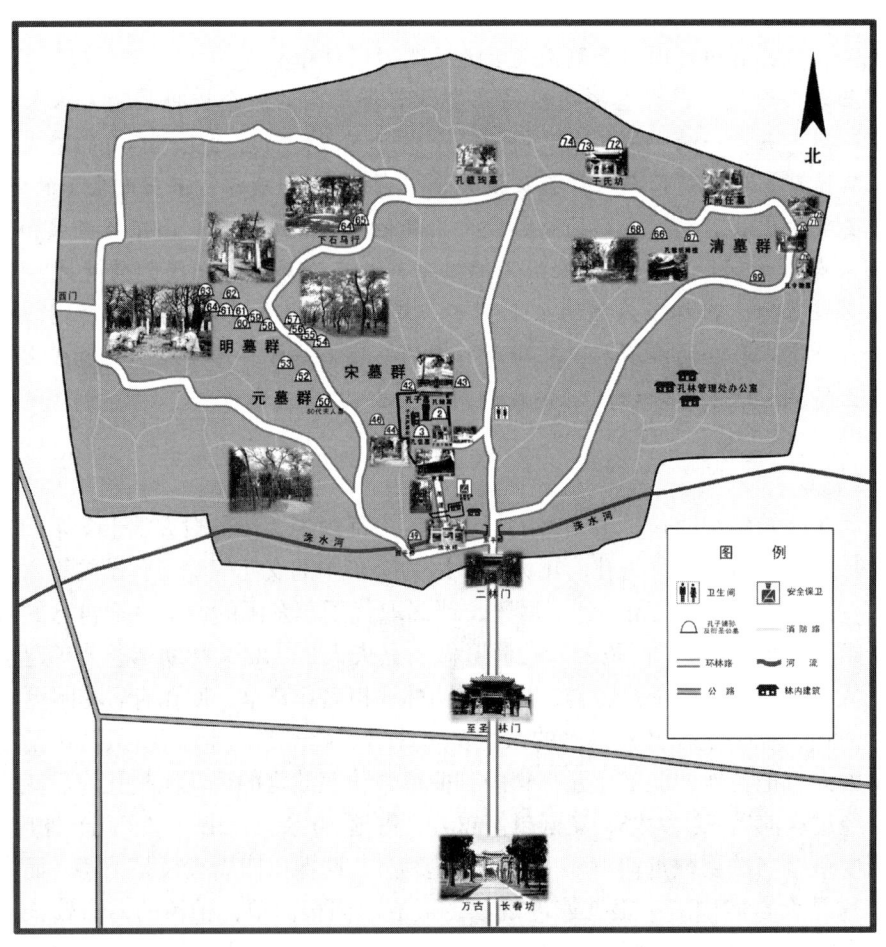

图7-8 孔林平面示意图

孔林亦称宣圣林、至圣林，是孔子及其家族的专用墓地。公元前479年孔子去世后，弟子们遵照他的遗嘱将其葬在这里，并从全国各地移植各种珍贵树木种植在这里，为"孔林"之始。孔子以后，其子孙围绕孔子墓接冢而葬，延续了2400多年，至今孔姓人家去世后仍葬于此。随着孔子地位的不断提高，孔林的规模也不断扩大。到清康熙年间达到现在的规模。

孔林现有坟冢10万余座，古树10万余株，占地3000多亩。孔林是我国规模最大、延时最久、保存最完整的家族墓地，也是一处古老的人造园林，是研究中国丧葬习俗演变的基地，为全国重点文物保护单位。1994年12月被联合国教育、科学及文化组织列入世界文化遗产名录。

孔林里埋葬的是孔氏族人，但是并不是所有姓孔的人都有资格葬进孔林。孔家规定有四种人是不能葬进孔林的：第一种是出家之人；第二种是戴罪之人；第三种是嫁出去的女儿；第四种是过早夭折的孩子。

孔家还有一个规定，就是只有原配夫人才能和丈夫葬在一起，但是也有一个例外，那就是末代衍圣公孔德成的母亲王宝翠。当年王宝翠去世后，按照规定她没能和孔令贻葬在一起，陶氏去世那一年，孔德成11岁，孔氏家族德高望重的人聚集在一起商讨，他们认为王宝翠生了末代衍圣公孔德成，使孔家后继有人，所以特许王宝翠和孔令贻合葬，孔德成听到这个决定后热泪长流，跪倒在地，向族人磕头谢恩，孔令贻墓是孔令贻和孙氏、陶氏、王氏4人合葬的墓。

（二）孔林主要景点知识

1. 神道

出曲阜城北门，有一条大道，两边古树排列，一直通向孔林，这就是"大成至圣先师孔子神道"，人们习惯上称"孔林神道"。在古人的观念中，神道连接世俗世界和神灵世界，神道就是孔子接受祭祀时魂灵进出的通道。整个神道长1266米，青石铺路，平直如矢。神道两旁，整齐排列着老桧古柏，直到孔林门前。这些桧柏有的虬枝葱郁，使古老的孔林焕发着勃勃生机；而更多的则像历尽沧桑的老人，形态各异；有的只剩下干枝，却依然忠实地屹立于神道两旁。

2. 万古长春坊

万古长春坊是一座精致的石质牌坊，坊额上刻"万古长春"4字，是中国著名的牌坊之一，建于明万历二十二年（1594年），是曲阜现存最大、最精致的石牌坊。此坊六柱五门，飞檐起脊，三层横梁，房顶呈瓦垅状。

孔子思想历经两千年而不衰，影响着一代又一代中国人，直到今天，人们还一直吸取孔子的思想养料。"万古长春坊"正对孔林大门，寓意孔子的思想犹如松柏常青，万古不衰。

3. 至圣林坊

神道尽头是一座木牌坊，上刻"至圣林"3个字。此坊原名"宣圣林"，清雍正七年（1729年）与孔庙同时将"宣圣"改为"至圣"。此坊建于明永乐二十二年（1424年），经明清两代多次重修，现在仍然保持明代早期建筑风格。

至圣林坊为四柱三间三楼式木质牌坊，绿琉璃瓦庑殿顶，前后檐下均用雕刻精致的斗拱和精美的彩画。坊额在"文革"中被毁，1980年复制，上书"至圣林"3个字，字表面贴金，格外醒目，坊前有明崇祯七年（1634年）雕刻的石狮一对。

4. 洙水桥

洙水河　本来只是周代因排洪护城而修的一条河，是我国北方较早的小型水利工程，只是因为流经圣人墓前，与"圣脉"有关，因此被后人称誉为"灵源无穷，宜与天地共长久"的圣水，并将其与泗水并称为洙泗。作为孔子思想发祥地的代称。

模拟导游

我国的大江、大河的流向基本上都是由西向东流,但是洙水河和泗水河却是由东往西流,因此有"圣人门前倒流水"之说。实际上是因为曲阜的地形东高西低,所以河水自东向西流。

前面的这个桥就叫洙水桥,左右皆为平桥,唯中间一桥为单孔石拱桥。桥宽6.6米,高25.24米,桥面呈拱形,遮住了人们北望视线,以示孔子墓深藏于内。明弘治七年(1494年),孔子第六十一代孙、衍圣公孔宏泰增设桥石栏杆,并于左右两侧添建两座小桥,均有石栏杆,因桥为平形,习惯称之为"东平桥""西平桥"。桥的东西两侧立有记载修浚洙水的石碑数幢。

洙水桥牌坊　洙水桥南侧、孔子墓轴线最南端,有一精致石坊,就是"洙水桥坊"。此坊四柱三间、石质,四柱均为冲天八棱式,柱顶各有圆雕石兽独角麒麟,仰天蹲坐。明间额坊雕刻"洙水桥"3个大字,均浅刻二龙戏珠,造型简朴庄重。此坊于明嘉靖二年(1523年)山东巡抚陈凤梧建立。正面刻有"大清雍正十年重修"字,是把原年款除掉后刻上的,有明显痕迹。西次间的石额枋和屋脊并石兽边柱于1951年修复时更换。

补充资料

孔子对于墓前河的预言

孔子"上知天文地理,下知鸡毛蒜皮",而且特别信风水,对后事很有远见。

孔子预感到自己天命已尽,不久于世,决定带领弟子出去勘选墓地。孔子觉得自己墓地风水直接关系到后代的兴衰,所以他不辞辛劳,亲自奔波,最终选定曲阜城北的泗水河之滨,当时他的学生子路提出:"此处风脉虽好,可前面还缺条河。"孔子说:"不必忙,自有秦人来挑河。"孔子去世之后,过了270多年,秦始皇焚书坑儒,有人向秦始皇建议说:"要想让儒学消亡,应当先破坏孔子坟墓的风水。孔林里没有河,如果在孔子墓前挑一条河,将他和阙里故宅隔断,孔子就不能显圣了。"秦始皇一听言之有理,马上征派徭役,在孔子墓的南面挑出了洙水河。正好应了孔子那句话,完成了孔子墓的最后一项工程,更加完善了孔子墓地的风水。孔子以下八代单传,自从秦始皇挖了这条洙水河之后,孔家子嗣昌盛,嫡亲到孔德成,繁衍到七十七代衍圣公。

5.(孔子墓)甬道

甬道也称作神道,是亡灵升天的必经之路。孔子墓甬道两边有四对八件石仪,从南往北依次为望柱、文豹、甪端、翁仲。

石仪作为石刻的一种,主要陈列于陵墓之前。石人用作墓主的守卫或侍从,石兽则象征吉祥并驱逐鬼怪。石仪代表一种威慑力量,是死人向活人表示威严的一种特殊方式。墓前陈列石仪的风俗始于西汉。

"望柱":实为华表的延伸。它经过历史的演变成为权力地位之标,是一种高贵的象征。

"文豹":亦称瑞兽,是石虎的一种人为变异。一般放在陵墓前以示威严。后人为凸显孔子墓有别于其他陵墓神道前的石仪,故把石虎称为文豹。当然,此石虎在雕刻之初非常夸张、写意,有别于其他陵墓的石虎,正好与孔子"文圣"之谓相对应,这也是后人称其为文豹的根本原因。据说它腋下能喷火,性情温驯,用来守墓,以示灵异。

"甪端":是在宋代陵墓中开始出现的一种臆造神兽,是识贤慧聪的神兽。此兽放置于孔子墓神道,寓意孔子德高盖世,贤可比君。同时也象征孔子周游列国、传播治国之道的行为如同甪端。值得注意的是,甪端与獬豸形相似,往往被人们混为一谈。区别在于其独角前挑为獬豸,后顺为甪端。传说甪端本领很大,日行18 000里,通幽远之事,懂八方语言。孔子周游列国时,就由他拉车,既是很好的谋士,又是很好的翻译。

"翁仲":史传为秦时的一员武将,姓阮,身长一丈三尺,异于常人,作战非常英勇,所向披靡,威震边塞,成为人们钟爱的守护神。现在看到的翁仲为清康熙年间所立,是孔林石仪中雕刻最精美、最高大的一对。通常在墓前立一文一武翁仲,用来守墓。这手拿笏板的就是文翁仲,手持宝剑就是武翁仲。

6. 享殿

享殿是祭祀孔子时排摆香坛、宣读祭文的地方,平时摆放祭祀礼器。享殿建于高砌砖石台基上,为孔子第六十一代孙衍圣公孔宏泰创建于明弘治七年(1494年)。清雍正九年重修时改为黄琉璃瓦,以示达到最高等级。现存建筑五间,单檐黄瓦歇山顶,是孔林中级别最高的建筑物,是孔林的主体建筑。

解放战争时,朱德总司令曾在此处召开过军事会议,现在大殿已作为革命文物保护起来了,这道大门平时是不打开的,只有在祭祀孔子时才会打开。

7. 子贡手植楷、"流泪碑"

这里是一枯树干,是孔林中最古老的树木之一,相传是孔子的弟子子贡亲手栽植的,树前石碑上"子贡手植楷"是康熙皇帝手书。子贡手植楷在清光绪八年(1882年)曾遭雷火,现仅存一段树桩。树后的石碑,刻的是清初著名诗人施闰章"子贡手植楷诗"。

亭子下的石碑叫"楷图"碑,也叫"流泪"碑。楷树烧坏之后,康熙皇帝觉得很可惜,就让人将这棵楷树的原图刻在这块石碑上,所以叫楷图碑。因为每当阴天下雨的时候,在子贡这两个字的地方都会渗出水珠来,有人说是因为子贡思念老师孔子而流的眼泪,所以这块碑叫流泪碑。

☞ 补充资料

孔子、子贡与楷木雕

孔子弟子三千,贤者七十有二,子贡就是其中的一个。子贡,复姓端木,名赐,卫国人,是孔子的高徒之一,子贡是他的字。子贡本来是富甲一方的商人,但是因为非常羡慕孔子的文化,所以就弃商从学,跟随孔子学习,后来从政,也是风云一时,享有名气。孔子周游列国时,没有路费,就是他的学生子贡资助的。

孔子去世时,子贡正在南方贩牛,没有在孔子的身边。孔子临终前,一直叫着子贡的名字:"赐也,来何迟也?"子贡听说老师去世,特从南方移植了一棵楷树栽种在这里,楷树树干笔直,直插云霄,象征孔子为人师表,天下楷模。但是康熙年间,这棵树却遭到雷火的焚击,死掉了。楷树木质非常坚硬,虽然长期经历风雨的侵蚀,树桩依然保存完好。

用这种树的木料所做的雕刻，统成为"楷雕"，是曲阜的旅游纪念品之一。2007年12月30日，日本福田首相来曲阜拜祭孔子时，山东省政府送给他们的礼物就是楷雕的孔子像和如意。

8. 孔伋墓

孔伋墓位于孔子墓南约20米处高土台上，封土东西18米，南北21米，高4米，是一座大型墓冢。墓前立石碑两幢，前碑正书"沂国述圣公墓"，为孔子第五十九代孙袭封衍圣公孔彦缙立；后碑篆书"三世祖墓"，为孔子第五十一代孙袭封衍圣公孔元措立。碑前有明代石供案和清代雍正十年（1732年）刻制的石鼎等物。拜台前有翁仲一对，东西相对而立，造型生动，古朴典雅，为北宋宣和年间雕刻，清雍正十年（1732年）由享殿前移到此处。

孔伋，字子思，一生勤奋好学。有一次孔伋看到孔子长叹，就问："祖父为什么长叹？是担心周公之道不能流传于世？还是担心自己的思想无人继承？"孔子说："你小孩子家懂什么？不要乱问。"孔伋回答说："我常听您说，父亲砍柴，做儿子的负担不了，就是不肖，我常常担心自己成为这样的不肖子孙。"孔子听了这话，欣慰地笑了，说："孔家后继有人了。"孔子把自己的思想真谛传给了曾子，孔伋师从曾子，曾子又毫无保留地将孔子思想传给了孔伋，所以孔伋深得孔子思想真谛，著有《中庸》一书。元至顺元年（1330年），孔伋被封为"沂国述圣公"，被孔氏子孙尊为"三世祖"。

9. 孔鲤墓

孔鲤墓位于孔子墓前东侧约5米处，封土东西18米，南北23米，高3米，是一座大型坟冢。墓前立石碑两通，前碑正书"泗水侯墓"，有石供案、石香炉和石砌拜台，为孔子第五十九代孙袭封衍圣公孔彦缙立；后碑篆书"二世祖墓"，为孔子第五十一代孙袭封衍圣公孔元措立。

孔鲤出生时，鲁国当时的国君鲁昭公派人送来两条大鲤鱼表示祝贺，孔子为了纪念这件事情，给儿子取名叫孔鲤，字伯鱼。后世孔氏子孙以此讳鲤鱼而称之为"红鱼"，祭祖时不用鲤鱼而用鲫鱼。到现在，宴席上即使上了鲤鱼，也要讳称"红鱼"，不能说上鲤鱼，以避孔鲤的讳。孔鲤一生没有什么建树，早孔子4年去世，但是因为孔鲤是名人之后，孔子的儿子，所以宋崇宁元年（1102年）追封为"泗水侯"。

10. 孔子墓

这座高大的坟冢就是孔子和夫人亓官氏的合葬墓。鲁哀公十六年（前479年）孔子在鲁国去世后葬于鲁城北泗上。据《阙里文献考》记载，当时孔子的墓"茔不过百亩，封不过三坯，祠、宇不过三间"，后经历代扩建，才日渐宏大。今孔子墓封土东西30米，南北28米，高5米，像是一个隆起的马背，故称"马鬣封"。墓前有石碑两通，前碑篆书"大成至圣文宣王墓"，碑阴正书"奉政大夫修正庶尹礼部郎中赐食三品禄直文渊阁永嘉黄养正书"，为孔子第五十九代孙袭封衍圣公孔彦缙立；后碑篆书"宣圣墓"，为孔子第五十一代孙袭封衍圣公孔元措立。碑前有石供案、石鼎、石质香炉、石砌拜台及砖砌花棂围墙等。石台初为汉修，唐代时改为泰山运来的封禅石砌筑，清时又予以扩大。石案为明代雕刻，石鼎为清雍正十年（1732年）制作。

祖孙三人墓的构成很特别，孔子墓左边是孔鲤墓，孔子墓的前面是孔伋墓，这种墓葬形式被称为"携子抱孙"，即孔子领着儿子孔鲤，怀里抱着自己的孙子孔伋。关于这种墓葬形式在当地流传这样一句话："子在父怀，富贵永远来，携子抱孙，世代出功勋。"

11. 子贡庐墓处

孔子去世后，众弟子为孔子守墓三年相诀而去，唯独子贡又在这里守墓三年。因为孔子病危时，众弟子都在身边嘘寒问暖，只有子贡外出经商，不在身边，等子贡赶来时，孔子已经去世。子贡觉得对不起自己的老师，心里内疚，以守墓六年的实际行动，来报答老师的教诲之恩。守墓生活很艰苦，住草棚，吃素饭，不能洗刷，也不能回家探望亲朋。

后人为纪念子贡尊师之事，于明嘉靖二年（1523年），由御史陈凤梧主持，在孔子墓前西侧建"子贡庐墓处"，此房清康熙年间重修，面东，三间，灰瓦顶。房前左侧立"子贡庐墓处"石碑一通。

子贡手植楷和子贡庐墓处不仅是孔子与子贡亲如父子师生关系的历史见证，也是千百年来尊师重教的象征。

八、岱庙主要知识示范

（一）岱庙概况

岱庙旧称东岳庙、泰庙，它是一座道教建筑，主要奉祀"东岳泰山之神"——东岳大帝，是古代帝王来泰山封禅告祭时居住和祭祀泰山神的地方，也是目前泰山保存规模最大、最完整的古建筑群。在汉族民间传说中，东岳大帝主管世间一切生物出生大权，是上天与人间沟通的神圣使者，是历代帝王受命于天、治理天下的保护神，他已经成为汉族民间宗教信仰。

岱庙位于泰安市区的中心，南北长约406米，东西宽约237米，总面积约9.6万平方米。它的具体创建年代无考，有"秦既作畤""汉亦起宫"的说法，至唐代已经是殿阁辉煌，在宋真宗大举封禅时，又大加拓建，修筑了天贶殿等，使得建筑规模更加宏伟。自此以后，岱庙受到了历代帝王的悉心保护，较好地保存下来，成为当今中国与北京故宫、曲阜孔庙齐名的古建筑群。

岱庙的整体建筑形式和布局是按照中国传统中轴对称式的皇宫模式建造的。它的建筑规格之高，首先体现在环庙四周的墙体上，岱庙的墙采用的是宫城式的城墙，五层基石，上砌大块青砖。另外，在出入岱庙的门户设计上，也显示出这座庙的不同凡响：城墙上共开有8座门，南向五门，中为正阳，两侧为掖门，再向两侧，东为仰高门，西为见大门；东侧城墙有东华门，又称青阳门；西侧城墙有西华门，又称素景门；北门为厚载门，又称鲁瞻门。再有，岱庙城墙的四角各建有一座角楼，按八卦中的方位而得名：东北为艮，代表山；东南为巽，代表风；西北为乾，代表天；西南为坤，代表地，这也是皇宫的格局。门楼、角楼在民国年间均有毁坏。1985年重建正阳门和五凤楼，1988—1989年重建巽、坤二楼。

岱庙的中轴线和泰山顶峰的南天门一线贯通。如果说泰山是中华民族历史文化与自然高度和谐统一的典范，那么岱庙则是这部鸿篇巨制的前奏。

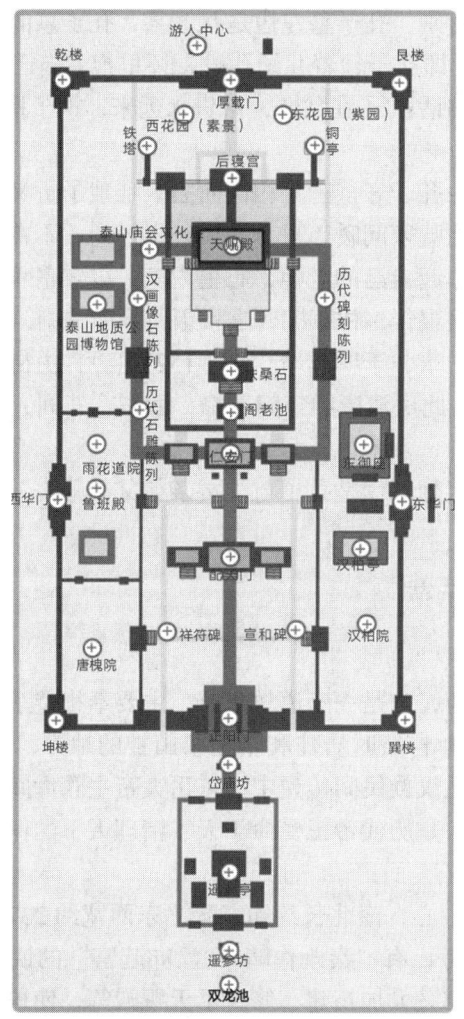

图7-9 岱庙平面图

(二) 岱庙主要景点知识

1. 岱庙坊

"岱庙坊"又叫"玲珑坊",是泰山周边最大、最精美的牌坊。岱庙坊建于清康熙十一年(1672年),为四柱三间三楼式牌坊。整座石坊高低错落,通体浮雕,造型雄伟,精工细琢,为清代石雕建筑中的珍品,堪称石雕艺术中的精品。

坊顶是歇山式仿木结构,螭吻凌空,斗拱层叠,檐角飞翘,脊兽欲驰。正脊之中竖立着宝瓶,中柱小额枋上透雕着二龙戏珠,龙门枋上浮雕着丹凹朝阳。在坊下奠立方形石座,座上都竖立着双柱,柱下侧是滚墩石。石上前后有两对立雕的蹲狮:雄狮戏耍绣球,雌狮嬉闹幼狮,姿态各异,生动可爱。坊的梁、柱、额板及滚墩石上分别雕有铺首衔环、丹凹朝阳、二龙戏珠及群鹤闹莲、天马行空、神牛角斗、麒麟送宝等30多幅栩栩如生的祥兽瑞禽图。图案设计采用对称手法,构图和雕刻技术变化多端,具有强烈的艺术感染力。

坊的内柱阴阳两面都刻有歌颂泰山神威的楹联。南面是由当年的创建者、山东提督布政使施天裔撰书："峻极于天，赞化体元生万物；帝出乎震，赫声濯灵镇东方。"意思是高峻的泰山与天齐，它辅助天地化生万物；主宰宇宙的泰山神，显赫的威灵震慑东方。

北面是山东巡抚兵部右侍郎赵祥星题联并书："为众岳之统宗，万国是瞻巍巍乎德何可尚；掺群灵之总摄，九州待命荡荡乎功孰与京。"上联大意是：泰山为五岳之长，全国各地的人们都来瞻仰它的雄伟气概，它那化生万物的德泽恩惠谁能超过呢？下联大意是：泰山之神把持操纵着群神仙界，天下都听从其命，它那保佑苍生的功劳广大远博，谁能与之相比呢？

2. 挂印封侯柏

正阳门内东侧这株柏树据传植于汉代。由于年代久远，古树的主干中间已经开裂，但它的侧枝上依然有着新鲜而茂密的枝叶。在树干的中上部位，有一个自然形成的树瘤，造型奇特，像一只顽皮可爱的小猴子仰面朝天。在它的小爪子里还玩弄着一个似圆似方酷似古时官印的东西，这棵古柏由此而得名"挂印封侯"。典故出自三国名将关羽，在一次大战中，关羽被曹操俘虏，曹操爱才心切，就用"上马金、下马银"、赏赐美女、加封侯王等手段来收买他，关羽义薄云天，一一回绝，最后将侯王大印挂在树上，披挂而去。苍劲挺拔的古柏，似乎在提醒后人：不能贪图荣华富贵，要时刻保持高尚的情操。

3. 汉柏院

汉柏院门额书"炳灵门"3个大字，由李铎所书。这里原来是祭祀泰山神的儿子炳灵王的地方，原有的炳灵殿已不复存在，因院内尚有汉武帝手植的汉柏，所以改称为"汉柏院"。

院落的东墙，已经成了一面碑墙，上面砌有53块历代碑碣。碑墙前，还立着十几块碑石，其中最引人注目的当数北宋大书法家米芾所书的"第一山"，表现出作者极深的书法造诣。此外，院中还有刘海粟所题"汉柏"碑，张钦题"观海"碑，沙孟海题"荡胸生层云，决眦入归鸟"碑以及乾隆皇帝御制"汉柏图"碑等众多碑刻。

汉柏是这座院落的主人。在这个院落中有5株铁干虬枝的古柏，它们就是泰山有名的汉柏。根据古文献记载，大规模绿化岱庙大概是从汉武帝刘彻开创的。北魏郦道元在《水经注》中就有过这样的记载："泰山庙中，柏树夹两阶，大二十围，盖汉武帝所植也。"公元前110年，汉武帝刘彻东封泰山时，曾在这里种植了2000余株柏树，历尽两千多年的风雨摧残，时至今日，仅剩下所能看到的这5株了。它们就像阅尽沧桑的老人一样，无言地见证着历史的变迁。这几株柏树分别为"苍龙吐虬"（古柏老桧）、"赤眉斧痕""汉柏连理""汉柏影翠"和"岱峦苍柏"。

在赤眉斧痕柏的树干上，有一个明显的伤疤，根据伤痕的形状可以断定是用利器劈砍所致，而且在伤痕周围还有深褐色的液体流淌过的印迹。据说，在西汉末年，泰山来了一队农民起义军，因他们的眉毛都染成了红色，所以被称为"赤眉军"。他们在岱庙驻扎下之后，需要木材修筑工事，于是就来到了这片柏林，其中一个小兵，抡起斧头，对着这棵树就砍了下去，当他奋力地拔下斧头再准备砍第二下的时候，看到一股红色的液体，正从树的伤口上淌了下来，就像人受伤流血一样，这下可把他吓坏了：早就听说泰山是神山，一草一木皆有灵性，今日被冒犯，显灵了！他急忙跪下磕了几个响头，抓起斧头就跑了，而斧痕却留在了这里。东晋古书《从征记》中记录了这件事："赤眉尝砍一树，见血而止，今斧创犹存。"

赤眉斧痕柏旁边是连理柏，原来是双干相连，共繁共荣，就像一对相依为命的恋人，并肩伫立于世。但是，西侧树干中央被大火烧过，已经枯死了，仅剩下的一株以顽强的生命力，依靠树干北面不足30厘米的树皮输送养分长留于天地之间。在连理柏南侧的石碑中还可以看到两株柏树枝叶茂盛时的景象，中间这一块绘制的就是当年的连理柏，作者便是一生中曾十次登临泰山的乾隆皇帝。在他的眼中，这株汉柏虽然历经了千年的风雨寒霜，却依然双干挺立，直刺青天，是汉柏中最具风骨的一株。汉柏的不屈形象让乾隆皇帝感慨万分，并深深地印在了脑海里。回到皇宫后，乾隆亲笔将它描绘了出来，并派专人刻下了这块《御制汉柏图赞碑》，同时赋诗："汉柏曾经手自图，郁葱映照翠阴扶。殿旁亭里相望近，名实主宾谁是乎？"

4. 东御座

概况 东御座创建于元代，旧称迎宾堂，用于接待来泰山进香的达官贵人。清乾隆三十五（1770年）拓建，改为驻跸亭，成为皇帝祭祀泰山时休息的御用场所，因位于岱庙的东华门内，所以被称作东御座。它是岱庙内保存最为完整的一个清代四合院，由垂花门、仪门、大门、北屋和东西厢房组成。北屋正殿三间位于高台之上，屋内是乾隆皇帝驻跸时的模拟陈列，明间是帝王召见群臣的场所，两个次间，东为书房，西为寝室。

秦刻石 进入正殿之前看到的玻璃罩内这块碑刻就是大名鼎鼎的泰山"秦刻石"。秦刻石是泰山现存最早的碑刻，也是中国现存最早的刻石之一。此碑由李斯所刻，是秦始皇封禅泰山的唯一保存实物，已被列为国家一级文物，更被世人誉为"天下名碑之最"，堪称稀世珍宝。鲁迅誉之为"汉晋碑铭所从出"。其遒劲若虬龙飞动，清秀如出水芙蓉，足见其艺术魅力。

秦刻石命运多舛，多次失而复得，几次更换保存地。早在公元前219年，千古一帝秦始皇来到泰山举行封禅大典，大功告成之后，他命丞相李斯在泰山极顶刻石为记。十年之后，秦始皇的儿子秦二世也来到泰山封禅，并且在秦始皇留下的石碑上令李斯又补刻上诏书。至此，秦刻石已有222个字，历尽2000多年的风雨劫难，数次险遭灭顶之灾，终于在1928年移至东御座现在的地方。面对仅剩的两块残石，如果仔细辨识，可以读出的仅剩"臣去疾臣请矣臣"七字完整，"斯昧死"三字已经残泐。这块残石载录的是中国最早的统一文字——小篆，除了目前保存在国家博物馆里的琅琊秦刻石（现存86字）以外，别无他处。

正殿 正殿内正中放有龙椅，当年的乾隆皇帝就是端坐在上面接见地方官员的。在龙椅的上方有一款匾额，上面写着"勤政亲贤"。两边有一对抱柱楹联，上书"唯以一人治天下，岂为天下奉一人"，从对联中可以领略到既唯我独尊，又胸怀天下苍生的帝王气魄。

这里还陈列着乾隆皇帝御赐给岱庙的三件宝物：沉香狮子、温凉玉圭、黄釉青花葫芦瓶。

殿内两侧这一对沉香狮子是乾隆二十七年（1762年）皇帝御赐给岱庙的。狮子在中国是权威的象征，古时候只有在官府门前才可以摆放，不同的官职摆放的狮子"螺髻"数目也是有区别的，来不得半点差错。这对小狮子是用名贵的沉香木制成，称为"沉香狮子"。沉香树是一种含有树脂的植物，主要产于印度、越南和我国台湾、海南等地。沉香被誉为是植物中的钻石，它与生俱来的香气，淡雅宜人，更为难得的是，这种香气是伴随着沉香木终生不变的。尽管当今科学技术已经非常发达，可是沉香木的香气仍然无法人工合成。这对狮子是用沉香木精心雕刻黏合而成，沉香木上凹凸不平的疙瘩自然形成狮子身上的卷毛，真是惟妙惟肖。两只狮子都是前腿直立，后腿蜷坐在地上，两眼熠熠有神，尾巴高高翘起。工匠正是根据狮子"怒则威在齿，喜则威在尾"的习性，把它们雕琢成了喜庆吉祥的样子。这对沉香狮子稍大的一只高36厘米，长38厘米，重3.75公斤。另外一只高37.5厘米，长36.5厘米，重3.5公斤。

东侧书房内的这件温凉玉圭是乾隆皇帝为恭贺他的母亲皇太后八十八岁大寿，于乾隆三十六年（1771年）东巡泰山拜谒岱庙时御赐岱庙的。玉圭白中透青，所以又被称为"青圭"。它是由上下两截衔接而成，上半截的玉石质地细密，所以用手抚摸就会感到透骨的冰凉；下半截的玉石质地略疏松，所以用手抚摸就会有温润之感，因此得名温凉玉圭。在玉圭的上半部分刻有日月星和海河山，代表古时所指的"天地六宗"。《周礼》中记载："以玉作六器，以礼天地四方，以苍璧礼天，以黄琮礼地，以青圭礼东方……"泰山位于东方，被认为是万物交替，初春发生之地。因此，用青圭礼泰山，是严格遵循传统礼制的。

在西侧寝室内，看到的黄釉青花葫芦瓶是乾隆五十二年（1787年）御赐给岱庙的。这件瓷瓶为葫芦形象，瓶口有盖，通体以黄釉为底色，上面装饰7层青花纹饰，以缠枝莲纹饰为主，葫芦瓶底有"大明嘉靖年制"楷书青花款。这件瓷器为宫廷御用物品，做工极为精巧，原来也是一对儿，只因1942年曾经被盗，追回后只剩下一只完整的葫芦瓶和另外一只的瓶盖。古人把瓷器做成葫芦形状，还带有一个美好的祝愿，因为葫芦的谐音是福禄，所以这件葫芦瓶就是福禄满堂之意了。

5. 天贶殿

概况 天贶殿是岱庙的主体建筑。历史上，天贶殿曾有过许多名称，宋代称"嘉宁殿"，元代称"仁安殿"，明清两代称"峻极殿"，民国时改成了现在的名字。"贶"是赐予的意思，也就是说大殿是天赐予的。而在当地，人们则习惯称它为"大殿"。说它大，毫不夸张，大殿高筑在三层白色基石之上，重檐八角，斗拱飞翘，上覆黄色琉璃瓦，檐下八根大红明柱，总面积达2600多平方米。它不仅形制大，名声更大：它和北京故宫的太和殿、曲阜孔庙的大成殿并称为我国三大宫殿式建筑。在这三大殿中，天贶殿的建筑年代最为久远，早在宋大中祥符二年（1009年），天贶殿就屹立在这里；而曲阜孔庙的大成殿始建于宋天禧二年（1018年），被老百姓称为金銮殿的北京故宫太和殿就更晚了四百多年。

大殿屋顶采用了我国古代屋顶的最高等级——重檐庑殿顶，只有皇宫才能配得上这种规格。大殿通高23.3米，面阔九间（43.67米），进深五间（17.18米），古人认为："九五，飞龙在天"，九五之尊只能为皇帝所用。殿阁内的柱、梁、斗拱、藻井等建筑构件及彩绘，都是中国古代建筑中的最高级别，由此，不难看出天贶殿的地位有多高了。

大殿双檐正中，高悬着"宋天贶殿"金匾，檐下的大红明柱，把整个大殿映衬得金碧辉煌。殿前的大露台上，有一座明代的铁制香炉，香炉的两侧各有宋代大铁缸一口，它们有一个别称——"门海"，意为门前有一片大海。古时的宫殿建筑多为木结构，最怕的就是火灾，一把大火把宫殿夷为平地的例子举不胜举，于是人们就用水克火的特性，把它们放在这里作为当时的消防器材。再向两侧，两座小亭内放置的是乾隆皇帝的御碑。

殿内 进入大殿，迎面看到的这架古铜镜，是由明代铸造，直径达1.29米，此镜名为"照妖宝镜"，履行在泰山神前的安全检查的职能。镜子的正中上方，还有一尊精美的女神铜像，她就是泰山女神碧霞元君。

大殿中央端坐于神龛之内的就是东岳大帝泰山神。原来塑像已毁，现在看到的这尊彩色泥塑坐像是在1984年重塑的，高4.4米，庄严肃穆。他头戴冕冠，前垂十二旒，显示其明察秋毫；冠的两侧悬坠玉衡，意思是不会偏听偏信，对小人谗言，充耳不闻。他身着衮龙黄袍，手执青圭玉板，玉板上部刻日月，下雕山海，象征着泰山神主天地、掌生死的权力。

抬头向上看，在神龛的上方有3次来到泰安、2次登上泰山的清康熙皇帝所题的"配天作镇"巨匾。

神龛正对的大殿正门上方，也悬挂着一块匾额，上面写着"大德曰生"，这4字为乾隆皇帝的御笔，源自《周易·条辞传》："天地之大德曰生。"大概意思是"天地之间最伟大的道德是爱护生命"。是的，泰山神主管人的生死，保佑世间万物，使天下风调雨顺，国泰民安，它的确是有大德的，所以，乾隆对泰山非常崇拜，一生曾10次到泰山祭拜，其中6次登上玉皇极顶，留下170多首咏颂泰山的诗，130多块碑碣，是中国古代帝王中到泰山祭祀次数最多、留下诗篇最多、碑碣最多的一位皇帝。

塑像神龛前，排列着明代皇帝所赠的大型铜五供——香炉1个，香桶4个。神像两旁分列有：金瓜、钺斧、朝天镫、龙头杖、华盖等仪仗，大多是当时的原物。

《泰山神启跸回銮图》 天贶殿内北东西三面墙上的这幅巨型壁画为《泰山神启跸回銮图》。壁画初为宋朝时所作，高3.3米，全长62米，以大殿北门为界，东为"启跸"，西为"回銮"，详细描绘了泰山神出巡回宫的盛大场景。

画面中乘坐四轮六马玉辇的就是泰山神，炳灵王和延禧真人护驾，辇前有双轿抬着的道家仙人陪行，文武百官前呼后拥，护卫队伍浩浩荡荡。画面中共绘人物697位，千姿百态，栩栩如生。此外还有麒麟、大象、骆驼和背负法器宝瓶的神兽狮子、摇旗的夜叉以及抬着的猎物，等等。画中人物繁多，再加上配以山川殿阁、茂木密林、水榭亭廊，使得整幅画场面浩大，气势恢宏。更由于壁画所采用的色彩浓淡相宜，显得华贵而又深沉，热烈而又宁静，表现出了东方特有的审美情趣，在我国现存的道教壁画中，实为上乘之作，其艺术价值是不容低估的。

现在看到的壁画是清代根据原本补绘的，补绘的时候下部的人物、宫殿、桥涵依照了原作的表现手法，也就是采用了散点透视，人物不分远近大小，线描衣纹，重彩平涂勾填，富有鲜明的中国民族的艺术特色与风格；而画面上部，由于明末清初西洋画法传入我国，补画者受到了影响，便在主体之外用西洋画法的焦点透视法增绘了部分山石林木、楼台亭榭等背景，它的风格迥异于下部人物的画法。但即使如此，专家们仍认为它"至少保存了宋代壁画的原样"，仍不失为"伟大精密"之作。

这幅壁画为道教题材，但泰山神的形象实际上是封建帝王的化身，是人类社会现实生活的再现。画面把帝王的骄矜之态刻画得惟妙惟肖，而其他无论是文官还是武官都各具神情，几乎无一雷同，而且不少的人物通过微小的转侧和顾盼，相互之间得到了呼应，增强

项目七 | 经典地接旅游线路产品模拟导游知识

了作品的整体感。看得出画家对于人物造型具有非凡的把握能力。

《泰山神启跸回銮图》内容极为丰富，其中所涉及的对象除了帝王的化身泰山神和文臣武将外，还有仪仗队、旌幡、乐队、乐器、各种服饰、兵器、神器、建筑、树木等，这一切为我们提供了多个研究领域的宝贵材料。随着对这一壁画研究和破译的进一步深入，将会从中更多地了解我们古老民族的历史，更深刻地体会到我们民族文化的悠久、璀璨和不朽。

九、泰山主要知识示范

（一）泰山概况（见任务二之"三"之"3" P175）

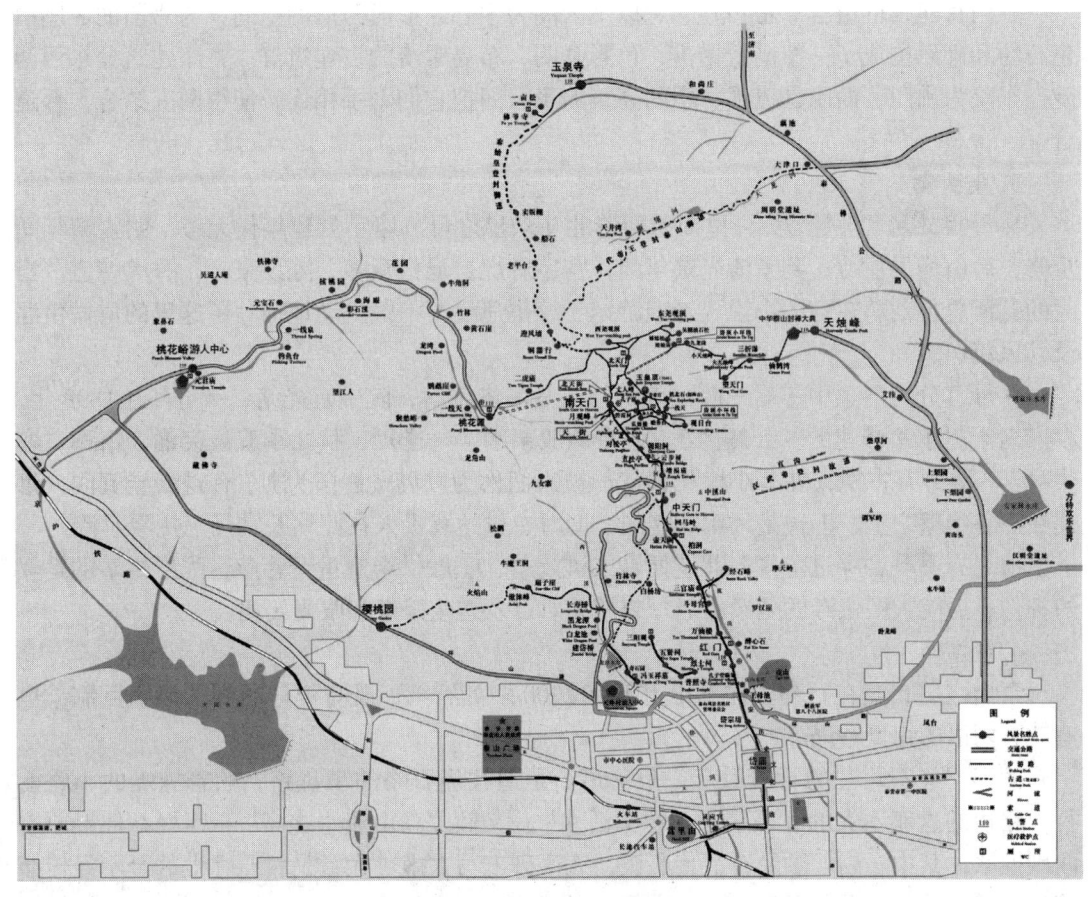

图7-10 泰山导览图

（二）泰山主要景点知识（以登山主路即从岱宗坊至玉皇顶沿途的主要景区点为主）

1. 岱宗坊

出岱庙厚载门北行不远，路中间立一石坊就是岱宗坊。它是红门登山路线的起点。石坊材质为泰山花岗岩，九脊歇山顶，正中额板上篆书"岱宗坊"3个金色大字，有标志导向作用，用它来提醒大家从这里开始进入泰山。牌坊造型方正，少有雕饰，显得古朴厚重，与坊北面巍峨挺拔的泰山自然地融为一体。这座石坊始建于明嘉靖四十年（1561年），清雍正八年（1730年）重修。坊前有两座石碑，都是立于雍正九年（1731年），一座是《重修泰安州神庙谕旨》碑，另一座是《重修泰山记》碑，碑文中记载了当年朝廷降旨拨款重建岱宗坊、修复泰山古石阶盘道以及补栽"五大夫松"的情况。

2. 红门宫

红门宫是一组红色的古建筑群，横跨登山道路之上的是"飞云阁"。红门宫得名源于西北大藏岭上红色的巨石，形似两扇门户，是泰山上一处著名的地质景点。这条路沿途上有很多的地质景观，在感受泰山博大精深的历史文化和优美壮丽的自然景观的同时，还能感受泰山作为世界地质公园的独特魅力。

红门宫建筑群组合非常巧妙。它以飞云阁为中心，形成凹形的空间，与宫前的3座白色石坊和碑碣构成了一组高低错落、色彩鲜明、布局紧凑的古建筑群。整座建筑分东西两院，东院为佛门，西院是道观，中间高筑的飞云阁把它们牵手相连，使得两院结合，释道合一。

3. 斗母宫

斗母宫又名"斗姥宫"，里面供奉着北斗众星之母。庙宇创建年代无考，明嘉靖年间重修，后由僧尼住持；到了清光绪年间，宫宇辉煌，尼僧众多，陈设豪奢，香火特盛。当时的黄河总督刘鹗在他的小说《老残游记·续集遗稿》中曾生动地描写了这里的尼姑生涯及其风流逸事。

斗母宫分为前、中、后三院。南山门内是一进院落，院中有光绪二十五年（1899年）泰安名士赵尔萃修建的"天然池"，内有两股泉水，每逢夏、秋之季双泉突涌，俗称"孪生泉"。池旁有古槐，并有小槐相偎依，被人们称为"母子槐"；池东有寄云楼五间，修建在深谷绝壁之上，上边是环廊式楼阁，旧时专供达官贵人在此饮茶赏月，抚琴对诗。

池北有蕴亭，穿过蕴亭向北走便是二进院落，正殿供奉观世音菩萨，配殿供奉的是斗姆神像；后院大殿供奉的是泰山老母碧霞元君以及送生娘娘和眼光奶奶。

4. 经石峪

泰山之美，美在石刻。在泰山上下有2200多处石刻，既有洋洋洒洒的鸿篇巨制，也有三言两语的惊世妙语。

额书"经石峪"的石坊后有一条岔道，是通往经石峪的小盘路。顺着蜿蜒的小路前行，路边的这座不大的石亭题额"源头活水"，又额"高山流水之亭"。四根石柱上原有两副楹联，其中一副：晒经石上传心诀，无字碑上写太虚（大意是：石坪上的金刚经传播着佛法的秘诀，岱顶的无字碑书写着深玄的道理），此联已经残失。第二副为：天门倒泄一帘雨，梵石灵呵千载文（大意是：南天门倾泻下的雨水像一幕水帘，神灵呵护的千年经字永不会磨灭）。

这刻有金刚经大字的石坪就是经石峪。经石峪因这一大片石刻佛教经文而得名，是我国现存最大的佛经摩崖刻石。在两千多平方米的缓坡石坪上，自东而西刻着佛教《金刚般若波罗蜜经》（简称《金刚经》）的一部分，共计44行，每行125字或10字不等，共有2799字，字径50厘米。石刻历经千余年风雨剥蚀，现在仍存经文41行、1069字。不知是何原因，刻石没有刻制年代和书刻者的姓名，曾有如明代的王世贞、孙克宏，清代的聂剑光以及当代的郭沫若等多位史学、书画大家考证不得，经文刻石的作者究竟是谁，至今没有定论。

经刻书法纵逸遒劲，以隶书为主，富于变化，书法家毫无拘束地把真草隶篆各体风格精华融入其中，给我们留下了一部民族文化的宝典大作。清代康有为称赞它为"榜书第一"。经石峪石刻结体之大、规模之巨，堪称"天下第一"，历来被视为"大字鼻祖""榜书之宗"。著名作家汪曾祺在一篇文章里甚至这样写道："泰山即使没有别的东西，没有碧霞元君祠，没有南天门，只有一个经石峪，也还是值得来看看的。"

5. 中天门

这座小型广场的中间有一座石坊，上有"中天门"3个大字，用经石峪大字题刻集成。石坊古朴简约，与周围的景致和谐统一。广场的四周建筑物很多，北面石阶之上有三间大殿，原为二虎庙，现在被称作"财神庙"。这里建有很多餐馆及服务设施，供游人休息。

在中天门西侧是1983年国家投资创建的泰山索道中天门站。泰山客运电缆索道，下起中天门，上至南天门西侧的月观峰，全长2078米，落差602米。2000年对其又进行了改造，引进奥地利单线循环自动拖挂吊箱式索道。索道的上、下站房是依山而建的仿古建筑，与山色相映。

从中天门俯瞰山下，只见群峰低首，白云缭绕。登山至此，仅为"中天"，但已感觉天宽地广，身上的疲惫一扫而光。举目北望，万绿丛中一点红的南天门历历在目，蜿蜒上升的石阶盘道恰如天梯倒悬。

6. 五大夫松

飞来石北有五大夫松石坊，旧称"诚意门"，又名"小天门"。原来石坊已毁，1984年重建。石坊西侧有古松，叫五大夫松。说起五大夫松，还有这样一段故事：公元前219年，秦始皇登泰山封禅，中途突遇疾风暴雨，于是慌忙躲到大树下避雨。因念此树护驾有功，始皇帝就封它为"五大夫"。《史记·秦始皇本纪》是这样记载的，"乃遂上泰山，立石，封，祠祀。下，风雨暴至，休于树下，因封其树为五大夫松"。

秦代官爵共有二十级，五大夫是第九级。因遮雨有功受封的是什么树《史记》中并没有说，后来东汉学者泰山太守应劭《汉官仪》中说是松树。秦时的五大夫松早已被狂风和洪水吹冲，明清两代皆有补植。如今仅剩的两株"五大夫松"拳曲古拙，苍劲葱郁，被誉为"秦松挺秀"，列为泰安八景之一。

7. 十八盘

十八盘是泰山登山盘路中最险要的一段，共有台阶1600余级，是泰山的主要标志之一。这里岩层陡立，倾角70度至80度，在不足1千米的距离内升高400米，两侧崖壁如削，陡峭的盘路镶嵌其中，远远望去，恰似天门云梯。

十八盘又分为三个小十八：自开山至龙门为"慢十八"，再至升仙坊为"不紧不慢又十八"，又至南天门为"紧十八"。其实十八盘并不是只有十八个盘道，关于它的命名一种说法是古人觉得这里难于攀登，就在周边各立了十八根柱子，并有铁链连接，方便上山，所以取名为十八盘；另一种说法，按照中国的传统习惯，往往以九表示最大、最多，十八乃九的倍数，喻极大之意，在这里形容天梯之高，攀登之难。

走上十八盘的石阶盘道不远，就看到了这座叫作龙门的石坊，石坊最初建于明代嘉靖年间，现在看到这座石坊是1994年重修的。在石坊西侧石壁上，可以看到清代著名工匠魏祥草书的"龙门"2字。

伴随着石阶盘道高度的渐渐抬升，它的坡度也在悄然增加。在东侧石壁上，有一处"仰不愧于天，俯不怍于人"的题刻，这句话出自《孟子·尽心》，由山西人姜学海题写，这是告诫大家，在即将登顶步入仙境之前，一定要自我检讨一番，做人一定要上无愧于天，下无愧于人。在它旁边的"神功利济"题刻，意思是神仙最乐意帮助那些一心向善的人渡过难关了。

过龙门坊后第二座坊名为"升仙坊"，创建年代不详，宽2.82米，通高4.5米，为两柱单门式全石坊，额题楷书"升仙坊"3个字。此处北上150米就是南天门，共有石阶约480级，十分陡峭，这段盘道被称为紧十八盘，是登泰山的最艰难处。因上面就是岱顶天庭，咫尺仙境，像是有飘然升仙的意境，所以取名为"升仙坊"。

在盘道两侧仍有许许多多的题刻。西侧崖壁上有刻于乾隆四十八年（1783年）的"天地交泰"，昭示着泰山是天与地交合的地方，象征着天下通畅安宁；东侧崖壁上"知止观止"则表达了作者看到这里的景色美到极致，已经心满意足了；还有"努力登高"给游客的鼓励；"山险心平"和"亦可阶升"告诫人们保持好心态，越是临近成功，越要心平气和。

"共登青云梯"语出谢灵运《登石门最高顶》："惜无同怀客，共登青云梯。"只不过泰山自古以来就是万众朝圣之地，往来之人络绎不绝，不是1500多年前人迹罕见的浙江石门山可比的。题刻者反其意而用之，勉励更多的人勇敢地攀登。而且，由于此题刻的主体是游客而不是泰山，使人有别开生面之感。

8. 南天门

南天门为十八盘的尽头，海拔1460米，又称为"三天门"。它扼守在飞龙岩和翔凤岭之间的山口要冲，每当山间云雾出没、变幻无穷的时候，南天门在云雾中时隐时现，十八盘似天梯倒挂，衬托得泰山主峰更加雄伟壮丽。

纵观南天门，整座建筑分为上下两层，下层为门洞，条石垒砌，弧形石条起拱。门洞宽3.7米，高3.3米。门口正上方写着3个镏金大字"南天门"，两侧有一副对联：门辟九霄仰步三天胜迹，阶崇万级俯临千嶂奇观（南天门开辟在高高的泰山之巅，向上走可一览仙境中的胜迹；南天门之下石阶层叠，往下看一览众山小，千座山头历历在目）。上层是摩空阁，意为凌驾于天上的一座空中楼阁。摩空阁面阔三间，黄琉璃瓦卷棚重檐歇山顶。正间南向开拱形门，两次间各开一窗。门上有白底贴金石质匾额"摩空阁"，是民国时期河北书家王易门所题。

南天门建于元中统五年（1264年），由张志纯道长建造。张志纯，原名张志伟，由于天生聪慧，努力修道，使他在道教信徒中颇具声望。元世祖忽必烈闻其名，屡屡召见问道，并为之改名为志纯，赐号"崇真保德大师"，授紫服，令其住持岱庙。

张志纯一生最值得称道的是致力于泰山庙宇的修复工作。他历经数十年，整修泰山庙观20余处，其中最为艰巨而又名垂青史的，当是创建了南天门。元中统三年（1262年），张志纯被授为东岳提点监修官兼东平路道教都提点。应东平路管严忠范之请，筹划兼修南天门。南天门地势险峻，几乎高不可攀，在此建南天门，难度之大可想而知。

《泰山小史》曾赞南天门："在十八盘上，高插霄汉，两山对峙，万仞中鸟道百折，危级千盘。松声云气，迷离耳目衣袂之间。俯视下界则山伏若丘，河环如蚓，天地空阔，无可名状。"唐代大诗人李白也曾来到这里，发出了"天门一长啸，万里清风来"的呐喊。

9. 天街

天街概述 从南天门到碧霞祠西神门这段长600米的路就叫"天街"，天街坊为四柱三门冲天柱式，上面"天街"2字是著名书法家武中奇题写的。

坊东路北是唐代文学家苏源明的读书故址，清代乾隆十二年（1747年）在此建行宫，后来坍塌。旧时山民在此筑茅屋客店，经营茶水香烛，并为进山朝神的善男信女提供食宿，当时山民多不识字，各店铺便以木雕的"金钟""鹦哥""元宝"等物件悬在门前做招牌，吸引回头客，人称此为"金钟店""元宝店"等。现在原先的茅屋已经被一排古典式阁楼廊舍所取代，开设了适应现代旅游需要的商店、饭店和旅馆，不少店铺的门前仍悬有金钟、元宝等，以承古风。如今的天街，道路平整宽阔，依岩而建的仿古店铺流光溢彩，好似天上的街市，故名天街。

白云亭 在天街中段南部。明万历十四年（1586年）巡抚都御使李戴登泰山祈雨的时候建的亭子，清代亭子坍塌，现在的白云亭是2000年在原址复建的，也是游客歇息、登高望远的地方。

蓬元坊 牌坊为2000年重修，前后两面均刻有"蓬元"二字。道教认为仙境有十大洞天，三十六小洞天，七十二福地，洞天福地是道教仙境的一部分，多以名山为主景，或兼有山水。认为此中有神仙主治，乃众仙所居，道士居此修炼或登山请乞，则可得道成仙。泰山为三十六小洞天中的第二小洞天——蓬元洞天。此处一面原刻有"升中"二字，"升中"是指封建社会皇帝祭天的最后一道程序，即古代帝王祭天上告成功。

邓颖超题刻 1984年6月，年已八旬的邓颖超主持开完全国政协六届二次会议后，来到了她向往已久的泰山并应泰安县委同志的请求，写下了"登泰山看祖国山河之壮丽"。现在，她的字已刻在泰山石上，与泰山相映生辉。

"海岱纵目" "海岱纵目"是乔石在1995年9月12日所书。"岱"指泰山，古称"岱宗""岱岳"；而海则有两种说法，一种是说泰山上的云海，另一种是说实际的大海——渤海、黄海。"海岱"构成了一个古老的文化区，自大汶口文化至今，至少已有6000年的历史了，纵目海岱，可以看到一个辉煌璀璨的民族发展历程。

世界文化与自然遗产标志石刻 此石刻于2001年，上面有世界遗产公约的标志，它象征着文化遗产和自然遗产相互依存的关系。中央的正方形是人类创造的形状，圆圈代表大自然，两者密切相连，和谐交融。这个标志呈圆形，既象征全世界，也象征着要进行保护。

10. 碧霞祠

概况 泰山的香火旺盛，与泰山上的一位女神即被老百姓称为泰山老奶奶的碧霞元君有关。根据记载，秦始皇封禅泰山时，丞相李斯在岱顶发现了一尊石雕女像，称为"神州姥姥"并进行祭奠；到宋真宗登封泰山时，因疏浚山顶泉池，发现了一尊被损坏的石雕少女神像，便命人换为玉石像。按照道教的规定"男子成道为真人，女子成道为元君"，封其为"天仙玉女碧霞元君"，并建庙祭祀，取名"昭真祠"。金代改称"昭真观"，明代称"碧霞灵佑宫",碧霞祠的名字,大概是清乾隆三十五年(1770年)重修后改称的。

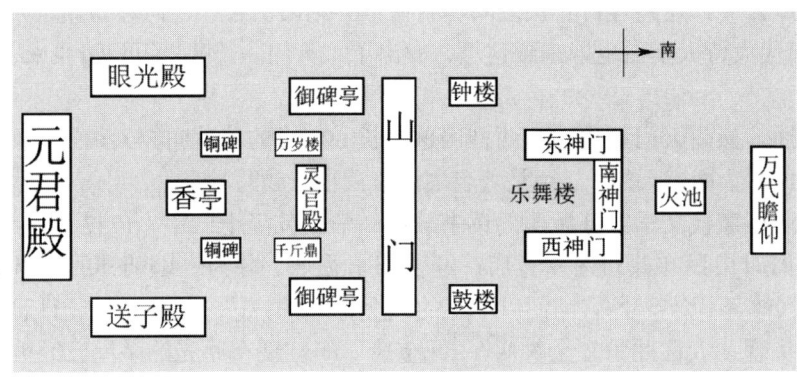

图7-11 碧霞祠平面图

碧霞祠位于岱顶,是碧霞元君的祖庭。整组建筑巍峨严整,气势恢宏;远处眺望,白云缭绕,金碧辉煌,宛若天上宫阙,是一处杰出的高山建筑群。碧霞祠分为前后两院,主要有大殿、配殿、香亭、山门等十二座建筑,为国家重点文物保护单位,全国重点道观。建筑面积3900平方米,是泰山极顶现存最大、最完美的一处古建筑,保持着明清时期的风格。以下主要介绍中轴线上的主要建筑。

影壁 南神门外是焚香的火池,专供善男信女烧香用的。火池南面是影壁,影壁下部石砌,上部砌作五脊墙顶,北面镶石板4块,大书"万代瞻仰"4字,字大皆一米有余,表达了古人对元君的敬崇。

南神门 碧霞祠有东西南三个神门,南面是南神门,门上建乐舞楼三间,盘道从东神门和西神门穿行而过。

大山门 大山门是进入二进院落的大门,共5间,九脊歇山顶。筒瓦板瓦、大脊垂脊、勾头、滴水、鸱吻、走兽等均铁铸。廊下东西山墙上有神台,供青龙、白虎、朱雀、玄武四尊彩绘泥塑神像。

灵官殿 大山门内中轴线上的第一座殿为灵官殿,殿中供奉着一位赤面髯须、身披金甲红袍、三目怒视、手举钢鞭、形象极其威武勇猛的神仙,这就是道教的护法神将王灵官。王灵官常塑在山门之内,镇守道观,其作用相当于佛教中的韦陀。王灵官为人刚正不阿,疾恶如仇,纠察天上人间,除邪祛恶,不遗余力,于是老百姓赞曰:"三眼能观天下事,一鞭惊醒世间人。"

香亭 香亭为重檐八角,黄琉璃瓦覆顶,甚为壮观。明万历四十一年(1613年),皇帝命于此处铸建铜亭,名曰"天仙金阙"。后金阙辗转移至山下,现存于岱庙。清同治年间于原处建此香亭,亭内供奉碧霞元君铜像。封建时代,只有帝王将相、达官贵族才有资格进大殿朝拜元君,大殿轻易不开,普通百姓只能在香亭中求祷泰山老奶奶的庇佑。

正殿(元君殿) 正殿是碧霞祠的主体建筑,面阔五间,九脊歇山顶,雕梁画栋,富丽堂皇。因山顶山高雾多,云蒸雨降,飓风刚劲,材木易朽,故大殿采用的是金属和土木砖石相结合的材料,殿顶筒瓦、螭吻、檐铃、垂兽等构件皆铜铸,主要为了防止山顶雷电的轰击和狂风云雾的侵蚀。殿上的瓦垄数是360,象征着中国旧历全年的"周天之数"。

瓦当上有一排似龙非龙，似蛟非蛟的动物，叫蛟龙水兽。古代人为了防火灾，常用水兽避邪镇火，而且，这些水兽可以铆住瓦当，起到固定的作用，同时还有装饰、点缀、美化的作用。

殿内天花板上绘云龙文饰，正中间有八角的藻井，希望能借以压服火魔的作祟。大殿正中供奉的是碧霞元君的铜铸坐像，凤冠霞帔，神态慈祥，左右两侧分别供奉着眼光奶奶和送子娘娘。殿内元君像上方高悬雍正皇帝的"福绥海宇"大型浮雕匾额，殿外门上方廊下高悬乾隆皇帝的"赞化东皇"大型浮雕匾额。

11. 大观峰

面前的这一堵石壁巍然屹立，上面石刻遍布，洋洋大观，人称"大观峰"，也叫"弥高岩"，这一带可以说是露天的书法艺术博物馆。

而其中最引人注目的要数唐玄宗李隆基御书的《纪泰山铭》了。唐开元十四年（726年），也就是唐玄宗封禅后的第二年，他亲笔写下了这篇《纪泰山铭》，以昭告天下，自己封禅是为国家和百姓祈福。整片刻石高13.2米，宽5.7米，铭文加额款总计1008个字，除"御撰御书"4字和末行年、月、日为楷书外，其他均为隶书，是唐玄宗东封泰山歌功颂德的纪事碑。文章透露出太平盛世的气象，文辞驯雅大度，显示出他当年的豪迈胸襟。碑文共分五段：首先叙述封禅的始因及唐玄宗东封泰山的气派："张皇六师，震叠九寓，旌旗有列，士马无哗，肃肃邕邕，翼翼溶溶，以至于岱宗顺也"；第二段考证了封禅的来历，公开宣称自己是"为苍生之祈福"；第三段叙述了封禅仪典的过程，并颂扬天下太平、国富民强；第四段是李隆基向昊天上帝表示"永保天禄"的决心；第五段则以铭文的形式歌颂了高祖、太宗、高宗、中宗及睿宗等五圣的功绩，进一步表明"至诚动天，福我万姓"的改革精神，并谆谆告诫后来者"道在观政，名非从欲"，反映了唐玄宗开元盛世时的雄心壮志和务实特点。

在书法艺术上，《纪泰山铭》也具有极高的价值，为我国帝王摩崖石刻中的杰作。唐隶又称"唐八分"，是区别于汉隶的书法，一般认为唐隶在结构和笔势上较之汉隶变化较少，其艺术造诣逊于汉隶。但唐玄宗的《纪泰山铭》并不逊色，他笔下的隶书有着一种全新的面貌，因此受到了历代书法家的赞誉。而且它自古以来便通体贴金，就更加显得奇丽了，所以《纪泰山铭》被列为国家级重点保护文物。

周围还有"天下大观""壁立万仞""天地同攸""呼吸宇宙""与国同安""与国咸宁""登峰造极""俯仰乾坤"等石刻，数不胜数。

大观峰东南石壁被称作宋摩崖，宋真宗封禅泰山的《登泰山谢天书述二圣功德铭》曾刻在这里，如今只剩下篆额部分几个残字了。

唐摩崖的西侧为清摩崖，"云峰"2字是康熙皇帝所题，下面的《夜宿岱顶作》诗刻两首是乾隆皇帝的笔迹。

12. 五岳独尊及周边刻石

这块两米多高的石头上赫然刻着"五岳独尊"4个大字，是泰安府宗室玉构于光绪丁未年（1907年）所题，极言泰山崇高的地位。

事实上，在"泰山精神"里并没有独尊二字，它的"泰山不让土壤故能成其大"，是一种吸收与包容的精神；它的"登泰山方知天地大"，更是一种登高望远、虚怀若谷、破除自满、攀登不止的精神，而这正是我们中华民族赖以生生不息并再度崛起的精神原动力。

在这处题刻的旁边，有光绪戊申年（1908年）所题的4个较小的字——"昂头天外"。在当时那样一个内忧外患的年代，题这样的4个字确实耐人寻味。历经鸦片战争的失败，甲午战争的屈辱，我们不能以中央之国自居了，同样也不能闭关锁国、夜郎自大了。在这样的状态下，只有昂头天外，努力开创出全新的时代精神，才能使中华民族永葆进取的姿态，使我们的祖国早日振兴。

在五岳独尊刻石旁还有"登峰造极""仰观俯察""擎天捧日""天路非遥"4大刻石。在这泰山之巅，当我们昂起头，所看到的已远非当年孔夫子所看到的鲁国、齐国，而是整个环球——她蓝色的大洋、绿色的大洲，以及她的过去和未来。

13. 无字碑

在登上泰山极顶之前，盘道西侧这座造型奇特的石碑高6米，由石柱、顶盖石、顶柱石组成，通体光滑，碑体上不着一字，因此人们称它为"无字碑"。此碑于何时为何人所立，众说纷纭。有人认为是秦始皇立的，有人认为是汉武帝立的，甚至有人说此碑石料也不是来自泰山，而且还描述，在阳光照射下，石碑会熠熠发光，隐隐现出几行篆字，远视似有，近看却无。

在无字碑左侧是万历进士、御史张铨"观无字碑诗碑"，碑中写道："莽荡天风万里吹，玉函金简至今疑。袖携五色如椽笔，来补秦王无字碑。"也就是说，在他看来，无字碑是秦始皇所立。乾隆皇帝也是挺秦派，他在乾隆三十六年（1771年）所留下的诗中写道："本意欲焚书，立碑故无字。虽云以身先，大是不经事。"是讲当年秦始皇本想焚书坑儒，所以碑中不立文字。

然而，以顾炎武、郭沫若为代表又提出来新的观点，认为是汉武帝所立。在无字碑右侧是郭沫若所书的"观日出未遂诗"，此诗作于1961年，诗中写道："夙兴观日出，星月在中天。飞雾岭头急，稠云海上旋。晨曦光晦若，东壁石巍然。摩抚碑无字，回思汉武年。"清初大学者顾炎武分析了《史记》记载，认为是汉武帝于元封元年所立，他在《山东考古录》中说："岳顶无字碑，世传为秦始皇所立……取《史记》反复读之，知为汉武帝所立也。"当时他的观点基本得到史学界的认可，但也有人持异议，如清人孙何认为此碑"广狭长短制度与琅琊刻石相符，或亦是（秦）始皇立而未刻者"（《碑解》）。总之，谜底的解开还需时日。

14. 玉皇顶

走过无字碑，拾级而上便到达了泰山极顶！极顶原名"太平顶"，上面建玉皇庙之后合称为玉皇顶。玉皇顶是早年帝王封禅的地方，当时并没有什么建筑，只是一座祭天的土坛，不知什么朝代在此修起了太清宫，后又改为玉皇庙。

玉皇庙建在泰山绝巅，红墙碧瓦像是给泰山带上了一顶桂冠。由山门进庙，最先看到的是院中央的"极顶石"，石上刻着"泰山极顶1545米"，标志着泰山的最高点。北侧主殿内供奉玉皇大帝，东西配殿供奉财神和观世音。在正殿两侧有一副楹联："地到无边天作界，山登绝顶我为峰"，门口上方悬有一块匾额，上书"柴望遗风"。这里所说的"柴望"是指上古时期，在泰山顶上最早的祭祀活动。比如曾耕种于历山脚下的舜帝，每5年巡封一次天下四方，当他东巡至岱宗，就会登上泰山极顶，亲手烧起柴火。滚滚浓烟直冲云霄，他告诉上苍，他代天理民，为天远行，替天行道，愿天保佑，这叫"柴于上帝"。然后舜帝依次向四面八方遥望，与此同时，四方各部族也登上境内的高山向泰山遥祭，这叫"望秩山川"。整个仪式合起来叫作"柴望"，这也是最早的封禅形式。殿旁有乾隆年间重镌的"古登封台"石碑也在纪念着古时的封禅。

玉皇庙虽小但是极具有特色。它的建筑轮廓线与玉皇顶山头的轮廓线自然贴合，可以说是泰山形象的完成和延伸。泰山有了玉皇庙，才使它有了从神山、圣山到民族精神之山的最集中的物化的肯定。还有那其貌不扬的极顶石，可以说，玉皇庙最为可贵之处就在于对极顶石的构思处理上。原先这里就曾修有庙，极顶石是被埋在建筑物下面的，明代万恭重修玉皇庙时将极顶石露出，《泰安县志》中记有："隆庆六年，万恭撤观（就是原先玉皇庙内的大殿）于巅北，出巅石而表之。"这一举措极富有想象力，使玉皇庙狭小而单调的庭院顿时有了无穷意味。此处的极顶石，被置于小小的院落之中，又圈上了石栏，几乎就成了一个微缩的泰山，一个泰山的"沙盘"。于是人们历尽千辛万苦，只要登上泰山极顶，面对着这极顶石，就不但不会感到自己渺小，反而自豪感会油然而生。通过不懈努力、艰苦登攀，终于达到了最高的境界，这不也是泰山精神的体现吗？

在泰山整个登山朝天的序列中，玉皇顶的建筑也起到了举足轻重的作用，有如一首乐曲、一篇文章，岱庙如果是序曲、是起始的话，人们到达南天门算是一个高潮，而在这里则是达到了极致，玉皇庙为乐曲和文章画上了最后的结束符和句号，它是完美的。

15. 日观峰与拱北石

"日观峰"，因这里是在泰山看日出的最佳位置而得名。在峰顶有建于民国年间的气象站，被誉为"风云前哨第一站"，由著名气象学家竺可桢先生倡议建造，是我国第一座高山气象台。

日观峰北面有泰山著名景点"探海石"，又名"拱北石"，此石长近7米，与地面成30°夹角，似金蟾蹲踞翘首北望，也像一老人垂首北躬而拜。每天日出之前，总有人在此石附近，引颈东望等待旭日东升。这巨石既是岱顶的一大奇景，又是泰山的一个标志性景点，是它最先迎来了东方的太阳。

项目模拟实训

请设计山东"青烟威"黄金海岸三日旅游线路产品，并模拟进行地陪导游讲解。

项目八 导游自媒体运营技巧

任务导读

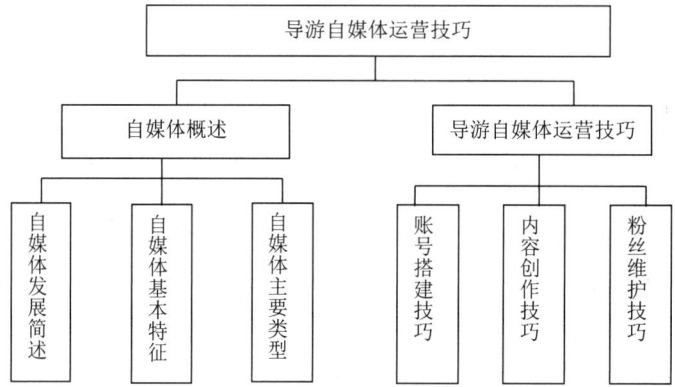

学习目标

（一）知识目标
1. 掌握自媒体的定义和特征
2. 熟悉自媒体的主要类型和特点

（二）技能与能力目标
1. 掌握自媒体的运营技巧
2. 能够自己运营自媒体

学习内容

2020年至今，疫情防控常态化背景下，我国旅游消费呈现出新特点，"互联网＋旅游"融合的速度和深度都在向着更高更深的方向发展，我国的导游队伍也在与时俱进，创新发展形式，部分导游开始寻求转型，借助网络直播、短视频等自媒体平台，开启了"云旅游"的全新尝试。他（她）们凭借一部小小的智能手机，通过网络带领观众游览景区，讲解其背后的历史文化及精彩故事，吸引大量网友驻足观看。一时间，"云旅游"成为热门的"出游"方式，也涌现出一批深受粉丝喜爱的网红导游，如"普陀山小帅""泰山娟姐""兵马俑冰蛋""你的马队"等。这些网红导游的自媒体不仅收获了百万粉丝的关注，还凸显个人品牌化的趋势，在促进线上粉丝线下转换，增加个人收入等方面都具有强大优势，为导游开启了一条全新的职业路径。

任务一　自媒体概述

一、自媒体发展简述

（一）自媒体概念

"自媒体"一词源自美国。2003 年 7 月，美国学者谢因·波曼与克里斯·威理斯在其撰写的研究报告《We Media》中，对自媒体概念进行了界定，认为"自媒体"是借由数字化、网络化技术，为普通大众提供了一个展示自我、对现实生活中的新闻或者事件进行发声的途径。自此，"自媒体"一词正式进入公众视野。

自媒体又名公民媒体，是个人或组织自营自有的媒体平台，传播学者喻国明将其形象地比喻为信息时代的"全民 DIY"。在自媒体中，传播主体不再是以往占据垄断地位的专业媒体机构，而是互联网中任何一个发布内容的普通大众。每个人都可以借助微信、微博、网络直播、短视频等任意的新媒体平台，自主进行内容的生产和发布，直接面向所有人传播。由于其低门槛、个性化、互动性强等特点，迅速发展成为当前重要的新兴媒介形态，也涌现出了众多成功的个性化自媒体，走红网络，如坐拥全网千万粉丝的 papi 酱、李子柒等都是其中的典型代表。

（二）自媒体演进历程

随着媒介技术的进步和市场环境的变迁，自媒体发展呈现出了极其丰富的形态变革。依据媒介形态，将其发展历程分为萌芽期、发展期、成熟期三个阶段。

1. 萌芽期

自媒体的兴起可追溯至 2000 年初博客和社区的出现，它们构成了自媒体的初始形态。2009 年 8 月，新浪微博上线拉开了中国自媒体行业发展的序幕，普通人经过简单的注册，便可拥有自己的博客频道或账号，可以自主发布内容，面向所有网民传播。受网速等技术因素的制约，内容呈现以文字为主，辅以少量图片，参与者较少，主要是互联网早期用户。这一时期的自媒体还处于雏形阶段，并不能算作完整意义上的自媒体。

2. 发展期

伴随 Facebook、Twitter、微博等社交网络的兴起，自媒体进入发展阶段。参与者由早期的少数个体扩展至群体，大量普通用户开始从事内容的创作与分发，在内容呈现形式上以文字＋图片为主。在此阶段，基于某一兴趣、爱好的内容生产开始出现，赋予自媒体强烈的个人风格。同时，自媒体的社交关系得到广泛建立，在一定程度上弥补了萌芽阶段的社交短板，从而促进了内容生产者与受众间的互动。

3. 成熟期

移动互联网的普及带来了自媒体的井喷式发展，以微信公众号、短视频、直播的广泛应用为标志，自媒体进入成熟阶段。当前的自媒体以社交为核心，融合了文字、图片、视频、音频等多种表现形式,成为互联网流量的风口。从内容层面看,自媒体趋于垂直、精细发展,内容涵盖旅游、母婴、教育、时尚、影视、汽车等成百上千个行业领域。从业者规模、影响力迅速攀升,出现了大量专门从事自媒体行业的人员,也吸引了大批专业组织的入驻,人人皆媒体的时代已经到来。

二、自媒体基本特征

1. 平民化

伴随数字技术、互联网技术和移动终端技术的发展与应用,互联网使用者的角色发生着转变,媒介资源由专业媒体机构向大众拓展,技术赋权使普通人也拥有了媒介话语权。[①] 个体成长为一个个独立的传播主体,拥有了信息生产与传播的能力。以抖音为例,抖音已成为平民化的社交媒体软件,在这里没有阶层之分,用户可以根据自己的偏好浏览内容,也可以上传和分享自己的生活。

2. 互动性

在以报刊、广播、电视为主的传统媒体中,信息的传播与接收大多是单向性的,内容由专业媒体机构生产和传播,普通人扮演着信息接收者的角色,无法参与内容的生产和传播,其意见也极少反馈给传播者,哪怕有反馈,也常受时空限制,具有强烈的滞后性。而互联网用户借助自媒体,不仅可以及时获取自己感兴趣的内容,还可以方便快捷地点赞、评论、转发,与内容创作者、其他网络用户及时地沟通交流,满足人们的社交需求。传播过程的互动性使得传播的信息更具丰富性,同时也能够借助社交网络的裂变式传播使信息的传播速度变得更快,传播范围变得更广。

3. 个性化

在当下自媒体环境下,传播主体不再局限于专业的新闻从业者,也可以是普通大众,他们的发声主要是为了满足个人的表达诉求,故呈现出多元的价值观。因为个体差异性,所以内容也独具特色。或是发布者自身情感的真实表达与人生体会,或是对社会热点事件的评述,传播内容呈现出明显的多样化与个性化特征。

4. 易操作

与传统媒体的复杂运作流程相比,自媒体的准入门槛较低。无论是微信公众平台还是抖音、百家号等等,这些自媒体服务平台都可供用户免费申请、注册自媒体账号,用户只需要按照要求通过简单的注册申请流程,并根据平台提供的网络空间和可选模板就可以进行日常运营和管理。就抖音而言,通过联网下载抖音软件,通过简单的注册流程,就可以观看、上传、发布短视频内容,抖音自带的音乐、特效、字幕以及剪辑都可以实现操作简便、发布迅速的功能。[②]

三、主要的自媒体类型

随着新兴媒体传播技术和网络环境的不断发展,自媒体行业也迎来了飞速发展,可以

---

① 冯博博. 自媒体时代短视频内容生产研究. 成都理工大学硕士论文, 2020.
② 冯博博. 自媒体时代短视频内容生产研究. 成都理工大学硕士论文, 2020.

归纳到自媒体行列中的媒介形态较多,当前,流行的自媒体主要是短视频、网络直播、公众号、微博、视频网站等。从目前导游自媒体的发展情况看,运用最多的当数短视频和网络直播,因此,本章重点介绍这两种自媒体形态。

1. 短视频

短视频是指以互联网为生产传播媒介、以手机移动客户端为内容生产的载体、用户参与内容制作且具有很强的社交属性、时长在5分钟以内的碎片化短片内容。短视频具有时长短、碎片化、强社交的特点。随着人们生活节奏的加快,短小精悍的短视频得到越来越多用户的青睐,无疑是近年来最火爆的自媒体形态。根据第47次《中国互联网络发展状况统计报告》显示,截至2020年12月,我国网民规模达9.89亿,其中,短视频用户规模为8.73亿,占整体网民的88.3%,是互联网流量的风向标。具有代表性的短视频平台有抖音、快手、西瓜视频、火山小视频等。

2. 网络直播

网络直播通常是由一个或多个主播,利用手机或电脑的摄像头及录屏功能,将自己的直播内容通过直播平台展示给观众的自媒体类型。直播内容涉及游戏、音乐、户外、教育、才艺等多个领域。网络直播具有高互动性、强社交性和无时空界限的特点,是自媒体中互动性最高的一种媒介形态,因而获得了大量年轻用户的喜爱。尤其在疫情期间,直播与电商、短视频、教育等行业的深度融合,带动了网络直播行业的蓬勃发展,成为网络视听行业中的主力。根据《2020年中国网络视听发展研究报告》显示,截至2020年3月,我国在线直播网络用户规模已达5.6亿人。可以说,网络直播已充分渗透到人们的日常生活中,成为大众喜爱的新的媒介形态。具有代表性的网络直播平台有一直播、花椒、斗鱼、虎牙、YY直播、点淘等,还有一些其他的媒介形态也将直播功能融入其中,如抖音、快手、微博等。

任务二　导游自媒体运营技巧

《"十四五"文化和旅游发展规划》指出,要"深化'互联网+旅游'……培育云旅游、云直播,发展线上数字化体验产品"。在国家大力倡导"互联网+旅游"融合发展的时代话语下,导游工作人员应适应这种新形势,积极运用数字化、网络化技术,不断提升自身的专业品质,成长为具有互联网思维、善用自媒体补充导游服务的综合型人才。

一、账号搭建技巧

(一) 塑造人设,提升辨识度

人设是近年来网络文化领域中的热门词。所谓人设即人物形象设定,是动漫、文学、影视等作品中人物角色的具体设定,包括相貌、发型、着装等外在形象及性格、心理等内在特征。一个成功的人设可以让个体具有独特的形象风格,对于自媒体运营者而言,它能增加账号的辨识度,让观众在众多自媒体账号中一眼识别,产生记忆点。比如抖音中拥有700多万粉丝的自媒体账号"普陀山小帅"就具有鲜明的人设,其自媒体内容多围绕普陀山景区进行创作,通过短视频及户外直播的方式,宣传普陀山自然资源知识及佛家文化。

"普陀山小帅"所呈现的外在形象总是鲜明且统一,他常着深色复古盘扣上衣,手拿佛珠,给人一副沉稳、理性的印象,与其富有哲理的视频内容相得益彰。同时,他深度挖掘"交心式"解说,为自己塑造了独特的情感标签。粉丝一想到小帅,立马会联想到情感、沉稳、理性等标签,具有极强的辨识度。曾登上央视的网红导游员张斌,其运营的自媒体账号"兵马俑冰蛋"也具有鲜明的人设,从外在形象看,张斌留着莫西干发型,极具喜感,与其诙谐幽默的视频风格相辅相成,而且在导游讲解中,张斌喜欢加入地道的陕西方言,让网友印象深刻,因此提及"兵马俑冰蛋",网友立马会想到幽默、方言等独特标签,提升了账号的辨识度。

在注意力稀缺的年代,想要在浩如烟海的自媒体大军中脱颖而出,获得粉丝的关注与喜爱,就需要为自己的自媒体账号打造鲜明的人设。人设的选定需要结合个体的外在形象与性格特征,寻找属于自己的独特标签,并结合人设标签生产内容,输出统一且有辨识力的媒介形象。

(二)找准定位,垂直深耕

定位是自媒体运营中的关键一环。一个清晰而准确的定位,可谓是自媒体内容创作的基础。在互联网中,网友的个性化需求得到空前的认可与强化,他们习惯根据兴趣寻找内容,因而越垂直的内容越能获得圈层认可,从而达到迅速聚拢粉丝的效果。正因如此,找准某一垂直领域进行专门化、持久性的内容生产,早已成为自媒体行业的共识,也是未来自媒体发力的重点。

对于导游自媒体而言,账号定位应结合专业特长和当地旅游资源进行设定。从专业特长角度说,虽然导游自媒体的内容都围绕旅游,但呈现方式可以多种多样,在账号定位时,导游应从自身职业特长出发,让"旅游+"这种特定的表现形式,可以是"旅游+讲解"或"旅游+攻略",也可以是"旅游+情感"或"旅游+文化",抑或是深挖旅游乱象……形式可以自由选择,但越垂直越好。纵观目前较为成功的导游自媒体,都有清晰而明确的账号定位。比如,作为国家金牌导游员的张娟,有着扎实的讲解功力,因而其"泰山娟姐"账号就结合自身所长,采取旅游+讲解的表现方式,而"普陀山小帅"的短视频则以"旅游+情感"为主,"兵马俑冰蛋"则采取了"旅游+文化"的呈现方式。除结合自身特长展开定位外,还要考虑可供自己支配的旅游资源,不要面面俱到,而要做到垂直深耕。像"泰山娟姐""普陀山小帅""杭州小黑诸鸣""兵马俑冰蛋"……单单从账号名称上就足以了解其自媒体内容,他们都是结合当地旅游资源持续深耕,吸引对旅游目的地感兴趣的网友关注,因而能迅速聚拢粉丝,获得较高的关注度。

(三)有规律地运营账号

所谓有规律地运营,主要指在自媒体的内容发布上,应努力做到定时定点。一个有规律的账号不仅会让粉丝形成良好的印象,培养粉丝的关注习惯,还有利于赢得自媒体平台的青睐,为其赋予更多的流量。具体而言,一周至少要进行3~4次的更新,如果能做到每日一更则最好,且每次更新应结合平台规则,做到定时发布。以抖音为例,结合平台观看人数,总结出每日最佳发布时间为下午5点到6点左右,运营者可以在后台进行相关设定,保证内容的定时定点推送。这种定时定点更新的账号,往往会获得抖音官方的认可,将其视为优质账号,从而赋予账号更多的流量。对于直播自媒体而言也是如此,定时定点的直播能培养粉丝观看习惯，增强粉丝黏性。比如"泰山娟姐"的直播时间就相对固定，每周三到周日早晨 6 点左右，此时进入她的直播间，都能看到娟姐穿梭于泰山之上的直播景象。不仅"泰山娟姐"，其他运营较好的导游自媒体也具有定时定点发布内容的特征。

二、内容创作技巧

伴随技术的进步，媒介形态层出不穷，传播手段和方式都有了巨大飞跃，但内容为王的媒介本质一直没有改变，内容依然是自媒体运营的核心，唯有通过高质量、有价值的内容才能获得关注，留住粉丝。

（一）标题撰写

俗话说"秧好一半谷，题好一半文"，对于自媒体来说也是如此。以抖音短视频为例，视频下方的标题主要有两大作用：一是给用户看。它不仅影响用户是否驻足观看，还影响评论等内容的产生；二是给平台。好的标题会让抖音平台识别，通过算法赋予账号更多精准流量，吸引特定圈层关注。那如何打造一个好的标题呢，通常而言，好的标题往往具备以下特质：

1. 唤起情绪共鸣

当标题符合大多数人的生活或情感状态时，很容易让用户感同身受，产生情感上的认同。比如，"普陀山小帅"的标题就具有情绪共鸣的特质，这与其"旅游＋情感"的内容定位相契合，如"生活哪能多如意，万事只求半称心""越是挺拔的大树，承受的风霜越多"等，当用户看到这样的标题时，可能会因相同的经历或感受而产生情绪共鸣，观看完内容，甚至点赞、评论或转发。

2. 设置悬念

通常在标题设置悬念，会引发用户的好奇心和探索欲，激发其观看兴趣，延长视频观看时间。如果最终效果与期待值相一致，还会引发用户的互动热情。比如"来泰山旅游一定要知道的冷知识""这块碑居然是这个意思""在中国只有一个城市可以仰望天街"，这种悬念类的标题往往能收获不错的传播效果。

3. 引发互动

具有互动性的标题多采用疑问句或反问句，以此激发用户的参与心理。当用户遇到互动性的标题时，往往会抱着好奇心观看视频，寻找答案。同时，这种互动性标题还能把用户引到评论区，去看评论找答案，甚至与其他用户探讨交流。如，"几天不上泰山就不舒服，你会这样吗""你说明天能有日出吗""弘一法师的经历可以给我们带来哪些思考"……都是一些能够引发互动的标题。使用互动性标题时，需要注意标题与内容的匹配度，只有较高匹配度的标题才能获得好的传播效果，否则会适得其反。

除此之外，标题打造还要注意以下几点：

一是标题要通俗易懂，表达尽量口语化，避免冷门、生僻、太专业的词汇出现。

二是字数不要太多，通常一行到二行半适宜。字数太多会影响视觉体验。

三是可以加热门话题标签，抓住热点做标题，能加大内容曝光的概率。

（二）封面打造

封面决定着用户对自媒体账号的第一印象，一个好的封面不仅能吸粉，还能提高自媒体内容的点击率，因而，成功的自媒体账号都很重视封面的打造。

运营封面的小技巧如下：

（1）封面应该选择承载视频中最大亮点的镜头，即最具视觉吸引力的镜头。

（2）保持封面协调统一，形成统一的视觉风格，便于用户识别，加深印象。

（3）如果封面上有文字，文字一定要大且有重点，文字要尽可能地提炼关键内容，且字数不宜过多。

（4）整个封面层次清晰，具有美感。

（三）创作优质内容

在自媒体内容创作中，具有共鸣、价值、思考、好奇、未知、感官、冲突七大元素中某一元素或多个元素的内容，往往会取得不错的传播效果，因而，在内容创作时，要尽可能的融合上述元素，增强内容的可看性。

1. 共鸣

内容的共鸣是打造爆款的有效手段之一，如果自媒体内容能够引发用户喜怒哀乐的情绪状态，哪怕质朴、粗糙，也会获得用户的喜爱。"普陀山小帅"的内容大多具有共鸣的特质，比如在视频《做最好的自己》中，小帅表达了自己的生活态度，他说道："不用苛求别人都对你好，也不必苛求别人都对你不计较，你成为别人喜欢的样子，别人一定喜欢你，但你未必喜欢自己……别人待我如何是我的因果，我待别人如何是我的修为……"短短几分钟的内容，揭示了生活的本质，也引起了众多网友的观念共鸣，取得了47.7万的点赞和1.6万的评论。当内容带有共鸣时，就很容易引发用户的喜爱。

2. 价值

有价值的内容往往会吸引用户的关注与喜爱，这也是不少导游员自媒体走红的重要原因。很多自媒体的运营者都是国家金牌导游或者有多年工作经验的老导游，其扎实的导游技能和精彩的讲解，可以让用户在欣赏美景时，了解其蕴藏的历史与文化，获得有价值的信息。

3. 好奇

充满好奇的内容有着天然的吸引力，人们总是对未知的事情感兴趣，因而在自媒体内容打造上，也可以融入好奇元素，激发用户的好奇心。"泰山娟姐"有一期视频讲的是蒿里山的一段秘史，视频开始张娟就抛出了蒿里山神秘的原因，在历史上曾被称为鬼都，紧接着她又讲述了蒿里山的另一件秘密，就是在1930年发现了国宝。内容设置上环环相扣，利用好奇元素激发用户的观看兴趣。

4. 思考

当内容能引发网友思考时，也会取得不错的传播效果。具有思考元素的内容，往往揭示了某一生活哲理，能激发用户的自我反思。比如"普陀山小帅"的一期视频，探讨了人生的三次成长，"第一次，是发现自己不再是世界中心的时候；第二次，是再怎么努力也无能为力的时候；第三次，是能够接受自己平凡并且去享受平凡的时候……"，对人生的高度凝练，对生活经验的总结，通常会引发用户的思考，并将思考结果分享到评论区，与其他网友展开讨论。

5. 感官

内容中含有视觉或听觉刺激时，也能激发用户的观看兴趣。这种刺激可以是正向的也可以是反向的。比如"泰山娟姐"每次直播带网友欣赏泰山的奇观美景时，就能吸引大批网友围观，同样，她拍摄的展现泰山美景的短视频，尽管时长很短，仅有十几秒，但丝毫不影响传播效果，仍获得大批网友的喜爱。

6. 未知

未知意味着新奇、新鲜，新的东西总是引人关注。当内容中表现的是新奇的事物，新鲜的生活，从未见过的景色或新鲜的人时，都会激发网友的探索欲，获得不错的传播效果。

7. 冲突

在内容创作时，可以巧妙运用冲突，制造强烈反差，利用戏剧性、趣味性，吸引网友观看。这种冲突可以是角色身份的冲突，也可以是认知常识的冲突。

当然，导游在进行自媒体内容创作时，还要学会紧随热点做内容。热点可以是社会热点，也可以是重大节庆，往往热点具有较强的话题属性，容易获得用户的关注，自然比一般内容更具吸引力。高考期间，"泰山娟姐"结合高考这一社会热点，将镜头对准泰山魁星，通过讲解魁星的来历、寓意等，祝福学子金榜题名，虽然视频制作简单，却也获得了不错的传播数据。

三、粉丝维护技巧

粉丝是衡量自媒体价值的标尺，也是自媒体实现变现的基础，因而粉丝的维护就显得至关重要。尽管自媒体的商业机制已日趋完善，但自媒体领域的网红仍处于易碎阶段，行业的迭代更新速度极快，当自媒体无法满足粉丝的长期需求时，掉粉和淘汰都在所难免。注意维护粉丝关系，进行专业化的粉丝运营才能让自媒体走得更远。

1. 高频互动，优化体验

在自媒体中，内容创作者与粉丝间互动的方式主要有点赞、评论、转发等，这些互动方式也是考量自媒体运营成功与否的关键指标。作为自媒体运营者应主动建立互动机制，引导用户积极参与，建立情感链接。

一是在内容创作时，可以有意识地制造话题，引导用户留言评论，像一些导游会在短视频里或直播过程中反问用户："你有遇到这种情况吗""你会怎么做呢""你怎么看"，这些都是引导用户参与互动的话题，能激发用户表达观点、参与讨论的热情。除此之外，还应结合每次内容，精心策划，提前准备一些与内容密切相关的话题，在直播中，或在短视频评论区抛出话题，吸引用户留言讨论。比如，"普陀山小帅"就经常使用这种手法，他在自己每一条短视频评论区都率先抛出话题，往往是一句与视频内容有关的富有哲理的词句，吸引网友参与讨论，这种方式使"普陀山小帅"收获了不错的互动效果。

二是要积极回复网友留言，不论是评论区留言还是私信都需要进行适当的回复，满足粉丝的社交和情感需求，让粉丝感觉被尊重，形成一种虚拟环境下的真实情感，可以有效地增加自媒体的粉丝黏性，保持良好的形象，吸引粉丝的持续关注。

2. 建立社群，增强黏性

社群是人们基于相同的兴趣、喜好或需求而聚合在一起的群体。对自媒体而言，就是由自媒体粉丝凝聚而成的群体。社群的建立有助于自媒体运营者精准定位粉丝人群，打造一个粉丝间交流沟通的平台，增强情感黏性。如今的自媒体平台大多为运营者提供了建立社群的渠道，比如利用抖音直播时，主播引导网友点击页面上方的粉丝灯牌，就可以进入粉丝团，从而形成自己的粉丝群。如果平台不提供，自媒体运营者也可借助微信、QQ等通信工具建立自己的粉丝群。

社群建立后，要注重对社群的维护，避免粉丝流失。一是运营者要经常在社群中出现，与粉丝沟通交流，提高社群的活跃度，建立与粉丝的深层情感链接。频繁的线上互动有利于增强粉丝黏性以及对品牌的忠诚度；二是要重视粉丝的意见反馈，定期收集粉丝对视频内容的建议，并根据粉丝反馈，对内容等做出合理调整。重视粉丝的反馈也是与粉丝深层互动的有效方式；三是定期在社群中发放福利，调动社群气氛。比如固定时间抽奖，奖品可以是与旅游相关的产品也可以是其他礼品，通过物质奖励的方式激发粉丝热情，增强粉丝黏性；四是定期举办线下活动，与粉丝面对面交流，将虚拟的网络情感带入现实生活，强化粉丝的忠诚度。比如"泰山娟姐"就曾发起过线下活动，邀请几位长期关注的粉丝一起爬泰山，亲自为粉丝讲解泰山故事、分享泰山文化，以此增强粉丝体验，取得了不错的效果。

补充资料

网红导游自媒体参考目录

序号	账号名称	自媒体平台	粉丝数量
1	兵马俑冰蛋	抖音	756.9万
2	普陀山小帅	抖音	762.3万
3	泰山娟姐	抖音	115.6万
4	杭州小黑诸鸣	抖音	946.5万
5	你的马队	抖音	94.5万
6	长白大格格	抖音	152.8万
7	笑笑趣游	抖音	94.7万
8	毛毛丫头	抖音	139.8万

备注：数字截止到2021年7月3日。

项目模拟实训

学生以小组为单位，注册运营一个抖音账号，结合账号定位完成内容更新和日常运营。

参考文献

[1] 梁文生. 导游实务. 济南：山东科学技术出版社，2012.
[2] 导游服务规范（GB/T15971—2010）.
[3] 百度百科. http://baike.baidu.com/view/4621.htm.
[4] http://www.sdta.gov.cn/.
[5] 马树生，许萍. 模拟导游. 北京：旅游教育出版社，2007.
[6] http://blog.sina.com.cn/s/blog_4025b8230100x97o.html.
[7] http://www.tata.gov.cn/.
[8] http://baike.baidu.com/view/368075.htm.
[9] 马子雷. 后申遗时代福建土楼现状调查. 中国文化报，2011-08-22.
[10] 中国国家旅游局. 黄山. 中国的骄傲 // 走遍中国——中国优秀导游词精选（综合篇）. 北京：中国旅游出版社，1997.
[11] 王浪. 中国著名旅游景区导游词精选. 北京：旅游教育出版社，2010.
[12] 中国国家旅游局. 石林［撒尼人］火把节——石林一日游导游词 // 走遍中国——中国优秀导游词精选（综合篇）. 北京：中国旅游出版社，1997.
[13] http://www.dzta.gov.cn/n1654981/c7100005/content.html.
[14] 冯霞敏. 浅谈大赛导游词创作技巧. 现代企业教育，2012（22）.
[15] 朱玉霞. 论饮食文化旅游的开发. 现代商业. 2010（26）.
[16] 冯茂娥. 鲁菜文化与山东旅游产业发展. 现代企业文化，2010（24）.
[17] 王赛时. 鲁菜文化的现代认识与重新评价. 扬州大学烹饪学报，2008，25（3）.
[18] 孙嘉祥，赵建民. 中国鲁菜文化. 济南：山东科学技术出版社，2009.
[19] 国家旅游局，全国红色旅游工作协调小组办公室，红色旅游培训教材编审指导委员会. 红色旅游导游基础知识读本. 北京：中国旅游出版社，2006.
[20] http://news.artxun.com/dianran-1542-7705828.shtml.
[21] 慎丽华，康伟. 构建山东半岛蓝色旅游经济区的思考. 中国海洋大学学报（社会科学版），2010（4）.
[22] 百度文库. https://image.baidu.com/search/.
[23] http://baike.baidu.com/view/247826.htm.
[24] http://www.douban.com/group/topic/19146928/.
[25] 中国职业教育教师培训网.
[26] http://www.cvett.cn/zzgp/view.php?cid=100&tid=950.

[27] 张伟，张国勇.地质旅游的开发及其知识产权保护.西部探矿工程，2011（7）.
[28] 杨世瑜，等.旅游地质学.天津：南开大学出版社，2006.
[29] 梅耀元.地质公园博物馆导游讲解初探.中国矿业，2011（3）.
[30] 周晓梅.模拟导游.北京：清华大学出版社.北京交通大学出版社，2009（8）.
[31] 黎先耀，张秋英.世界博物馆大观.北京：旅游教育出版社，1991.
[32] 甄朔南.略论"十一五"期间我国博物馆发展的一些问题.中国文物报，2005-12-23.
[33] 傅远柏，章平.模拟导游.北京：清华大学出版社，2010.
[34] http://zhidao.baidu.com/question/355495766.html.
[35] 初丹.浅析博物馆的旅游资源特点.黑河学刊，2010（7）.
[36] 王煜琴.旅行社计调业务.北京：旅游教育出版社，2018.
[37] 全国导游人员资格考试教材编写组.导游业务.北京：旅游教育出版社，2018.
[38] 匡文波.新媒体概论.北京：中国人民大学出版社，2012.
[39] 冯博博.自媒体时代短视频内容生产研究.成都理工大学硕士论文，2020.
[40] 黄丽媛.自媒体成长性实证研究.武汉大学博士论文，2017.
[41] 俞珺.从"网红导游"看"互联网+"背景下导游人才培养.现代经济信息，2020（4）.